KB150923

풍속의 역사

에두아르트 푹스(1870-1940)

개역판

풍속의 역사 II
르네상스

에두아르트 푹스

이기웅, 박종만 옮김

까치

ILLUSTRIERTE SITTENGESCHICHTE VOM
MITTELALTER BIS ZUR GEGENWART : RENAISSANCE

by Eduard Fuchs

(München : Albert Langen, 1909)

역자 소개

이기웅(李起雄)

성균관대학교 철학과를 졸업하고 현재 도서출판 열화당의 대표로 있다.

박종만(朴鍾萬)

부산대학교 영문과를 졸업하고 현재 까치글방의 대표로 있다.

풍속의 역사 II : 르네상스

저자 / 에두아르트 푹스
역자 / 이기웅, 박종만
발행처 / 까치글방
발행인 / 박후영
주소 / 서울시 용산구 서빙고로 67, 파크타워 103동 1003호
전화 / 02 · 735 · 8998, 736 · 7768
팩시밀리 / 02 · 723 · 4591
홈페이지 / www.kachibooks.co.kr
전자우편 / kachibooks@gmail.com
등록번호 / 1-528
등록일 / 1977. 8. 5
1판 1쇄 발행일 / 1986. 1. 20
2판 1쇄 발행일 / 2001. 3. 24
    9쇄 발행일 / 2022. 8. 22
값 / 뒤표지에 쓰여 있음

ISBN 89-7291-289-1 94920
     89-7291-287-5 94920 (전4권)

Ⅱ 르네상스

차례

풍속의 역사 II

1. 르네상스의 육체미의 이상

1) 르네상스의 육체미의 이상

인간은 만물의 척도이다. 육체로 나타나는 인간, 육체로 규정되는 인간은 누구에게나 성 모럴의 전제이다. 요컨대 인간은 성 모럴의 도구이기 때문이다. 그러므로 나도 여기에서는 르네상스 시대에는 인간의 육체에 대하여 어떠한 견해와 이상이 유행했던가를 서술하는 것에서부터 출발할 수밖에 없다. 이러한 점에서 볼 때 르네상스 시대는 다른 어떤 시대보다도 많은 재료를 제공한다. 왜냐하면 제I권에서도 서술했던 것처럼 이 시대에는 소위 문명화된 유럽에서 대단히 새로운 인간형이 나타났기 때문이다.

창조의 시대에는 모든 것이 에로틱한 관능으로 충만된다. 요컨대 창조적이라는 말과 관능적이라는 말은 같은 의미이기 때문이다. 에로틱한 관능이라는 것은 창조적인 것을 육체를 통하여 드러내는 것이다. 혁명기는 동시에 힘차고 에로틱한 관능의 시대이므로 르네상스 시대 역시 다양하게 대립된 경향이 서로 뒤섞여 있었음에도 불구하고 하나의 관능의 시대였던 것이다. 이 사실은 모든 생활형태, 생활의 모든 관념에, 그것이 아주 중요한 관념이든 아주 사소한 관념이든, 명확히 드러날 수밖에 없었다. 이 경우 창조적인 것이 관능적으로 활동하는 경우라면 무엇이든 환영받았다. 사람들은 그런 것에 대해서만 소위 안목을 가졌던 것이다.

이제 관능은 결국 자연적인 것만을 좇게 되었다. 자연적인 것은 인간이 정신, 즉 논리에 의해서 고찰할 수 있는 유일한 관념이 된 것이다. 인간은 이미 사물을 그것에 따라서 묘사할 수밖에 없었다. 자연적인 것은 시대의 유일한 이성이었다. 이러한 것은 소위 계획적으로 진행되어 끝까지 관철된 의식적인 행위라고 할 수는 없지만 —— 즉 항상 그렇다고 할 수는 없더라도 시대는 자신이 좋아하는 것을 닥치는 대로 붙잡아 그것에 형태를 부여해왔다 —— 관능은 이 경우에 항상 힘차게 공명하는 배음(倍音)으로 나타났다. 창조적인 것은 또한 생명현상의 중심이기 때문에 이러한 혁명시대가 만든 모든 창조물이 얼마만큼 불후의 가치를 가지는가 하는 비밀도 이미 이 창조적인 것 가운데 숨겨져 있다. 진실된 생명을 가진 것은 모두 불후불멸의 것이다. 그리고 탄생의 시대를 가득 채운 관능적인 정력의 종합적 전체가 크면 클수록 그 불후성은 더욱 높이 고양된다.

르네상스 시대에는 인간의 사회적 삶이 반영된 모든 정신도 물론 관능으로 가득 찰 수밖에 없었고, 실제로도 그러했다. 이 시대에 관능의 일반적인 경향이 육체관에 어떻게 나타났는가 —— 이것을 설명하는 것이 바로 이 장의 목적이다.

각 시대, 각 사회는 자기 자신을 모든 정신적인 표현형식 속에 관념화하여 드러낸다. 그것은 자기 자신을 철학, 과학, 법률체계, 문학, 미술, 생활규칙, 특히 육체관 속에 관념화하여 드러낸다. 육체의 관념화는 다음과 같이 이루어진다. 즉 육체관은 아름다움의 어느 한 법칙을 드러내보임으로써 이상으로까지 드높일 수 있는 하나의 유형을 만든다. 시대의 사고방식이라는 것은 모두 시대의 본질에 의해서 좌우되기 때문에 —— 즉 시대의 사고방식이라는 것은 시대의 주류가 되어 있는 특수한 삶의 법칙과 이해관계가 전환된 형태에 불과하므로 —— 새로운 시대를 대표하는 계급의 인간의 승리가 압도적이면 압도적일수록, 그 시대가 그들에게 부여한 기회가 많으면 많을수록 모든 사고방식도 점차 웅대해지고 대담해진다. 그러므로 르네상스가 창조한 모든 사고방식은 위대한 것일 수밖에 없었다. 확실히 이 위대성은 인간을 묘사한 미술작품 가운데 명확히 드러났다. 물론 이것은 육체적인 것에 대한 이 시대의 일반 관념의 반영에 불과하다는 것은 말할 필요도 없다.

르네상스는 육체적인 방면에서는 육체로서 드러난 인간을 새롭게 발견하는 것에서 출발할 수밖에 없었다. 그리고 르네상스 또한 거기에서 탄생했다. 국경을 무시한, 즉 가톨릭 교회의 거대한 세력권에 편입되어 있던 금욕적인 중세의 세계관에서는 육체란 불사의 영혼을 둘러싼 덧없는 외피에 불과했다. 그런데 중세의 세계관은 하늘의 영혼을 가장 높은 관념, 나아가서는 인생의 유일한 목적으로까지 발전시켰지만 동시에 영

아담과 이브(루카스 반 레이덴, 동판화)

혼을 둘러싼 육체라는 외피는 관념의 천박한 부속품으로까지 전락시켜버렸다. 요컨대 그러한 육체라는 외피는 항상 영혼의 궁극적인 목적을 방해하는 존재였다.

　　상실된 것은 누구의 소유물도 아니요,
　　현세는 자신이 보냈던 것을 모든 사람들로부터 빼앗아버렸다.
　　영원한 영혼을 생각하고, 하늘을 향하여 정진하라.
　　현세를 업신여기는 사람들에게 이 세상에서 축복 있으라.

　12세기 중엽에 중세의 금욕을 주제로 가장 엄격한 말을 토로한 시인 중의 한 사람이었던 클레르보 수도원의 베르나르는 이렇게 노래했다. 중세에 육체는 송충이나 구더기를 위한 먹이에 지나지 않았다. 그러므로 중세의 사고방식은 육체로서의 인간을 부정했다. 더 정확히 말하면 육체로서의 인간을 발전시키지 못했다. 요컨대 육체가 적어도 천상적인 내용, 즉 소위 영혼의 사명을 방해하지 않는 형태, 다시 말하면 영혼의 그림자로서만 육체로서의 인간을 발전시킬 뿐이었다.
　물론 이러한 사실이 중세에는 관능적인 것이 뿌리째 뽑혀버렸다는 것을 의미하지는 않는다. 어떤 시대에든 "육체는 영혼보다 강하기" 때문이다. 따라서 관능적인

목욕하는 연인들의 희롱(제사 [題詞] 리본 장인의 삽화를 모사)

생활은 중세 인간관의 강령인 금욕을 통해서도 불식될 수 없었다. 그뿐만 아니라 그 속에서 또 하나 고찰해야만 하는 것은 어느 시대에나 발견되는 것처럼 봉건시대의 사회도 위에서부터 아래까지 동일하지는 않았다는 것이다. 그 사회도 어느 나라에서든 다양한 계급이 있었다. 제I권에서도 설명했던 것처럼 지배계급은 하나의 사고방식을 민중에게 강요하면서도 자신들은 전혀 속박당하지 않을 수 있었다. 그러므로 금욕이라는 교회의 엄격한 교의조차도 궁정의 봉건 귀족계급이 민네 봉사 (Minnedienst : 중세 독일의 귀족은 사랑이나 연애를 '민네'라고 했음. 그러나 시민 계급은 16세기경부터 그 대신 '리베[Liebe]'라는 표현을 썼음/역주)를 통해서 자신들을 위한 관능적이고 향락적인 것에 열중하는 특별한 사고방식을 만들어내는 것을 막지 못했다. 민네 시대의 로맨틱한 부인봉사도 그 변태적인 난행으로 말하자면 아주 현실적이었다. 민네 궁정의 규칙은 불멸의 영혼 따위는 전혀 문제삼지 않은 채 민네 봉사만을 마구 지껄여대고 있었다. 우리들은 이러한 육체숭배 속에서 개인적인 사랑의 최초의 싹을 발견할 수도 있지만 그렇다고 하더라도 민네 봉사의 노예가 된 귀족계급은 이미 몰락계급이었다. 따라서 그들의 관능은 세련된 향락에 불과한 것이었다. 그들은 창조적인 것을 보여주었던 것이 아니라 퇴폐적이고 유희적이며, 따라서 오로지 음탕한 것만을 보여주었다. 또 이 속에서 중세 기독교적 세계관의 이상과의 불가피한 불화로부터 기사시대의 신비스러운 연애의 이상이 나타났다. 그것은 결국 조직화된 호색으로밖에는 전개되지 않았다. 기사계급의 관능적인 미의 이상도 이것을 명확히 증명하고 있다. 그것은 육체적인 것을 세련된 향락을 향하여 치닫게 하는 것이었다.

민족(Nation)이라는 틀과 민중문화(Massenkultur)를 도처에서 발전시킨 르네상스는 이와는 완전히 달랐다. 르네상스는 신흥계급이 떠맡은 시대였기 때문에 세련에 대해서는 건강이라는 힘이 넘치는 이데올로기로 대립하게 되었다. 그러므로 르네상스를 "관능(Sinn 또는 Sinnlichkeit)"이라고 부른 것은 말의 실제적인 의미에서 잘못된 것이 아니었다. 르네상스는 하늘을 지상으로 끌어내림으로써 만물로부터 신비성을 박탈했다. 르네상스는 무엇보다도 먼저 인간에게서 신비성을 박탈해버렸던 것이다.

르네상스는 세계통상을 토대로 하여 발견의 시대를 개척했기 때문에 그때까지 피안에 있었던 인간을 그곳으로부터 끌어내어 인간 스스로의 소유로 만들었다. 모든 인간은 물건을 파는 사람이 되고 또한 사는 사람이 되어 서로에게 돈을 벌게 해주는 중요한 고객이 되었다. 그 때문에 인간은 그때까지 정의되어왔던 불사의 영혼의 덧없는 외피로서의 인간이 아니라 어느덧 육체적 관념으로서의 인간으로 세계 속에 얼굴을 내밀게 되었다. "구더기 자루(Madensack : 육체)"였던 객체는 이제 주체로 전이되었다.

이와 함께 아주 새로운 아담과 이브가 탄생했다. 인간 그 자체가 변했던 것은 아니다. 인간을 "묘사하는" 강령이 변했을 뿐이다. 중세의 성도(聖徒)의 초상화와 같은, 세속을 초월한 모습은 두번 다시 나타나지 않았으며 그와는 전혀 다른 의미에서의 세속을 초월한 루벤스의 영웅종족도 두번 다시 나타나지 않았다. 바꾸어 말하면 그 이후로는 아담과 이브를 묘사할 경우의 관능에 대한 강령이 인간의 변혁된 사회적 삶과 함께 변한 것이었다. 이러한 모든 새로운 상황이 순식간에 새로운 이상을 발전시켰으므로 이상도 그에 따라서 순식간에 모습을 변화시켜버렸다. 이미 천상의 영혼의 도구가 아니라 지상의 삶의 도구가 된 인간들은 결국 지상의 쾌락을

사랑의 정원과 쾌락의 목욕탕(중세 등기부에 실린 펜화 스케치)

젊은 여인(스케치, 15세기)

위한 도구로 발전했다. 그것은 인간의 새로운 발견이었다.

　각 시대의 아름다움에 대한 인간의 이상은 그 시대의 토대의 성격에 의해서 좌우된다. 요컨대 영원히 변치 않는 도덕관념이 없는 것처럼 절대적인 아름다움이라는 개념도 존재하지 않는 것이다. 아름다움에 대한 관념은 수백수천 가지이지만 그러한 것은 도덕과 마찬가지로 항상 시대 그 자체 속에서 자신의 명확한 기준을 가진다. 결국 도덕과 마찬가지로 아름다움에 대한 관념도 각각의 문화를 형성하는 데에 필요하며 각각의 문화와 분리할 수 없는 요소이기 때문이다. 그런데 더욱 진보된 인식은 이 방면에서도 우리들이 다양한 미의 관념을 서로 비교할 수 있도록 하는 하나의 명확한 기준을 형성하게 되었다. 우리들은 이 기준을 통해서 발전의 선(線)을 발견하며 이 선이 위를 향해서 달리는가, 아래를 향해서 달리는가, 똑바로 달리는가, 구불구불 돌면서 달리는가를 알 수 있다. 이 기준에서는 건강하고 자연스러운 것을 아름다운 것으로 강조한다. 건강하고 자연스러운 것이란 결국 목적미(Zweckschönheit)와 동일한 것이다. 목적미는 민족의 특징과 큰 관계가 있다. 이 점에 대해서는 다시 한번 부연설명을 해두고 싶다. 유럽이라고 하면 소위 내륙민족만이 대상이 되므로 유럽에서의 목적미는 모든 나라에서 동일한 것일 수밖에 없다. 그런데 이에 대하여 제기되는 질문, 즉 어떠한 것이 목적미의 본질에 맞는 아름다움인가, 따라서 자연스러운 것인가 하는 질문에 대해서는 그것은 남성적인 것과 여성적인 것, 두 극을 향해서 어디까지든 나아간다고 답할 수밖에 없다. 바꾸어 말하면 여성으로부터 남성을, 남성으로부터 여성을 구별하는 생리학적인 특징을 가능한 한 남김없이 명확하게 하는 것, 곧 남성적인 것으로부터 여성적인 것을, 여성적인 것으로부터 남성적인 것을 남김없이 빼앗아버리는 것이다. 간단히 말하면 남녀의 성적 특징을 최대한 명확하게 돋보이게 하는 완전한 모습을 뜻한다. 육체적인 것을 이와 같이 돋보이게 하려는 사고방식은 매우 관능적인 것임이 분명하다. 왜냐하면 목적미라는 것은 에로틱한 미에 지나지 않기 때문이다. 그러므로

아내와 정부(목판화, 15세기)

낙원으로부터의 추방(한스 제발트 베함, 동판화, 1543)

결국 관능적인 인간이 이상적인 유형으로 떠받들어졌다. 그 이상적 유형이라는 것은 항상 동물적인 의미의 연애 —— 요컨대 이성(異性)을 향한 격정적인 성적 욕망 —— 를 도발하는 데 가장 적합한 체격의 인간을 말한다. 그것이 일반적으로 적용된다면 그것은 개인에게도, 바꾸어 말하면 남녀 한사람 한사람의 미의 기준으로도 적용된다.

이러한 의미에서 르네상스 시대는 혁명적인 시대였기 때문에 목적미는 이 시대에

남성의 이상적인 육체(알데그레버, 동판화, 1530)

실로 훌륭한 승리를 거두었다. 목적미는 르네상스 시대에 고대 이후 처음으로 가장 큰 개가를 거두었다. 창조의 시대는 항상 건강할 뿐만 아니라, 제I권의 제2장에서도 서술했던 것처럼 실제로 창조의 시대에는 모든 것이 건강에서 터져나온다. 성활동에 필요한 육체의 특징, 요컨대 남자의 경우 힘과 에너지가 뛰어나면 그 남자는 완전한 것, 따라서 아름다운 것으로 간주되었다. 자연으로부터 부여받는 모성의 천직에 여성이 육체적으로 가장 잘 어울리면, 그 여성은 아름답게 여겨졌다. 이 경우 생명의 영양의 원천인 유방은 첫째의 지위에 놓인다. 르네상스가 진전되면서 유방은 그것에 보조를 맞추어 점차 자신의 권리를 향해서 돌진했다. 중세에 여자에게는 가는 허리, 가능한 한 가늘고 긴 팔다리가 요구되었지만 이제는 그와 반대로 큰 엉덩이, 통통한 허리, 튼튼한 허벅다리가 요구되었다.

16세기 프랑크푸르트에서 간행된 J. B. 포르타스의 「인상학」에는 남성의 육체에 대해서 다음과 같이 서술되어 있다.

따라서 남성은 천성적으로 타고난 큰 몸집, 넓적한 얼굴, 활 모양으로 굽은 눈썹, 큰 눈, 네모진 턱, 굵은 힘줄이 불거진 목, 단단한 어깨와 늑골, 넓은 가슴, 우묵하게 들어간 배, 뼈가 앙상하게 눈에 띄는 골반, 힘줄이 불거진 균형잡힌 튼튼한 허벅다리와 팔, 단단한 무릎, 힘줄이 불거진 정강이, 아래쪽으로 팽팽히 당겨진 장딴지, 힘줄이 불거진 복사뼈, 균형잡힌 다리, 맵시 있게 근육이 불거진 큰 손, 힘차고 크게 각이 진 어깨뼈, 늑골을 모양 좋게 만든 크고 힘있는 등, 등과 허리 사이의 반듯한 네모꼴의 단단한 살, 튼튼한 허리, 작은 엉덩이, 단단하고 사랑스러운 피부, 신중한 걸음걸이, 크고 굵은 목소리 등을 가지고 있다. 그러나 마음과 예의범절에 대해서 말한다면 그들은 유연, 대담, 정직, 진지함을 갖추었고 한결같이 승리에 굶주려 있다.

아리오스토는 「성난 오를란도」에서 한 아름다운 여주인공에 대해서 다음과 같이 묘사하고 있다.

목덜미는 눈같이, 목은 우유같이,
아름다운 목은 둥글고, 유방은 봉곳이 솟아오르고,
부드러운 산들바람이 파도의 장난을 되풀이할 때,
해원(海原)이 높고 낮게 되는 것처럼,
좌우의 사과가 물결쳐 —— 두터운 옷 속에서,
아직 숨겨져 있는 그곳에까지 전해지고 있다.
거인 아르고스의 눈매는 아니지만 누구에게든 그것은,
옛날 보았던 것과 같이 아름답다.
알맞은 치수의 아름다운 팔의 끝은
상아와 같은
길고 가는 하얀 손으로 마무리되고 있다.

여성의 이상적인 육체(알데그레버, 동판화, 1530)

그 손이 뒤집힐 때는
마디와 혈관이 보이지 않는다.
작고 포동포동한 귀여운 발은
위엄으로 가득 찬 우아한 모습으로 드러난다.

베일의 두터운 옷감을 통해서
천사와 같은 아름다움이 빛난다.

혁명시대는 거대한 창조를 향한 웅성거림으로 인하여 항상 정상적인 상태를 벗어
나기 때문에 정상적인 모습의 발달에 만족하지 않고 항상 주요한 것을 과장하게 마
련이다. 그러므로 르네상스는 육체의 이상을 영웅종족으로까지 발전시켰다. 남성
에 대해서 사람들은 넓은 가슴에만 만족한 것이 아니라 헤라클레스의 모습을 사랑
했다. 앞에서도 서술했던 것처럼 남성은 형상에서는 아폴론과 헤라클레스여야만
했다. 남성의 얼굴은 강한 에너지를 표현하고 있어야 했다. 그러므로 매부리코만이
아름다운 것으로 간주되었다. 세상 사람들은 실제로 그러한 산물을 만드는 것에 성
공했다. 르네상스 시대의 영국인에 대하여 브란데스는 자신의 셰익스피어 연구서
에서 이렇게 쓰고 있다.

그 당시 영국의 젊은 귀족들은 인간의 가장 고귀한 산물의 하나인 벨베데레의 아폴론과
일등으로 당선된 종마와의 사이에서 태어난 튀기와 같은 인간들이었다. 그들은 자신들을
미술가라고 느꼈던 것과 동시에 행동의 인간이라고도 느꼈다.

사람들은 우아함이라든가 사랑스러움을 느끼게 하는 자태를 사랑했다. 이미 이
야기했던 것처럼 여성은 베누스인 동시에 유노여야 했는데 가슴이 부풀어오르고 팽
팽한 여성이 가장 아름다운 여성으로 여겨졌다. 그 때문에 처녀들도 일찍부터 유방
이 큰 것을 자랑했다. 브랑톰은 늠름한 체격의 여성, 즉 크고 당당한 몸매, 부풀어
오른 큰 유방, 통통한 허리, 포동포동한 엉덩이 —— 베누스 칼리피고스를 가장 강
하게 만든 아름다움 —— "거칠게 달라붙어 거인을 탈진시킬 수 있을" 정도의 포동
포동한 팔과 튼튼한 허벅다리와 같은 사지를 가진 여성을 가장 아름답다고 칭송했
다. 그리고 그는 이러한 여성이야말로 진실로 아름다운 여성이고 왕녀다운 여성이
라고 했다. 그것은 루벤스가 카리테스(Charites : 그리스 신화에 나오는 제우스의 세
딸, 즉 에우프로시네, 아글라이아, 탈레이아의 세 우아한 여신. 로마 신화에서는
그라티아이(Gratiae) /역주)(원색화보 참조)를 통해서 불후의 생명력을 부여한 여성
이다. 그런 여성을 바라보는 것은 최고의 환희였다. 그런 여성을 자신의 소유로 하
여 사랑하는 것은 남성에게 최고의 환희를 느끼게 했다. 브랑톰은 당당한 체격을

죽음의 신과 젊은 여인(한스 제발트 베함, 동판화, 1548)

가진 여성의 연애모험을 서술하고 있다.

그러므로 당당한 여성은 우수하다고 말해도 좋다. 요염하고 당당한 체격 때문이다. 결국 이러한 여성은 여타의 행동이나 일에서와 마찬가지로 이러한 면에서도 존경을 받기 때문이다. 가령 크고 아름다운 군마를 다루는 것이 작은 짐말을 다루는 것보다 백 배 더 기분이 좋으며 이것은 기수에게 아주 큰 즐거움을 주는 것과 같다.

이런 심미안이야말로 시대의 큰 흐름이었다. 이 큰 흐름은 새로운 발전을 위한 추진력을 지닌 모든 나라를 풍미했다. 이 때문에 새로운 인간이 형성되고 육체가 중심적인 것이 되었으며 또한 도처에서 육체적인 아름다움이 관능적인 방향으로 강화되었는데 그 결과는 어느 나라에서든 비슷비슷했다 ── 그리하여 이룩된 것을 종합해보면 첫째로 그것은 어느 나라에서든 공통적으로, 동시에 누구에게나, 곧장 눈에 띄었고, 둘째로 인간이 시대의 새로운 임무를 해결하기 위해서 사용하는 수단도 이미 공통적이었다. 이 수단은 어느 나라에서든 고대의 미의 이상이 기초가 된다. 인간이 저절로 그러한 이상으로 되돌아갔던 것과 때를 같이하여 그러한 이상도 모든 나라에서 저절로 나타났다. 왜냐하면 새로운 시대는 항상 자신의 문제를 일단 해결해주었다고 생각되는 과거의 사상으로 되돌아가기 때문이다. 동일한 인생문제에 일찍이 도움이 되었던 것 ── 이 경우는 고대의 사상 ── 은 자신의 오늘날의 문제를 해결해주는 존재로서 항상 얼굴을 내밀게 된다. 일찍이 고대의 정신문명도 상품거래로부터 발전했기 때문이다. 그런데 이 두 가지 점도 이미 공통적이었다. 경향과 계기가 동일했기 때문에 각국에서 형성된 전체적인 관념도 모두 같게 되어 하나의 이상으로 집중되었고 결국 그 이상은 모든 나라에서 동일해졌다. 이 동일한 경향이 아름다움에 대한 다양한 이상을 형성시킬 수 있었고, 역사적 단계가 나라마다 차이가 날 경우에는 제I권 제2장에서 서술했던 요소로부터 아름다움에 대한 다양한 이상이 형성될 수밖에 없었다. 요컨대 각국은 자국의 특수한 이익을 위해서 도덕의 규칙을 변화시키는 것처럼 민족미의 일반 관념도 변화시켜버리기 때문이다. 그리고 나라만이 아니라 각 계급까지도 미에 대한 이상을 만들었다. 각 계급은 항상 자신을 위해서 자신의 아폴론과 비너스를 만들었다. 이러한 흐름은 어느 계급에서나 존재하는 것이었고 그것은 모든 계급의 사물에 대한 사고방식과 분리되지 않는 요소였다. 왜냐하면 미에 대한 관념도 또한 특수한 이해관계의 표현이기 때문이다. 이제까지 인간은 이 흐름의 본질을 이해하지 못했기 때문에 이 흐름은 대부분의 경우 미에 대한 "완전한 혹은 불완전한" 관념으로 일컬어지는 데에 불과했다. 그러나 이것은 아주 잘못된 정의이다.

르네상스의 역사적 단계는 각국에 따라서 다르기 때문에 각국의 미의 이상도 본질은 동일하다고 하더라도 그 세부에서는 상당히 다를 수밖에 없었다. 이탈리아는 프랑스, 독일, 네덜란드와는 다른 것을 만들어냈다. 이들 나라에서의 각 계급의 세력관계가 다르기 때문에 각국의 미의 이상도 다를 수밖에 없었다. 그러므로 르네상스의 사회적 발전의 다양한 단계를 묘사해야 하지만 그와 동시에 목적미 위에 구축된 민족이상의 다양한 차이도 묘사해야만 한다. 이탈리아, 스페인, 프랑스의 발전은 전반적으로 귀족적이었다. 그러므로 아폴론과 비너스도 이런 나라에서는 아주 귀족적인 것이 되었다. 이 경우 인간의 이상적 유형은 모든 지상의 삶의 번거로움으로부터 해방된 마치 신과 같은 모습으로까지 떠받들어졌다. 이 가운데 이탈리아와 같이 자연적인 혜택을 받을 수 있었던 곳에서 이러한 이상의 가장 높은

미인과 죽음의 신(한스 제발트 베함, 동판화)

형태가 탄생한 것은 당연하다. 많은 고대의 유물과 아직 완전히 없어지지 않은 전설 덕택으로 가장 발달된 수단을 마음대로 구사할 수 있었던 이탈리아의 경우는 그러한 것이 이 일을 해결하는 데에 커다란 도움을 주었다. 한편 절대주의가 모든 사회조직을 일찍부터 잠식하기 시작했던 프랑스나 스페인의 경우에는 여성미의 이상은 여성을 아주 세련된 향락도구로 발전시킬 수밖에 없었다. 독일 사회의 단계는 소시민적이었다. 그 사회의 상태는 오로지 당시 독일에서 번영의 극을 달리던 수공업에 의해서 좌우되었기 때문에 독일에서 형성된 미의 유형은 어디까지나 소시민적이었다. 네덜란드에서는 시민계급의 발전이 아주 착실하고도 견고한 토대 위에서 구축되었다. 그러므로 미의 이상적 유형은 어떤 곡선에서도 늠름한 건강함이었다. 플랑드르 지방은 16세기의 전환기의 저 거대한 경제적 팽창을 기록하지 않을 수 없었다. 그 때문에 그곳에서는 루벤스의 저 초인적인 형태가 최고의 미의 관념으로까지 성장했다.

그 당시 나라들 사이에는 이와 같이 확실한 차이가 나타나기도 했지만 어떤 면에서는 두드러진 일치를 보이기도 했다. 요컨대 강력한 혁명의 노도가 문명인 전체를 습격했기 때문에 위대한 영웅적 곡선은 예외 없이 이 시대의 미의 이상이 되었다. 이러한 미의 이상이야말로 혁명기가 항상 자신이 만든 모든 것에 강요하는 영원한 날인이다.

2) 육체미의 예찬

시대는 항상 하나의 숭배물을 내세운다. 르네상스 시대는 육체로서의 인간을 그 방패 위에 내세움으로써 그 시대 전체를 통하여 그것은 도처에서 최대의 예찬을 받았다. 육체로서의 인간은 르네상스 시대에 인생의 지고(至高)의 의미를 지녔다.

사람들은 어떠한 예찬에서든 즉시 전체적인 것에서 개별적인 것으로, 요컨대 미세한 부분으로 이행하는 것이 보통이다. 그리고는 수백 가지의 개별적인 미를 발견하고 하나하나의 미로부터 하나의 이상적인 유형을 조립한다. 르네상스 시대의 사람들이 하나하나의 육체의 미에 대해서 열거한 미인법전은 새로운 인간발견이라는 측면에서든, 육체적인 것을 내세운 예찬의 측면에서든 기록적인 증명이 된다.

이 미인법전에서는 여성의 매력만이 가장 중요한 것이라고 하지는 않았지만 상당히 중요한 것으로 언급되어 있다. 사람들은 여성미를 아주 광범위하게 나눈 후에 세부적인 분석을 했다. 이것은 매우 당연하다. 남성이 여성미에 대하여 만든 구도(構圖)가 여성이 남성에 대하여 만든 구도보다 훨씬 많았던 것은 남성의 활동에 창조적인 것이 나타났기 때문만은 아니고 원래 남성은 항상 구애하는 존재이고 이와 반대로 여성은 남성으로부터 구애받는 존재라는 사실이 남자의 삶의 본질이었기 때문이다. 확실히 여성도 남성에게 구애하고 어떤 시대의 여성은 남성이 여성에게 하는 것보다 더 열렬한 방법으로 구애했는지도 모르지만 —— 이런 점에 대해서는 「캐리커처에 나타난 여성」에서 상세하게 서술한 바 있다 —— 여성은 결코 명확한 언어로써 남

아침 단장하는 젊은 여인(동판화, 16세기)

성에게 구애하지는 않았다. 명확한 언어로 표현하는 것은 남성의 구애의 본질이다. 그러므로 남성은 여성의 육체에 대한 자신의 요구를 명확한 요구나 묘사를 통해서 기록한다.

"여성이 남성에게 아름답게 보이고 게다가 식욕을 돋우도록 보이고 싶다면" 36가지 아름다움 —— 36이라는 것은 아주 큰 수인데 다른 책에서는 겨우 18, 23, 27로 되어 있다 —— 을 가지지 않으면 안 되었다. 이 아름다움은 일부는 형태로써, 일부는 색채 따위에 의해서 묘사되었는데 그것을 더 확실히 하기 위해서 이 이상을 어떤 그림이나 어떤 나라의 여성을 지명하여 도해하기도 했다. 쾰른의 여성은 아름다운 손으로, 브라반트의 여성은 아름다운 등으로, 프랑스의 여성은 불룩하고 아름다운 배로, 오스트리아의 여성은 당당한 유방으로, 슈바벤의 여성은 엉덩이가 큰 비너스의 특유한 미로 유명했다. 뿐만 아니라 바이에른의 여성은 여성의 가장 은밀한 미의 특유한 장식으로 유명했다 —— 세상 사람들은 보는 눈이 날카로우며 어떤 것도 간과하려고 하지 않았다. 게다가 신흥계급은 엉큼하게 숨기려고 들지 않았다. 그러므로 그들은 그것만으로 만족하지 않고 때로는 아주 노골적으로 묘사했다. 진실로 아름답게 존재하고 싶은 여성은 이러한 아름다움의 하나하나를 지니지 않으면 안 되었을 뿐만 아니라 이러한 아름다움 모두를 가져야만 했다. 기사 아이프의 회

아담과 이브(렘브란트, 부식 동판화, 1638)

상록에는 "그러므로 훌륭한 육체를 가진 여성은 절세 미인이다"라고 쓰여 있다. 이 미인법전은 어느 나라에든 속담이나 시 속에서 여러 가지로 도해되어 오늘날까지도 많은 독본으로 남아 있다. 여기에서는 두 개의 예만을 들어둔다. 매우 대중화된 결혼식의 노래는 "아름다운 숲속에 있는 아름다운 아가씨의 35가지 아름다움"을 다음과 같이 분석한다.

　　세 개의 하얀 것, 세 개의 검은 것, 세 개의 붉은 것,

세 개의 긴 것, 세 개의 짧은 것, 세 개의 두터운 것.
세 개의 큰 것, 세 개의 작은 것, 세 개의 좁은 것,
금상첨화는 적당한 폭과 적당한 길이,
프라하산(産)의 머리, 라인산의 발,
크라인의 오스트리아산의 유방,
프랑스산의 불룩한 배,
바이에른산의 털 많은 작은 덤불,
등은 브라반트산, 손은 쾰른산,
젊은이는 슈바벤산의 궁……에 입맞춤한다.

에센부르크의 기념비를 통해서 후세에 전해진 프리아멜(Priamel : 14세기와 15세기에 유행한 독일 풍자시/역주)에서는 이렇게 노래한다.

내가 원하는 미인은
프라하 여성의 머리,
프랑스 여성의 작은 덤불,
오스트리아 여성의 두 개의 유방,
브라반트 여성의 목과 등,
쾰른 여성의 하얀 손,
두 개의 발은 라인 여성의 것,
예의범절은 바이에른 여성의 것이 아니면 안 되지,
언어는 슈바벤 여성의 것,
이러한 것이 미인의 조건.

기사 아이프의 회상록과 클라라 헤츨레린의 가요집에는 이와 아주 유사하면서 이보다도 좀더 상세하게 노래한 프리아멜이 있다. 한스 작스도 이 주제를 시로 노래했다. 그리고 그의 다양한 시와 마찬가지로 이 시도 그림을 삽입한 팸플릿으로 간행되었다. 또한 여러 가지 독본을 비교해보면 여성미에 대한 각 도시의 의견이 매우 구구하다는 것을 증명할 수 있다. 제1의 도시에서는 플랑드르 여성의 등이, 제2의 도시에서는 그 여성의 팔이, 제3의 도시에서는 그 허벅다리가, 제4의 도시에서는 그 유방이, 제5의 도시에서는 "풍만한 엉덩이"가 선호되었다. 여류 시인 클라라 헤츨레린이 그녀의 프리아멜에서 특히 찬양하고 있는 것은 슈바벤 여성의 유방이었

지만 반면에 폴란드 여성은 큰 엉덩이를 가진 비너스의 미를 아주 매혹적으로 구비하고 있었다. 이러한 운(韻)을 단 미인법전의 형태는 독일 문학만의 장기는 아니었다. 우리들은 라틴어, 프랑스어, 스페인어, 이탈리아어에서도 마찬가지 사실을 찾아볼 수 있다. 산문에도 많은 변형이 있다. 이 점에 대하여는 베벨의 만담을 참고하기 바란다.

애인에 대해서만 아니라 일반 여성에 대한 최고의 찬미도 이러한 예찬과 꼭 맞아떨어지고 있다. 연인이 아름다운 아가씨에게 노래하는 세레나데는 15세기 프랑크푸르트의 사본에 의하면 다음과 같다.

아가씨는 대낮과도 같다.
어떤 남성도 아가씨를 이만큼 아름답게 칭송할 수는 없다.
아가씨의 입술은 장밋빛,
두 뺨은 언제 보아도 사랑스럽고,
아가씨의 머리카락은 황금빛,
두 눈은 투명하게 빛난다.
아가씨의 이빨은 상아와 같이 하얗고,
아가씨의 유방은 둥글고 작아,
아가씨의 배는 홀쭉하고 길어,
아가씨의 손은 가늘고 하얘,
아가씨의 발은 매끈하고 크지 않아,
명예의 관은 이미 아가씨의 것이다.

클레망 마로의 에피그램(풍자시) "학생과 소녀"도 이와 마찬가지이다. 나는 마르가레테 보이틀러가 마로의 에피그램에서 훌륭히 번역한 시를 인용하겠다.

학생이
아름다운 소녀와 즐거워하고 있다.
학생은 소녀의 몸을 칭송한다,
"난 부드러운 유방이 참 좋아, 허벅다리는 얼마나 포근한가,
아아 그리고 달콤한 곳은 얼마나 작은가!"
소녀는 이렇게 답한다. "어머 지겨워요, 당신.

말씀하신 대로 작지만 ── 신만이 들어오게 되어 있어요.
당신은 그 힘을 빌리세요 ── 당신은 그 부속품."

뉘른베르크의 사육제 연극은 여성의 육체미를 칭송하는 노래로서는 일품이다.
그 예로 "미인시합"에서 두세 수의 시를 들어보겠다. 그것은 여성을 가장 훌륭하게
칭송하는 법을 알고 있는 남성이 시합에서 승리한다는 것이었다.

　　둘째 남자
　젊은이들이여, 내가 하는 말을 처음부터 들어보소.
　원하는 것은 나의 여성에 대한 성취오.
　여성이 나에게 이러한 원기를 부여해왔고,
　나와 여성이 모두 이렇게 살아,
　함께 걷고, 함께 서고, 함께 일하지 않으면 안 된다오.
　보다 나를 부드럽게 해주는 것이 여기저기에서 기운 속으로 들어와,
　덕분에 이 세상에서 즐겁게 된,
　여성에 대한 봉사 가운데서만이 영웅이 된다오.

　　셋째 남자
　여기서 말하는 우아하고 훌륭한 아가씨만큼,
　이 세상에서 사랑스러운 존재는 없소.
　아가씨의 얼굴은 환희로 빛나고,
　아가씨의 볼은 넋을 잃게 하고,
　아가씨의 입매는 주홍으로 불타고,
　언젠가는 환희 속에서 문득, 훌륭한 존재에 대하여,
　아가씨는 나의 용기를 칭송했소.
　그런 뜻에서 밤의 굶주림이 나를 슬프게 하오.

　　넷째 남자
　창유리와 같이 빛나는 아가씨의 눈은,
　저 태양처럼 반짝반짝 빛나고,
　마치 흰색과 적색 가운데 칠해진 흑색과 같이,
　그 눈의 샘은 반짝반짝 빛난다.
　마치 조각된 상아와 같이
　아가씨의 이마는 반짝반짝 빛난다.

나는 밤참을 위해서 아가씨를 집으로 데리고 갔소.
덕분에 뭇 사내들은 1년 만에 나를 적으로 삼았다오.

　다섯째 남자
젊은 아가씨는 똑바로 당당하게 서 있고,
아가씨는 마치 돌화살의 시위와도 같이 똑바로 걷고,
아가씨의 머리와 머리카락은 훌륭한 관이오.
그리고 아가씨의 그 목소리는 달콤한 여운을 남기고,
아가씨의 목덜미는 아주 고상하며,
젊은이들이 아가씨의 뒤를 쫓아다니는 것도 지당하오.
나야 단돈 두 푼으로 아가씨를 하룻밤 샀는데,
덕분에 교황으로부터 지엄한 파문을 당했소.

　여섯째 남자
아가씨는 진정한 미인,
아가씨의 몸짓은 모두 미인의 몸짓이오.
아가씨의 얼굴은 사랑스럽고,
그녀의 입매엔 항상 웃음이 흐르고,
입 안에서 하얀 치아가 빛나고 있소.
볼엔 보조개가 패고,
아가씨의 턱은 사랑스러운 이중턱,
난 그 아가씨를 진정 손에 넣고 싶어.

　여덟째 남자
아가씨의 모습은 맑게 빛나고,
아가씨의 손발은 그 모습에 잘 어울려.
아가씨의 머리와 목, 아가씨의 팔과 발은,
크지도 않고 작지도 않아.
아가씨의 배는 홀쭉하고 길어,
배꼽 밑은 민둥산은 아니라오.
내가 원하는 것은 무엇이든 들어준,
나야 아침부터 저녁까지 아가씨에게 봉사하고 싶다오.

독자들은 이 노래에서 정신적인 미가 그다지 노래되지 않은 정도가 아니라 전혀

미인과 죽음의 신(한스 제발트 베함, 목판화)

노래되지 않았음을 발견할 것이다. 예의범절이라는 관점에서 볼 때 이러한 노래는 순수히 관능적인 연애활동만을 노래하는 것이다. 노래되는 내용은 정신도, 고상한 마음도 아닌 오히려 가지각색의 매력을 통해서 남성을 연애로 꾀어들이는 민네적인 연애이다. 그리고 이러한 것만이 여성을 사랑스럽게 만들고 여성을 애지중지 추켜 세운다. 앞에서 예로 든 사육제 연극의 둘째, 셋째 시에서는 이것이 가장 명확하게 노래되고 있다.

그 어떠한 아름다움보다도 더 많이 유방의 아름다움에 대하여 가장 열광적인 찬가가 바쳐졌다. 유방은 상아처럼 하얗고, 비너스의 구름이며 사탕으로 된 공이다. 유방은 "해돋이 때의 봄의 태양"과 같이 가슴의 중심을 가리킨다. "유방은 마치 앞으로 쑥 내민 창과 같이 팽팽히 긴장하고 있다"라는 것 등이 그것이다. 사람들은 어느 나라에서든 유방에 대하여 많은 찬가를 바쳤다. 여성을 칭송하는 노랫소리가 울려퍼지는 곳에서는 먼저 목청을 다해서 유방부터 노래했다. 한스 작스는 그 아름다움을 다음과 같이 노래한다.

하얀 목덜미와 하얀 목,
그 아래에 있는 두 개의 유방을 나는 찬양하오.
여기저기로 가지가 뻗은
푸른 혈관으로 장식된 유방을.

클레망 마로는 이 시대의 유방의 아름다움에 대해서 가장 열광적인 찬가를 바쳤
다. 그는 유방의 여러 가지 아름다움, 유방이 주는 온갖 환희, 유방을 바라보면서
남자들이 생각하는 행복과 모든 바람을 열광적인 찬가로 칭송했다 —— 나는 여기
에서도 마르가레테 보이틀러의 번역시에서 그것을 인용하겠다.

너, 완벽한 유방이여,
진정 흰 비단과 같은 유방이여,
장미도 무색한 유방이여,
어떤 것에도 비유되지 않을 유방이여,
딱딱한 유방은 진정한 유방이 아니지만,
그래도 상아 같은 작은 보배가 있고,
너, 그 한가운데에,
작은 분홍빛 버찌가 놓여 있는데,
누구도 그것을 보지 못하며, 누구도 가까이 가지 못하지,
그럼에도 불구하고 나는 그러한 것이 거기에 있음을 보증하고 싶어.
장밋빛 작은 꽃봉오리 같은 유방이여,
너는 거기에서 한번도 움직이지 않는,
올 때도, 갈 때도,
달릴 때도, 춤출 때도.
왼쪽 유방이여, 사랑스러운 유방이여,
너는 항상 네 짝과 떨어져 있지만,
남자의 공격에 대해서는,
항상 그 증인이다.
너를 볼 때는, 손으로 너를 만지고, 너를 꽉 쥐고 싶다는,
참기 어려운 감정을 누구나 일으킨다.
그래도 너에게 접근하는 것은,

맹세코 조심스럽지 않으면 안 된다.

무심코 접근하면, 또 한번 참을 수 없는 다른 감
정이 일어나기 때문이다.

아아, 크지도, 작지도 않은 유방이여.

성숙한 유방이여, 정욕을 도발하는 유방이여.

"저를 빨리 결혼시켜주세요"라고,

밤이고 낮이고 호소하는 유방이여,

누르면 부풀어 튀어오르는 유방이여,

정욕으로 팽팽히 긴장해오는 유방이여.

언젠가 너를 충족시켜줄 수 있는 사람이야말로,

축복받은 남자라고 나는 말하고 싶다.

그때 너의 무구한 유방은

한 남자의 아름다운 여성의 유방으로 변한다.

프랑스의 궁정여인(16세기 말)

또 이 찬가에는 일찍이 이 구애의 원천을 이루고 있는 사회적 환경의 세련미가
매우 강하게 반영되어 있다. 그러나 이 세련미는 이미 소박한 환희가 아니라 일찍
이 절대주의 프랑스 궁정을 둘러싼 분위기에서 흘러나온 그 유명한 퇴폐였다.

회화분야에서 유방에 대하여 구현한 찬미는 문학에서 노래된 유방에 대한 찬가를
오히려 능가하고 있었다. 아무튼 회화에서 유방의 아름다움이 르네상스 시대만큼
감격적으로 묘사된 시대는 없었다. 유방의 이상적인 미를 맹렬하게 그림으로 그려
댄 것은 그 시대의 끝없는 미술의 취향의 하나였다. 그 시대에 유방은 아름다움 가
운데 가장 빼어난, 또한 가장 큰 경이였다. 그러므로 시대는 유방을 회화로, 소묘
로, 기회 있을 때마다 칭송했다. 사람들은 여성의 생활에서 자신이 좋아하는 것을
묘사하기를 원했다. 그것은 또한 유방의 찬미에서 새로운 노래를 바치는 절호의 기
회이기도 했다. 그리고 칭송된 것은 항상 건강한 자연의 미 —— 요컨대 그 목적미
였다. 생명에의 힘을 그곳으로부터 받아들이기 위해서, 생명에의 힘을 놓치고 싶지
않은 마음에서 만들어진 것은 항상 유방이었다. 이 책의 어떤 삽화가 이에 맞는지
일일이 지적하는 것은 어리석은 일이다. 그렇게 하려면 이 책의 삽화의 절반을 지
적해야 하기 때문이다.

유방의 예찬과 유사한 것이 또 하나 남아 있다. 그것은 여성의 극비의 미에 보인
열광적인 찬미였다. 시대는 입을 모아 그 극비의 미에 대하여, 그 특유한 미나 그

로앙 공작부인 마리의 초상화(파울루스 모레엘세, 17세기)

우수성이 자리하고 있는 장소에 대하여 많은 찬가를 바쳤다. 원래 이러한 종류의 열광은 대부분 노골적으로 나타나기 마련이었다. 그러나 바로 이 노골성 가운데 르네상스의 왕성한 창조력이 보인다. 이 찬가의 가장 흔한 형태는 연인의 상반신이나 하반신 중 어느 부분이 좋은가 하는 논의였다. 그리고 세상 사람들은 상반신의 유방을 극구 칭찬하면서도 정작 부딪히게 되면, 결국 상반신보다 하반신이 좋다고 했다. 유방은 남성의 생각을 저 쾌락의 장소로 가장 잘 안내한다는 이유에서만이 아름답다 —— 이는 육체 가운데 어느 부분의 아름다움이 제일인가 하는 세상 사람들

첼로 연주가의 초상화(베르나르도 스트로치, 17세기)

의 논의에서 항상 도달했던 결론이기도 하다. 이러한 극비의 미의 찬미 가운데 가장 독특한 실례는 "흰 들장미"라는 아주 오래된 이야기인데 그 이야기의 골격은 아주 단순하다. 그것은 어느 아가씨의 무릎이 어떤 잡초, 여기에서는 흰 들장미에 닿음으로써 말을 하게 된다는 내용이다. 어느날 아름다운 아가씨가 노천의 목욕탕에 들어가려고 할 때 흰 들장미가 바로 아가씨의 무릎에 닿았다. 닿자마자 아가씨의 무릎이 입을 열기 시작했다. 자신의 미모를 어느 정도 뽐내고 있던 아가씨는 세상

AVSI·ALOYE QVE L ME SE PERDE

유랑의 무리(프랑스의 목판화)

의 많은 남자가 말을 붙이며 자기를 쫓아오는 것은 모두 저로 인한 것이라고 말하여 자신의 무릎으로부터 조소를 받았다. 그 때문에 싸움이 시작되어 둘은 헤어져버렸다. 그러나 극비의 미가 말하는 것이 사실임이 증명되었다. 왜냐하면 둘의 이별 이후 아가씨의 아름다운 얼굴에도 불구하고 어느 한 남자도 아가씨에게 접근하지 않았기 때문이다. 그러나 그 무릎도 상황은 조금 달랐지만 아가씨와 같은 처지에 놓였다. 무릎은 얼굴을 내미는 어떤 곳에서든 항상 추방당했고 심한 모욕을 받았다. 마침내 둘이 다시 해후하게 되어 서로 자신의 슬픔을 호소했기 때문에 서로 재회를 기쁘게 생각했다는 것이다. 이 이야기는 내용이나 형태 모두 아주 단순하지만 그 가운데 깊은 상징적인 의미가 내포되어 있다. 요컨대 여성의 모든 아름다움은 진실로 에로티시즘으로 발산될 때에만 가치가 있으며 단순한 충동적인 에로티시즘만으로는 추잡하고 천박한 것이 되어버린다는 것이다. 민속학자가 보고하는 것처럼 이 우화는 독일어만이 아니라 프랑스어, 이탈리아어, 스페인어 등 여러 언어로 되어 있다. 또한 19세기까지 수세기 사이에 이 우화는 다양하게 개작되었다. 그 가운데 가장 유명한 것으로는 디드로의 "분별없는 보석"인데, 제목만을 들어두겠다. 앞에서 든 클레망 마로의 에피그램에서는 어느 시대이든 여성은 남성이 자신의 외적인 미와 더불어 이 하나의 미를 존경해줄 것을 희망하고 있다는 사실을 르네상스와 프랑스를 예로 들어서 증명하고 있다. 독일의 경우는 고상하기보다는 오히려 아주 강렬한 사육제 연극의 많은 장면이 이를 증명하고 있다.……

회화는 굉장한 애정과 열광으로써 극비의 미를 어떤 때는 한없이 소박하게, 또한 어떤 때는 아주 고상하게 묘사하여 그 미에 대한 예찬에 많은 공헌을 했다. 이러한 회화 가운데 극소수만을 들어보면 베함이나 알데그레버의 많은 동판화, 페터 플뢰트너의 광고화, 도나텔로의 플로라가 이에 해당한다.

나는 르네상스의 남성미에 대한 사고방식도 결국 순전히 관능적이었다고 이야기한 바 있으며 또한 그 시대의 기록을 통해서 이미 증명했다. 세상 사람들은 남성의

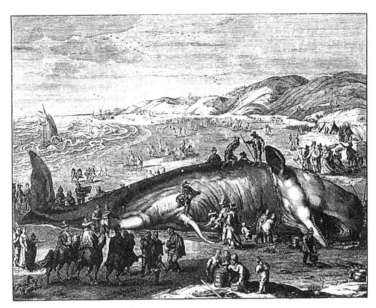

고래잡이(네덜란드의 팸플릿, 1598)

형상을 아폴론과 헤라클레스에서 구하지 않으면 안 된다고 요구했지만 이 경우 오히려 헤라클레스 쪽이 훨씬 중시되었다. 세상 사람들은 헤라클레스를 강조하면서도 남성미에 대한 요구는 아주 소극적이었다. 여성에 대해서는 구체적으로 36가지의 미를 요구하면서도 남성에 대해서는 모든 것을 단념하고 정작 중대사건이 일어나는 경우 필요한 단 하나의 요구만을 강조했다. 그런데 이 하나의 요구는 모든 것을 무시하고 크게 존중되었던 것이다. 이 단 하나가 자신이 사랑하는 여성에게 최대의 요구를 해도 좋다는 권리를 남성에게 부여했다. 뿐만 아니라 이 단 하나의 요구가 종종 철저한 계급차별까지도 소용없게 만들어버렸다. 예를 들면 이것이 노예에게 영주의 마님의 총애를 받을 수 있는 자격을 부여했고, 또한 진짜 재산보다도 더 좋은 재산으로서 부잣집 태생의 신부를 만족시켰다. 이 단 하나의 요구란 요컨대 사랑의 행위를 하기 위해서 태어나면서부터 갖추고 있는 아주 훌륭한 물건이었다. 그러나 세상 사람들이 그것 이외의 남성미를 무시했다고 해서 그 이외의 남성미를 알지 못했다는 의미는 아니다. 오히려 그들은 그것 이외의 남성미도 존경하고 그것을 자랑했으며 그리하여 크게 부추기게 되었다. 그러나 그 이외의 남성미는 저 훌륭한 물건과 결합되는 경우에 한해서만 칭송되었다. 세상 사람들은 이 물건을 버리면서까지 남성의 일반미를 사려고 하지는 않았다. 오히려 그 이외의 모든 육체미를 버리고서라도 이 우월한 물건 쪽을 사려고 했다. 독자는 남성을 평가하는 데에 이 물건이 영원히 변하지 않는 근본 관념이며 그 근본 관념은 태곳적부터 현대에 이르기까지 어느 시대에서든 적용되었다고 반박할지도 모른다. 그러한 반박은 확실히 타당하지만 역사 속에서는 큰 차이가 있었다. 르네상스 시대에는 이 물건이야말로 소위 남성에 대한 최고의 요구라고 선언되었다. 르네상스 시대에는 여성의 개인적인 요구를 아주 명확한 형태로 일반법칙화했으며 뒤에서 이야기하는 것처럼 복장에서 아주 노골적으로 드러내었다.

이 물건을 이렇게까지 노골적으로 드러낸 것은 세상 사람들이 싫든 좋든 소위 우연적으로 내뱉은 외설은 아니었다. 르네상스 시대의 인간들은 장소를 가리지 않고 외설을 좋아했기 때문에 기회 있을 때마다 외설적인 익살을 부렸다는 말은 잘못된 것이다. 이 물건이야말로 르네상스 시대의 인간에게는 소위 주제이며 핵심이었다. 르네상스 시대의 인간은 이 핵심에서 출발하여 몇 번이고 다시 이 핵심으로 되돌아왔다. 이러한 주제는 여러 가지 이야기, 많은 시가, 그보다 더 많은 격언이나 말, 수수께끼, 해학, 수백 가지의 소설이나 만담 등에서 특히 잘 다루어졌다. 그리고 이것은 어느 나라에서든 적용되었다. 이런 주제는 독일의 베벨이나 린드너, 이탈리아의 포조나 코르나자노, 프랑스의 브랑톰이나 라블레에게서도 많이 발견된다. 그외에도 다른 작가의 이름을 몇백 명이라도 쉽게 들 수 있다. 그러나 르네상스 시대에 이 주제를 다룬 경우의 작풍(作風)은 상당히 노골적이었기 때문에 나는 여기에서 일일이 실례를 드는 것은 삼가겠다. 또한 이러한 사람들의 작품에는 이런 부분이 굉장히 많이 발견되기 때문에 제목을 드는 것조차도 촌스러운 짓이다. 가령 15세기의 뉘른베르크의 사육제 연극에는 "방앗간 집 여편네의 사육제"나 "아름다운 사육제 연극" 등의 제목이 눈에 띄는데, 이 사육제 연극에서는 이와 유사한 다른 제목들도 산더미처럼 집어낼 수 있으며, 다른 도시나 다른 나라의 사육제 연극에서도 이와 유사한 것이 산더미처럼 발견된다. 이러한 것은 그대로 만담에도 적용된다. 가령 코르나자노의 이탈리아 격언소설 「그는 그가 아니다」는 우리들 가까이 있는 수많은 유사한 만담에서 멋대로 뽑아낸 하나의 만담 제목이다. 이 주제가 문제삼는 방식 중 특히 인기 있었던 형태는 그렇게 노골적이지 않은, 요컨대 신랑, 남편, 정부의 훌륭해야 할 이 물건이 탐탁하지 못한 것을 발견했을 때에 상대 여성이 낙담한다든가 분개한다든가 하는 것을 풍자적으로 묘사하는 방식 —— 아가씨가 최후의 순간에 돈 많은 구혼자를 호되게 때린다든가, 신부가 결혼 다음날 "싸게 팔려오는 바람에 시집 온 것 같지도 않게" 느낀다든가, 부정한 아내가 자신의 부정을 합리화한다든가 하는 방식이다. 이러한 풍자 가운데 가장 흔한 형태는 아내가 남편에게 무엇을 요구할 권리가 있는가 하는 문제를 놓고 법정에서 벌이는 토론이었다. 이 가운데 하나가 "남편에게 만족하지 못한 아내의 진지한 질문"이라는 만담이다. 또 그와 비슷한 것으로 상당히 긴 내용의 티롤 지방의 사육제 연극 "이별"이 있다. 이 연극에는 원고, 피고, 재판관, 감정인, 게다가 여성까지 합쳐 열 명에 가까운 많은 사람이 등장한다. 여성이 등장하는 이유는 여성은 그런 방면에 대해서 가장 잘 알고 있음에 틀림없기 때문이었다.

이러한 방식이야말로 르네상스의 관능적인 면을 가장 훌륭하고도 우수하게 드러낸 기록이며 그것은 실제로 본질의 핵심을 꿰뚫고 있다고 해도 결코 틀린 말이 아니다. 왜냐하면 그러한 방식은 새로운 것을 창조하려고 하는 시대의 웅성거림이 낳은 당연한 결과일 뿐만 아니라 피할 수 없는 결과이며, 따라서 시대와 분리될 수 없다는 것을 간과해서는 안 되기 때문이다. 결국 이러한 방식이 시대의 구조였다. 그러므로 우리들은 다음과 같이 말해도 무방하다. 이와 같거나 비슷한 사실을 마지못해 서술한다든가, 이러한 것은 도저히 믿을 수 없는, 한없이 에로틱한 것을 무턱대고 도깨비처럼 만든 것밖에 아무것도 아니라고 하면서 마지못해 이 사실을 인정하려고 하는 많은 역사가들은 르네상스 시대의 내면에 숨겨진 본질을 전혀 파악하고 있지 못했다라고.

이미 말한 것처럼, 이른바 성숙이 이 시대에 가장 칭송되었다는 것은 위와 같은 사실과 논리적으로도 일치한다. 인생의 절정기에 달한 남성과 여성, 즉 육체의 힘과 성적인 정력이 최상의 상태에 있는 남성과 꽃봉오리와 같이 꽃을 피우려고 하는 아가씨가 아니라 난만하고 화려하게 꽃핀 육체와 내적으로는 모든 관능에 길들여져 있고 작열하는 행위를 할 수 있는 성숙한 여성이, 즉 꽃보다는 오히려 열매 쪽이 더 중요하다고 여겨졌다. 그러므로 성숙된 여성은 35세부터 40세 사이의 여성이었다.

아아, 필린나여. 나는 그대 웃을 때의 눈꼬리의 잔주름을 사랑하오.
그것은 청춘과 정력이 아닌 경험을 말하고 있소.

목욕하는 밧세바(헨드리크 골치우스, 동판화, 1583)

열망하는 손이 당신의 풍만한 큰 파도를 가지고 장난할 때에,
당신의 처녀적 가슴은 나를 더 이상 정욕으로 유혹하지 못하오.
나는 결실의 가을을 훌쩍 마시고, 봄을 버린 ——
오라! 포로의 방이 하얀 눈에 파묻히기까지, 나는 당신을 깊이 잠들게 하리라.

　사람들은 고대의 그러한 작품 속에서 다시 특별한 환희를 발견했다. 요컨대 그러한 작품은 자신들의 사회생활에 어울렸기 때문이다. 더욱이 사람들은 처음으로 꽃을 피우려고 하는 아가씨보다 성숙한 어머니 쪽이 더 좋으며, 어머니의 성숙한 아름다움 쪽이 훨씬 유혹적이라는 사실을 여러 형태를 빌려서 명확히 썼다. 그치지 않고 솟아오르는 샘과 같은 유방은 모든 남성들이 가장 원하는 것이었다. 그것은 또한 남성을 가장 강렬하게 끌어당겼으며, 남성의 흥미를 가장 강렬하게 만들었다. 그것은 당시의 화가들이 왜 젖을 주는 마리아를 즐겨 그렸는가에 대한 답이기도 하다. 이 때문에 유방으로부터 물을 내뿜는 여성은 15-16세기에 광범하게 유행했던 분수의 한 형태가 되었다. 그것은 생명력을 내뿜는 힘, 요컨대 갓난아기에게 젖을 주는 여성과 아주 잘 어울리는 상징이었다. 이 실례로 뉘른베르크의 유명한 청춘의 분수를 생각해보기 바란다. 그밖에도 수백 개 실례를 이와 같은 의미에서 들 수 있다. 그 모든 것들은 새로운 것을 창조하려고 하는 시대의 웅성거림의 훌륭한 실례였다. 특히 축제 때에는 항상 도시나 군주가 민중에게 술을 대접하기 때문에 이러한 분수는 항상 술을 뿜어내었다. 원숙기의 아름다운 아내가 남편에게 사랑행위의 기교를 마음껏 요구했음은 말할 필요도 없다. 그러나 이 방면에 대해서는 르네상스의 연애에 관한 장에서 서술할 예정이다.

그 시대의 사람들이 다른 시대와는 달리 임신한 여성의 모습을 미학적으로 아름답게 생각했던 것은 이와 같은 견해로 설명이 된다. 이것은 세상 사람들이 임신한 여성을 통해서 모성의 신성함을 칭송했다는 전의적(轉義的) 의미에서만이 아니고 임신상태를 관능적으로 아름답다고 보았기 때문이었다. 당시의 화가들이 즐겨 임신한 여성을 그리고, 게다가 임신한 여성의 특별한 외적인 징후까지도 빠뜨리지 않았던 것을 이에 대한 증거로 보아도 좋다. 그 가운데 가장 유명한 것은 라파엘로의 작품으로 알려진 "라 그라비다(임신한 여자)"이다. 또 하나, 화가가 임신한 여성을 그릴 때뿐만 아니라, 나체의 여성을 그릴 경우에도 마치 임신한 것처럼 배를 크게 그렸던 것도 그것을 증명한다. 이에 대해서는 반 아이크의 이브나 이와 비슷한 많은 나체화를 생각할 수 있다. 미술사가는 이 사실을 대부분 다음과 같이 설명하려고 한다. 그러한 화가는 모델이 된 여자가 임신 초기였다는 사실을 모르고 우연히 선택했다는 것이다. 그리고 이런 회화가 그렇게 많은 것은 일반 사람들이 임신의 특별한 징후를 잘 몰랐기 때문이라고 설명했다. 슈트라츠는 당시의 화가가 임신을 전혀 구별할 수 없었다고 쓰고 있다. 이런 설명은 나에게는 이해가 되지 않는다. 미로의 비너스를 모사하는 일본인이 항상 그것을 무의식중에 일본적인 것으로 바꾸어 그리는 것처럼 화가도 스스로 알지 못한 채 임신부를 그린 경우도 확실히 있을 법하다. 그러나 임신기의 여성이 많이 묘사되었던 것은 요컨대 그것이 그 시대 사고방식의 중요한 요소였기 때문이다. 그러므로 시대도, 따라서 그림을 그리는 미술가도 이런 유형을 아름답다고 보지 않을 수 없었던 것이다. 그렇지 않다면 세상 사람들도 그러한 그림을 돌아보지 않았을 것이고 미술가도 그러한 유형의 여성을 그리지 않았을 것이다. 이 경우 미술가가 무엇이 추악한가 하는 진정한 이유를 알았

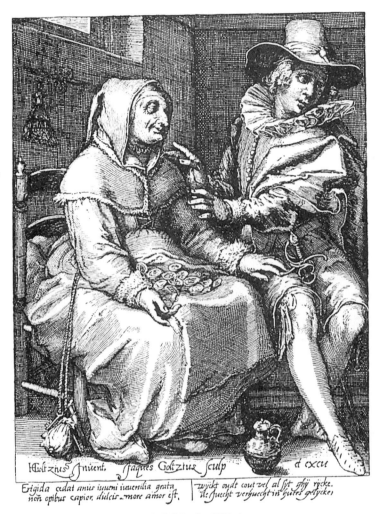

늙은 애인(헨드리크 골치우스)

든가 몰랐든가 하는 것은 문제 밖이다. 위대한 그림에 임신한 여성이 그렇게 많이
등장한 것은 결국 창조적인 것을 특별히 그리는 것이 무의식적으로 선호되었기 때
문이며 더욱이 그 시대의 모든 것이 이미 무의식적으로 특별히 창조적인 것을 그리
는 방향으로 집중되었기 때문이라고 설명하는 쪽이 오히려 이치에 맞다고 생각한
다. 사랑을 통해서 수태한 여성은 확실히 창조적인 존재의 상징이며, 아이를 가진
성숙은 창조적인 것 가운데 가장 완전한 것이다.

백발의 애인(헨드리크 골치우스)

더욱이 르네상스 시대의 사람들이 노인이 되는 것을 가장 불행하게 여긴 것도 앞의 사실들에 부합한다. 노년에 이르면 인생의 중요한 내용인 육체는 이미 그 최상의 목적을 만족시킬 수 없다. 꽃잎이 떨어진 노파는 남편의 욕망을 자극할 수가 없고, 노쇠한 남편도 아내의 욕망을 가라앉힐 수 없다. 이 때문에 나이 먹은 남성이나 여성만큼 소름 끼치게 하는 것은 없었다. 그러므로 세상 사람들은 항상 노인에게 아주 잔혹한 조소와 경멸을 퍼부었다. 중세 말기에 쓰인 가장 오래된 독일 이야기 「루오들리프」에서도 노인은 극히 처절한 대우를 받고 있다. 이 이야기 가운데 노파는 다음과 같이 묘사된다.

한창 아름다울 때 달에 비유되기도 했던 여자도,
세월 탓에 늙어버린다.
노파가 되면 추해져서 늙어빠진 원숭이같이 보인다.
예전에는 반듯했던 이마에도 주름살이 굵게 패이고,
예전에는 비둘기 같았다는 눈도 흐리멍텅해지고,
코에서는 콧물이 흐르고, 옛날에는 볼록했던 볼도
이제 축 늘어지고, 이빨은 빠지고……
뾰족하던 턱도 축 늘어졌고,
예전에는 그다지도 매혹적인 미소를 보내던 입조차,
동굴처럼 열려 있어, 보는 사람을 소름 끼치게 한다.

까치 같다던 머리도 털이 뽑혀 있고,
필시 탄력적이고 아름다왔을 유방도 해면같이,
흐느적거리면서, 텅 빈 채로 축 늘어져 있다.
땅에까지 드리워져, 땅아놓으면,
등에서 탐스럽게 물결치고 있던 황금빛 머리카락도,
회색으로 바래 수세미같이 되었다……
냄새 맡은 먹이를 향해서 날려고 하는
멍청한 독수리같이,
머리를 기울이고, 어깨를 앞으로 쑥 내밀고 어정어정 걸어다닌다.

클라라 헤츨레린의 가요집의 긴 노래에서는 다음과 같은 프리아멜이 발견된다.

여성의 유방은 아래로 축 늘어져, 마치 두 개의 널빤지처럼, 물기도 없이 텅 빈 채로.

육체가 쭈그러들어 더 이상 사랑을 할 수 없는 나이 든 남성에 대해서 세상 사람들은 무자비했을 뿐만 아니라 혹독한 조소까지 쏘아붙였다. 문헌에 나타난 여러 사육제 연극, 만담, 소설 등은 모두 이 주제를 다루고 있다. "홀츠 사람들의 사육제 연극" 속의 다음과 같은 노래는 그 좋은 예이다.

원고 홀츠 남자는 말한다.
재판관님, 저는 홀츠 남자입니다.
저의 마누라는 몸매가 훌륭한 여자입니다.
그런데 저기 있는 남자가 저의 마누라를 가로채서,
마누라는 점차 저를 멀리하여,
저는 몇 번인가 마누라를 붙잡아보았습니다.
저기 있는 남자와 어울려 춤추고, 게다가 함께 피리를 불게 되어,
결국 궁둥이와 무릎으로 불놀이하게 되었습니다.
재판관님, 그런 까닭으로, 저는 재판을 걸지 않을 수 없었습니다.

다른 홀츠 남자
재판관님, 제가 말하는 부분도 잘 들어주십시오.
저는 젊고 늠름한 남자 하인입니다.
게다가 저는 새로운 장사에 늘 자신이 있습니다.

늙은 애인(루카스 크라나흐)

안주인은 저와의 장사에서 그것을 정확히 간파했습니다.
안주인은 말을 걸어 몇 번인가 저의 마음을 떠보았습니다.
안주인이 저에게 출자를 부탁했기 때문에,
저는 그것을 무턱대고 거절해버릴 수 없었습니다.
그런 까닭으로 제가 한 것은 잘못되었다고 할 수 없습니다.

  홀츠 여자가 말한다.

어울리지 않는 한 쌍(독일의 목판화, 1500)

저는 한 남자의 아내이지만, 매우 젊은 여자랍니다.
게다가 저의 몸은 젊음에 넘쳐 싱싱하고, 아주 훌륭합니다.
늙은 남편은 남자라는 것을 잊어버려,
젊은 남성의 매력에 마음이 끌려버렸습니다.
젊은 남성은 저에게는 아주 충실하고,
젊은 남성의 화살은 노쇠한 화살보다도 적중률이 높고,
노쇠한 화살보다 더 훌륭하게 저를 겨냥합니다.
그런 까닭에 저는 저기 있는 남자의 매력에 마음이 끌렸던 것입니다.

　　재판관은 판결을 내린다.
나에게는 세 사람이 호소하는 바는
도대체 쓸모없어 보인다.
내가 그런 살풍경한 것을
세상 사람들에게 술술 지껄일까보냐.
당장 이 장소에서 두 남자가 여자를 걸고 승부를 겨뤄보고,
이긴 남자가 재판에서 이긴 것으로 하겠다.

　"결혼 놀이"라는 사육제 연극의 다음 장면도 노인과 젊은 여자 사이의 결혼의 부
조화를 다루고 있다.

어린 창부와 늙은 애인(알브레히트 뒤러, 동판화)

첫번째 남자

주인님, 나는 그 여자를 잡아야겠다고 결심했습니다.

바로 그때 늙은 가방장이가 왔습니다.

그 노인은 나보다 돈이 많아,

선수를 쳤습니다.

그런데 마누라는 젊었지만, 남편은 노인이고,

게다가 몸이 약하고, 불구의 남성.

너무나 많이 부려서 비루 먹은 말이며,

밤에는 침실의 게으름뱅이.

마누라는 싱싱한 젊은이에게서 맛본,

즐거움과 환희를 그런 남편에게서 얻을 수 있을까요?

청춘의 샘(한스 제발트 베함의 목판화에 의한 테오도르 드 브리의 동판화, 17세기)

그런 까닭으로 돈보다 젊음 쪽이 훨씬 좋은 것인데,
내 쪽은 후려내는 솜씨라는 놈이 모자랐습니다.

　두번째 남자
주인님, 내가 말하는 것도 들어주십시오.
나야 젊은 얼간이, 게으름뱅이.
마누라를 꿰어차려고 했는데,
바로 그때 나이 먹은 여자가 내게 휘파람을 불었답니다.
나야 오랫동안 생각했지요.
그 여자가 세상 사람들 앞에서 나를 가지고 논 것임을 알았더라면야
그런 무릎에서 결혼을 신청했겠습니까?
그 일로 아가씨들은 모두 내게서 도망쳐버렸지요.
덕분에 누구 하나 나와 결혼하려고 하지 않았습니다.
나야 여자들에게 아주 부끄러워하지 않으면 안 되었죠.

그런데도 내가 바이올린을 연주하고 있으면,
아가씨들은 항상 여기저기에서 나를 눈여겨보았습니다.

나는 "연애와 결혼"의 장에서 이와 같은 문제를 더 자세하게 쓸 예정이므로 여기
서는 앞의 두 실례만으로 그치겠다.

세상 사람들이 남성에 대해서든 여성에 대해서든 항상 성적인 것만을 고려했기
때문에 노년을 경멸한 결과 "젊음을 되찾고 싶다"는 것이 나이 든 남녀의 최상의 희
망이 되었다. 이러한 희망이 남성보다 여성에게 더 절실했다는 것은 말할 필요도
없다. 왜냐하면 여성의 청춘과 원숙의 기간이 남성보다 비교적 짧으며, 노년의 징
조도 여성이 남성에 비해서 아주 빨리 그리고 현저하게 나타나기 때문이다. 이리하
여 남성을 손에 넣으려고 하는 경쟁에서 여성의 사회적 지위 따위는 쓸모없게 되어
버린다. 요컨대 대다수 여성은 자신의 육체미로 경쟁할 수밖에 없었기 때문이다.

육체미야말로 여성에게 가장 중요한 자본이며 여성이 인생이라는 도박에 내기를 거는 밑천이었다. 가능한 한 오랫동안 젊음을 유지하는 것이 여성의 최대의 희망이 되었던 것도 그 때문이었다.

이렇게 명확한 희망이 15세기와 16세기에 청춘의 샘이라는 사상을 창조했다. 이는 당시 흔히 볼 수 있는 경향이었다. 이 경향 가운데 예술적으로 가장 우수하고 가장 유명하다고 말해지는 취급방식은 베를린의 프리드리히 황제 박물관에 있는 루카스 크라나흐의 "청춘의 샘"이라는 국보급의 회화가 보여주고 있다. 이 그림에서는 늙은 여자들이 차례로 영험하다는 온천에 우르르 몰려온다. 마차로 오는 여자, 말을 타고 오는 여자, 남자 하인의 들것에 실려오는 여자, 노예의 손수레로 오는 여자, 자신과 같이 나이 먹은 남편의 등에 업혀오는 여자까지 있다. 요컨대 이미 한 발을 관 속에 넣고 있는 여자들, 인생의 무게로 인해서 훨씬 전에 쇠잔해진 여자들이 모두 또 한번 젊어지고 싶어, 새로운 인생을 살고 싶어, 새로운 사랑의 훌륭한 즐거움을 제공하거나 얻고 싶었기 때문이다. 그리고 청춘의 샘은 즉시 그 영험을 발휘한다. 왼쪽 그림에서는 등은 구부러지고, 몸은 말라빠졌고, 유방은 쭈그러들어서 생지옥 그 자체의 모습인 여자들이 물 속에 있지만 오른쪽 그림에서는 바로 그 여자들이 또 한번 남자의 욕정을 돋우는 포동포동하게 팽팽히 솟아오른 유방을 갖춘, 젊음이 싱싱한 여자가 되어 새로운 생명의 환희를 전신에 내뿜으면서 물 속에서 올라온다. 그리고 곧장 춤추고, 시시덕거리고, 장난하면서 새로운 삶이 시작된다. 여자들은 재빨리 수풀이나 울타리 뒤에서 가장 중요한 것, 요컨대 자신들이 재차 사랑에서 제구실을 할 수 있고 유혹할 수 있음을 증명한다. 청춘의 샘으로부터 청춘을 되찾는 힘이 어디에 있는가 하는 비밀은 베함으로부터 모티브를 취한 동판화에서 특히 두드러지게 밝혀진다. 나는 그것에 대해서는 이미 「캐리커처에 나타난 여성」에서 설명한 바 있다. 루카스 크라나흐의 회화에서는 여성만이 청춘의 샘으로부터 새로운 청춘을 되찾지만 베함이나 그외 많은 화가의 경우에는 그러한 일이 남성에게도 적용되었다. 그런데 널리 유행했던 민간전설이나 브랑톰이 서술한 귀부인의 비평에 따르면 여성들이 젊어질 수 있는 가장 확실한 방법은 매일 적어도 한번 늠름한 남성의 포옹을 받는 것이라고 되어 있다. 남성에 대해서는 민간전설이 젊음을 되찾는 다른 방법을 전하고 있다. 민간에서 노인이 향기 나는 약초나 향을 태워서 데운 물로 열 명의 아가씨의 시중을 받으면서 목욕을 하면, "그것은 노인의

50

젊음을 되찾게 한다"라고 전해졌다. 그리고 그 전설은 노인이 목욕을 끝낸 후 청정무구한 한 아가씨와 같이 자게 되면 그 다음날에는 눈에 띄게 젊어져 있을 것이라고 말했다. 다른 방식에 따르면 노인은 청춘의 힘을 재차 되찾기 위해서 목욕 후 두 명의 처녀 사이에 하룻밤을 뒤섞여서 보내지 않으면 안 된다고 했다. 결국 세상 사람들은 이러한 처방을 통해서 청춘여성을 봄으로써 젊음을 되찾는 힘이 생긴다는 상징적인 의미를 말했을 뿐이

여인숙의 침실(어느 원고의 삽화)

다. "과학"도 잃어버린 청춘을 소생시키는 방법을 많이 준비했음은 말할 필요도 없다. 그러한 방법은 어떤 때에는 돌팔이 의사, 집시, 노파의 손에 의해서, 또 어떤 때에는 뒷골목의 거리나 시장에서 어리숙한 사람들에게 강매되었다. 이것은 사육제 연극에서도 발견되는 주제였다.

3) "나체"의 지위

르네상스 시대의 관능의 특징은 나체에 대한 당대의 태도에서 잘 드러난다. 그 무렵 어느 나라에서든 나체에 대해서 어느 정도까지는 구애받지 않는 태도를 보인 것은 알려져 있다. 가령 16세기에도 여전히 사람들은 나체로 침대에 들어갔으며, 게다가 남녀노소를 불문하고 알몸으로 자는 것이 보통이었다. 대부분의 경우 남편, 아내, 자식이 하인과 함께 이렇다 할 벽으로 칸막이가 쳐지지 않은 공동의 한 침실에서 잠을 잤다. 이것은 농민계급이나 그외의 하층계급에서만이 아니고 상류 시민계급의 명문가에서도, 나아가서는 귀족계급에서도 마찬가지였다. 그들은 손님 앞에서도 그러했으며 손님도 대부분 그 집 사람들과 같이 같은 침실에서 잠을 잤다. 여주인이 바로 몇 시간 전에 처음 대면한 손님의 눈앞에서 알몸이 되어 자신의 침대로 기어들어갔다. 손님도 또한 그와 같이 행동했다. 그리고 여주인이 손님이 이렇게 "예의바르게" 행동함으로써 서로 오히려 수치심에 사로잡히지 않게 되었다. 손님이 옷을 벗는 것을 주저하는 경우 오히려 이상스럽게 여겨졌다. 이러한 관습이 얼마나 오랫동안 유행했는가는 1587년에 쓰인 한 책에서 알 수 있다. 요컨대 이 책

나체로 침대에 누워 있는 부인(한스 부르크마이어, 목판화, 1520)

에서는 이 관습이 유행하고 있는 것을 비난하고 있기 때문이다. 16세기경에도 여전히 옥외 목욕탕에서 종을 울려 목욕물이 끓었음을 알리면 남자와 여자, 아가씨까지 대부분 알몸으로 기껏해야 허리에 천 하나를 두르고 밖으로 뛰어나오곤 했던 것도 이러한 스스럼없는 관념의 표현이었다. 욕탕생활은 독립된 한 장에서 서술할 예정이므로 여기에서는 언급하지 않겠다.

그런데 나는 여기에서 이러한 스스럼없는 관념에 대해서가 아니라 세상 사람들이 자신의 나체의 아름다움을 사람들에게 드러내어 과시했다는 것을 다루려고 한다. 일반적으로 르네상스 시대에는 육체의 특별한 아름다움은 깊숙한 침실 속에서만 은밀하게 빛나는 침묵의 비밀이 아니었다. 오히려 나체의 미는 향연의 자리나 시장에서 찬란하게 빛났다. 이 경우 민중은 구경꾼이며 심판관이었다. 그것은 모든 사람에게 종종 선망을 불러일으키는 보물이었다.

첫째로 여성의 미를 과시하는 것은 아주 자연스러운 것이었다. 게다가 여성의 이러한 나체미의 과시는 여러 가지 방법으로 유행되었고, 또한 여러 가지 형식을 취했다. 이중 가장 고상한 형식은 물론 미술이었다. 이 경우의 과시는 자신의 아내라든가 애인의 나체상을 화가에게 그리도록 주문하여 얻는 것이었다. 남성들은 자신의 아내나 애인을 어떤 경우에는 알몸으로, 어떤 경우에는 에로틱한 경이로 자신감

펠리페 2세와 나체의 에볼리 후작부인(티치아노)

넘치는 모습으로 그렸다. 이 방면에서 유명한 그림은 우르비노 공작부인을 그린 티치아노의 "트리부나의 비너스"와 바로 이 화가가 그린, 스페인의 펠리페 2세가 알몸으로 과시하고 있는 그의 애첩 에볼리 후작부인 옆에서 그녀의 허리에 손을 얹은 채 음악을 연주하는 초상화이다. 그에 뒤지지 않는 유명한 것은 앙리 2세의 애첩이었던 푸아티에의 디안의 나체상이다. 나는 그중 가장 유명한 것을 이 책에 실었다. 앙리 2세는 유노와 같이 아름다운 자신의 애첩을 종종 나체로 그렸으며 나아가서는 그녀의 입상을 대리석으로 조각한다든가 은으로 주조시켰다. 앙리 4세의 애첩인 가브리엘 데스트레도 자주 나체로 그려졌다. 이러한 그림이 모두 에로틱한 아름다움을 과시했다는 것은 설명할 필요도 없다. 푸아티에의 디안의 그림은 특히 그녀의 훌륭한 유방의 과시가 제작 목적이었다. 이와 동시에 라파엘로도 포르나리나를 그렸고 티치아노는 자신의 딸인 리비니아를 그렸으며 루브르는 루브르의 방 하나를 가득 채운 메디치의 마리의 찬가를 제작했다. 로마 교황의 아름다운 누이 율리아 파르네세가 피에트로 성당에 자신의 사후 묘비를 위해서 자신을 모델로 하여 만든 나체 조각도 이 부류에 속한다.

　소위 모델 여성의 아름다운 유방을 위해서 그려졌다고도 전해지는 이러한 초상화는 산더미처럼 많다. 앞에서 서술했던 것처럼 아름다운 유방은 그 시대 최고의 경

바니타스 바니타툼(W. 헥트, 동판화, 1578)

이였다. 그리고 시대가 이 훌륭한 미를 크게 칭찬했기 때문에 사교계의 여성들은 너나 할 것 없이 모든 가리개를 없애고 자신의 가슴을 기세 좋게 열어젖혀 이 보물로써 뭇 남성의 정욕을 마음껏 충족시켜주었다. 대부분의 경우 남편이나 정부가 애인의 초상화를 그린 것이 아니라, 자기 애인의 유방을 그렸다고 말해도 과언이 아닐 정도이다. 왜냐하면 르네상스 시대의 많은 여성의 초상화에서 볼 수 있는 아름다운 유방은 화면의 중심이자 화면의 주제이기도 했기 때문이다. 거기서 당연히 "생짜 그 자체"로서의 유방은 모델 여성에게나 화가에게 아주 중요한 것이 되었다. 독자는 그 증거로서 보티첼리와 같은 화가가 그린 아름다운 시모네타의 여러 초상화, 파리스 보르도네나 파올로 베로네세가 그린 여러 초상화, 티치아노가 그린 알폰소 다발로스와 그 애인의 초상화, 로앙 공작부인 마리의 초상화 등을 비교하는 것만으로도 충분하다. 앞에 나온 푸아티에의 디안도 특히 자신의 아름다운 유방 때문에 자신의 초상화를 그리게 했던 것이다.

　육체의 미, 특히 유방의 미를 예술적으로 보이기 위해서 택한 가장 교활한 방법은 성모 마리아를 이용한 것인데 이것은 상대 여성에게 성모의 옷을 입혀서 그린 것이었다. 이 경우 역사적으로 가장 유명한 예는 장 푸케가 프랑스의 샤를 7세의 애첩인 아네스 소렐을 성모 마리아로 그린 유명한 초상화이다. 그 그림은 그 시대의 사교계에서 "미인 중의 미인"이라고 불렀던 이 애첩이 아기 예수를 무릎 위에 안고 누구에게도 보이지 않은 자신의 유방의 아름다움을 많은 사람들게 숨김없이 노출하고 있다. 확실히 이런 유혹적인 경향은 어디에서도 볼 수 없는 것이다. 여성들은 성모 마리아의 옷을 입고 이 세상에서 가장 신성하며 숭고한 상징을 드러낼 수 있었고 동시에 가장 세속적인 것에 봉사하기 위해서 자신의 지상적인 아름다움을 가장 도발적으로 공개할 수 있었다. 여성들은 하나의 몸으로 성녀와 악마가 되기도 했고 유혹녀와 구세주가 되기도 했다. 여성의 공명심은 이러한 방식으로 최고의 개가를 올릴 수 있었다. 그림을 보는 남성이 성모상 앞에 꿇어앉아 기도하는 것은 동시에 노출된 이 아름다운 육체의 뛰어난

15세기 동판화

경이에 대한 기도이기도 했다. 이리하여 더욱 많은 유방의 미가 아네스 소렐의 뒤를 이었다. 그리고 르네상스 시대에 그려진 많은 성모 마리아의 초상화가 왜 보는 사람으로 하여금 조금도 천상적(天上的)인 생각을 불러일으키지 못하는가 하는 점도 이러한 이유에서 명확히 파악될 것이다. 모델 여성도, 화가도, 이미 천상적인 것 따위는 전혀 생각하지 않았으며 지상적인 것 가운데서도 가장 지상적인 것만에 관심을 두었기 때문이다. 자신의 애첩이 성모로서 우러러 받들어지도록 하려고 세력 있는 교회군주가 종종 교회당에 안치시킨 조각도 이 점에서는 마찬가지라고 말해도 좋다. 하나의 예로서 1445년부터 1450년에 걸쳐서 리미니의 성 프란체스카를 위해서 훌륭한 교회당을 세우고 그 속에 자신의 아름다운 애첩 이소타의 기념상을 세웠던 지기스몬도 말라테스타를 들 수 있다.

그런데 그 시대의 여성은 사물을 비속한 현실세계로부터 분리하여 높은 이상세계에까지 끌어올리는 회화로 그려지는 것, 곧 모든 사물을 조망함으로써 모든 것을 어느 정도까지 영웅화한다고 하는 매혹적인 형태를 빌리는 것에만 자신의 아름다움을 노출했던 것이 아니었다. 여성들은 대담하게 더욱더 전진했다. 그뿐만 아니라 여성들은 몇만이나 되는 구경꾼들에 둘러싸여 그들이 지켜보는 가운데 완전한 나체를 가두에서 과시했다. 나는 이러한 나체의 과시를 이미 이야기한 바 있는 관습, 요컨대 아름다운 여성들이 도시의 거리에 행차한 유력한 군주를 전라의 모습으로 도시의 입구에 나가 환영하는 관습 가운데서 언급했다. 역사는 이러한 환영행사를 수없이 기록하고 있다. 그 예로서 1461년의 루이 11세의 파리 시의 행차, 1468년 용맹공 샤를의 릴 시의 행차, 1520년 칼 5세의 안트베르펜 시의 행차만을 들어둔다. 우리는 칼 5세의 행차에 대해서는 알브레히트 뒤러에게서 자세히 들었다. 뒤러는 이 구경거리를 본 뒤 "나는 나체미인을 특별히 흥미롭게 보았다"라고 공공연히 고백하고 있다. 이러한 관습이 상당히 성행했다는 사실과 앞의 세 경우도 예외가 아니라는 사실은 그대로 인정해도 좋다. 그렇지 않았다면 이러한 것이 그 시대의 연대기 작가에 의해서 이렇게까지 생생하게 묘사되지는 않았을 것이다. 또한 그것이 항상 세상을 들끓게 한 인기의 중심이었다는 사실은 기록에 의해서도 증명되고 있으므로 전혀 터무니없는 억측이라고 할 수는 없다. 루이 11세의 파리 시 행차에 대해서는 이렇게 보고되고 있다. 퐁코의 분수 옆에 서민 남녀들이 서로 밀치락달치락하고 웅성거리면서 서 있었다. 그 군중에 뒤섞여 있던 인어로 분장한 나체의 세

비너스(루카스 크라나흐, 목판화, 1506)

아가씨의 유방과 몸은 너무도 빼어났기 때문에 아무리 보아도 싫증을 느낄 수 없었
다고 적혀 있다. 뒤러도 자신의 호기심을 공공연히 고백하여 친구 멜란히톤에게
「나는 화가였습니다」라는 책에서 이 나체의 아가씨들을 아주 주의깊게, 대담하게
가까이에서 관찰했다고 말할 정도였으므로 서민이라고 그렇게 해서는 안 된다는 법

은 결코 없었던 듯하다. 왜냐하면 대부분의 서민은 색을 좋아하는 늙은이와 젊은이들로서 그들에게 아름다운 여성만큼 훌륭한 존재는 이 세상에 없었기 때문이다. 축제를 자신의 나체로 장식하기 위해서 그러한 축제에 참가했던 미인 중의 미인이 자신의 미의 모든 비밀과 경이를 공개하기 위해서 모든 것을 벗어던졌을 때 서민 구경꾼도 자신의 관능을 충족시켜주는 이런 보기 드문 기회를 놓치지 않았다. 왜냐하면 서민도 그러한 나체의 여성을 가장 아름다운 존재, 가장 가치있는 존재로 생각했기 때문이었다. 또 군중이 도시를 방문하는 군주에게 이렇게 커다란 호기심을 보이며 맨 앞에서 충성을 보인 것도 그럴 만한 훌륭한 근거가 있었기 때문이다. 환영을 위한 주역의 일부는 항상 나체미인에게 할당되었다. 나체미인은 군주의 행차의 선두를 차지함으로써 하나의 상징적인 구경거리의 역할을 했다. 도시는 군주의 행차를 분에 넘치는 영광으로 생각하고 그 자랑스러움을 이러한 구경거리로써 나타낸 것이었다. 1461년 루이 11세의 파리 시 행차에서는 세 명의 나체미인이 차례차례 국왕 앞에 나아가 왕을 칭송하는 시를 낭독했다. 1468년 부르고뉴 공국의 용맹공 샤를의 릴 시 행차에서는 세 나체미인이 미인상을 놓고 콩쿠르에 나왔고 이에 대한 파리스(Paris : 그리스 신화에서 헬레네를 유괴, 트로이 전쟁을 야기시킨 트로이의 왕자/역주)의 심판 결과는 국왕 앞에서 공표되었다. 이 경우도 앞에서 이야기했던 것이 증명될 수 있다. 앞의 연대기 작가의 보고에 의하면 "많은 행사 가운데 이 구경거리만큼 민중의 흥미와 인기를 차지하는 것은 없었다." 또한 이러한 콩쿠르의 경우 구경꾼들은 "파리스"의 심판만을 기다리면서 유노와 베누스의 미를 논했다. 확실히 이러한 일반적인 인기는 미인에게는 더할 나위 없는 보수였다. 그렇기 때문에 여성은 나체의 미를 거리낌없이 드러내 보였던 것이다. 그것은 결국 몇천 명에게 선망의 대상이 되고, 주목받고 싶다는 자각에서부터 나온 행동이었다. 군주의 왕비조차도 이러한 환영을 좋아했다. 영국의 엘리자베스 여왕은 "어디로 행차하든 항상 정원에서 님프(샘이나 물에 사는 자연의 요정), 네레이다(바다의 요정), 트리톤(바다의 신), 플로라(꽃의 요정), 숲의 남신(파우네스 혹은 사티로스)의 인사나 환영을 받았다"라고 기록되고 있다. 이러한 이교도의 남신이나 여신은 항상 전혀 옷을 걸치고 있지 않았다. 미인들은 때로는 향료를 뿌린 비단 베일을 감고 있었는데 그러한 베일은 검은 머리의 미인이 과시하는 자신의 거무스름한 피부의 아름다움, 금발의 여성이 자랑으로 여기는 육체의 비밀스러운 곡선의 부드러움을 훤히 드러나게 했다. 비단 베일은 오히려 호기심과 자극을 자아낼 뿐이었다. 이러한 옷은 고대와 마찬가지로 "유리옷"라고 불렀다.

확실히 구경거리만으로는 아까웠던 이러한 육체미의 예찬은 대단한 것이었다. 나는 제I권에서 도시의 가장 아름다운 창녀가 이 역을 담당했다고 서술했다. 그러나 플로스는 「박물학과 민족학에서의 여성」이라는 대저서에서 이러한 기회에 자신의 아름다움을 대중에게 공개한 여성은 창녀만이 아니어서 "명문 도시귀족의 아가씨들도 나체로 황제 앞에 서는 것을 영광으로 생각했다"라고 역설하고 있다. 만약 이러한 의견이 옳다면 —— 이것에 동의할 만한 자료를 나는 하나도 가지고 있지 않다 —— 이것은 르네상스 시대의 육체에 대한 예찬을 알리는 데에 이러한 대담한 구경거리가 얼마나 큰 의의를 가졌던가를 가르쳐준다. 티 하나 찾을 수 없는 가슴을 가진 아름다운 여성이 자신을 어떤 방법으로 그리게 한다거나, 아름다운 여성이 남편이나 애인을 위해서 이브의 복장이나 불 같은 정욕이 활활 불타오르는 포즈로 자신의 초상화를 그리게 하는 것은 그대로 각각의 시대의 사상과 합치되어 있었다. 그런데 여성이 자신의 나체를 가두에서 구경거리로 드러내 보이기 위해서는 모든 관계자, 즉 연출자, 흥행자, 게다가 구경꾼에게도 사상의 대담성이 사전에 요구되었다. 이 대담한 역이 명문 도시귀족의 영애에 의해서가 아니라 다른 고장 출신의 화류계의 아름다운 창녀에 의해서 행해졌다고 해도 사상의 대담성에는 변함이 없을 것이다. 창녀인가, 영애인가 —— 이중 어느 쪽인가는 결국 르네상스 사회가 고대 그리스와 같은 사상으로 되돌아갔을 때 얼마만큼 이교적인 사상을 도입했는가 하는 것에 의해서 결정된다. 그런데 르네상스 사회는 이러한 이교적 사상을 무조건 받아들였던 것이다. 이것은 여기 덧붙여두어도 좋다. 왜냐하면 이러한 사상은 고대 그리스에서는 르네상스 시대와 같은 생활내용, 특히 본질적으로 같은 경제조건 위에 놓여 있지 않았기 때문이다. 앞에서도 인용했던 것처럼 교회당에 애첩의 나체상을 안치하는 것도, 이 나체상을 성모로서 숭배하도록 요구하는 것도, 순전히 이교적인 사상과 완전히 일치하는 것이다.

전체적으로 보든, 세부적으로 보든, 그것은 모두 그 자체로는 부자연스러운 것이 아니었다. 이러한 모든 현상은 르네상스라는 시대의 테두리와 분리될 수 없는 요소였다. 고대 그리스와 같은 경제적인 토대 위에서 육욕이 승리를 거두었을 때 르네상스 시대는 고대 그리스와 같이 나체상에 대해서 객관적인 태도를 취하는 방식이 대두되지 못하고 그와는 반대로 역시 고대 그리스와 외견상 같게 보이는 가장 대담한 최종적 결과로 돌입했다. 이 가장 대담한 최종적 결과란 결국 세상 사람들이 이때 비로소 발견해낸, 훌륭한 육체로부터 옷을 벗겨버림으로써 정신없이 기뻐하게 된 것을 말한다. 요컨대 세상 사람들은 옷을 벗어던지면 육체의 훌륭함을 정확하게 판단할 수 있다고 자신했기 때문이다. 결국 육체를 관능적으로 이상화했기 때문에 어느덧 육체에 대해서 한없이 절도 없는 예찬만이 등장하게 되었던 것이다. 그리고 육체의 예찬은 나체 쪽으로만, 즉 나체에 대한 스스럼없는 태도 쪽이 아니라 고의로 나체를 구경거리로 만드는 방향으로 나아가버렸다. 많은 종교극에서 남자도 알몸으로 공연했다는 사실을 여기에 덧붙여둔다.

그런데 구경거리라는 점에서도 역시 고대 그리스와 일치점이 발견되었다. 두 시대에 기세를 올린 야성의 대담성에도 불구하고 이러한 구경거리는 어떤 경우에든 퇴폐현상일 뿐이었다. 나는 다음과 같이 확언할 수 있다. 르네상스 시대에는 육체의 발로로서의 인간이 아름다움의 최고 형태였기 때문에 아름다운 나체로서의 인간도 또한 가장 값비싼 구경거리일 수밖에 없었다. 그런데 이 구경거리는 주로 여성의 나체를 중심으로 이루어졌기 때문에 그 경향은 결코 아름다움의 순수한 예찬이라고 말할 수 없었다. 그것은 어디까지나 귀족의 풍속이나 궁정의 축제로서 귀족사회가 주로 육체미로써만 행한 예찬이었다. 앞에서 이야기한 예찬의 여러 형태는 소시민적인 독일에서는 전혀 대두되지 않았지만 스페인, 이탈리아, 프랑스, 스페인이 지배한 플랑드르같이 절대군주가 정치적, 사회적 영향력을 발휘한 나라에서는 왕성하게 유행했다. 그리고 이런 이유로 인해서 여성의 나체가 과시되었다. 특히 아름다운 여성을 나체로 관람시키는 것은 어디까지나 절대주의적인 사고방식에 합치되었다. 절대주의는 여성을 아주 값비싼 사치품으로 떠받들었기 때문이며 또 소유자에게 사치품의 가치는 그 사치품이 일반의 선망을 불러일으킴에 따라서 점점 값이 올라갔기 때문이다. 그리고 이 귀중품은 은밀히 감추어두지 않고 그때그때 전시할 때에만 비로소 가치가 발휘된다.

또한 여기서는 사생활의 방식도 고찰하지 않으면 안 된다. 그 방식은 르네상스가 육체미를 예찬한 경우의 대담성을 고전적으로 증명해주며 또한 그 방식의 목표도 지금 이야기할 사상과 꼭 맞아떨어지고 있다. 그것은 자기 애인이나 아내의 비밀스러운 육체미의 아름다움을 친구들과 서로 이야기하며 자랑하는 중에 더 나아가서는 자랑한 아름다움을 눈으로 확인할 수 있는 기회를 친구들에게 만들어주는 것이었다. 아내의 육체의 훌륭함이나 아름다움을 묘사한다든가 이야기하는 것은 그 시대의 매우 인기 있는 화제였다. 토마스 무르너는 「고이히마트」에서 이렇게 서술하고 있다.

자기 아내를 사람들 앞에서 자랑한다든가 칭찬하는 바보가 많다. 그뿐만 아니라 이러한 바보는, 내 아내는 대단한 미인이다, 자네가 내 아내를 본다면 필시 그 아름다움에 깜짝 놀랄 것이다라고 말하기조차 한다.

브랑톰도 이렇게 서술하고 있다. "아내를 친구에게 칭찬한다든가 그렇지 않으면 그 아름다움을 친구들에게 상세하게 묘사하는 남편을 나는 많이 알고 있다."* 첫째 사내는 자기 아내의 피부색의 아름다움을 칭찬한다. 그 피부는 상아와 같이 희고 잘 익은 복숭아처럼 불그스름한 빛을 띠고 있으며 또한 우단이나 새틴 같은 촉감을 가졌다고 말한다. 둘째 사내는 자기 아내의 육체의 훌륭함, 유방의 풍만함과 탄탄함을 자랑하고 있다. 그리고 그것은 "사랑스럽고 골을 잘 내는 커다란 사과나무"라든가 "붉은 딸기로 장식된 훌륭한 자그마한 공"이라든가 "대리석처럼 단단하다"라든가, 아내의 훌륭한 허리는 "더할 나위 없는 행복의 반구(半球)"라고 한다. 한술 더 떠서 셋째 사내는 아내의 "참으로 정교한 하얀 허벅다리"를 자랑하기조차 했다. 그것은 "아름다운 뱀의 배를 받들고 있는 튼튼한 두 기둥"이라고 말한다. 게다가 극비의 아름다움도 잊지 않았다. 남편이나 정부가 친구들에게 단지 "여성의 몸을 사랑스럽게 꾸미는 황금빛의 곱슬곱슬한, 마치 명주실 같은 솜털"이라고 말할 때에

---

* 나는 풍속의 역사에 대한 아주 귀중한 자료가 들어 있는 브랑톰의 작품을 이 책에서 계속 인용할 것이기 때문에 지금 이 기회에 그의 작품의 유래와 그의 이야기 속에 묘사된 풍속의 종류를 서술하겠다. 브랑톰이 후세에 남긴, 음란하고 때로는 무절제한 외설이라고 일컬어지는 모든 일화들은 최고 상류사회층을 다루고 있다. 그 자신도 이 사실을 여기저기에서 역설한다. 예를 들면 그는 이렇게 쓰고 있다. "또 하나 서술해두지 않으면 안 되는 것은, 내가 여기서 서술하는 이야기는 작은 마을이나 촌락에서 행해지는 것이 아니고 모두 고귀한 장소에서 행해졌다는 것이다. 그리고 등장인물은 신분이 낮고 천한 사람이 아니다. 왜냐하면 설사 나의 말투가 천박하더라도 나는 위대하고 고귀한 사람들과 교제하고 있기 때문이다." 그뿐만 아니라 어떤 곳에서 서민의 실화를 인용할 때에 그는 다음과 같이 변명하고 있다. "내가 이 실화를 들지 않으면 안 된다는 사실이 슬프다. 왜냐하면 그것은 신분이 천한 사람에 관한 이야기이기 때문이다. 나는 그런 비천한 인간의 이야기를 씀으로써 귀중한 지면을 더럽히고 싶지 않다. 오히려 나는 위대한 인물이나 고귀한 인물에 대해서만 말하고 싶다." 실제로 브랑톰은 주로 카트린 드 메디시스의 프랑스풍의 궁정을 중심으로 왕비나 왕녀들이 체험한 연애모험 이야기만을 서술했다.

는 그래도 아직까지는 조심스러움이 남아 있는 경우였다. 그런데 대부분의 남성은 자기 애인이나 아내에 대한 묘사를 아주 무절제하게 즐겼다. 브랑톰은 다른 곳에서 이렇게 서술하고 있다.

나는 프랑수아 2세의 궁정에 머물고 있었다. 그 무렵 퐁텐블로의 상-테낭 백작이 젊은 부르드제르와 결혼했다. 결혼 다음날 신랑은 국왕의 궁 안에 들어갔다. 한자리에 같이 앉아 있던 사람들이 당시의 관습대로 신랑을 일제히 놀리기 시작했다. 한 귀족이 귀공은 몇 개의 역을 말로 통과했는가 하고 물었다. 신랑은 지체 없이 다섯 역을 통과했다고 대답했다. 우연히 그 자리에 비서관인 귀족이 있었다. 그 무렵 이 비서관은 세도를 부리던 왕녀의 마음을 사로잡고 있었다. 거기서 이 비서관은 길도 깨끗하고 날씨도 좋다면 다섯이라고 말할 리가 없을 텐데 하고 말참견을 했다. 그때는 마침 여름이었기 때문이다. 그런데 국왕은 이 비서관을 붙잡고, "자네는 진정 자고(鷓鴣)가 필요했었다는 게로군" 하고 말했다. 이에 대해서 비서관은 국왕을 향해서 "물론입니다. 신은 프랑스에서 가장 아름답다고 말하는 삼림의 가장 깊숙한 곳에서 24시간 동안 자고를 열두 마리나 처치했습니다"라고 대답했다. 그런데 이번에는 누가 깜짝 놀랐겠는가, 바로 그 귀족이었다. 왜냐하면 그것을 듣고 이 귀족은 훨씬 전부터 자신이 의심을 품고 있던 것이 사실임을 알았기 때문이다. 실은 이 귀족도 그 왕녀를 아주 열렬히 사랑하고 있었다. 그런데 자신은 오랫동안 그 삼림에서 사냥을 하면서 한 마리의 수확물도 없었음에 비해서 다른 사람은 굉장한 행운을 잡았다는 사실이 귀족을 불쾌하게 했던 것이다.

이러한 뻔뻔스러움은 프랑스 궁정에만 한정된 것은 아니었다. 그것은 역사적 단계가 같았던 곳이라면 어디에서건 볼 수 있었다. 브란데스는 당시 영국의 궁정에 대하여 이렇게 서술하고 있다.

남성들이 궁정에서 하는 잡담은 아주 외설적이었다. 상당히 명예롭지 못한 말로써, 가령 상대 숙녀가 자기와 대단한 즐거움을 누리고도 발설하지 않고 또한 누구도 그것에 신경을 쓰지 않는다면 나도 그러한 숙녀의 총애를 담뿍 받고 싶다는 말이 끊임없이 귀에 들렸다.

여성의 정신적인 미를 묘사하는 것은 대부분의 경우 가장 저질로 여겨졌으며 오히려 머리부터 발끝까지 요컨대 남성을 유혹하는 형태를 묘사하는 것만이 가장 훌륭하게 여겨졌다. 앞에서 서술했던 것처럼 이러한 묘사에는 종종 생생한 증거가 첨부되었다. 요컨대 남편은 친구들에게 자기 아내가 서슴지 않고 목욕탕에 들어가는 모습이나 화장하고 있는 모습을 몰래 들여다볼 기회를 일부러 만들어주었다. 또한 남편은 아내에게는 알리지도 않은 채 아름다운 나체를 숨김없이 노출한 상태로 자고 있는 그녀의 침실로 친구들을 기꺼이 안내했다. 이 경우 남편은 호기심으로 가득 찬 친구들에게 아름다움을 남김없이 보여주려고 아내가 걸치고 있던 리넨까지 걷어올렸다. 이렇게 하여 남자들은 서로 자기 아내의 육체의 미를 마치 다른 사람이 부러워하는 보물이나 재산처럼 과시했다. 그리고 이 경우 유감이 남아 있는 듯이 보여서는 안 되었다. 남편은 그렇게 함으로써 독점적인 소유자로서의 자신을 과시했던 것이다. 그러므로 과시는 비밀스럽게 이루어진 것이 아니라 오히려 아내가 남편을 부추겨서 자신이 자고 있는 침대로 남편 친구들을 안내하게 하거나 또한 자기 육체의 일부를 숨기고 있는 리넨을 일부러 들어올리게 하기도 했다. 아내의 비밀스러운 육체의 미를 이와 같이 전시하는 것이 당시에 흔히 성행한 풍속이었다는 사실은 그 시대의 소설가들이 그러한 실례를 많이 썼다는 사실과 또 그것이 작가에게 그다지 이상하지 않은 것이었다는 사정으로부터 훌륭하게 증명될 수 있다. 예를 들면 브랑톰의 저서에 다음과 같은 기록이 있다.

나는 다음과 같은 남자를 이야기하고 싶다. 어느날 아침 어떤 친구가 그 사람을 방문했을 때 그 사람은 마침 침실에서 옷을 갈아입고 있었다. 좋은 기회라는 듯이 남편은 친구에게 아내가 침대 속에 알몸으로 깊이 잠들어 있는 것을 보여주었다. 아주 더운 날씨였기 때문에 아내는 실오라기 하나 걸치고 있지 않았다. 남편이 커튼을 반쯤 열었기 때문에 아침 햇살이 아내의 아름다운 몸 위에 쏟아져들어왔다. 친구가 마음껏 눈요기를 하고 난 후 두 사람은 어울려 국왕의 궁으로 들어갔다.

피오렌티노의 "라 니콜로자"라는 이야기에는 다음과 같은 부분이 있다.

등불을 가지고 부온데르몬테와 남편이 침실에 들어갔을 때 그 아내는 부끄럼도 없이 침대에서 깊이 잠들어 있었다. 부온데르몬테는 급히 이불자락을 들어올려서 여자의 얼굴을 덮어놓고, 침대 발치에 서서 아래로부터 큰 대자 꼴의 넙적다리 쪽으로 이불을 걷어올리기 시작했다. 그때 부온데르몬테는 그 남편에게 말했다. "그대는 이렇게 아름답고 포동포동한 넙적다리를 본 적이 있는가?" "이것은 진짜 상아와 같군." 그리고 두 사람은 점차 가슴 근처까지를 알몸으로 만들었다. 거기에는 두 개의 자그마한 사랑스러운 젖꼭지가 있었다. 그만큼 포동포동하고 탄력적인 것은 이 세상에 다시 없을 것 같았다. 두 사람이 배 아래에 있는 것까지 보고 게다가 눈과 손으로 즐길 수 있는 모든 쾌락을 즐긴 후에 부온데르몬테는 등불을 끄고 아치아이우올로에게 가만히 명령하여 남편을 밖으로 데려가게 했다.

그런데 이 피오렌티노의 이야기에서는 속임과 경멸을 당한 호색한이 자기를 단호히 거절한 남의 부인에게 복수를 한다는 그 무렵에 널리 유행한 징벌을 소재로 삼고 있다. 즉 이 호색한은 어떤 방법을 써서 그 부인을 유혹한 후에 자기 친구들에게 슬쩍, 또한 세상 사람들에게 그 알몸을 관람시켰던 것이다. 후자에 대하여 보카치오나 그외 많은 작가의 이야기가 이를 증명하고 있다. 더욱이 그러한 남자는 남의 아내가 무서워하는 것을 즐기기 위해서 그녀의 남편을 일부러 그러한 장소로 끌고 왔다. 이에 관한 예로는 즐거움 밤의 스트라파롤라의 이야기가 있다. 어떤 청년이 기혼의 아름다운 세 자매에게 차례차례로 농락당했다. 자매들은 모두 청년에게 사랑을 약속했으면서도 결정적인 순간에 모두 잔혹한 방법으로 청년의 뜻을 거절했다. 청년은 복수를 결심했다. 청년은 무도회를 열고 그 무도회에서 감쪽같이 세 자매를 동시에 손에 넣게 되었다. 청년은 소리를 지르면 죽이겠다고 위협하면서 세 자매를 강제로 알몸으로 만들었다. 거기서 그는 이 알몸의 세 미인을 그녀들의 남편들에게 각각 보여주었다. 거기에 해당되는 부분은 다음과 같다.

댄스가 끝났을 때 청년은 그들(남편들)을 옆방으로 안내했다. 그 방에는 세 명의 아내가 (무서운 나머지 머리에 이불을 푹 뒤집어쓰고) 침대에 누워 있었다. 청년은 남편들에게 이렇게 말했다. "신사 여러분, 제가 여러분을 여기로 안내해드린 것은 다름이 아니라 약간의 여흥을 준비하여 여러분께 이 세상에서 다시 볼 수 없는 가장 아름다운 절경을 보여드리기 위해서입니다." 이렇게 말하면서 청년은 양초를 손에 들고 침대로 다가가서 발끝에서부터 점점 위를 향해서 이불을 들어올려 마침내 무릎까지 맨살로 만들었다. 남편들은 아름다운 발에서부터 시선을 옮겨가며 하얗고 포동포동한 다리를 볼 수 있었다. 실로 황홀한 절경이었다. 거기서 청년은 다시 가슴께까지를 알몸으로 만들어서 순백의 대리석의 두 기둥같이 눈부신 허벅다리와 티없는 석고에 비길 만한 통통한 몸통을 보여주었다. 게다가 청년은 더 윗부분까지 알몸으로 만들어서 남편들에게 두 개의 팽팽하게 긴장된 훌륭한 유방, 부드럽게 솟아오른 가슴을 보여주었다. 그 유방은 아무리 고귀한 유피테르일지라도 당장에 부둥켜 안고 키스할 정도로 훌륭했다. 그러한 것들은 세 남편들에게 상상을 절한 아주 큰 즐거움과 환희를 주었다.

물론 세 사람의 남편은 자신들의 눈앞에 있는 존재가 자기 아내라고는 전혀 생각하지 못했다. 자기 아내의 정숙함을 믿고 있는 남편들의 우둔함을 풍자한, 당시에 유행한 이러한 풍조에서 또 하나 익살스러운 풍자의 형태는 아내의 총애를 받고 있는 정부가 그 아내와 함께 즐겼던 침대로 그 남편을 안내하여 얼굴만 가린 아내의 아름다움을 모두 보여주어 감동시켰다는 것이 그 대략적인 줄거리였다. 물론 그 남편은 우둔했기 때문에 눈앞에 누워 있는 여자가 설마 자기 아내이리라고는 꿈에도 생각지 못했다. 결국 남편은 멍청하게도 이러한 아름다움에는 이제까지 무신경했던 것이다. 그러므로 아내는 자신의 아름다움을 인정해주는 정부를 몰래 만들어 남편의 무신경함에 복수했던 것이다. 앞에서도 서술했던 것처럼 이러한 경향은 흔히 볼 수 있었다. 이런 주제를 아주 훌륭하게 다룬 것은 「레닌의 수도사의 유쾌한 행동과 모험」에 실린 "마테스가 자신의 보물을 못 알아본 이야기"이다. 미인이지만 품행이 나쁜, 재판관 마테스의 아내가 어떤 경솔한 지방귀족을 정부로 삼아서 틈만 있으면 그의 침대에 기어들었다. 변경백(邊境伯)의 궁정에서는 모두 이 사실을 알고 마테스를 놀려주려고 했다. 이리하여 재판관 마테스에게 그 지방귀족의 집에 잠입해 있다는 소문이 도는 반역자를 체포하라고 명령했다. 재판관 마테스는 자신에게 내려진 명령을 충실히 수행했다. 그리하여 그는 침대 속까지 조사하지 않으면 안 되었다. 그런데 공교롭게도 그 침대 속에 품행이 나쁜 그의 아내가 있었던 것이다. 그러나 정부인 지방귀족은 그 위기를 모면할 방법을 정확히 알고 있었다. 그는 무신경한 남편인 이 재판관의 우둔함을 대담하게 계산에 넣었다. 지방귀족은 재빨리 "의심스러우시다면 침대 속에 누워 있는 미인의 얼굴 이외의 부분을 조사해보아도 좋습니다"라고 말했다. 부정한 아내도 현장검증의 이 방법에 그다지 반대하지 않았다. 여자는 이렇게 하는 것이 오히려 위기를 모면할 수 있게 하리라고 생각했기 때문이다.

　"그런데 아내는 이렇게 훌륭한 착상을 듣고 빙긋 득의의 미소를 지으며 상당히 좋은 지혜라고 머리 속으로 정부에게 키스를 보내면서 자기 집에서는 한번도 보여주지 않은 전신을 보여주기 위해서 남편 쪽으로 머리를 돌렸다." 두 사람의 장난은 감쪽같이 성공했다. 재판관은 침대의 시트 위에 누워 있는 사람이 확실히 폰메른 출신의 지방귀족은 아니라는 것을 알 수 있었다. 그런데 몸매가 훌륭한 그 여자가 폰메른 출신의 그의 아내가 아닌가를 확실히 알지는 못했다. "이 사람은 확실히 궁정여자야. 나 같은 소시민에게는 이렇게 훌륭하고 홀딱 반할 만한 보물은 없는걸."

"당나귀를 타고"라는 이야기에도 이러한 있는 그대로의 소박한 이야기가 다르게 변형된 형태로 묘사되어 있다. 이 경우 간부(姦婦)인 백작부인이 금발미인에서 흑발미인으로 재빨리 모습을 바꾸는 갑작스러운 변장에 의해서 남편인 백작이 감쪽같이 속는다는 줄거리이다.

위의 사실들은 육체적, 관능적인 것이 일반인의 중요 관심사였음을 뜻한다. 따라서 그것은 그 시대 사상의 중요한 부분이 되었음을 뒷받침해주는 훌륭한 기록이다.

마지막으로 이러한 자랑과 과시는 물론 남성측에서만 일방적으로 행해졌던 것은 아니라는 사실

춤추고 있는 한 쌍(H. 알데그레버, 동판화, 16세기)

도 덧붙여두고 싶다. 시대의 변화에 따라서 여성도 자기 애인이나 남편의 육체의 특별한 훌륭함을 말로써 자랑하게 되었다. 그것은 남성측에서 보인 것과 같이 무절제하게 행해졌던 것은 물론 아니었다. 그러나 그럼에도 불구하고 우리들은 노골적인 면에서 보면 무엇 하나 부족함이 없는 많은 그 시대의 기록들을 가지고 있다. 이러한 자랑은 특히 죽은 남편이나 부재중인 남편의 훌륭함을 입버릇처럼 칭찬해대는 과부, 버림받은 신부나 아내의 한탄 속에서 나타나고 있다.

남성은 자기 아내의 육체의 아름다움만이 아니라 자기의 육체미도 공공연하게 과시했다. 그런데 남성미의 핵심은 힘에 있었으므로 남성은 먼저 그 힘을 보여주는 특징적인 행위를 과시하게 되었다. 예를 들면 남성무도자가 춤추면서 여자를 껴안아올려서 뱅글뱅글 돌리는, 특별한 힘이 필요한 행동을 하는 경우도 있었다. 더욱이 남성은 어떠한 큰 힘이 요구되든 기술에서도 자신의 정력은 쇠퇴하지 않은 채 그대로라는 것을 증명하기 위해서 자신의 탄력성이나 지구력을 과시해야 했다. 그런데 남성들이 이러한 은근한 비유의 형태에 만족하지 않고 그 시대가 높이 평가한 그것을 아주 두드러지게 과시했던 점에 대해서는 의상에 관한 부분에서 서술하기로 하겠다.

4) 르네상스 의상의 본질

시대의 아름다움에 대한 이상은 언제나 의상에 반영되며 그와 더불어 그러한 이상은 시대의 모든 의상의 토대를 형성한다. 의상이란 이른바 일상생활의 실천에서 시대의 육체적 아름다움에 대한 이상이 전이된 형태이다. 그러므로 여기에서 르네상스 의상의 본질에 관하여 풍속의 역사라는 관점에서 서술해야 할 것은 모두 이장 속에 포함시켰다.

복장은 ──「캐리커처에 나타난 여성」에서도 증명했듯이 ── 말할 것도 없이 의복의 장식 목적이 주로 육체의 에로틱한 자극을 강하게 하는 데에 있기 때문에 에로티시즘의 문제에도 속한다. 이러한 에로틱한 목적은 항상 남자보다도 여자의 복장에서 한층 뚜렷하게 나타난다. 그러므로 의복이 육체의 은폐 혹은 육체의 노출을 위해서 적당한가 그렇지 않은가는 우선 논외로 치고 여기에서는 에로틱한 목적을 여자의 복장 하나하나에 대해서 증명하지 않으면 안 된다. 그런데 소위 관능의 시대에서는 이 목적이 남자의 복장에서도 아주 두드러지게 나타나고 있다. 물론 복장의 이러한 본질은 일정한 목적성을 지니며 특히 남녀의 구애에 도움이 된다. 복장이란 여자에게는 가장 중요한 구애의 수단이다.

이러한 일반적인 특징은 모든 시대에 적용되지만 그러한 특징은 또한 각 시대의 특수한 사회생활에 의해서 각각의 시대마다 특유한 형태를 가진다. 앞에서도 설명했듯이 르네상스는 창조의 시대였고 또한 건강하고 왕성한 관능의 시대였다. 그렇기 때문에 관능적인 것은 건강한 것이라고 역설되었으며 더 나아가서는 개인적인 육체의 아름다움을 어느 때이든 과시하는 것이 르네상스 시대의 복장의 중요한 특징일 수밖에 없었다. 그것은 또한 모든 나라의 르네상스 시대의 복장의 거의 대부분을 특징짓는 토대이기도 했다.

목적미를 두드러지게 하는 형식은 항상 건강한 보통 인간에게 관능적으로 받아들여진다. 목적미가 르네상스의 아름다움에 대한 이상을 지배하게 되면서부터 그것은 복장을 통해서 강화될 수밖에 없었다. 남자의 복장에서는 근육이나 어깨, 앞가슴 등을 돋보이게 하여 정력을 강조했고 여자의 복장에서는 엉덩이를 강조하거나 유방의 크기를 과장했다.

이 목적을 이루기 위해서 남자는 우선 하나하나의 근육이 확실히 드러나도록 몸에 꼭 끼는 복장을 만들고 상의는 이전보다도 훨씬 짧게 하여 대개 허리밑 부분이 한 뼘 이상을 넘지 않는 일종의 재킷을 만들어 입게 되었다. 크로이츠부르크의 연대기에 "엉덩이는 그러한 상의 때문에 거의 다 보였다. 그것이 당시의 크로이츠부르크의 복장이었다"라고 쓰여 있다. 남자들은 가능한 한 의복을 몸에 착 밀착시키려고 했다. 그 때문에 의복은 마치 제2의 피부와도 같이 몸에 착 달라붙어 있는 것처럼 보였다. 이 복장은 14세기 말경에 절정에

라츠가 달린 헐렁한 바지를 입은 용병

달했고 15세기에 들어서도 널리 유행했다. 이런 복장으로는 운동하기가 거북스러웠기 때문에 마침내 이 경향이 절정에 달하자 하나의 급속한 변화가 나타나서 복장은 시대가 결정한 이러한 의무를 해결하기 위해서 또다른 형식을 가지게 되었다. 즉 더 편하게 걸을 수 있도록 그리고 편히 움직일 수 있도록 바지와 소매는 관절이 있는 부분에 여러 번 헝겊을 붙여야만 했다. 물론 이러한 헝겊 모양은 하나의 장식이 되었다. 즉 상의의 경우 비단 셔츠의 어깨와 같은 관절 부분을, 하의의 경우 현란한 색깔의 비단 천으로 바지의 관절 부분을 퍼프로 만들었다. 이렇게 하여 15세기 말 무렵부터 유행하기 시작했던 퍼프모드(Puffenmode)의 최초의 형태가 나타났다. 그 덕택으로 그때까지의 경향이 계속 유지될 수 있었을 뿐만 아니라 나아가서 또다른 경향에 대해서도 복장의 사치와 호화스러움을 과시할 무한한 기회가 열렸다. 이것은 매우 커다란 의의를 가지고 있었다. 창조의 시대는 언제나 사치와 무절제한 낭비를 좋아한다. 새로운 세계무역의 시대가 무절제한 사치의 기반을 형성해줌에 따라서 이제는 공동의 사치를 위하여 무도회가 점점 더 많이 열리게 되어 그칠 줄 몰랐다. 굉장한 부, 즉 편안한 돈벌이가 세상에 나타났다. 그런데 이러한 사치는 대중현상으로서는 복장에서 시작되는 것이 상례이다. 왜냐하면 인간은 자신의 사치를 복장을 통해서 가장 손쉽고도 두드러지게 그리고 가장 빨리 과시할 수 있기 때문이다. 남자의 복장에 대해서 말하자면 그 사치가 최대로 과시되었던 복장은 가당치도 않은 그러나 세계적으로 유명하게 되었던 헐렁한 바지였다. 이 헐렁한

용병과 창녀(페터 플뢰트너, 목판화)

바지는 6세기의 전반기에 걸쳐서 재료를 무턱대고 사용하여 참으로 미치광이 같은 형태를 만들어낸 것으로서 —— 한 사람이 60엘레(Elle : 1엘레는 약 2자 1치/역주)의 옷감을 몸에 두른 —— 16세기 하반기까지 각국에서 널리 유행했다. 이 복장은 브란덴부르크 궁정의 설교사 안드레아스 무스쿨루스의 「바지 악마론」에서 명확히 설명되고 있다.

　이러한 경향은 여자의 복장에서도 역시 그로테스크한 방법에 의하여 해결되었다. 이러한 방법은 자신의 사치스러움을 과시하는 것이 유행하게 됨에 따라서 남자의 복장에 뒤떨어지지 않을 정도로 사치의 규모가 커졌음은 물론이다. 여자에게도 맨 처음에는 먼저 에로틱한 모든 아름다움, 즉 유방이나 히프의 크기, 가느다란 허리, 아름다운 각선미 등을 두드러지게 하는 몸에 착 달라붙는 복장이 나타났지만 이 복장은 점차 유방이나 히프, 즉 이른바 목적미의 두 가지 커다란 특징을 에로틱하게 과시하기 위하여 마음껏 그로테스크한 방법을 취하게 되었다. 이러한 방식은 시대의 진전에 따라서 수백 번 되풀이되었지만 대개 건강한 방법이나 아니면 세련된 방식으로 행해졌다. 그러나 그 시대는 어디까지나 건강한 형태로 행해졌다. 시대가 발견한 방식은 오늘날 우리들의 아름다움이나 위생이라는 사고방식과는 그다지 일치하지 않지만 그렇다고 해서 건강이 그 옷 때문에 손상당하는 일은 조금도 없었다.

히프를 크게 보이기 위해서 베개 스커트(Wulstenrock)가 출현했다. 여자들은 때로는 25파운드에 달하는 무거운 베개, 즉 "쉬펙크(Speck : 비계살/역주)"를 몸에 둘러 스커트의 모양을 터무니없을 정도로 크게 했다. 카이저스베르크의 가일러는 그의 설교에서 여자들은 그 옷 때문에 "빵집의 남자 하인"처럼 뚱뚱하게 보이게 되었다고 말하고 있다. 또한 이 베개 때문에 대부분의 여자는 마치 임신부처럼 보였다. 이것 역시 내가 앞에서 설명한 바와 같이 시대의 흐름, 즉 성숙이라는 취향과 일치하고 있다. 임신부 같은 인상은 뒤축이 없는 구두를 신고 걸어다님으로써 한층 두드러졌다. 뒤축이 없는 구두 때문에 여자들은 좋든 싫든 가슴을 뒤로 젖히지 않으면 안 되었고 그 때문에 한결같이 배가 튀어나왔다.

유방을 과시하기 위해서 코르셋이 이용되기도 했는데 그것으로 충분하지 않을 때에는 그것 대신에 솜을 채워 넣기도 했다. 일찍이 르네상스 시대의 사람들도 고대 그리스에서처럼 인공유방을 알고 있었다. 여자들은 어디까지나 풍만하게 보이기를 원했고 당당한 체격을 과시하기를 원했다. 그리고 이 때문에 무엇보다도 먼저 유방을 위로 밀어올렸다. "수백 년 동안 대중화되어온 코르셋은 유방을 작게 보이기 위해서 점차 이용되기 시작했던 것이 아니라(이것은 중세의 일반적인 경향이었다. 유방이 작다는 것은 금욕적인 세속관과 일치했다) 오히려 점점 깊게 파들어간 목둘레선에 유방을 크게 튀어나오게 하기 위하여 이용되기 시작했던 것이다."(C.H. 슈트라츠, 「여자의 복장」) 그러나 이러한 설명은 충분한 것이라고 할 수 없다. "제 모습은 이렇게 아름답지요, 저는 이제 유행하는 미인의 대표예요, 아 그 증거는 이것이에요"라고 말하는 것처럼 수없이 대담한 데콜타주(décolletage : 옷깃을 깊게 파 어깨, 등, 가슴을 드러내기/역주), 즉 아주 대담한 유방의 노출이 성행했으나 비난을 받지 않았던 것은 시대의 발전 덕택이었다.

시대는 관능적인 것만 추구한 것은 아니었다. 그 시대는 또한 신흥계급의 승리의 시대였기 때문에 사람들은 점잔을 빼지도 않았고 두려움도 몰랐다. 오히려 그들은 철면피처럼 그리고 누구도 의식하지 않고 대범하게 끝까지 자신의 모든 목적을 추구했다. 이 뻔뻔스러움 덕택에 르네상스식 복장은 현대인의 눈에도 종종 이상하게

퍼시 백작부인의 초상화(안톤 반 다이크, 17세기)

보일 정도의 특수한 형태로까지 만들어졌다. 이 이상한 형태는 여성의 복장에서만
이 아니고 남성의 복장에도 나타난다. "나의 몸은 이대로 정사를 치르기에 더없이
훌륭해" 하고 남자는 자신의 복장의 특수성을 자랑했고 여자도 "저 또한 당신의 정
력에 충분히 어울릴 수 있어요"라고 자신의 복장을 자랑하면서 명확히 대답해야만
했다. 이 요구와 대답은 르네상스 시대에는 한결같이 무절제하고 대담했다.

먼저 여성의 복장에 대해서 살펴보기로 하자. 앞에서도 설명했듯이 구애의 문제
는 여성의 복장에서 유방의 노출이라는 아주 대담한 형식을 요구했다. 르네상스 시

창녀(프란스 할스의 유화에 의한 동판화)

대에는 "알몸의 여자는 보랏빛 옷을 걸친 여자보다도 더 아름답다"라는 의견이 신
봉되었다. 그런데 여자는 이 의견처럼 매일 알몸으로 돌아다닐 수는 없었기 때문에
적어도 어떤 부분을 가능한 한 대담하게 노출하려고 했다. 그 어떤 부분이란 것은
어느 시대에나 여성의 가장 아름다운 부분으로 간주되어왔을 뿐 아니라 복장에 두
드러지게 나타냈던 유방이었다. 그 때문에 유방의 노출은 일반적으로 죄악이라고
생각되기는커녕 오히려 모든 여성이 가장 높이 평가했던 아름다움에 대한 예찬의
일부였다. 그러한 것은 결국 관능에 대한 시대적인 각광의 표현이었다. 그리고 이

사랑과 포도주(네덜란드의 메조틴트 판화)

때문에 태어나면서부터 유방경제학에 강제되지 않았던 여자들까지도 자신의 유방을 거리낌없이 세상 사람들에게 노출시켰다. 나이 먹은 여자조차도 가능하면 오랫동안 자신의 유방을 아름답게 부풀어오르게 하여 포동포동한 유방처럼 보이게 하려고 애썼으며 여자라면 누구나 차츰 성장해가면서 자신의 유방이 점점 부풀어올라 완전하게 되면 될수록 더욱 노골적으로 그것을 노출시켰다. 르네상스 시대가 다른 시대와 다른 점은 여자들이 자신의 유방의 아름다움을 무도회에서만이 아니라 가정이나 길거리는 물론 교회에서까지도 과시했다는 점이다. 축제는 여자들이 자신들의 유방을 과시하기에 가장 좋은 기회였음은 말할 필요도 없다. 복장의 모양을 결정하는 요인은 기후가 아니라 인류의 일반 사회생활이다. 기후는 본질적인 차이를 가져오는 요인은 되지 못하고 기껏해야 따뜻한 나라에서는 보다 가벼운 재료가 사용되는 것처럼 단계적인 차이를 가져오는 요인이 될 따름이다. 앞의 두 가지 사실은 르네상스 시대에 아주 명확하게 드러났다. 남쪽 나라와 똑같이 북쪽 나라에서도 이 방면에 똑같은 힘이 작용했기 때문에 북쪽 나라의 여자들도 남쪽 나라의 여자들에게 지지 않고 상의의 목 부분을 가능한 한 깊게 파내려갔다. 플랑드르나 바젤 지방의 여자들도 프랑스나 베네치아, 로마의 여자들에 지지 않고 자신의 유방을 가능한 한 많이 드러나게 하여 과시했다. 복장을 통해서 드러나는 계급적인 지위는 상류계급에 대해서가 아니라 하층계급에 대해서만 적용되었다. 여자가 가장 값비싼 사치품으로 떠받들어지던 지배계급에서 상의의 가슴 부분을 가장 깊게 팠다. 프랑스의 궁정에서도 스페인의 궁정에서도 여자의 복장은 대개 앞은 물론 뒤도 거의 허리 부분까지 맨살을 드러내는 것이었기 때문에 노출되는 것은 유방만이 아니었다. 상반신의 대부분이 남김 없이 노출되었다. 궁중시인 클레망 마로는 「베르프헨과 재킷」에서 이렇게 노래했다.

> 하얗게 빛나는 배만을 감싼,
> 고운 옷을 입은 베르프헨,
> 그녀는 반짝반짝 빛나는 다이아몬드처럼 보인다.
> 잘 닦여진 보석은 항상 반짝반짝 빛난다.
> 탄력적인 유방과 빼어난 몸을,
> 회색빛의 단조로운 나사 옷으로,
> 완전히 숨긴 재킷을 보면,
> 나는 그러한 아름다움에 나 자신도 모르게 이렇게 말하고 싶다.
> 너의 그 회색빛 옷은
> 영원히 타오르는 불꽃을 감춘 재는 아닌가.

더욱이 여자들은 특히 자신의 유방의 아름다움에 사람들의 시선을 집중시키고 유방 중에서도 가장 인기가 있는 품질 —— 탄력성과 부풀어오른 부드러움 —— 을 과시하기 위해서 가슴 부분을 깊숙히 파낸 노골적인 복장을 입을 경우 종종 온통 보석을 박아 넣은 고리와 깍지로 젖꼭지를 장식했고 십자가나 장식품을 매단 황금 쇠사슬로 좌우 유방의 부풀어오른 곳을 묶었다. 카트린 드 메디시스는 궁정의 귀부

베네치아 여인의 초상(바르톨로메오 다 베네
치아)

인들을 위해서 유방에 이목을 집중시킬 수 있는 방법을 연구했다. 상의 좌우에 두 개의 둥근 창을 내고 그 두 창으로 유방만을 보이게 했는데, 그것도 유방을 대부분 전부 그대로 드러나게 하든가 유방과 겉모습이 똑같은 모조품을 가슴 부분에 붙였던 것이 특징이었다. 유방을 통째로 드러나게 하는 복장은 프랑스 이외의 나라에서도 유행했다. 예를 들면 베네치아에서는 상류계급의 여자들은 베일로 얼굴을 가리든가 마스크를 쓰고 외출해야 하는 풍속이 강요되었기 때문에 얼굴은 베일로 꼼꼼하게 가리면서도 유방만은 거침없이 드러냈다.

시민계급이나 도시귀족의 복장에서는 절대주의 궁정에서 볼 수 있던 괴이한 복장이 나타나지 않았지만, 창녀만은 절대주의 궁정의 복장을 흉내냈다. 그뿐만 아니라 창녀에게는 종종 유방을 숨김없이 노출시킨 채 외출하는 것까지도 허용되었다. 창녀는 유곽 내에서는 항상 그러한 모습으로 살았으며 특히 축제 때에는 호기심 많은 남자들에게 자신을 가지각색의 모습으로 과시해도 괜찮았다. 나중에는 시민계급의 여자들까지도 점점 대담해져서 상의의 목 부분을 점점 깊게 파내려가게 되었다. 젖꼭지의 황홀한 아름다움을 과시하기 위하여 상의의 목 부분을 아주 깊이 파들어갔던 다양한 시민의 의상은 오늘날까지도 남아 있다. 홀바인이나 뒤러가 그린 그림도 유방을 젖꼭지 부분까지 숨김없이 노출한 복장이 분명히 있었다는 것을 우리에게 가르쳐준다. 15세기 초엽의 복장에 관한 기록에서는 다음과 같은 문장이 발견된다.

남자들도 엉덩이 부분이 없는 바지를 셔츠에 연결시켜 입었다. 돈 많은 아가씨들은 앞뒤가 온통 파인 옷을 입었기 때문에 가슴과 등이 거의 다 드러났다.

역시 15세기경에 쓰여진 림부르크 연대기에도 이렇게 서술되고 있다.

그리고 여자들은 가슴에 커다란 창(목 둘레를 판 의복의 선)을 달았기 때문에 유방의 거의 반이 드러나게 되었다.

이밖에도 유방은 위쪽 방향을 향하여 코르셋으로 조여졌다. 때문에 여자들이 약간만 몸을 움직여도 유방이 상의 밖으로 삐져나왔다. 태어나면서부터 아름다운 유방을 가지고 있던 여자들은 모두가 보고 싶어하는 이 구경거리를 남자들의 눈앞에서 드러낼 기회를 놓치지 않았다. 그것은 또한 이와 같은 복장의 당연한 논리이기도 했다. 어떠한 경향이든 자신의 최종적인 한계, 즉 주어진 기회를 최대한 충족시키려고 법석을 떨게 마련이다. 이러한 사실이 제멋대로 상상해낸 것이 아니라는 것은 여러 문학의 기록이나 대중화된 표현 그리고 그밖의 것에 의해서 증명할 수 있다. 예를 들면 무르너는 이러한 여성의 세련된 양상을 다음과 같이 상세하게 묘사하고 있다.

여자들이 수치심을 잃은 증거란
요즈음 나쁜 예의범절이 만연되고 있는 것.
세상 사람들은 나체 속에서 장식품을 찾는다.
남자들은 바로 등 뒤에서 여자를 응시하고
여자들도 진심으로 기뻐하면서
몸뚱이에 매달려 있는 두 유방을
여봐란 듯이 밖으로 내민다.
보통 때라면 옷 속에 밀어넣어두지만
나라면 반 이상을 보여주지요.
유방은 바보들의 먹이이다.
남자가 나의 유방을 쥐려고 할 때에
"놓아요, 뭣 하는 짓이에요"라고 말해준다.
"당신은 어쩌면 그렇게도 밉살스러운가요.
나는 내 체면을 위해 말하는 거예요.
이렇게 뻔뻔스러운 남자는 아직 보지 못했어요."
마치 자루가 당나귀에서 미끄러져 떨어지기라도 하려는 듯이,
여성들은 남성에 대하여 자신의 유방을 지키고 있다.
여자는 반항하면서
손으로 가만히 두 유방을 움켜쥐고 있다.
다른 잡동사니는 버려진 채 진열되어 있다.
덕분에 우유시장은 휴업이야.

은하수의 생성(루벤스)

더욱이 각 도시의 여자들은 그 특수한 기질로 유명해졌다. 피렌체의 여자에 대해서는 "여자들은 기꺼이 큰 유방을 과시한다"는 속담이 있다. 「지독하게 색을 밝히는 사제와 수도사에 대하여」의 제48장에서 요하네스 후스는 이렇게 쓰고 있다.

여자들은 목 둘레 선을 아주 깊게 판 상의를 교회의 사제나 수도사 앞에서, 시장에서, 게다가 집 안에서까지 걸치고 있다. 덕분에 누구든지 여성의 빛나는 살결 위에 숨김없이 드러난 유방을 보게 된다. 유방의 숨겨진 나머지 부분은 앞에서도 설명했듯이 인위적으로 크게 앞으로 튀어나와 있기 때문에 마치 가슴 부분에 뿔이 두 자루 나 있는 것처럼 보인다.

유방을 특히 심하게 노출하는 것은 각 시대의 아가씨들에게 허용된 특권이었다. 유방이 여성의 중요한 구애수단이라는 것은 극히 자연스러운 것이다. 아가씨는 남자에게 더욱더 구애하고자 했기 때문에 이 황홀한 아름다움을 마음껏 과시해도 좋았다. 스위스에서는 과시를 위한 유방의 노출을 "식탁에 (음식을) 올린다"라고 표현했다. 그러나 구애의 목적을 달성한 기혼녀의 경우에는 유방의 노출을 될 수 있는 한 삼가는 것이 예의였다. 기혼녀의 경우에는 젖꼭지를 드러내서는 안 되었다. 더욱

이 과부에게는 상의를 머리까지 뒤집어쓰도록 했
다. 왜냐하면 과부는 더 이상 남자에게 구애해서
는 안 되기 때문이다. 각 도시에서는 과부는 마치
자루 속에 들어 있는 것처럼 몸 전체를 감추고 돌
아다녀야만 했다. 과부란 이 세상의 환희를 포기
한 여자를 의미했다. 물론 이것은 과부의 전생애
에 대해서가 아니고 1년간의 상기(喪期)에 한해서
적용되었다. 상기가 끝나면 과부는 그 자신의 아
름다운 유방을 숨김없이 드러내고 아가씨들과 다
시 경쟁할 수 있었다. 왜냐하면 과부도 상기가 끝
나면 다시 남자에게 구애할 수 있었기 때문이다.

의상화(마르틴 쉥가우어)

예의범절이라는 개념에 대한 이러한 분석 정도로는 내가 앞에서 설명했던 정의,
즉 의상은 에로티시즘의 문제이며 무엇보다도 구애를 위한 것이라는 사실을 간단명
료하게 증명해주지 못한다.

우리는 연대기 작가나, 풍자시인, 소설가 그리고 이 시대의 화가 이외에 윤리학
자들로부터도 유방을 노출하는 대담성에 대한 많은 글들을 발견한다. 17세기 초의
성 마르티누스 축제의 설교를 보자.

태어날 때의 순결을 지니지 못한 수치심. 우리는 거위조차도 비밀을 비밀로서 지키고
민첩하게 목욕을 하여 몸을 청결히 하는 것을 본다. 인간은 수치심이라는 덕성의 면에서
보더라도 조류보다 뛰어나기 때문에 기독교도임을 자칭하는 많은 사람들이 수치심을 느낄
수 있는 것도 틀림없다. 그러나 아아! 보디발의 아내는 수치심도 없이 잘생긴 젊은 요셉에
게 음란한 행위를 하는 자매들을 이 세상에 너무도 많이 남겨두었다(「구약성서」 "창세기"
39장/역주). 많은 여자들은 밧세바처럼 자신의 아름다운 육체를 알몸으로 드러내려고 한
다. 오늘날의 여자들에게는 이러한 나체가 마치 장식품처럼 여겨지고 있다. 여자들은 역
사상의 페르시아 여자들로부터 향연석상에서는 옷을 벗어던지고 마침내는 완전 나체가 되
어 모든 예의와 수치심을 잊어버려야 한다고 배웠는지도 모른다.

1581년 몽트랑의 카프친 교단 수도사의 설교는 꾸밈없는 소박함으로 충만해 있

독일 부인의 초상(어떤 소묘의 모사화)

다. 그 설교는 "프랑수아의 거울"에서 다음과 같이 서술되었다.

아가씨들은 면죄부를 받으러 미사에 나갈 때나 마을의 과수원이나 공원에 갈 때 그리고 진실하다곤 할 수 없는 다른 비밀스러운 장소에 갈 때 무슨 이유인지 횡경막과 심장, 폐는 물론 그밖의 다른 가슴 부분과는 또다른 의미의 가슴을 활짝 열어젖히고 다닌다. 상류계급 의 아가씨들은 나침반처럼 혹은 시계추처럼, 더 정확히 말하자면 화로의 불을 부채질하는

의상화(네덜란드 세밀화의 모사화, 15세기)

대장간의 풀무처럼 보폭을 아주 작게 하여 걷는다. 이 나라의 아가씨들이 이렇게 걸어다니기 때문에 아가씨들의 풀무질로 인해서 폐를 통하여 그렇지 않아도 유약하고 육욕에 사로잡히기 쉬운 이 나라 궁정의 헬리오가발리스트들(기원전 2세기경의 음탕한 로마 황제 헬리오가바르스와 같은 한량들/역주)의 심장에 불이 붙는다. 우리 궁정의 아가씨들은 유독 그러한 것을 더욱더 부채질하고 점점 큰 화재를 내기 위해서 음탕하고 추잡하고 불결한 일에 자연을 이용하려 하고 인간의 목적에 자연을 제멋대로 뜯어맞추려는 갖가지 기술을 발명한다.

게다가 도덕군자들은 어느 시대든 그러한 것을 악마의 소행이라고 보고 그러한 음탕한 짓을 탐하는 사람들은 지옥으로 떨어질 것이라고 입버릇처럼 예언했다. 그런데 다른 자료, 즉 그 시대의 사치에 대한 무수한 복장규정이나 법률에서는 유방을 가능한 한 마음껏 과시하는 당시의 유행에 대하여 더욱 상세하게 설명하고 있고 또 그것에 긍정적인 반응을 보이고 있다. 예를 들면 역사가는 이러한 복장규정은 시장이나 관청의 선심의 표현에 불과하며 그들은 국가의 부를 좀먹는 사치에 대해서 세금을 물리면 그만이었다고 설명했다. 이러한 것도 복장을 규정하고 사치를 금지시켰던 목적의 하나였지만 거기에는 이것과는 비교할 수 없을 정도로 중요한 또 하나의 원인이 있었다.

뉘른베르크의 의상화(알브레히트 뒤러)

복장이 에로티시즘의 문제라면, 유행복은 항상 계급구별의 가장 중요한 수단이었다. 그 때문에 복장으로 계급을 구별하는 표지도 대개는 법률에 의해서 결정되었다. 물론 이 복장규정은 앞에서도 설명했듯이 상류계급에게 적용되는 것이 아니었고 언제나 하층계급에 대해서만 그들이 넘어서는 안 되는 선을 그어놓았다. 이것이 복장규정이 대두된 두번째 원인 중의 하나이다. 대개의 경우 복장규정을 강제하여 그것을 어쩔 수 없이 승인시켰던 제2의 중요한 목적은 벨벳, 비단, 망사, 레이스, 은자수, 모피와 같은 값비싼 물품을 국내로 반입함으로써 국내에 발판을 마련하려는 외국

공업과의 경쟁에서 국내의 공업을 보호하려는 것이었다. 그러므로 이러한 물품의 제조나 착용을 금지했던 복장규정은 춘프트가 도시의 군대를 강력하게 장악했던 도시나 시대에서 아주 많이 찾아볼 수 있다. 지배계급의 지배권이 확고해짐에 따라서 복장규정도 점점 엄격하게 시행되었지만 군대를 장악하고 있는 계급의 지배가 다른 계급에 의해서 위협당하게 되자 복장규정은 점점 무시되었다. 왜냐하면 낡고 인습적인 것에 대한 피지배계급의 반항은 항상 복장에서 가장 빨리 나타났기 때문이다. 그런데 계급관계의 변혁이 임박했음을 감지한 춘프트는 그 변혁이 역사적인 사실로 자리를 잡기 전까지는 전력 투구하여 인습적인 것을 고수하려고 했다. 왜냐하면 춘프트의 경제적, 정치적 권력이 그 인습적인 것 위에 구축되어 있었기 때문이다. 춘프트는 시민생활의 아주 사소한 부분까지도 자신들의 규약으로 속박했고 자신들의 이해관계라는 좁은 시야에서 한발짝도 벗어나려 하지 않았으므로 그 규정을 일방적으로 결정하고 명령했다. 앞의 두 가지 요소로부터 다음에 서술하려고 하는 매우 중요한 두 가지의 주장도 무리없이 설명될 수 있다고 생각한다. 그것은 첫째로는 각 도시 주민의 복장에 여러 가지의 등급이 있다는 사실이며, 둘째로는 이와는 반대로 이러한 규칙은 다른 도시에서는 대부분 완전히 무시되었다는 사실이다. 이것은 복장규정을 강요하기 위하여 그것을 끊임없이 개정했던 점으로부터도 증명될 수 있다. 인간은 도덕적 격분의 뒤안에 숨겨진 진정한 동기나 저의에 대해서는 참으로

의상화(요스트 암만의 의상서적에서, 16세기)

정직했다. 곧 도시 고위층의 도덕 속에는 무엇보다도 자신들만의 계급이익이 선언되었다. 그러나 그러한 것이 선언된다고 하더라도 확실한 정치세력이 뒷받침되지 않으면 즉각적인 효과는 거둘 수 없었다.

복장의 품위는 상의의 목둘레 선이 깊게 파임에 따라서 그만큼 높아졌고 또 한편으로는 노출된 유방이 여자의 가장 아름다운 장식이 되었기 때문에 지배계급은 항상 이 특권을 자신들만의 것이라고 선언했다. 그리고 시민계급의 여자에게는, 자신의 유방의 아름다움이 귀부인의 유방에 뒤지지 않는 것을 과시하는 것이 금지되어 있었다. 이러한 이유에서 대부분의 복장규정은 상의의 목둘레 선을 깊게 파는 것을 엄격하게 금지시켰다. 군주 지배하의 복장규정에서는 시민계급 전체에 이것을 적용했고 도시귀족 지배하에서는 수공업자의 여자들에게만 적용되었다.

상의의 목둘레 선을 깊게 파는 것을 금지했던 복장규정을 여기에 소개해보겠다. 이 규정은 14세기에 슈트라스부르크에서 적용되었던 것이다.

더욱이 어떠한 여자라도 무릇 여자라는 이름의 존재는 금후 상의나 셔츠, 부풀어오른 스커트 그리고 그외의 복장을 현재의 수준 이상으로 짧게 해서는 안 된다. 또한 어떠한 여자도 결코 색깔 있는 옷을 입거나 죽은 사람의 곱슬머리를 늘어뜨려서는 안 된다. 특히 여자가 상의의 목둘레 선을 어깨 부근까지 팔 경우에는 자신의 유방이 남의 눈에 보이지 않게 해야 한다.

부창부수(동판화, 15세기)

복장이 계급차별에 이용되었다는 나의 견해는 1576년 개정된 프랑스의 앙리 3세의 복장규칙에서 분명히 찾을 수 있다. 이 시대의 귀족계급에게는 유방을 숨김없이 드러내는 것이 널리 유행했지만 "신성한" 칙령은 "서민이 귀족계급의 복장을 모방하여 자신의 아내를 귀부인처럼 보이게 하는 것을 엄금했다."

복장의 사치에 대해서 가해졌던 형벌의 위협은 모두 공염불에 불과했다. 그러한 위협이 대부분 효과가 없었다는 것은 훌륭하게 증명될 수 있다. 독자들도 끊임없이 발견되는 저 교활한 방법을 상상할 수 있을 것이다. 창녀와 망나니 계집에게는 사치스러운 복장을 금지하지 않았고 오히려 금지된 옷을 입도록 적극 권장했던 것이다. 정부는 이러한 방법을 통하여 사치를 수치스러운 것으로 만들었고 그러한 옷을 입으면 천한 계집이나 인간 쓰레기로 오인받게 된다는 공포심을 이용하여 서민계급의 여자들이 금지된 옷을 입지 못하게 했다. 이러한 내용은 1353년의 제네바 복장규정 속에 정확히 설명되어 있다.

배심관은 여염집 부인이나 아가씨도 쾨겔(Kögel : 카프친회 성직자의 모자/역주)을 써서는 안 된다고 요구한다. 왜냐하면 도시귀족의 쾨겔을 뒤집어써도 좋다고 허용되거나 명령을 받은 사람은 방탕한 망나니 계집 —— 관청의 감시를 받는 거리의 계집 —— 이기 때문이다.

정부는 또한 금지된 복장에 대해서 수치심을 불러일으키게 하거나 형벌로 위협하는 두 가지의 방법을 병행하여 사용했다. 베네치아의 시의회도 17세기의 포고문에서 이와 완전히 동일한 내용을 선언하고 있다.

공식적으로 인정된 창녀 이외의 여자는 누구든지 가슴을 드러내고 외출하거나 교회에 참석해서는 안 된다. 남편은 아내가 나체를 드러내는 복장을 입게 해서는 안 된다. 만약 이것을 어길 경우에는 남편은 명예를 박탈당하고 수백 두카트(금화)의 벌금을 물어야 한

유행복(동판화, 16세기)

다. 이것은 남편이 귀족이든 서민이든 일률적으로 적용된다.

그러나 이렇게 수치심을 불러일으키게 하는 방법도 어설픈 방패막이로 끝날 수밖에 없었다. 이 어설픔은 이 포고가 끊임없이 개정되었다는 사실로써도 증명할 수 있다.

이상의 사실로부터 우리는 자신의 아름다움을 과시하려고 법석댔던 것은 대개의 경우 시대의 내적 필연성의 발현이었다는 점과 여자들은 자신이 가장 자랑스럽게 여기는 아름다움을 공중의 비판으로부터 멀리하기보다는 오히려 스스로 자신을 도덕적인 위험에 드러내는 쪽을 택했다는 점을 명확히 알 수 있다. 그리고 시대의 새로운 원칙이 확실하게 추진됨에 따라서 이러한 법석거림은 점점 격렬해졌다. 그러나 강렬한 흥부 노출과 그에 따른 복장의 사치는 1560년대부터 수십 년에 걸쳐서 주로 독일 시민계급의 복장에서 점차 사라졌다. 이것은 지금까지의 역사가가 지적하고 있는 것처럼 사치금지령이나 종교개혁의 영향 때문이 아니라 오히려 그 시대의 대중을 불가피한 절약의 세계로 밀어넣었던 도처에서 나타난 불황 때문이었다.

여자의 복장은 유방의 노출에서 극단으로까지 치달았다. 이렇게 아주 대담하게 과장하는 경향과 쌍벽을 이루는 것은 바로 다른 시대의 복장과 뚜렷이 구별되는 르네상스 시대의 남자의 복장 형태이다. 이 복장 형태는 프랑스인이 브라게트(braguette)라고 불렀던 라츠(Latz), 즉 바지의 허벅다리 사이에 있는 앞주머니가 특

피리 부는 연인(한스 제발트 베함, 동판화)

징이다. 이 주머니 때문에 르네상스 시대의 남자 복장은 현대인의 눈에도 아주 괴이하게 보인다.

음부를 위한 특별한 주머니는 기술적으로 몸에 밀착된 바지, 즉 양말바지(Strumpfhose)에 직접 붙일 수도 있었고 또 좌우가 다른 통 좁은 바지의 한가운데를 봉합하지 않고 이 바지를 셔츠의 아래에 붙임으로써 그 넓적다리 사이에 생긴 틈에 붙일 수도 있었다. 무릎까지 닿는 상의를 입고 있을 때는 남자들은 이러한 주머니를 붙일 필요가 별로 없었으며 상의가 점점 짧아지게 되었을 때도 처음에는 이러한 주머니를 붙이지 않았다. 1444년의 튀링겐의 연대기에는 이렇게 쓰여 있다. "남자들도 이 시대에는 짧은 상의를 입고 있었기 때문에 음부는 그 모양이 그대로 드러났다." 이 때문에 처음으로 이상한 주머니가 나타났다. 왜냐하면 짧은 상의로 인해서 아내나 아가씨 앞에서 특히 댄스나 놀이를 할 때에 음부가 대부분 적나라하게 드러났기 때문이다. 이러한 사실을 비판할 경우에 그 당시 사람들은 나체에 대해서는 별로 신경을 쓰지 않았기 때문에 남녀의 어떤 종류의 노출에도 아주 무관심했다고 거짓말을 할 수는 없다. 전신이 아니라 몸의 일부분에 한정된 노출은 그 부분을 돋보이게 하여 그 부분에 소위 시위적인 플래카드의 효과를 준다. 이것은 여자의 유방을 두고 하는 말이지만 남자의 아주 비밀스러운 성적인 특징에도 여자의 경우와 비교할 수 없을 정도로 들어맞는 말이다. 그것은 완전히 취향의 차이였다. 이러한 것은 이 노출이 결코 우연히 유행했던 것이 아니라, 우리가 여러 가지 이야기나 그것에 관한 여러 가지 형벌을 통해서 이미 알고 있듯이 남자들이 여자 앞에서 고의로 그리고 아주 대담하게 그것을 노출시켰다는 사실로부터도 명확히 알 수 있다. "남자들이 상당히 음란하게 춤을 추는 방식을 구사했기 때문에 아가씨들은 상대의 음부를 보지 않을 수 없었다"라고 어떤 연대기 작가가 쓴 대로이다. 다른 작가는 이에 덧붙여서 "아가씨들이 남자들에게 자신의 유방을 노골적으로 보여주었기 때문에 이 방식은 아가씨들에 대한 남자들의 약소한 답례의 표시였다"라고 썼다. 결국 아주 대담한 형태의 음부 과시는 분명히 하나의 복장현상이 되었던 것이다.

양말바지를 입은 농부(p. 브뢰겔, 17세기)

상의가 점점 짧아져서 겨우 허리 근처에 닿는 짧은 조끼 형태가 나타났을 때 앞주머니는 바로 음부를 보호하기 위한 기술상의 필수품이 되었다. 왜냐하면 몸에 밀착된 제2의 피부라고 할 수 있는 통좁은 홀태바지는 음부를 전혀 숨겨주지 못했기 때문이다. 그러므로 그 당시의 사고방식에서든 오늘날의 사고방식에서든 이러한 구조는 충분히 예의바른 것이었다. 실제로도 이것 외에는 방법이 없었다. 그러나 우리가 시대정신이 이 주머니로부터 만들어졌다는 사실, 즉 시대정신이 필요에 의해서 하나의 덕성을 만들었던 것이 아니라 각국에서의 필요로 인해서 이른바 남자 복장의 중심부에 주머니를 만들었고 남자들은 그 주머니를 붙이고 으스대면서 거리를 돌아다녔다는 사실을 인정한다면, 앞의 내용은 완전히 다른 의미가 되어버린다. 그 시대의 남자들은 열광적으로 이 주머니를 자랑하거나 과시함으로써 무엇보다도 그것을 사람들의 눈에 띄도록 했을 뿐만 아니라 그렇게 함으로써 순전히 플래카드의 효과를 통해서 그러한 주머니에 세상 사람들의 이목을 집중시켰다는 사실을 우리가 확실하게 한다면 앞의 이야기는 결코 지나친 말이 아니다. 남자들은 이 시위효과를 여러 가지 방법으로 발휘했다. 가장 널리 유행했던 첫째 방법은 이 앞주머니를 양말바지나 통좁은 홀태바지의 색깔과는 전혀 다른 색깔로 만드는 것이었다. 양말바지나 홀태바지가 황색이라면 주머니는 적색이나 청색으로 만들었다. 이에 대한 훌륭한 실례로 원색도판 "알고이에서 온 마부"를 들 수 있다. 그런데 이밖에도 남자들은 주머니를 색색의 리본이나 주름 장식으로 꾸몄고 부유한 사람은 주머니에 요란한 금자수나 보석까지 달았다. 가장 즐겨 행해졌던 둘째 방식은 주머니에 솜을 채워넣어 다른 모양으로 변화시켜서 생긴 그대로 노골적으로 모조하는 것이었다. 피샤르트는 「황소의 머리와 개의 바이올린의 현」에 대해서 쓰고 있다. 이 방법은 오직 병사들에게만 유행했다. 당시의 용병민요는 이에 대해서 우리들에게 다음과 같이 가르쳐준다.

> 라츠는 또한
> 송아지의 머리 크기 정도는 되어야 한다.
> 그 아래에 작은 트럼프를 매달고
> 그 트럼프에 비단까지 매달아야 한다.
> 거기에 돈을 아끼면 자린고비,
> 그 덕택에 걸식하러 나가지 않으면 안 된다.……

이 복장은 세련되지 못한 용병들에게서 시작되어 아주 괴이한 형태로까지 발전했지만 그렇다고 해서 이러한 복장이 용병들의 세계에서만 유행했던 것은 아니다. 라블레는 그 무렵에 유행했던 이러한 주머니의 크기를 풍자하여 그로테스크하게 과장했다.

그래서 그는 파뉴르주에게 당시에 유행하던 아주 고상한 옷을 입게 했다. 그러나 파뉴르주는 자신에게는 어떠한 일이 있어도 길이 3피트의 둥글지 않은 네모진 주머니가 붙여져야 한다고 주문했다. 그것은 정확하게 만들어졌고 덕분에 그는 아주 산뜻한 남자가 되었다.

이러한 시위효과를 내는 셋째 방법은 주머니의 형태를 그 남자의 이른바 끊임없는 성활동을 반영하도록 모조하는 것이었다. 즉 자신이 항상 사랑할 태세를 취하고 있다는 것을 공공연히 과시하고 다니는 것이었다. 이 셋째 방법에 대한 보고는 많

이 남아 있는데 1492년에 쓰여진 엔지스하이머
의 연대기는 다음과 같이 기록하고 있다.

네덜란드의 농민의상

그리고 젊은 사람들은 허리에서부터 한 뼘 길이
도 되지 않는 짧은 상의를 입었다. 그 때문에 브루
흐(Bruch) ── 팬티 ── 가 앞뒤로 드러났고 그
팬티가 몸에 착 달라붙어 있었으므로 팬티에 엉덩이
의 갈라진 틈이 드러날 정도였다. 이것은 실로 아름
다운 광경이었다. 그 주머니는 앞을 향하여 크고 뾰
족하게 돌출되어 있었다. 테이블 앞에 서면 주머니
가 테이블 위에 올라올 정도였다. 사람들은 그러한
모습으로 황제나 국왕, 영주, 신사, 숙녀 앞에 서
있었다. 그리고 그것은 하층계급의 남녀들 사이에서는 신을 슬프게 할 정도의 것이었다.
여자들은 앞에는 배가 뒤에는 등이 그대로 드러나는 옷을 입었다.

세상 사람들이 이용한 최후의 가장 대담한 방법은 앞의 세 가지 방법, 즉 주머니
의 색깔을 다른 부위와 다르게 하는 방법, 주머니를 크게 만드는 방법 그리고 끊임
없는 성활동을 그로테스크하게 모사하는 세번째 방법을 총동원한 것이었다.
물론 도덕군자들은 일찍부터 이러한 복장을 공격했다. 그 시대의 한 사람은 이렇
게 쓰고 있다.

나는 프란체스코 교단의 형제 수도사의 설교를 들었다. 이 사람은 복장의 사치스러움이
나 안팎을 가리지 않고 부끄러운 줄도 모르고 이상하게 꾸미는 형태를 저주하고 준엄하게
비난했으며 마지막에는 이러한 말로 끝을 맺었다. 우리 도시의 호색한들은 주머니를 바지
바깥으로 대담하게 돌출시켜 헝겊으로 칭칭 감고 또 그 속에 많은 헝겊을 쑤셔넣었다. 그
때문에 아가씨들은 그것이 음경이라고 상상할 정도로 음란해졌다.

즉 민중의 착각 ── 여기에서는 아가씨들의 착각 ── 이 아주 노골적으로 풍자
되고 있다. 또한 각 도시에서는 이러한 지나친 복장을 금지시켰다. 예를 들면 현존
하는 뉘른베르크 시의회의 포고문에는 앞에서 설명했던 모든 것이 포괄되어 있다.

한스 부르크하이머의 목판화

　일부 남자들이 음란하고 부끄러움을 모르는 유행을 좇아 필요하지도 않은 곳에 바지의 주머니를 크게 만들어 붙이고 무도회나 그밖의 경우에 존경해야 할 부인이나 아가씨 앞에서 부끄러워하지도 않고 그 주머니를 노출시킨 채 축 늘어뜨리고 있다. 그것은 신만이 아니라 상사나 남자 앞에서도 예의에 어긋나는 것이며 실로 무례한 짓이다. 따라서 시의회는 다음과 같은 사항을 단호히 명령하지 않을 수 없다. 금후 어떠한 남자도, 적어도 이 도시의 시민이나 주민들은 바지의 주머니를 노출시켜 공공연하게 드러내서는 안 된다. 시민은 모두 음부와 바지의 주머니가 노출되지 않도록 만들어 입어야 한다. 따라서 주머니를 드러내어 상사로부터 견책을 받고 또 상사에게 끌려가더라도 자신의 권리를 내세워 그것을 시정하지 않는 자는 이를 위반할 때마다 구류 1일에 3굴딘의 벌금을 물어야 한다.

　이와 동일한 제재조치는 재봉사들에게도 가해져 남자의 상의는 적당히 길게 만들라는 엄명이 내려졌다. 1480년 8월 8일 무렵의 슈트라스부르크의 춘프트와 경찰의 단속규칙집에는 다음과 같은 규칙이 실려 있다.

　남자의 상의가 짧거나 그 형태가 부적합해서 앞이나 뒤에서 음부가 보이기 때문에 다음과 같은 사항을 명령한다. 시민은 앞으로는 그러한 옷을 입어서는 안 된다. 또한 모든 시민 또는 이 도시에 거주하는 주민이나 고용인은 상의든 외투든 자신의 옷은 음부로부터 아래로 적어도 8분의 1정도 내려오도록 길게 만들어야 한다. 그리고 금후 재봉사 마스터나 도제에게도 어떠한 사람의 옷이든 짧게 만들어서는 안 된다는 것을 서약을 통해서 권고하지 않으면 안 된다. 설령 이전에 주문받았다고 하더라도 모든 사람의 상의는 가능한 한 길게 만들어야 한다.

이 포고는 그러한 주머니가 일부에서 사용되고 있었던 것이 아니라 대중현상으로서 유행되고 있었으며 이 현상을 문제삼았음을 명확히 해주고 있다. 따라서 이러한 명령이 효과를 거두지 못하고 끝났다는 사실은 결국 여자들이 자신들의 유방을 드러냈던 경우와 같이 남자들도 이 유행에 열광적으로 빠져 있었음을 증명하고 있다. 베른 시의 금지령 변천사는 도시의 금지령이 효과를 거두지 못했다는 것을 증명해주는 아주 재미있는 실례이다. 베른 시의 시의회는 남자의 음부를 노출시키는 "짧은 상의"를 입어서는 안 된다는 금지령을 1476년부터 1487년 사이에 여섯 차례나 개정했다. 그 개정 시기는 1476년, 1478년, 1481년, 1482년, 1486년, 1487년이었다.

그러나 이러한 유행복에 대한 끊임없는 열광(이 문제는 상당히 중요하다)은 하층계급, 즉 노예, 농민, 병사들에게만 확산되었던 것이 아니라 모든 국민들, 즉 귀족, 시민, 수공업자에게도 널리 확산되었다. 이것은 엔지스하이머의 연대기로부터 알 수 있지만 그외의 많은 연대기 작가들에 의해서도 증명되고 있다. 그 시대 회화를 인용하여 살펴보면 이 사실은 불을 보듯 아주 명확해지며 이 책의 각 장에 삽입된 회화자료도 이러한 사실을 증명하고 있다.

그런데 이상의 모든 사실을 종합함으로써 복장이 발달함에 따라서 주머니가 더 이상 기능상의 필요품이 아니라 과시를 위한 장식품이 된 다음에도 이 유행은 반세기 이상 계속되었다는 것을 인정할 수밖에 없다면, 우리는 이러한 것이 왜 유행하게 되었던가에 대해서 다음과 같은 하나의 논리를 자연스럽게 끌어낼 수 있다. 즉 이러한 유행은 여자가 거침없이 자신의 유방을 노출시켰던 것과 마찬가지로 개인의 대담한 행위라고만 볼 수 없었다. 그것은 시대의 육체적, 관능적인 인생관의 필연적인 결과였다. 이러한 두 가지 유행은 시대의 인생관과 밀접한 관계를 맺고 있다. 그것은 서로 결합되어 있었던 한 쌍의 조각이었다. 더욱이 대부분의 여자들도 남성의 정력을 상징하는 이 그로테스크한 간판에 결코 무관심하지 않았다. 이 구경거리

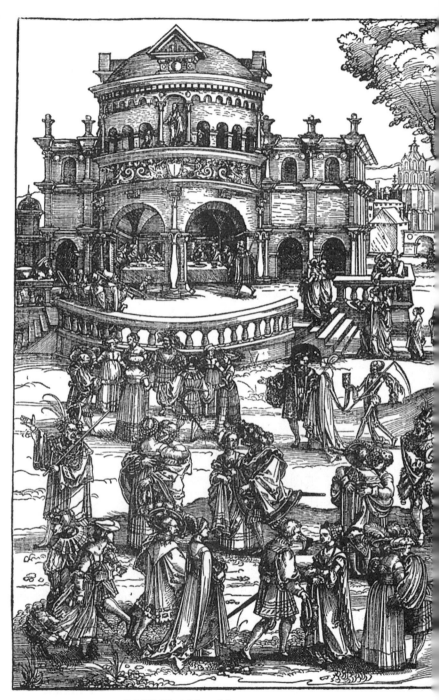

향락생활(베함, 목판화, 16세기)

멜키오르 셰델의 방패 문장(紋章)(목판화, 16세기)

는 여자들을 모욕하기는커녕, 물론 공공연하게 이야기되지는 않았다고 하더라도,
여자들로부터 은밀하게 환영받았다. 그러나 우리는 이것을 역으로 생각할 수 있다.
이러한 복장은 이미 일반 사람들의 눈에는 이상한 모습으로 비치지 않았으며 고작
해야 도덕적인 잡담 속에서만 이상한 모습으로 등장할 뿐이었고 도덕군자 이외의

모든 사람들에게는 극히 자연스럽게 보였다고 말할 수도 있다. 물론 일반 사람들은 이러한 복장을 아주 자연스러운 것으로 생각했다. 그러나 자연스럽게 보였다는 것도 결국 여자들의 경우와 마찬가지로 시대가 가장 높이 평가하는 것을 남자들이 공공연하게 과시함으로써 시대의 관능적인 사고방식과 아주 잘 맞아떨어지고 있었던 조건에서만 가능했던 것이었다. 간단히 말하면 그 시대의 일반 사람들은 남자와 여자가 이성(異性)의 관능에 이렇게 노골적인 방법으로 호소하는 것을 자연스러운 것으로 보았다. 그리고 남자와 여자

시골 연인들

의 관능은 이러한 자극적인 수단에 대해서 무관심하기는커녕 그것에 의해서 항상 흥분에 휩싸이게 되었다. 남자의 관능이, 거침없이 노출된 여성의 유방을 봄으로써 불타올랐다는 사실에 대해서는 그 시대의 문학 속에서 많은 증거를 찾아볼 수 있다. 남자를 유혹했던 것은 무엇보다도 항상 적나라하게 노출된 유방이었다. 게다가 여자들의 욕망도 시위적으로 과시되었던 남자의 성적 능력에 의해서 적지 않게 충동을 받았다는 사실도 당시의 기록을 통하여 증명할 수 있다.

　이런 상호 작용은 어디까지나 확실한 사실이었다는 점에서 볼 때 이 두 가지의 특징이야말로 당시 세계에 등장했던 새로운 경제제도의 사명과 그 산물로서의 육체적인 인간의 새로운 발견을 복장에서 살펴본 고전적인 기록이다. 그것은 분명히 르네상스식 복장에 대한 묘사의 일부분에 불과하지만 이 부분이야말로 시대의 저변을 흐르고 있는 법칙을 발견하는 데에 중요한 부분이며 르네상스의 가장 중요한 선(線)이었다.

2. 연애와 결혼

1) 연애의 본질

나는 이미 앞에서 혁명적인 시대는 절제할 수 없을 정도로 에로틱한 관능의 시대였다고 말했다. 그러므로 르네상스, 특히 그 번영의 전성시대는 어느 시대보다도 관능을 불태우는 시대였는데 그 자세한 내용에 대해서는 앞에서 이미 간략하게 서술한 바 있다. 그 이유는 조금만 더 깊이 생각해보면 확실해질 것이다. 그러나 중요한 내용은 이미 앞의 장에서 서술했기 때문에 여기에서는 이 방면에 관해서 두세 가지를 지적해두는 것으로 충분할 것이다.

세계가 창조되던 최초의 순간에 만물의 생명이 완전하게 만들어졌기 때문에, 어떤 시대도 그 세계를 더욱 발전시킨다거나 인간의 힘으로 성장과정을 변화시킬 수 없으며 세계창조는 단 한번의 행위로 이루어졌다는 주장이 있지만, 그것은 절대로 그렇지 않다. 세계는 매일 새롭게 창조되어가는 것이다. 인간은 만들어진 존재, 즉 피조물일 뿐만 아니라 어느 시기에서는 결국 만물을 만드는 존재이기도 한 것이다. 인간이야말로 세계의 진정한 창조자이다. 이것은 근대의 역사철학이라는 학문이 주창한 가장 중요한 인식 중의 하나이다. "세계라는 것은 우리들 자신의 두뇌로는 이해할 수 없는 어떤 외부로부터의 힘으로 만들어진, 우리들과는 전혀 관계가 없는 것이 아니다. 세계는 우리들의 사고에 의해서 끊임없이 만들어져나가는 것이다. 세계는 한번에 갑자기 만들어진 것이 아니다. 세계는 현실을 신중하게 관찰할 수 있는 의식의 안으로, 이전과는 전혀 다르게 해석되고 수정되는 경험내용을 끌어들이는 능력이 있는 인간의 새로운 사고방식에 의해서 끊임없이 새롭게 만들어져나간 다."(막스 아들러) 이러한 만들어나가는 과정은 인간의 역사에서 한번도 중단된 적이 없기 때문에 우리는 그러한 발전 속에서 나타나는 혁명적인 역사시대에 대해서 특별한 의미를 부여해야만 한다. 만들어나가는 과정의 속도에 초점을 맞출 경우 이특별한 의미가 가장 두드러지게 나타나게 된다. 즉 인간이야말로 세계의 창조자라는 사실이 이렇게 폭넓게, 또한 분명한 모습으로 인간의 의식 속에 투영된 것은 바로 혁명적인 역사시대인 것이다. 만들어나가는 과정이 표면에 드러나지 않고 암암리에 진행되는 다른 시대와는 달리 혁명시대는 바로 인간이 확고한 의식을 가지고 세계의 건축가로서 행동하는 역사시대이다. 이것은 그렇게 어려운 논리가 아니다. 경제적 발전을 가로막는 이전까지의 여러 가지 낡은 사회생활의 형태를 완전히 종식시키기 위해서 그때까지와는 전혀 다른 여러 가지 요구를 제시하면서 새로운 형태의 사회생활을 모색하는 것이 그 시대 사람들이 반드시 해야 할 최고의 역사적 임무가 될 때 혁명시대가 도래하는 것이다. 그런데 이러한 현상은 그 과정이 어느 한 목적에 집중되기 때문에 단지 개인의 의식에서뿐만이 아니라 더 나아가서는 인간 전체의 의식에도 나타난다. 따라서 인간의 힘도 눈이 부실 정도로 생기가 있고 활발해진다. 인간은 이러한 시대가 도래하면 언제나 일단 그 겉모습에서부터 최초의 해방을 경험한다. 내가 이미 제I권의 첫머리에서 서술했듯이 인간 전체의 문제, 다시 말하면 인간의 궁극적인 문제까지도 거침없이 해결할 수 있다고 믿게 되는 것이다. 이 시대에 배태된 인간의 행동은 세계를 의식적으로 변화시키려는 목적을 가진다. 그런데 이러한 의식적인 행동은 아직 그 시대의 표면에는 나타나지 않고 감추어져 있는 목적을 향해서 무턱대고 돌진한다. 이것은 인간은 언제나 멀리 돌아가는 길을 피하고 최단거리로 가려고 하기 때문이다. 인간은 무의식적인 행동의 경우에는 항상 멀리 돌아가는 길에 빠져들어 비틀거리면서 현실이 토대가 된 목적을 가까스로 달성한다. 그러므로 이러한 우회하는 길을 피한다는 점에서 보면, 혁명시대는 인간에 의한 세계의 끊임없는 변화과정의 속도를 더욱 빠르게 하는 상당히 중요한 역할을 한다.

그런데 혁명시대의 인간은 다른 방면에서도, 즉 관능적인 행동의 면에서도 창조적이고 정력적이다. 좀더 확실하게 말한다면 혁명시대의 인간의 일반적인 활동에는 다른 시대와는 비교할 수 없을 정도로 강력한 힘이 있는데 이것은 앞에서도 서술했듯이 혁명시대의 인간이 의식에 눈을 뜬 결과이기도 하다. 또한 이 힘이라는 것은 우선 관능이기 때문에, 바꾸어 말하면 힘이라는 것은 항상 관능적인 활동의 상당한 팽창, 특히 에로틱한 활동의 굉장한 팽창을 뜻하게 되는 것이 당연하다.

이와 같이 혁명적인 역사시대에 도달하게 되면 성욕을 최대로 팽창시키는 것이 극히 자연스러운 일이라는 점과 특히 이러한 팽창이 건강이라는 목표를 가진다는 것도 또한 자연스러운 일이라는 점이 명백해진다.

르네상스 시대의 성생활을 자세하게 조사해보면 이와 같은 사실은 각국에 대해서 하나하나 증명될 수 있다. 또한 이러한 황금시대가 후세에 남긴 모든 기록은 건강한 관능에 대한 묘사로 가득차 있다. 이것은 결국 형태로 자신을 드러낸 창조적 관능이다. 개인의 경우에도 새 시대의 역사 속에서 가장 중요하고 광범위한 영향을 미친 르네상스라는 혁명시대는 또한 대중현상으로서의 에로틱한 팽창이 현저하게 나타난 역사적 실례이다.

르네상스 시대에 이르면 성애는 마치 활화산과 같이 폭발하며 대부분의 경우에 고삐가 풀린 자연력처럼 용솟음친다. 이러한 자연력은 미친 듯이 날뛰고 부글부글 끓어오르면서 또한 때때로 아주 잔혹하게 자신의 의지를 강요하게 된다. 그런데 자연력이 용솟음칠 때에는 항상 자연력의 최후의 법칙이 관철되기 때문에 성생활의 쾌락을 추구하는 경우, 거기에는 자식을 낳는다는 원칙이 전제될 수밖에 없었다. 그리고 그것이 첫번째 우선순위였다. 즉 남자는 여자를 임신시키고 싶어하고 여자는 자신이 임신하고 싶어하는 것이다. 그러므로 르네상스 시대의 연애활동은 그 시대의 육체미의 이상과 마찬가지로 어떤 의미에서는 영웅적인 형태를 띠었으며 그것은 논리적이었다. 그와 반대되는 것은 모두 비논리적이었다. 왜냐하면 모든 시대적인 현상은 서로 유기적으로 얽혀 있으며, 따라서 서로 조화되어 있기 때문이다. 시대가 요구하는 이상적인 아름다움 속에 상당히 기품 있는 목적미를 투영시킬 때의 그 토대는 현실경험에서는 결국 연애의 자연법칙, 즉 자식을 낳는 일에 대한 찬미여야 했다.

내가 앞에서도 여러 가지 실례를 보였듯이 시대는 연애마저도 이러한 방향으로 관념화시켰다. 말하자면 연애는 이데올로기적인 개념에 그치지 않고 이러한 자연법칙을 의식적으로 현실화시켰고 결국 가장 강력한 충동력으로 불타오르는 본능의 끊임없는 활동을 예찬하게 되었다. 따라서 정력적인 성생활은 남녀에게 당연한 일

결혼(독일의 스케치, 1504)

이 되었고, 또한 세상의 존경에 대한 기준을 결정하는 요소, 즉 세상의 존경을 명령하는 요소, 세상의 존경을 획득하는 요소가 되었다. 앞의 장에서 서술했듯이, 이 시대에는 육체가 멋진 사람뿐만 아니라 강한 정력과 끊임없이 지속되는 욕망을 가지고 있는 남자들이 완전한 남자였고, 이 시대에는 나이가 들어도 남자에게 육체적인 연애를 요구하는 여자들이 완전한 여자였다. 바꾸어 말하면 남녀의 활화산 같은 정열, 나이가 들어도 쇠퇴하지 않는 남자의 생식력, 여자의 수태력 등이 가장 고귀한 덕성으로 간주된다는 것이다. 자식이 많다는 것이 곧 명예였다. 따라서 자식이 많은 것이 당연하게 여겨졌다. 이에 반해서 자식이 없는 사람은 비교적 드물었고 그것은 전생에 범한 죄에 대한 천벌로 간주되었다.

2) 개인적 성애의 발달

이상이 르네상스 시대의 성생활에 대한 개략적인 설명이며 그것을 이해하는 데에는 그렇게 많은 노력이 필요하지는 않다. 왜냐하면 이 개략적인 설명에 대한 실제적인 증거가 너무나도 확실하고 어디를 보아도 그 증거가 남아 있기 때문이다. 그런데 이렇게 확실한 흔적이 남아 있을 수 있는 것은 역사를 원래대로 재구성하는 데에 간과할 수 없는 두 가지의 특수한 상황이 있었기 때문이다.

문제가 되는 첫번째 상황은 그러한 경향에 제동을 거는 방해요인이 전혀 없었다는 점이다. 나는 이미 제I권에서 새로운 시대가 획득한 결과는 새로운 시대가 자유롭게 사용할 수 있는 어떠한 과거의 유산에도 구애받지 않는다고 한 바 있다. 그러므로 관능의 해방을 위한 격렬한 몸부림은 르네상스 시대에 이르면 상당히 자유분방한 배출구를 찾게 된다. 왜냐하면 르네상스 이전의 중세에는 갖가지 형태의 남녀 간의 관계가 거의 예외 없이 원시적인 성격을 띠고 있었고 따라서 순수하게 성적이었기 때문이다. 에로틱한 연애감정의 동물적인 토대는 아주 작은 부분만이 정신적이었다. 따라서 연애는 육체적 성행위를 그 절정으로 삼았을 뿐만 아니라 대개의 경우 육체적인 행위에 의해서만 표현될 수 있었다. 이것은 아마도 거의 모든 결혼생활에도 적용되었을 것이다. 결혼생활에서 인습적인 특성이라는 것은 개인적인 성애에 의해서만 간신히 억제될 뿐이었다. 또한 귀족계급에서는 결혼이라는 것은 정략에 의한 행위였고 세력과 권력을 증대시키기 위한 더할 나위 없이 좋은 기회였다. 그러므로 배우자의 선택은 남녀간의 사랑에 의해서가 아니라 가문의 이익에 의해서 결정되어야 했다. 이와 같은 규범이 중세도시의 춘프트 사회의 시민에게도 적용되었다. 춘프트적인 시민이라고 해도 그때는 이미 선택의 범위가 매우 협소해졌기 때문에 배우자의 선택은 반드시 춘프트의 이익과 가족의 이익에 따라서 결정되었다. 가족의 이익과 춘프트의 이익은 언제나 정확하게 일치했다. 도시에서 상인계급이 발흥하게 되었을 때에는 재산 문제가 역시 개인의 애정을 무자비하게 억압했다. 이 계급에서의 결혼은 자본축적의 가장 간단한 형식이고 이윤을 끊임없이 상승시키기 위한 가장 손쉬운 수단이었다. 일반적으로 결혼의 인습적인 성격이라고 부르는 이러한 계산적인 면으로부터 서민계급, 즉 무산계급만이 제외되어 있었다. 그러므로 이들 서민계급에서는 일반적으로 항상 개인적 성애가 결혼에서 상당히 중요한 역할을 했다. 이에 반해서 재산, 계급, 신분 등의 이해관계가 밀접하게 연관된 그밖의 다른 모든 계급의 결혼은 실제로는 정통적인 혈통의 상속인을 만들어내는 생식과 분만의 세계에 불과했다. 그러므로 당시 이들 계급의 결혼애는 아주 한정된 범위에서는 주관적인 애정이었지만 대부분의 경우에는 객관적인 의무에 불과했다. 개인적 성애는 "결혼의 토대가 아니라 결혼의 들러리"였다. 이러한 노골적인 상황이 도시에서는 종교적, 시민적 이데올로기에 의해서 일찍부터 미화되었는데 그 미화도 그렇게 대단한 것은 아니었다.

이에 반해서 시골에 사는 농민에게서는 그러한 가식이 전혀 보이지 않았다. 농민

Purgatio.　Conftipatio.　Coitus.　Sperma.　Mundificatiua,　Ebrietas.　Foca.

그림 강의(독일의 목판화, 16세기)

에게는 제I권에서 서술한 경제적 생활조건 때문에 남녀간의 성적 능력, 즉 자식을 낳는 능력이 곧 재산의 자격이었고 그것이 상당히 중요한 목표였다.

이러한 것이 중세의 전제였다. 이것이 에로티시즘의 팽창의 발전에 대한 상당히 적절한 토양이었다는 점은 손쉽게 이해할 수 있다. 르네상스의 에로틱한 경향의 팽창에 대한 방해요인은 전혀 없었으며 오히려 그러한 경향은 그것을 더욱 부채질하는 상당히 강력한 충동력에 의해서 더욱 고취되었다.

이런 성격의 충동력은 중세에 널리 유행한 개인적인 성애의 발전 속에도 그대로 내재되어 있었다. 그리고 개인적인 성애는 점차로 변혁을 보이기 시작한 현실 속에서 최초로 나타난 새로운 내용이었다. 이것은 어떻게 보면 상당히 이상한 말이지만 그러나 사실이었다. 즉 남녀를 생식이라는 낮은 단계로부터 더욱 높은 단계로 끌어올리는 가장 중요하고 또한 가장 품위있는 해방으로의 시대적 흐름은 연애의 동물적인 특성을 약화시키거나 제거시키는 방향으로 작용한 것이 아니라 그와는 반대로 오히려 동물적인 특성을 더욱 강화시키는 방향으로 작용했다. 이것은 확실히 윤리적인 진보의 방향으로 전개된 것이지만 표면상의 결과만 본다면 그렇게 커다란 변화를 보인 것은 아니었다. 그리고 모든 사람이 알고 있듯이 이러한 사실도 또한 상당히 논리적인 구조를 가지고 있었다.

생명의 최초의 표현형태로서의 남녀 상호간의 헌신은 상호간의 계산에 의해서가 아니라, 어디까지나 개인적인 애정과 정열에 의해서 이루어져야 한다. 바로 이것이 개인적인 연애에서 매우 중요한 요소이며 또한 개인적인 연애가 표방한 강령이었다. 일찍이 중세시대에 이미 개인적인 정열이 존재했다는 사실을 증명할 수 있는 여러 가지 증거들은 각국의 문헌 속에 모두 나타나 있다. 수도사 테게른제의 베른허의 서간집에서 발견된, 어떤 교양 있는 숙녀가 연인에게 보낸 아름다운 연애편지 속에 그것에 대한 고전적 증거가 그대로 남아 있다. 우리는 그 연애편지를 쓴 여자가 어떠한 사람인가도 알지 못한다. 그러나 상당히 맑고 기품 있는 정열을 가진 여자의 마음이 그 연애편지의 한구절 한구절을 써나갔다는 사실을 알 수 있다. 이 여자는 서두를 "모든 그리운 사람 중에서 가장 그리운 당신에게"라고 시작했다. 그리고 이후의 나머지 부분은 모두 연인과 하나가 되고자 하는, 상호간의 기품 있는 존경심과 바위같이 굳은 신념으로 일관되어 있다. "내가 천 명의 남자 중에서 선택한 사람이 당신입니다. 나는 당신을 내 영혼의 성전에 맞아들였습니다." 그리고 그녀

아내와 정부(목판화, 15세기)

는 그 장문의 편지를 다음과 같이 진심으로 가득 찬 시로 끝맺고 있는데, 이것은 이후 마치 연애의 주술처럼 서로 진실되게 사랑하는 모든 사람들이 애용하는 가장 우아한 고백이 되었다.

당신은 나의 것, 나는 당신의 것,
당신은 이 사실을 알고 있어야 해요.
당신은 내 마음속에 갇혀 있고,
작은 열쇠는 잃어버렸어요.
이제 당신은 언제까지나 내 마음속에 있어야 해요.

그런데 이 기록 하나만 보고 최고 형태의 성애가 그 당시에 이미 압도적인 우위를 차지하고 있었다고 추론할 수 있다고 해도 그 추론은 관념적인 논리의 경우와 마찬가지로 말하자면 원칙의 승리에 불과했다. 따라서 당시까지의 결혼의 인습적인 성격은 유산 지배계급에 의해서 크게 제한을 받지는 않았다. 물론 그러한 인습적인 성격이 일소되었다고는 도저히 말할 수가 없다. 왜냐하면 결혼의 인습적인 성격은 오늘날까지 여전히 유산 지배계급에 남아 있어 일부는 세련된 사교형태를 띠고 있으며 또 일부는 좀더 고급스러운 예절로 위장되어 있기 때문이다. 지난날에나 오늘날에나 재산, 계급, 신분 등의 이해관계가 대부분의 결혼의 중심이다. 그러므로 개인의 애정에 대한 권리를 끝까지 주장하는 것은 결혼애의 관점에서는 찾기 어렵다. 그 권리는 오히려 결혼생활과 결합되어 있는 서로간의 육체적 정조에 대한

기사의 삶(15세기)

요구를 깔아뭉갬으로써 표출되었다. 그리고 또한 실제로 그럴 수밖에 없었다. 개인적인 연애가 역사에 처음으로 등장할 때 그것은 어느 나라에서나 결코 결혼애라는 형태로 나타나지 않으며, 기사적인 민네 봉사의 형태로만 나타나기 때문이다. 민네 봉사의 최고 규칙에 따르면 진정한 연애는 일반적으로 결혼과는 양립할 수 없다고 되어 있다. 바꾸어 말하면 한 단계 더 높은 형태의 연애는 역사적으로 보면 남녀 쌍방에 의해서 또한 한 계급 전체에 의해서 조직적으로 계획되고 실천되는 간통으로서 시작된 것이었다. 이러한 계급의 남자는 예외 없이 언제나 아내 이외의 여자의 애틋한 사랑을 구하기 위해서 몸살이 났을 정도였고, 아내도 공공연하게 남편 이외의 남자에게 최고의 사랑의 선물을 요구해도 아무렇지 않았다. 그러므로 기사계급은 결국 남녀 간의 간통을 통해서 존재하는 하나의 계층이 되어

간부 급습(달력 삽화)

버렸다. 물론 대개의 경우 추구한 목적은 실제로 달성되었고 요청한 선물도 실제로 주어졌다. 왜냐하면 결국 어떠한 항의도 입으로가 아니라 행위로 나타나야 했기 때문이다. 그리고 원칙적으로 보면 의무밖에 없는 인습적인 결혼에 대한 항의로서 바로 기사적 민네 봉사가 역사에 등장한 것이었다.

그런데 이런 행위는 최고의 민네의 선물을 주거나 받는 일 이외의 의미는 지니지 않았다. 왜냐하면 개인적 성애의 본질은 성적 요소, 즉 아내와 같이 객관적인 의무에 의해서가 아니라 개인적인 애정에 의해서 남자의 욕망을 만족시켜주는 여자를 얻고 싶다는 남자의 바람과 또한 자신의 애정을 받아들이는 남자에게 몸을 바치고 싶다는 여자의 바람에 있는 것이기 때문이다. 그러나 모든 항의는 결국 끝까지 치닫는 극한적 성격을 가지고 있으므로 이 경우에도 남녀가 완전한 승리를 거두는 데까지 나아가게 되었다. 그런데 이 완전한 승리라는 것은 의무적인 결혼에서 남녀에게 요구되는 희생을 내팽개치고 자신들의 지혜를 다 짜내서 시간이 허락하는 한, 연애와 정열에 몰두하는 것을 뜻한다. 그리고 남녀 양쪽의 지혜는 항상 그러한 방향으로 쏠리고 있었다. 낭만파가 만들어낸 그로테스크한 장벽은 여자가 남편의 포옹에 비해서 남편 친구의 포옹이 훨씬 더 감미롭다는 사실을 자각하기 전에, 사랑에 들뜬 남자가 먼저 접근해야 한다는 것이었다. 그러나 그럼에도 불구하고 여자의 지혜는 남자의 지혜에 못지않을 만큼 뛰어났다.

그런데 이러한 계급도덕은 그 전체로 보나 결과로 보나 논리적으로는 개인적 성애가 대중현상으로서 역사에 등장했을 때 나타난 성과, 즉 그 시대의 연애가 가지고 있는 동물적 성격을 더욱 강화시켰다.

민네의 권리와 의무에 대한 논쟁이 일어난 영국의 아서 왕의 연애법정이나 그와

사랑에 빠진 젊은이(금속판화, 15세기)

비슷한 성격의 다른 법정 같은 것은 당시에도 없었다. 그러한 것은 그 당시의 시인이나 예술가가 억지로 꾸며낸 이야기에 불과하다는 사실을 우리가 잘 알고 있다고 해도 그렇다고 해서 앞에서 서술한 내용 모두가 부정되는 것은 아니다. 그와는 반대로 이 연애법정이 실제로 존재했다는 전설이 널리 퍼져 있었고 오랜 세월에 걸쳐서 사실인 것으로 믿어져 왔다는 것은 말할 나위도 없이 앞에서 서술한 내용에 대한 확고한 증거이다. 왜냐하면 이러한 연애법정의 기록 및 법정에서 일어난 토론에 관한 보고기록을 보면 그 당시 현실적으로 존재했던 개인적 성애의 문제에 대해서 중세 말기의 아카데미가 어떠한 논의를 했는가를 알 수 있기 때문이다. 민네 법정과 민네 재판에 관한 전설이 기사계급의 번영과 밀접하게 연관되어 있었다는 것, 즉 개인적 성애에 대한 권리라는 문제가 기사계급에서 처음으로 등장했다는 것은 지극히 자연스러운 일이었다. 여러 가지 경제적인 전제조건으로 인해서, 일찍부터 여자가 가사노역으로부터 해방되었고 또 결혼의 인습적인 성격이 당시에 가장 노골적인 형태를 띠었기 때문에 결혼애는 단지 의무로서만 받아들였다는 사실에서 인권의 문제가 의식적으로 널리 선전될 수 있었다. 이와 같은 두 가지 사실은 기사계급에서 비로소 서로 결합이 되었다. 기사계급에게는 결혼이란 거의 인습에 불과했다 —— 그 계급에서는 비교적 어린 나이에 이미 가문의 이해관계에 따라서 약혼자가

민네 궁정(동판화, 15세기)

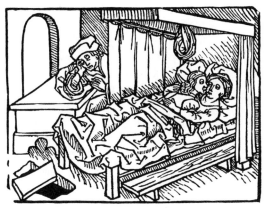

간통에 대한 풍자화(15세기)

정해졌다. 기사계급의 경우에는 재산상태에 따라서 여자가 점차 가사로부터 해방되고 따라서 여자의 지적 수준도 확장되며, 그 결과 여자는 강렬한 자의식을 가지게 된다. 바로 이러한 이유로 15세기와 16세기에는 기사계급에서 과학 및 일반교양 부문에서 남자와 경쟁하려고 하는 여자, 즉 비라고(virago : 이탈리아어로 "여장부"라는 뜻/역주)가 나타나게 되었다.

　기사계급이나 그밖의 거의 모든 계급에서는 또다른 이유로 인해서 연애에서의 동물적인 특성이 강화된다. 그러나 인습적인 결혼과 결합되어 있는 개인적인 성애는 동물적인 특성을 강화시키는 방향으로 나아가지 않았다. 왜냐하면 앞에서 설명된 선언적인 형태로부터는 압박받은 천성에 대한 항의밖에 표출되지 않기 때문이다. 이러한 항의 속에는 몰락계급의 정화과정뿐만 아니라 그것과 마찬가지 수준으로 몰락계급의 부패과정도 포함되어 있다. 앞에서도 이야기한 바와 같이 새 경제원칙이 역사에 등장했기 때문에 대중현상으로서의 샤퀸 푸르 샤큉(chacune pour chacun) 현상, 즉 남녀가 상대방을 가리지 않고 아무하고나 맺어지는 관계가 중세 말에 나타나게 되었다. 따라서 이미 언급했던 그러한 상태가 일반적인 풍속으로 나타나지 않을 수 없었다. 왜냐하면 사회 전체의 토대가 동요하는데도 불구하고 도덕이 전혀 동요하지 않은 세계의 역사는 지금까지 한번도 없었다는 것이 경험적 사실이기 때문이다. 그런데 앞의 장에서 서술한 바와 같이 전체의 토대가 동요하게 되었다는 사실이 바로 이 시대의 특징이었다. 낡은 계급은 붕괴되고 새로운 계급이 발흥했으며 또한 제3의 계급이 형성되었다. 모든 사물이 발효상태에 있었고 또한 발흥하는 상태였다.

간부의 남편(알브레히트 뒤러, 동판화, 16세기)

3) 연애에서의 동물적인 관능관

르네상스 시대에서의 연애와 결혼이 동물적인 성격을 띠고 있었다는 사실은 여러 가지 현상과 기록, 즉 풍속, 습관, 특정한 속담, 판단, 행위의 형태 속에 반영되어 있는 일반적이며 법률적인 견해, 특히 기술적(技術的), 성적인 것이 이야기의 주제와 핵심인 경우가 보통인 문학과 미술에 의해서 여실히 증명되고 있다.

결혼계약과 관계되어 있는 관습 또는 결혼의 성립을 공표하는 관습, 예를 들면 군주의 경우에는 사제나 주교 혹은 대주교에 의한 결혼 초야의 침대의 축복과 근대가 시작될 때까지 계속된 공개적인 동침식 등이 이 방면에서 볼 수 있는 상당히 특징적인 모습이었다.

사제가 초야의 침대를 축복하는 것은 인간이 하루의 힘든 노동을 끝내고 안식의 밤을 보내는 장

동침식(독일의 목판화, 15세기)

소를 축복하기 위해서가 아니라 "연애를 위한 작업장"을 축복하기 위해서였다. 그러므로 신의 축복의 내용은 이 작업장에서의 노동이 끝난 뒤에 쉬라는 것이었다. 바꾸어 말하면 모두가 기다리는 가계상속인이자 적자상속인이 이곳에서 출생할 것이기 때문에 이 작업장이 사제에 의해서 정결해져야 했다. 그런데 "연애를 위한 작업장"인 침대는 법률상의 원칙으로서 앞에서 말한 동침식의 관습, 약혼한 남녀 또는 결혼식을 올린 남녀가 모두가 보는 앞에서 함께 잠자리에 드는 관습을 상징하는 것으로서 가장 아름답게 장식되었다. 대개 모든 나라에서 결혼은 신랑과 신부가 "한 이불을 덮을" 때 성립되는 것으로 간주되었다. "침대에 오르는 것이 법률보다 먼저다"라는 오래된 속담이 있다. 상황이 그렇게 되었다는 것을 증명하기 위해서 "공개적인 동침식"이 중인환시리에 시행되었다. 대다수 유럽 국가와 대부분의 계급에서 17세기 초까지 계속된 이런 공개적인 동침식의 관습은 여기에서 유래된 것이다. 이러한 관습은 점차로 사라져 결국은 결혼만을 증명하는 행위로서 교회에서의 결혼식이 하늘이 내려준 법률로 받아들여지자 완전히 자취를 감추게 되었다. 교회가 이 율법을 관철시키는 데에는 어느 나라에서나 상당한 어려움을 겪었기 때문에 그것이 관습화되는 데에 오랜 세월이 걸릴 수밖에 없었다.

서민은 어느 나라에서나 자신들의 낡은 풍속과 관습에 지나치게 집착하는 경향이 있기 때문에 교회에서의 결혼식이라는 것이 도대체 무슨 의미가 있는가를 오랜 세월 동안 이해할 수 없었다. 이로부터도 동침식의 공개성이 설명될 수 있다. 모든 법률적 사건은 공개적으로 처리되어야 한다는 것이 일반적인 견해였기 때문이다.

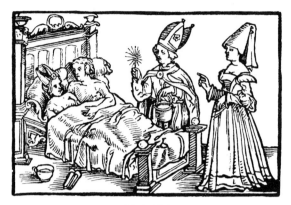
혼례와 동침식

원래 게르만적인 성격을 가진 이러한 공개적인 동침식은 여러 가지 형태로 행해졌
는데 어떤 경우에는 공식적인 화려한 의식으로, 어떤 경우에는 사제가 초야의 침대
에 축복을 주는 엄격한 종교의식으로, 어떤 경우에는 장난기 섞인 의식으로 행해졌
다. 그중에서도 군주가 사는 궁정에서 행해지는 동침식이 제일 유명했다. 군주에게
는 결혼이란 어디까지나 인습적인 성격을 띠고 있었고 결혼계약은 말하자면 국가와
국가 사이의 조약이며 그 조약에 의해서 신부로 대표되는 일정한 재산과 영토의 통
치권이 양도되는 것이기 때문에 신랑과 신부가 미리 선을 볼 필요는 없었다. 개인
적인 애정 같은 것은 양측 각자의 계산된 속셈이라는 관점에 비추어보면 전혀 문제
가 될 수 없었다. 상업적인 거래가 성립한 뒤에 동침식을 거행하게 되므로 그 의식
에서 신랑이란 존재는 무용지물이었다. 동침식은 양측의 계산을 처리하는 전권대
사만 있으면 성립될 수 있었던 것이다. 이 전권대사는 자신의 군주의 대리인으로서
군주가 "행복한" 신부와 화려한 침대 위에서 동침하는 것으로써 거래를 성립시켰
다. 즉 이렇게 하여 결혼협정이 법률적으로 성립되는 것이다. 앞에서도 서술했듯이
이러한 동침식의 형태는 일반적으로 널리 알려져 있었다.

이에 반해서 서민계급 사이에서 유행했고 오늘날까지도 그중 일부는 행해지고 있
는, 상당히 노골적이기는 하지만 대개의 경우 장난기가 섞여 있는 그러한 관습은
별로 알려져 있지 않다. 그러한 관습의 특징을 살펴보기 위해서 남부 독일의 오버
팔츠 지방의 풍속을 예로 들어보자. 이 지방에서는 다음과 같은 풍속이 행해지고
있다. "혼수감을 실은 신부측의 마차가 결혼식장에 도착하면, 신랑은 마차에 실려

있는 더블베드를 끌어내려 침실로 운반한다. 그리고 신랑은 많은 사람이 보는 앞에서 신부를 안아 침대에 눕히고 자신도 그 옆에 누워서 신부와 입을 맞춘다."

이러한 풍습은 어디까지나 자식을 낳는다는 결혼의 궁극적인 목적을 상징적으로 보여주는 것이지만 생식만을 목적으로 삼는 성행위, "즉 어떠한 용감한 아내나 남편도 그것 없이는 살아갈 수 없기" 때문에 결혼에서의 필수요소인 성행위를 직접적으로 보여주는 성교관 및 성교관습이 있었다. 그리고 이러한 성교관은 중세의 독일 농민들의 관습을 보여주는 여러 가지 판례들과 또한 널리 알려져 있는 기록인 루터의 「결혼 및 출산에 관한 소책자」에 분명하게 나타나 있다. 루터는 성행위가 성인에게 절대적으로 필요한 향락수단이라는 점을 소박하기는 하지만 분명하게 인정하고 있다. 왜냐하면 "여자는 사랑에서 음탕한 남자를 결혼상대로 받아들여야 했기" 때문이다. 결혼식의 축하객들 가운데 일부는 바야흐로 동침식이 행해지고 있는 방의 입구에서 "새 색시 니더징겐"이라는 에로틱한 혼례가를 부르는 대중화된 풍속도 있었다. 그외에도 에로틱한 익살이 여기저기에서 튀어나온다. 그리고 동침식이 끝나면 신랑과 신부는 많은 사람들에게 마구 놀림을 당하면서 침대에서 다시 축하연 자리로 되돌아온다.

이미 앞에서 이 시대는 본질적으로 건강했다는 점을 지적했다. 그러나 건강한 토대 위에 만들어진 연애생리학의 제1법칙은 남녀를 불문하고 한 개인이 성적으로 성숙한 나이에 이르게 되면 성욕을 해소할 권리가 주어진다는 것이었다. 이러한 권리는 르네상스 시대에는 실제적으로 인정되었다. 왜냐하면 이러한 원칙은 서민들 사이에 널리 퍼져 있었으며 여러 가지 속담과 격언에도 잘 나타나 있기 때문이었다. 그러한 속담과 격언들은 천진난만하고 누구나 쉽게 알 수 있는 것들이었다. 젊은이들에 관한 속담에는 이런 것이 있었다.

젊은이가 성장하여 돛대를 세울 나이가 되면
언제까지나 금욕생활을 지속할 수만은 없다.

이것과 똑같은 내용이 여자들의 권리로서 선언되었다.

처녀의 무릎이 굶주리고 있는 듯이 보이면
사람들은 지체하지 말고

수줍은 농촌 신부(헨드리크 골치우스)

젊은 남자를 데려다주어야 한다.
젊은 남자는 배꼽 아래 두 뼘 되는 곳에
멋진 혹부리를 가지고 있으니까.

사람들은 대부분의 경우 연애에 대한 이러한 남녀 상호간의 권리를 더욱 노골적
으로 표현했다. 특히 그때에는 청년과 처녀가 이미 성숙했다는 표시인 육체적인 특
징의 변화를 서술하는 일도 결코 잊지 않았다.

만약 사람들이 처녀가 남자와 동침할 수 있는 나이를 "처녀의 유방이 두 개의 배
(梨)만큼이나 거대해지고 배꼽 아래가 더 이상 민둥민둥하지 않을 나이"라고 했다
면 그런 표현 정도는 아주 점잖스러운 것이었다. 그들은 오히려 처녀가 성적으로
성숙했다는 것을 나타내는 말로 "처녀가 남자 고기에 굶주리게 되었다"라든지 "처
녀가 이제는 남근에 굶주리게 되었다"라는 표현을 썼다. 그뿐 아니라 혼기에 들어
선 처녀가 동경하는 그 무엇의 핵심과 그 특별한 내용에 대해서는 물론 구체적으로
표현할 수는 없었지만 그러나 어느 정도는 노골적으로 표현할 수가 있었다. 이것은
고전주의 세력이 그런 표현에 익숙했기 때문이었다. 이것과 똑같은 속담과 표현방
식이 프랑스와 이탈리아에서도 사용되었다.

르네상스 시대가 보여주는 사물에 대한 이러한 천진난만한 사고방식으로 말미암

아 젊은 남자와 처녀의 조숙한 성관계가 바로 그러한 이유 또는 그와 비슷한 이유에 따라서 사회적으로 인정되었다. 예를 들면 「데카메론」의 저자인 보카치오는 이러한 것에 대해서 어느 귀부인의 입을 통해서 다음과 같이 말하고 있다. "자연의 법칙이 제일 우선적인 것이에요. 자연은 어떠한 사물도 아무렇게나 만들지 않는걸요. 자연이 그런 귀중한 부분을 우리에게 내려준 것은 사용하라는 것이지 빈둥빈둥 놀려두라고 그런 것은 아닐거예요."

그리고 여자들이 그러한 부분을 그냥 방치해서는 안 된다는 데에 대한 상당히 핵심적인 이유는 다음의 말에서도 나타난다. "여자가 육체의 이 부분을 사용하지 않는다면 이 부분에 커다란 지장을 주어 히스테리를 일으키게 됩니다. 이 히스테리 때문에 상당히 많은 아리따운 여자가 죽어가고 있습니다. 의사의 말에 의하면 그러한 히스테리에 대한 최고의 약은 육체적인 교제, 즉 체격이 좋은 건장한 남자와 성교를 하는 것이라고 합니다."

이러한 위험스러운 일이면서 또한 동정이 가는 예방법에 대해서는 물론 이성(理性)이 전제되어 있어야 했다.

르네상스 시대 남녀들의 연애에 대한 동경은 상당히 구체적인 내용을 가졌다. 남자는 결코 자기와 다른 신분의 상대방을 동경하는 일이 없었다. 그러한 상대방과 함께 좀더 높은 이상향을 모색하려고는 하지 않았다. 남자에 못지않게 젊은 처녀들도 자신의 영혼에 대한 해방자나 자신의 인격에 대한 정신적 교사를 동경하지는 않았다. 오히려 남자와 여자 모두가 실제적인 성행위를 향한 지칠 줄 모르는 욕망으로 가득 차 있었다. 그들의 연애는 이렇게 한정된 하나의 소망과 목표에 집중되어 있었다.

처녀는 엄마에게 "달콤한 침대 놀이를 가르쳐줄" 젊은 남자를 찾아달라고 졸라댔다. 특히 민요에는 그러한 것에 관한 상당히 주목할 만한 증거가 많이 있다. 이러한 민요 중에는 천진난만한 것도 있는 반면 가슴에 와닿는 것도 있다. 여기에서는 상당히 널리 퍼져 있었던 민요인 "슈바벤의 처녀"만을 인용해둔다.

> 슈바벤에 한 처녀가 있었네,
> 처녀는 술잔을 꼭 부여잡고,
> 하루빨리 어른이 되고 싶다고 생각했네,
> 달콤하고 아름다운 밤에,

Der Junckfrawen Hundt.

A. Der Author.

Schaw: Das ist der Jungckfrawen Hundt
    Der wird so dürr vnd vngesundt/
Dieweil er gern Jungckfrawen Frißt
    Vnd schier keine vorhanden ist/
Doch die noch ein reine Jungckfraw
    Hab an diesem Gedicht kein graw
Dann ich allein solche Dirn mein.
    Die Jungfrawen wie mein Schuch sein

B. Die Dirn.

Auß/troll dich weg/laß dich weisen
    Ich merck's wol (Schelm) wilt mich beissen/
Es hat mit mir ein andere weiß
    Mein Fleisch ist für dein Maul kein speiß
Du sihst mich vor ein Jungckfraw an
    Nein laß bleiben/fort/nur davon
Magst anderstwo dein Fressen suchen
    Bey mir ist gar ein dürre Kuchen.

C. Der Hundt.

Ich beiß dich nicht/das solt mir trawen
    Dann ich Freiß nur die rein Jungckfrawen
Da du gewesen bist zwölff Jar
    Hett ich dich wol gefressen gar
Jetzt aber ist dein Fleisch zu streng
    Dein Garten trägt Vnkrauts die meng
Weil der Jungfrawen ich geh jet
    Werd ich an meinem Leib so dürr.

Cheruspatte Faron.

아가씨의 사냥개(17세기의 팸플릿)

술잔을 든, 오 아름다운 안나여,
술잔을 꼭 부여잡고 있는.

처녀는 진정으로 남자가 그리웠네,
술잔을 꼭 부여잡고,
자신의 따분함을 달래줄 남자가,
달콤하고 아름다운 밤에.

오, 어머니 나에게 남자를 데려다주세요,
술잔을 꼭 부여잡고,
나의 따분함을 달래줄 남자를,
달콤하고 아름다운 밤에.

오, 내 딸아 너는 아직 어린 철부지,
술잔을 꼭 부여잡고,
아직 한 해는 더 혼자 자야 해,
달콤하고 아름다운 밤에.

오, 어머니 나도 이젠 어른이어요,
술잔을 꼭 부여잡고,
나는 우리집 머슴을 유혹했어요,
달콤하고 아름다운 밤에.

너는 우리집 머슴을 유혹했구나,
술잔을 꼭 부여잡고,
너는 마치 수녀 같구나,
달콤하고 아름다운 밤에.

안나 아가씨는 빨간 치마를 입고 있네,
술잔을 꼭 부여잡고,
치마 속에는 보금자리가 있겠지,
달콤하고 아름다운 밤에.

바쿠스, 세레스, 비너스의 기쁨(요한 자델러, 동판화)

이 노래를 우리에게 불러주는 이는 누구일까,
술잔을 꼭 부여잡고,
이 노래를 맨 처음 부른 이는 해방된 종이라네,
달콤하고 아름다운 밤에.
그 머슴은 우리에게 많은 노래를 들려주었다네,
술잔을 꼭 부여잡고,
신이여, 이 세상에 가냘프고 순진한 이 처녀의 영광을 지켜주소서,
달콤하고 아름다운 밤에,
술잔을 든, 오 아름다운 안나여,
술잔을 꼭 부여잡고 있는.

이들 민요에 나타나 있는 성적인 것에 대한 순수하고도 좁은 의미의 연애관을 대중으로서의 서민, 즉 하층계급에만 한정시킨다면 그것은 아주 큰 오류이다. 여러 가지 기록을 살펴보면 사회의 상층계급에서의 연애를 주제로 한 노래도 앞의 민요에서와 똑같은 내용을 담고 있음을, 즉 상층계급에서도 성행위가 모든 연애에서의 동경의 대상이 되고 있음을 알 수 있다. 관능적인 연애에 대한 웅장한 찬가인 저 「로미오와 줄리엣」은 그 좋은 예이다. 그것을 증명할 수 있는 가장 대표적인 구절은 제3막에서 줄리엣이 로미오와 포옹한 채로 정열적인 욕망을 호소하는 모습을 묘사하는 구절이다.

연애를 위해서 존재하는 밤이여, 두터운 장막을 드리워주소서,
심술궂은 낮의 눈은 감기고,
로미오는 눈에 보이지 않게 소리도 없이 내 품에 안겨오네.
연인들은 서로의 몸에서 풍기는 아름다움만으로도,
자신들의 연애하는 방법을 알 수가 있다네.
만일 연애가 장님이라면, 연애에게는 밤이 더 좋을 거라네.
오라, 정숙한 밤이여, 정장을 한 나이 든 귀부인이여, 이 어둠 속으로,
순진한 처녀의 마음이 두 갈래로 찢겨져 싸우는데,
이 싸움에서 지는 방법을 가르쳐주소서,
내 뺨을 물들이는 빨간 홍조를,
당신의 검은 외투로 가려주소서,
그러면 겁먹어 망설이던 연애는 대담해지고,

진실된 연애의 몸짓도 조금밖에 보이지 않을 거라네,
오라, 밤이여! 오라, 로미오여! 오라, 당신은 밤의 낮!

이미 서술한 바와 같이 남자의 연애에 대한 동경도 상당히 구체적이었다. 이러한 남자들의 동경은 유명한 예술가의 작품에서뿐만이 아니라 여러 민요에서도 보인다. 그에 대한 증거로서 그러한 내용의 민요가 많이 수록되어 있는 암브라스 노래집에서 "아름다운 처녀"라는 짤막한 노래 하나를 인용해보자. 이 노래는 옛 연인에 대한 버림받은 청년의 그리움을 묘사하고 있다.

아름다운 처녀가 내 곁에,
아무도 모르는 곳에 있었네,
그런데 누군가가 알고, 그녀에게 말을 걸어,
그것이 나에게는 걱정이었네,
내 젊은 마음에는,
그것이 큰 고민이었네,
내 말을 믿어주게나.
처녀는 새하얀 젖가슴과,
빨간 입술과
맑은 두 눈을 가지고 있었네.

언젠가 그 처녀가 나에게 준 신기한 약초는,
그녀 집의 정원에서 무럭무럭 자라났네,
나는 그녀와 함께 노닐고, 그녀는 나와 함께 노닐었네,
트럼프 위에는 세 개의 주사위
주사위는 크게 자라났네,
생각에 잠기기도 하고, 서로 장난을 치기도 하다가,
나에게 꼬옥 안겨
가슴으로 다정하게 나를 감싸주었네,
내 마음을 기쁘게 해준 뒤에는,
내가 땀을 흘리게 해도 좋았네.

오, 천국이어, 그대는 나의 유일한 위안,

구애에 대한 풍자화(아브라함 오브리, 동판화, 17세기)

deß Ehewesens.
m andern auf die Zehen
em dritten Lang ich die Hand.
che Art vnd weiß kan ich sie all vergnügen

Die erste Dam.   Die dritte Dame.

Handiens Druck diesen   So Junge Leüte Ziert: Was sie sich underwinden   Ein schön mundirtes Pferd Zirdt bals ein Reü
ie iß schon die meyne.   Das können sie bey mir in einem Leibe finden: Der unberitten es gar schwerlich lassen kan:
den Fuchs schwartz mit   Ich selber bin die Erd; das Wasser gibt das Aug: Doch hat man sich dabey fürsichtig umzusehen:
gehet wieder fort.   Daß ich hab Lüst im Kopff, das gibt der Nasen Rauch, Weil allezeit bey dem Lüst pflegt die gefahr zu
ich sie all vergnügen   Das Feüer ist verwahrt in dem, worauf ich sitze;   Ein wollgesattelte Dam ein außgebrüstes pferd
eiß zu schweigen kriege   Wer von mir Licht begehrt der brauch vernunfft und Wie jene Ehrens ist, so dieses Reitens werth.
alle Kurtzweil sucht.   Was schön und freundlich ist, das soll man billig lieben: J. O. S. B R.
gelebt die Zucht.   Wir werden ia darzu von der Natur getrieben.   Abraham Aubry fecit. et Excudit Franco

그대와 같은 사람이 어디에 또 있을까,
세상은 그녀를 은총이 깃든 문에 비유하고,
세상은 그녀를 여왕에 비유하네,
그녀는 언제 보아도 싫증이 나지 않는다네,
갈색 눈을 가진,
그녀는 새벽의 샛별과 같이 빛나네,
여기에서 이 노래를 그쳐야 되겠네.
안녕히 주무시오, 여러분,
그녀에게 바치는 노래를 불렀습니다.

연인(루카스 반 레이덴, 동판화, 1520)

여자에게 버림받은 불쌍한 남자가 그리워하는 것은 사라져버린 연인과 함께 관능적인 쾌락을 즐기던 것뿐이었다. 그에 반해서 이 민요와 같이 지은이 없이 여러 마을에 퍼져나가지 않은 대예술가의 작품으로서 괴테가 감격하여 축사를 써주었다고 하는, 「키스의 대가」의 저자 요하네스 세쿤두스가 자신의 연애를 언어로 표현한, 저 기쁨에 넘쳐 있는 서간시의 일절을 덧붙여 인용해두고자 한다. 연애와 연인에 대한 그의 동경도 상당히 관능적인 공상으로 가득차 있다. 수없이 주고받는 키스가 그의 모든 동경의 절정이다. 프란츠 블라이의 완역판(라이프니츠, 인셀 출판사, 1907)에서 한 절을 인용해보자.

내가 가장 사랑하는 이가 나에게 해준 키스에 대해서 말하면 안 되는 것일까?
그렇다면 연인이여, 선택된 사람이 있나요?
그대는 물기가 어린 입술을 나에게 주었다네,
나는 거기에 예의를 표하고,
그대는 불타는 뜨거운 입술을 나에게 주었다네,
나는 그것이 너무나 좋았다네,
그대의 눈에 키스하는 일은
얼마나 감미로운 일인가.
그 순간 그대는 꺼져들어가는 듯이 죽어가고
이 눈이여, 나의 번민의 샘물이여,
그대의 볼과, 목과, 어깨에,
그대의 하얀 젖가슴에

관능적인 사랑(크리스팽 드 파스)

붉은 키스 자국을 남기는 일은
그것은 얼마나 환희에 가득 찬 일일까,
그대의 뾰족한 혀를
나의 입술로 감싸는 일은……!
그것은 환희라네,
두 사람의 마음이 서로 용해되어
하나가 되어 꺼져들어가고
환희 속에서 죽어간다네……
오랜 키스, 짤막한 키스,
꺼져들어가는 듯이 주는 키스, 포근한 키스, 자극적인 키스.
내가 가장 사랑하는 그대여 —— 나는 그 모든 것이 다 좋다오.
이것도 저것도 그 어느 것도 나에게는 한결같이 좋은 것.
그대의 키스, 나의 키스.
내가 그대에게 준 키스를
오직 한 가지 키스를
결코 그대로 다시 돌려주어서는 안 되어요 —— 항상 변화 있는 키스를.
키스야말로 변화가 풍부한 유희여야 한다네.

물론 이 시대의 처녀들은 민네 봉사를 하기 위해서 성인이 되기까지 가만히 앉아서 기다릴 수만은 없었다. 농촌에서의 연애생활을 묘사한 로이엔탈의 니트하르트의 시의 한 구절에는 어머니와 딸이 딸의 민네 권리에 관해서 서로 이야기를 주고받는 것이 있다. 열여섯 살 된 딸은 자신의 몸이 이미 연애를 할 수 있을 만큼 완전히 성숙했다고 말하지만 어머니는 딸과 다른 의견을 말한다. 그러나 딸은 어머니의 과거를 알고 있었으므로 "어머니야말로 겨우 열두 살 때까지 처녀를 간직했으면서"라고 말한다. 이 말로 어머니는 한대 맞은 격이 되었다. "그러면 나에게는 신경쓰지 말고 네가 좋아하는 연인들을 많이 사귀어보려무나" 하고 어머니가 허락하지만 딸은 그 정도로 만족할 수 없었다. 딸은 자신도 마음대로 행동하고 싶어한다. 그리고 바로 그 순간에 왜 어머니가 자신의 딸이 연애를 하기에는 아직 너무 어리다고 생각하는지가 분명해진다.

"어머니가 내게서 남자를 낚아채가지만 않는다면, 나도 기꺼이 그렇게 할 수 있을 거예요. 어머니는 나쁜 사람이에요. 나는 분해서 죽겠어요! 어머니에게는 확실한 남자가 있는데도 왜 또 남자가 필요한 거지요?" 그러자 어머니는 이미 모든 것이 탄로난 것을 알고 딸의 말을 들어준다. "자, 가만히 있거라, 얘야. 나는 연애를 많이 하느니 적게 하느니에 대해서 이러쿵 저러쿵 말하는 것이 아니다. 그리고 너는 남자를 쥐고 흔들어야 한단다. 내가 연애에 열중해도 너는 보고도 못 본 체 해두려무나."

여자들의 이러한 질투 —— "침대 먹이싸움"은 이 시대에 흔히 사용하던 표현이었다 —— 특히 어머니가 딸이 얻은 커다란 행운을 질투하는 일이 문학에서 가장 인기 있는 주제였다. 이 방면에서 가장 고전적인 문학기록은 뉘른베르크의 사육제 연극인 "과부와 딸의 사육제"이다. 이 작품은 상당히 노골적으로 그러한 주제를 다루고 있다. 이 사건은 당시의 관습에 따라서 재판소에 제소되었다. 재판소는 두 사람의 주장을 들은 후에 어머니와 딸 중에서 누가 먼저 결혼할 수 있는 권리를 가지고 있는가를 판결해야만 했다. 어머니는 "나는 아직은 젊고 처녀티가 나는 과부입니다. '남자고기'에 이미 맛을 들였기 때문에 남자 없이는 살 수가 없습니다"라고 말하며 자신의 남자에 대한 우선권을 주장한다. 그에 반해서 딸은 자신이 남자 하인에게 안겨 키스를 당했을 때에 몸을 감싸는 뜨거운 감정을 느꼈다고 하면서 자기의 권리를 주장한다.

바지 쟁탈전(작자 미상, 동판화)

우리집 하인이 나를 꼭 껴안고 키스할 때
내 온 몸은 터질 듯했어요.
내 온 몸은 날개가 펼쳐져서 날아가는 듯했어요.
내 살갗은 아직 어리지만 그러나 아주 차지답니다.……

10명의 배심원들은 한 명씩 자기의 의견을 개진한 뒤에 기존의 도덕적 관점에서 보면 "밤의 공복은 젊은 처녀에게나 성인 여자에게나 모두 해롭기" 때문에 어머니와 딸에게 동등한 권리를 주는 쪽으로 결정을 내린다.

청년들도 같은 이유를 내세워 자신들의 "민네 권리"를 주장한다. 그들은 "나는 이미 거친 말을 잘 탈 수가 있다"라든가 "나는 이미 원기왕성하게 연애의 밭을 갈 수 있다"라든가 "젊은 처녀와 창시합을 할 경우 잘 싸워서 상대를 능히 겨냥할 수가 있다"라고 말한다.

또한 청년과 처녀들은 자신들의 억제할 수 없는 "밤의 공복"을 내세워 수도사나 수녀가 될 수는 없다고 주장한다. "결혼 놀이"라는 사육제 연극에는 다음과 같은 구절이 나온다.

수녀원에 입교하는 딸(독일의 목판화)

거기에 가면 내 마음은 진정이 된다네,
내 친구들은 모두 내게 설교를 하고,
내게 교단에 관한 이야기를 들려준다네,
나는 수도사가 되어야 한다고 지껄이고 있다네.
나는 거기에 들어갔으나 내 몸 속에는
내게 수도사가 되라고 하는 마음은 조금도 없다네,
내 당나귀는 경마장에서 펄펄 뛰고 있고,
여물이 없으면 오랫동안 서 있을 수가 없으니.
그러니까 아직도 거세를 하지 않았나 하고
두번 다시 내게 묻지 말아주게나.

즉 청년이 수도사가 될 자격이 있다고 하면 우선 거세부터 시켜야만 했다. 처녀
도 청년에 못지않게 상당히 반항적이었다. 젊은 처녀는 자신을 억지로 수녀가 되게
하려는 사람에게 저주를 퍼부으며 협박했고, 또한 처음부터 청정무구의 맹세 따위
는 아예 하지도 않겠다고 선언했다.

나를 수녀로 만들어
검은색 외투를 입히고

속에는 하얀 스커트를 입히려고 하는
그러한 사람에게는 신조차도 축복 있는 한 해를 내려주지는 않을 거라네!

내 마음의 뜻을 거역하여
수녀가 되어야만 한다면
그때는 나라도 젊은 남자의
그 비참한 마음을 진정시켜줄 수 있을 거라네.

이 두 편의 시가 실려 있는 림부르크의 연대기에는 다음과 같은 말이 덧붙여져 있다. "같은 해(1359년)에 사람들은 휘파람을 불며 이 노래를 불러젖혔다." 따라서 이 노래 구절은 세상과 서로 분리되어 있는 한숨 섞인 노래가 아니라 오히려 세상의 일반적인 감정의 표출을 그 중심으로 하고 있는 노래이다. 이것과 다른 작품인 "수녀의 맹세"에는 시집갈 나이에 일찍이 수녀원에 갇힌 처녀가 자신의 젖가슴이 "마치 두 개의 커다란 배같이" 옷을 불룩하게 할 정도로 커진 이후 자신의 마음은 오히려 남자의 품에 안겨 키스를 당하고 "이 배를 꼭 움켜쥐게 하고 싶은" 생각으로 가득 차 있다고 말한다.

그러나 육체가 성숙하게 되면 가지기 시작하는 성관계에 대한 르네상스 시대의 의식이 건강했다고 해서, 성욕을 일찍부터 공공연하게 만족시켜줄 수 있게 남녀의 대다수가 가능한 한 빨리 결혼할 수 있도록 현실적으로 허용되었다고 결론을 내리기에는 아직 이르다. 그뿐만 아니라 사회적 이익이 첨예하게 보장되었으므로 대개의 경우 그러한 건강한 사회적 토대는 무용지물로 돌아가버렸다. 시민계급이나 귀족계급에서와 마찬가지로 농민계급에서도 확실히 나이 어린 남편 —— 이 계급에서는 재산의 분배를 방지하기 위해서 장남에게만 재산상속권을 주는 궁정법률이 발달하지는 않았지만 —— 이 많이 있었다. 도덕을 설교하는 도덕군자조차 너무 이른 결혼에 반대하는 데에 앞장섰다. 무르너는 다음과 같이 말했다.

지금 두 사람은 너무 일찍 서로 붙어다닌다.
두 사람의 나이를 합해도 아직 서른 살도 안 된다.

두 사람의 나이를 합해도 아직 서른 살이 안 된다고 하고 있는 것이다. 여러 가지 판례를 살펴보면 여자는 14세부터 결혼할 자격이 있었다. 한편 이 시대에는 어떤

늙은 여자와 청년의 결혼 결정(테오도르 드 브리)

특정한 계급, 즉 수공업 도제 또는 수공업 노예는 결혼이 금지되어 있거나 적어도 결혼하기가 상당히 어려웠다. 춘프트 중에서도 대개 독립해 있는 사람이나 또는 앞으로 독립할 가망이 있는 사람에게만 결혼이 허용되었다. 그런데 대개 춘프트 제도에서는 마스터(都匠人)의 아들이 아닌 프롤레타리아 도제가 마스터가 되는 것을 엄격하게 금지했기 때문에 많은 도제에게 마스터가 될 수 없는 것 자체가 결혼금지와 같은 의미를 지니고 있었다. 수공업 노예에게 결혼이 허용된 경우에, 아내를 가진 도제는 마스터가 될 수 없다는 규칙이 적용되었다. 이것은 단적으로 말하자면 간접적인 결혼금지였다. 그러나 이러한 일방적인 금지제도도 결혼을 하고 싶어하는 인간의 욕망을 억제시킬 수는 없었기 때문에 르네상스 시대에는 아내를 가진 도제가 상당히 많았다. 그러한 일이 희귀한 현상이 아니었다는 것은 춘프트 제도에 "결혼한 도제"에 관한 특별규칙이 있었다는 것만 보아도 명확하게 알 수 있다. 예를 들면 1582년의 뷔르템베르크 시의 미장이와 석수장이의 규칙에는 "도제가 정해진 고용기간 동안에 결혼을 하는 경우 그 도제는 3년 동안 더 고용살이를 해야 한다"라고 되어 있다.

르네상스 시대에는 대개의 경우 조혼이었던 것만큼 재혼도 상당히 많았다. 그 주된 원인은 소규모 공업경영에서는 정상적인 가정생활이 상당히 중요했다는 데에 있다. 게다가 이 시대의 풍조가 기본적으로 관능적이었다는 점이 그러한 경향에 강력한 추진력으로 작용했음은 말할 필요도 없다. 나이 든 홀아비가 젊은 처녀와, 한물간 과부가 젊은 청년과 결혼하는 일이 이 시대만큼 유행한 적이 없었다. 그러한 일이 그 시대의 관능적인 열망과 굳게 연결되어 있었다고 해도 한편에서 보면 그것은 시대의 건강성과는 크게 모순되는 것이었다. 이러한 모순은 그 시대의 의식에도 상당히 분명하게 반영되어 있었다. 예를 들면 이 시대의 재담은 이야기와 그림을 통해서 서로 어울리지 않는 부부를 항상 매도하고 있다. 나이 든 여자와 결혼한 젊은 신랑에 대해서는 신랑이 침대에서 "감기"에 걸릴 것이라고 했고, 젊은 신부와 나이 든 신랑의 결혼에 대해서는 "젊은 신부는 파발마이다. 늙은이는 파발마를 타고 무

어울리지 않는 한 쌍

덤으로 간다"라고 했다. 그리고 덧붙여서 말하기를 나이 든 신랑은 신혼 밤에 이미
정력을 다 써버리고 말 것이기 때문에 신부는 새 신랑을 구해야 할 것이라고 했다.
왜냐하면 민간에서는 그러한 결혼생활에서는 세월이 흐름에 따라 "기도를 드리는
일이 적어질 것"이라고 알고 있었기 때문이다. 이 말은 "노인과 요염한 젊은 여자
와의 결혼"에 대한 조소적인 표어가 되었고 이것은 아우구스트 튕거가 1480년에 간
행한 만담집 속에 "우리는 언제 또 기도를 드릴 거예요"라는 제목으로 소개된 기록
과도 비슷한 것이다.

지치지 않는 정부

엔딩겐이란 도시에서는 한 나이 든 남자가 열여섯 살 된 포동포동한 처녀를 아내로 맞아들였다. 신앙심이 깊은 남편은 아내를 훌륭하게 교육시키려고 마음 먹고 있었기 때문에 첫날밤 정사를 치르기 전에 여자에게 하늘에 계신 우리 아버지께 기도를 드리는 일이 예의가 아니겠느냐고 말했다. 이 습관은 그 후 계속되었지만 늙은이는 점점 사랑놀이에 신물 나서 이제는 하늘에 계신 우리 아버지께 기도를 드리지 않게 되었다. 남편은 처음에는 배고픈 줄도 모를 만큼 열심이어서 젊은 신부가 오히려 깜짝 놀랄 지경이었기 때문에 신부는 주인 양반이 그 일을 잊어버리고 있는지도 모른, 이것은 일깨워드려야 할 일이다라고 생각하게 되었다. 그래서 신부는 즉시 주인 양반에게 가서 입맞춤을 하고 매달리면서 부끄러운 듯이 "우리는 언제 또 기도를 드릴 거예요?" 하고 물었다.

다른 만담작가는 여기에 비슷한 내용의 일화를 덧붙여놓았다.

그러나 나이 든 백마에게는 훌륭한 이야기도 소용이 없다. 왜냐하면 젊은 신부에게 침대에서 봉사하는 것은 마치 울퉁불퉁한 길을 달리는 것과 마찬가지이기 때문이다. 언덕과 계곡을 넘어서 달리기 위해서는 젊고 거세되지 않은 말이 필요하기 때문이다.

연애에서는 성행위가 첫번째의 중요성을 지니고 있었다. 모든 것을 성행위의 만족에 두려고 하는 순수하게 관능적인 의식으로 말미암아 세상 사람들은 몇 번에 걸쳐서라도 이 목적에 도달하려고 노력하게 되었다. 바꾸어 말하면 아무리 먹어도 배부른 것을 모른다는 것이 르네상스 시대 연애의 특징이었다. 이것은 모든 나라가

허풍선이 스페인 남녀(B. 몽코르네, 동판화)

마찬가지였다. 남부의 스페인과 이탈리아, 북부의 영국과 네덜란드, 또한 서부의 프랑스에서 동부의 독일에 이르기까지 사람들은 모두 연애에서 마부의 진정한 공복을 채우게 되었다.

세상 사람들은 모두 연애에서 식탁은 몇 번이나 차려야 하는가, 올바른 식사는 어떤 것이어야 하는가에 관해서 상당히 깊은 관심을 보였다. 따라서 그러한 관심은 어느 사이엔가 여러 가지 문구와 형식, 즉 속담, 수수께끼, 음담패설, 시, 문답, 이야기, 만담, 비유 등에 반영되었다. "1주에 2회가 아내에게는 적당하다. 그렇게 하면 서로가 건강을 해치지 않을 수 있으며 105세까지 장수할 수 있다"라는 루터의 말은 유명하다. 그러나 이러한 루터의 규칙은 그 시대 사람들의 실제 성생활의 관례에 비하면 상당히 적게 계산된 것이다. 특히 그 시대는 되풀이해서 다음과 같은 선언을 했던 것이다. "건장한 남자는 아름다운 부인과의 식사를 한번으로 끝내지 않는다." "한번은 시식이다." "한번은 숫처녀가 식사 전에 먹는 수프에 불과하다." 따라서 세상 사람들은 횟수를 적게 정해놓은 규칙을 이해할 수 없었고 그것을 단지 우스갯소리로만 보아넘겼다. 세상 사람들은 양과 질, 모든 면에서 보다 높은 수준의 요구를 했던 것이다. "두번째는 신사로서의 도리이고 세번째는 신분이 높은 사람으로서의 의무이며 네번째는 아내의 권리이다" 등이 그것이다.

여자는 확실히 수동적이다. 그러나 그 시대 여자의 연애에서의 식욕은 결코 상대방 남자에게 뒤지지 않았다. 뿐만 아니라 그 시대의 시인과 작가를 믿어도 된다면,

음탕한 바보(동판화, 15세기)

그 당시의 여자는 연애에서 그 식욕이 상당히 왕성했다. 남자와는 달리 배부름을 몰랐던 것이다. 이 점에 관해서는 소설가들을 믿어도 괜찮은데, 그것은 여자가 수동적인 기질을 가지고 있기 때문이었다. 확실히 아내가 남편의 지나친 요구 때문에 괴로워하는 실례를 기록한 것도 많이 있기는 하지만 오히려 남편이 아내의 지칠 줄 모르는 식욕 때문에 괴로워하는 실례가 그것의 백 배도 더 된다. "나는 매일 배가 고픈 상태에서 식탁을 물러나야만 했다"라고 하는 아내의 불만이 상당히 많이 발견되는 것이다.

각국에 퍼져 있는 속담을 살펴보면 중세에 이미 여자들은 "남편에게서 남편의 남자다움뿐만 아니라 남편의 모든 것을 빼앗아야만 한다"라고 했다. 어느 나라에서나 이 속담이 나타내고자 하는 의미는 본질적으로 소박한 것이었다. 16세기의 격언에 따르면 남편은 연애에서는 "종마와 같은 정력과 참새와 같은 부지런함"을 가져야만 한다라고 했다. 클라라 헤츨레린의 가요집에 실려 있는 15세기 격언은 다음과 같다.

> 자, 당신은 이래야 한다.
> 식탁에서는 독수리,
> 밭에서는 곰,
> 마을에서는 공작,
> 교회에서는 양,
> 침대에서는 원숭이!

이 격언을 보카치오의 「테바이드의 알리베크」 및 다른 이야기들과 비교해보면 좋을 것이다. 그러한 풍자는 연애에 대한 여자의 굶주림을 묘사하고 있는 것이 특징이다. 즉 여자라는 존재는 머리 속에 그것밖에 들어 있지 않다는 것이다. 남자는 여자와 자신이 생각하고 있는 것에 관해서 아무 것이나 아주 자연스럽게 이야기할 수 있는데 여자는 말하는 것이 모두 그것과 관계 있는 것뿐이라는 것이다. 라블레는 그의 탁월하게 그로테스크한 필법으로 이 점을 증명하고 있다.

여자가 매일 보는 것, 믿는 것, 생각하는 것, 말하는 것 중에는 이티팔루스(Ithyphallus : 성스러운 남근/역주)가 잠재되어 있다. 여자는 상대방의 어떠한 몸짓, 인상도 자신의 머리 속에 항상 맴도는 단 한가지 행동과 관계시켜서 생각한다. 그러므로 바로 이때 사고가 나는 것이다. 왜냐하면 여자는 우리들 남자의 모든 손짓을 그러한 의미로만 해석하기 때문이다. 이에 대해서는 로마가 건설된 지 240년 후에 일어난 사건을 보아도 알 수 있다. 어느 젊은 로마 귀족이 켈리우스 언덕의 기슭에서 베로니카라는 이름을 가진 귀부인과 만나게 되었다. 그 귀부인은 벙어리였다. 그 귀족은 상대방이 불구자라는 것을 알지 못하고 "당신은 이 언덕 위에서 어떤 원로원 의원을 보지

음탕한 부인과 바보(동판화, 15세기)

못했습니까?" 하고 물었다. 그때 이 청년 귀족은 이탈리아 사람들이 하는 식으로 양손을 두루 움직이는 제스처를 쓰면서 말했다. 상대방의 말을 이해할 수 없었던 귀부인은 자신이 생각하고 있는 것, 즉 세상의 젊은 남자가 관례적으로 여자에게 요구하는 것을 이 남자가 자신에게 요구하고 있다고 상상했다. 귀부인은 상대방의 제스처(연애에서의 제스처는 말보다도 훨씬 매력 있고 효과가 좋으며 목적을 이루는 데에도 적합한 것이다)를 보고 그 귀족이 주위에 있는 자기 집으로 가자고 하는 것으로 해석했다. 그래서 귀부인은 그 젊은 귀족에게 손짓으로 그러한 유희는 자기에게는 너무나도 황송한 일이라는 것을 표시했다. 이렇게 한마디 말도 주고받지 않고도 연애유희를 즐길 수가 있었던 것이다.

그런데 브랑톰이 기록한 결코 배부름을 모를 정도로 식욕이 강한 어떤 여자에 관한 가공할 실례를 읽어보면 라블레의 풍자는 오히려 아무것도 아니다.

나는 프랑스 도시 태생의 어느 아름다운 숙녀에 관한 이야기를 들었다. 이 여자는 내란이 한창이던 때에 약탈당한 어느 도시에 살고 있었으므로 수많은 병사들에게 강간을 당했다. 이 여자는 용모가 준수한 교부를 찾아가 자기의 신상 이야기를 하고 자기가 커다란 죄를 지은 것이냐고 물었다. 교부는 말했다. "참 안됐군요. 그건 죄가 되지 않습니다. 당신은 완력에 의해서 자신의 의지와는 상관없이 욕을 당했기 때문입니다." 이 여자는 그 말을 듣고 "내 일생에 적어도 이 한 번만큼은 죄를 짓지도 않고 하느님을 모독하지도 않고 배부를 수 있었던 것을 하느님께 감사드립니다" 하고 대답했다.

바보의 배(제바스티안 브란트)

그리고 연애에 대한 욕구는 과부가 제일 강렬했다고 한다. 국가에서는 상중에는 금욕할 것을 결정했지만 그것을 그대로 지키는 여자는 극히 드물었다. 그렇기 때문에 이미 중세부터 과부가 남편이 죽은 지 30일 이내에 재혼할 때는 형벌이 내려졌고 죽은 남편에게 1년 동안 정조를 지킨 과부에게는 포상이 주어졌던 것이다. 연애식사에 대한 식욕은 그것 없이는 살아갈 수 없을 만큼 왕성한 것이었기 때문에 과부는 이러한 포상의 미끼에 의해서만 "연애사업"을 중단할 수 있었던 것이다.

이러한 사실은 공공연한 것이었기 때문에 과부와 결혼할 남자는 그 아내가 반드시 간통을 하게 된다는 점을 알고 있어야 한다는 생각이 널리 퍼져 있었다. 스페인의 속담에는 "과부는 하루를 참지 못한다"라는 것이 있고 프랑스의 속담에는 "남편의 죽음에 대한 과부의 애도의 표시는 상체에만 해당된다"라는 것이 있다. 상체만이 상주라는 뜻이다.

과부가 되었을 때 남자의 마음을 유혹하는 색깔 있는 현란한 스커트를 입지 않는 여자는 극히 드물었다. 과부는 두 곱으로 연애한다는 말은 과부가 첫번째 남편이 주지 못한 것을 두번째 남편에게서 한꺼번에 받으려고 한다는 뜻이다. 따라서 이미 두번째, 세번째의 남편을 가졌던 과부와 결혼하는 일만큼 위험한 일은 없다. 브랑톰은 그의 작품의 한 장 전체를 과부의 연애에 할애하고 있다. 그리고 그가 묘사한 실례의 절반 이상이 과부의 강렬한 연애욕구에 관한 것이다. 독일과 이탈리아의 만담작가들도 과부의 연애욕구에 관해서 상당히 많은 관심을 가지고 있었다.

이 시대에는 여자들도 공공연하게 자신의 성적인 우수함을 자랑했다. 나바라의 마르그리트는 "왕국 전체에서 가장 여자다운 여자"라고 불렸다. 이 부인의 문학적 유산 「헵타메론(7일간의 이야기)」을 살펴보면 그녀에 대한 평가가 얼마나 정확한 것이었는가를 알 수 있다. 그녀는 자신의 공상을 동물적인 육욕을 표현하는 그림을 통해서 만족시켰는데 그 그림들은 그녀 자신이 성욕의 화신임을 보여주고 있다.

늙은 여자도 남자의 포옹을 그리워했으므로 스페인에서는 그것을 "여자는 허리띠 아래로는 나이를 먹지 않는다"는 속담으로 표현했다. 늙은 여자도 남자의 강렬

불타는 애욕(모사화)

한 욕망을 자극시켜 흡족한 쾌락을 줄 수 있었던 것이다.

한편 자신의 젊고 아름다운 딸이 남자들에게 인기가 있는 것을 질투하는 어머니도 많았다. 어떤 만담작가는 「연애 경기장」에서 어떠한 과로에도 불구하고 지칠 줄 모르는 한결같은 남자를 자기 딸의 남편으로 소개시켜주려고 열심히 돌아다니는 어머니에 관한 이야기를 하고 있다. 그 어머니는 "자기의 경험에 비추어볼 때 결혼생활의 행복은 이미 남편이 재산이 많은 경우에는 그것 하나(남편의 정력)에 달려 있다. 여자의 경우에는 금전의 부자유는 참을 수 있지만 그것의 부자유는 참을 수 없다"라는 사실을 알고 있었기 때문이다. 따라서 그러한 어머니 —— 르네상스 시대의 소설가는 항상 그러한 사실을 잘 알고 있는 어머니를 극구 칭찬했다 —— 는 마을에서 신부를 구하고 있는 나이 든 남자에게 이곳저곳에서 칭찬을 받게 된다. 어머니는 아는 사람들, 교회, 여러 마을 등을 돌아다니며 물어본다. 어머니는 그 점에 대해서 확실한 지식이 없는 남자를 집에 데려와서 딸에게 구혼하도록 하는 일은 결코 하지 않았다. 그러한 주제는 이탈리아의 코르나자노가 쓴 「여물이 모자라면 보릿짚으로 대신하지」라는 속담소설에서도 상당히 크게 다루어졌다. 젊고 아름다운 귀부인인 어머니는 자기 딸을 위해서 연애에 능란한 남편감을 찾으러 다닌다. 그런데 재산은 없지만 몸 하나는 튼튼한 젊은이가 우선 물망에 올랐다. 그것은 이 젊은이가 자신은 연애식사를 하루 저녁에 열 번 이하로 한 적이 없다고 자랑했기

SIC ABEVNT, REDEVNTQ ALIAE DE MORE COLVMBAE.

남자 사냥(테오도르 드 브리, 동판화)

때문이다. 작가가 기록하고 있는 바와 같이 딸은 물론 자신의 신랑감 구하기가 그런 식으로 진행되는 것에 대해서 상당히 즐거워했다. 작가는 정력이 그렇게 강한 남자도 이 젊은 딸의 요구에는 당할 수가 없어서 그 강렬한 성욕을 난폭한 방법을 써서 억제시킬 수밖에 없었으므로 어머니의 신랑감 구하기가 결국 옳았다고 설명하고 있다.

여자들은 자신의 연애에 대한 갈증을 해소하기 위해서 결혼 첫날부터 그 방면에 관한 책략을 세우는 데에만 골몰했다. 중세 말기의 어느 시 속에는 이것이 만담의 주제가 되어 있다. 하겐은 그 만담의 내용을 「모험집」에서 다음과 같이 기록하고 있다.

어떤 마을에 젊은이가 살고 있었다. 이 젊은이는 말재주, 노래솜씨는 물론 모든 방면에 능했다. 어떤 관리인의 딸이 같이 노는 친구들 중 특히 이 젊은이가 마음에 들었다. 그리고 젊은이도 그녀와 연애도 많이 했고 이야기도 많이 주고받았을 뿐만 아니라 일도 같이 하는 경우가 많았으므로 두 사람은 날이 갈수록 서로 좋아하게 되었다. 드디어 관리인이 둘의 관계를 알게 되었다. 젊은이는 가난했으므로 관리인은 딸을 어느 돈 많은 남자와 약혼시켰다. 서로 사랑하는 두 사람에게 이것은 매우 슬픈 일이었다. 결혼식 날이 되자 멋있게 차려입은 여자와 남자들이 많이 몰려왔다. 그중에는 그 젊은이도 섞여 있었다. 젊은이는 춤추는 대열에 끼어들어 신부와 짝을 맞추게 되었을 때 그녀를 다정하게 애무했다. 젊은이는 그녀에게 오늘 저녁에 딱 한 번만 더 달콤한 밀회를 즐기자고 말했다. 신부는 고개를 끄덕이면서 "내가 처음으로 당신의 연인이 된 이후 당신이 여러 번 불러준 그 노래로 신호해주세요" 하고 속삭였고 그와 처음으로 같이 자기로 약속했다. 즉 그녀는 젊은이에게 "내가 오랫동안 지켜온 내 육체의 최초의 즐거움을 당신에게 드리겠어요" 하고 말했던 것이다. 젊은이는 그 말을 듣고 기쁜 나머지 춤추는 대열 한가운데에 뛰어들어 갖가지 춤을 추었다.

밤이 되자 사람들은 식탁에 앉았다. 음식은 산같이 쌓여 있었다. 그리고 신랑과 신부는 마지막으로 각각 구운 소시지를 먹었다. 신랑은 밤 늦게까지 식탁에 앉아 배불리 먹는 데에만 정신이 팔려 있었다. 두 사람은 드디어 침대에 들게 되었다. 젊은이는 곧바로 문 앞에 가서 약속한 노래를 크게 불렀다. 신랑은 술에 취해서 무척 졸렸기 때문에 마치 가죽주머니와 같이 힘없이 신부 옆에 누워 있었다.

신부는 저녁에 먹은 구운 소시지가 몹시 짜서 목이 탄다고 하면서 물통 있는 곳으로 가려고 했다. 그러자 신랑은 신부에게 자기가 물을 가져다주겠다고 말했다. 그러나 신부는 신랑에게 "거기에 가만히 누워 계세요. 나를 위해서 침대를 따뜻하게 덥혀놓아주세요" 하고 말했다. 신랑은 처음에는 그렇게 하지 말라고 했지만 결국 신부가 물 마시러 가는 것을 허락했다.

그러자 신부는 연인을 집 안으로 불러들여 물통 옆의 마루에서 자기가 약속했던 것을 연인에게 주었다. 그녀는 처음에는 신랑에게 "나는 이제 막 물을 먹고 있는 참이에요" 하고 소리를 질렀다. 그리고 그 후에 또 한번 같은 말을 되풀이해서 소리쳤다. 신랑은 신부가 물통에 물이 많이 있는 것을 발견했는 줄 알고 기뻐하면서 물을 많이 마시기를 바랐다. 그녀는 세 번에 걸쳐서 고픈 배를 꽉 채웠기 때문에 신랑이 낌새를 채지 못하고 또한 자기의 기분도 상하지 않도록 연인을 가만히 밖으로 내보냈다. 모든 일이 잘 되어서 신부는 다시 돌아와 남편 곁에 누웠다. 신랑은 깊이 잠들어 신부의 밤나들이를 전혀 눈치채지 못했다.

성불능인 남편(작자 미상, 독일의 목판화, 16세기)

연애가 오로지 육체적인 것이라는 사고방식에 따를 경우 남편이 실제로는 다양한 연애행위를 몸소 행할 수 없으면서도 말만으로 아내에게 기대감을 불러일으킨다면 결국 아내는 당연히 실망하게 될 것이다. 그러한 남편의 호언장담에 대한 아내의 불평은 풍자에 흔히 등장하는 주제였다. "새로 부임한 나으리"라는 사육제 노래에는 그러한 불평이 나타난다. 세번째 아내는 다음과 같이 호소하고 있다.

오, 나으리 내 말 좀 들어보세요!
우리 주인 양반은 얼간이 같은 남자예요.
낮에는 밤에 침대에서
실컷 놀아보자고 말한답니다.
그래서 침대에 함께 누우면
나는 낮에 한 말을 생각한답니다.
그런데 주인 양반은 정작 아무 말도 하지 않고 시큰둥한 채
내 몸이 요구하는 것에 대해서는 아무 반응도 없지요.
그이가 한 번 요구할 때 나는 세 번이나 요구하는 경우가 오히려 많답니다.
이것이 주인 양반의 본래 모습이랍니다.

이러한 내용은 풍자화에도 여러 가지 모습으로 나타나며, 또 즐겨 사용되는 주제

오비디우스의 「변신」의 삽화

였다. 그러한 풍자화에서는 호언장담하는 남편이 아내로부터 냉대를 받는 모습이라든가 "남편이 아내와 어떻게 싸움을 치러야 할지 몰라서 마치 통나무같이 잠만 잔다"라고 하여 아내가 남편 모습을 통나무로 조각하는 것 등이 등장했다.

그러나 르네상스 시대에 남자가 여자에게 줄 수 있는 가장 커다란 모욕은 남자가 행복의 순간을 즐기지 않고 멀뚱멀뚱 쳐다보기만 하는 "몹쓸 장난"이었다. 이러한 장난에 대해서 여자들은 항상 격렬한 분노를 표시했다. 여자는 그것이야말로 가장 커다란 모욕이라고 생각했다. 브랑톰은 상대방 남자에게서 최후의 순간에 사랑을 받으려고 기다리다가 그러한 모욕을 당한 여자가 죽여버리겠다는 증오심을 품고 그 남자를 찾아 돌아다닌다는 이야기로 끝나는 많은 실례를 기록했다.

르네상스 시대의 연애는 항상 관능적이었다는 주장에 대한 마지막 증거는 고대로부터 시작되어 르네상스 시대에도 변함없이 유행한 남근 숭배이다. 그 유물은 여러 가지 상징과 숭배의식의 형태로 각국에 남아 있으며 특히 이탈리아에 많다.

4) 혼전 성관계

일부일처제의 목적(제I권 제1장)은 시공을 초월하여 결혼 전의 순결을 원칙적으로 요구하는 데에 있었다. 그러나 이 요구의 현실적인 실천은 항상 여자에게만 부

결혼, 모험적 시합(아브라함 오브리, 동판화, 17세기)

iel,
erliebten,
ersonen

och teusels boß darvon, Das weist Cupido hie mit Bogen und dem pfeil. Dem Spruchwort gantz gemäß: Der,
t, das dem also sey. Den Er hat auffgelegt, zu schiessen nach dem Ziel, welcher sich verbunden,
m, erbar reich ohn maß, Daran sie sich versehen, und das sie haben wil. Durch Lieb an eine Dam, hat nur
er könnt ein solche laste, Und wenn ich tausend nänndt so wirds an etwas fehlen, Zwo guter Stunden:
eichen lebet nicht, Drumm unterlaß ich hie der mehr er zu zehlen. Die erste wen man ihm zu seiner Liebste legt.
nichts als ein gedicht, Bleibt also wol darbey: wer sich beweiben wil, Die Zweyte, wenn man sie von Ihm
) dran mit der Leder seile, Der thut ein blinden griff, hat ein gewagtes Spiel Zum Grabe tragt. I. S. S. R.
Aubry feat. Et Excudit Francoh. rtú

담되었다. 남자는 자신의 아내가 되기 위한 첫번째이며 또한 최고의 자격으로서 여자가 신혼 첫날밤에 남편에게 육체적인 순결함을 검증할 것을 요구했다. 즉 남자만이 자기 아내의 처녀성을 맛볼 수 있었던 것이다. 아내에 대한 이러한 요구에는 항상 단서가 붙어 있기는 해도 이데올로기적으로는 이미 제I권에서 서술했듯이 일부일처제의 물질적 목적, 즉 상속인의 혈통을 정확하게 유지한다는 목적이 있었던 것이다. 신랑이 신혼 첫날밤에 신부가 처녀라는 사실을 확인하게 되면 첫째로 신랑은 아내가 앞으로도 정조를 지킬 것이라는 점과 둘째로 결혼 후 태어난 자식은 자신이 남편으로서 신부를 포옹한 결과 태어난 최초의 열매라는 점을 증거로 확보하는 것이 되었다. 따라서 신혼 첫날밤에 신랑이 "신부는 이미 남자를 알았다"는 사실을 발견하는 것만큼 신랑을 우울하고 비참하게 만드는 일은 없었다. 프라이당크는 이렇게 노래불렀다.

침대 속에서는 순결을 잃은 신부보다는
고슴도치 털이 훨씬 낫다.

르네상스 시대에 여자의 육체적 처녀성 —— 세상에서는 이것을 여자의 최고 덕목으로 보았다 —— 에 대한 높은 평가는 부분적으로 상당히 노골적인 여러 가지 풍속과 결혼관습 속에 표현되어 있었다. 이러한 풍속과 관습은 모두 결국 여자들에게 공공연하게 "명예"와 "불명예"의 표지를 달아주는 역할을 했다. 따라서 청정무구한 처녀의 머리 위에는 영광의 관이 얹혀졌지만 결혼에 즈음하여 육체적으로 처녀가 아니라는 사실이 밝혀진 여자는 시민들의 면전에서 모욕을 당해야만 했다.

가장 널리 행해진 차별은 이러한 것이었다. 즉 명예로운 신부는 화환으로 장식하고 제단 앞으로 나아가는 것이 허용되었다. 신부에게는 "영광의 청정무구한 관"이 머리에 얹혀졌다. 신선한 꽃으로 만든 화환 —— 샤펠(Schappel) 또는 샤펠린(Schapelin)이라고 한다 —— 은 처녀성의 상징이었다. 또한 머리카락을 길게 늘어뜨릴 수 있었다. 결혼하기 전에 이미 남자와 관계가 있었다는 것이 세상에 알려진 여자는 그 상대방 남자가 지금의 신랑이라고 하더라도 베일로 얼굴을 가려야만 했다. 15세기의 어느 민요에는 여자가 그러한 낙인이 찍힐 것을 두려워하여 연인이 자기 방에 들어오는 것을 거절하는 내용이 있다.

울음을 터뜨리는 농부의 신부(크리스팽 드 파스, 동판화)

거기에서 문을 두드리는 사람은 기분이 좋을까요?
그러나 나는 "네 들어오세요" 하고 말하지는 않아요.
다른 처녀들은 화환을 머리에 얹는데
나는 베일을 써야만 하니까요.
나는 정말 부끄러워요, 나는 정말 부끄러워요,
길면 길수록 부끄러움도 더 커져요.
내 마음 깊은 곳에서부터.

미인이 바보를 만들다(16세기)

뉘른베르크 시에서는 "타락한" 처녀들은 밀짚으로 만든 관을 쓰고 교회까지 행진해야 했다. 그리고 결혼식 날에는 집 문앞에서 사람들이 그들 처녀에게 지푸라기를 던지며 조롱했고, "이미 시험이 끝난 여자"라고 불렀다. 로텐부르크의 교회에서는 다음과 같은 속죄를 해야 했다. 즉 "결함이 있는 신부"는 밀짚으로 머리 장식을 하고 교회 입구에 서 있는 것이었다. 유혹한 남자는 세 번에 걸쳐서 일요일마다 밀짚으로 만든 외투를 입고 교회에 얼굴을 내밀어야만 했다. 또한 그 남자는 자기의 연인을 손수레에 태우고 마을을 돌아다녀야 했으며 그동안 사람들은 그 두 사람에게 오물을 던졌다. 속담에 따르면 사생아를 낳은 여자에게는 사람들이 "주여, 이 처녀는 어린데도 우리를 불쌍히 여겨 희생되었습니다"라고 했고 경멸하는 어투로 "그 여자는 이미 말발굽을 떨어뜨렸네"라고 했다. 특히 이 조소적인 속담은 상당히 대중화되어 아직까지 남아 있다. "그 여자는 이미 말발굽을 떨어뜨렸네"라는 말은 15세기 사육제 노래에서 최초로 사용되었다. 젊은이들은 자신은 그런 여자와 결혼하지 않겠다고 말하고 있다. 왜냐하면 그러한 여자는 정조에 관한 신용이 없으므로 고양이가 쥐를 놓아줄 수밖에 없기 때문이라는 것이다. 그중 몇 군데를 보자.

> 아름다운 처녀가 내게 와서 말했네,
> 나는 당신이 너무나 좋아요,
> 나는 당신을 주인으로 모시고 싶어요.
> 내 친구들이 반대해도 나는 끝까지 버틸 작정이에요.
> 그런데 나에게 많은 토지를 준 친구가 찾아와서 말했네,
> "그 여자는 말발굽을 떨어뜨렸네"라고.
> 그래서 나는 생각했네, 바람에 날려서 가버리라고.
> 고양이는 쥐를 놓아줄 수밖에 없다.
> 그러므로 결혼을 하려는 남자는
> 무엇이 문제인가를 잘 알고 있다네.

소부르주아지가 정치를 지배했던, 즉 수공업의 번영에 의해서 형성된 도시에서

루크레티아의 능욕(게오르크 펭크, 동판화)

는 이러한 요구와 주장이 모두 법률로 표현될 수 있었다. 앞에서 서술한 풍속은 교회에서의 공식적인 속죄였을 뿐만 아니라 법률적으로도 확립되었던 것이다. 그외에도 "상처입은 신랑과 신부"에게는 결혼식에서도 여러 가지 제한이 가해졌다. 그것은 신랑과 신부는 일정한 수의 손님밖에 초대할 수 없다든가 결혼식 축하연에 일정한 수 이상의 그릇을 내놓을 수 없다든가 축하연이 "명예로운" 신부의 축하연보다 길어서는 안 된다든가 하는 것이었다. 또한 보통 결혼에서 길일이 아닌 날 ── 메밍겐(Memmingen), 예를 들면 수요일 ── 에 결혼식을 올려야만 했다. 민간에서는 수요일은 불길한 날이기 때문이다. 시의회의 포고문에는 그러한 결정사항의 목적이 상대에게 공공연하게 낙인을 찍기 위한 것이라고 확실하게 명문화되어 있다. 뉘른베르크 시의회의 포고문은 16세기에 만들어지기 시작해서 17세기에는 몇 번 개정이 되었다가 마지막에는 주로 불명예스러운 "처녀의 품행불량"이라는 죄악만을 다루게 되었는데, 거기에는 "자신들이 스스로 자초한 조롱과 모욕을 통해서……두 사람의 결혼을 세상에 알리고 그들에게 창피를 주기" 위해서 그러한 풍속이 행해졌다고 쓰여 있다. 그러나 시의회는 그것만으로 충분하지 않다고 보아 그러한 남녀에게는 엄격한 체형과 벌금을 부과했다. 또한 결혼 후에 일찍 분만을 한다든가 뒤늦게 밀고되어 발각된다든가 하여, 결혼 후일지라도 결혼 전의 성관계가 드

자루에 든 고양이 매매(독일의 속담집 팸플릿, 17세기)

Sie achtens auch nicht im gewissen / Die Katen im sack verkauffen sie
Wem sie betrogen vnd beschissen / Wer ihr vertraut dass merck alhie

Ulse iett lieb ich dich
hernach aber wenig

Hinweg dich pack
du hast die kahim sach

Viel fallscher Waar
legt dieser dar
Mit manchen pack
Katen in dem Sack

en achte ich nicht gleich ein natürlich angesicht

m Sack	Gleich alss mir kurts geschehen ist
s im Sack	Die Kati im sack verkaufft mit list
rumen pellen	6 Diss hat gethan diss weibs persohn
n stellen	Die iett ist ein Meister darvon
ack sis still	Ward in der Eil von ihr betrogen
betreugt ihr viel	Dass ich vermeint twar mir entflogen
diesem sicht	Hett ich mich besser fürgesehen
hadt gesicht	Es möcht vielleicht nicht sein geschehen
zusammen pack	Diss heist sehe zu vor den geschmack
hr im Sack	Sonst hast gewiss die Kati im Sack

Ich klagte mein verlust mit leid
bekame darauff ein solch bescheidt
Ich wehr so alt vnd voller fahren
Im besten verstandt von mein Jahren
Ob ich ein Kati im Sack gekaufft
die meinem Beutel dass Haar aussraufft
Weill ich nun dieses mit meinem schaden
hab klar erfahren wills keinem rathen
Es sey ein Herr fraw oder Knecht
Der sehe sich für so geschickt im recht

Gerhart Alttenbach Ex

러나게 되는 경우에는 똑같은 체형과 벌금이 내려졌다. 앞의 포고문이 설명하고 있는 바와 같이 "그들이 교회와 신의 교단을 침묵으로 속이고 사제관 집사에게 그러한 일을 미리 알리지 않았기 때문에" 형벌은 그만큼 무거운 것이었다. 즉 그들은 명예를 요구할 권리도 없는 주제에 명예를 횡령한 것이다. 고귀한 밀고가 항상 끊이지 않았고 "명예"와 "불명예"가 확실하게 구분되는 경우에는 벌금의 3분의 1을 밀고자에게 주었다. 여러 가지 포고문 중에는 다음과 같은 것도 있다. "증거를 확보한" 밀고가 있을 경우에는 그 신부는 시의회가 임명한 두 명의 경험과 지혜가 있는 부인에 의해서 "그녀가 과연 명예로운 처녀성을 가지고 있는가 그렇지 않은가"를 밝히는 신체검사를 받아야 했다. 만약 신부가 이 강제 신체검사를 거부하는 경우에는 명예로운 결혼식을 할 권리 같은 것은 전혀 주장할 수가 없었다. 반면에 신부 스스로가 그러한 방법을 자청해서 자신에 대한 혐의를 벗는 일도 허용되었다.

결혼풍속에는 현재의 안목에서 보면 상당히 잔인하다고 생각되는 것들도 있었다. 각국의 각 지방에서 신부는 그러한 결혼풍속을 통해서 자신이 청정무구한 처녀로서 신혼의 침대에 오른다는 것을 공개적으로 증명했으며 또한 그렇게 증명할 의무가 있었다. 그것은 처녀막이 파열된 흔적으로 얼룩진 신부의 속옷을 신혼 다음날에 자랑스럽게 창에 늘어뜨리거나 계속 보존하는 풍속이었다. 이러한 기록해둘 수 있는 증명에 의해서 이웃사람들과 친구들은 신부의 청정무구함, 즉 신랑이 처음으로 "성문"을 열었다는 것, 또한 그러한 권리가 신혼 첫날밤에 신랑에게 주어졌다는 것을 확인했다. 그리고 신랑이 행한 처녀막 파열의 흔적이 묻어 있는 속옷을 보는 일이 아주 공공연해지자 핏자국이 있는 속옷을 이웃사람들에게 보여주는 일이 점점 자랑스러운 일이 되어갔다. 왜냐하면 그렇게 함으로써 신부가 청정무구하다는 평판이 더욱 확고해졌기 때문이다. 브랑톰은 스페인의 그러한 풍속에 대해서 다음과 같이 쓰고 있다.

스페인에는 여자들이 자신의 결함 없는 처녀성을 증명하기 위해서 신혼 다음날 아침에 지난밤 전투의 핏자국을 공개하는 별스러운 방법이 있었다. 그것은 더럽혀진 속옷을 창가에 공공연하게 늘어뜨리고 커다란 소리로 "여자는 처녀였다"고 외쳐대는 것이다.

우리는 아레티노나 그밖의 소설가들을 통해서 이러한 풍속이 이탈리아에서도 똑

루크레티아의 능욕(헨드리크 골치우스, 동판화)

같은 방식으로 행해졌다는 것을 알고 있다. 슈바벤에서도 간접적이기는 했지만 이러한 풍속이 행해졌다. 이 지방에서는 결혼식 후에 남편이, 신부는 처녀가 아니었다고 고소하면 신부의 양친은 그에 대한 반증을 제시해야만 했다. 그 반증은 양친이 "처녀의 증거", 즉 신혼 첫날밤의 핏자국이 묻은 속옷을 법정에 제출하는 것이었다. 남편이 지면 벌금과 태형 40대가 부과되었고, 남편이 이기면 그 결혼은 무효가 될 뿐만 아니라 "딸이 아버지의 집에 있을 때 간음을 한 이유"로 신부는 친정 집과 인연이 끊어졌다. 그런데 이러한 풍속은 현대에 이르기까지 슬라브 국가들에서 남아 있기 때문에 지금도 그것을 볼 수가 있다. 예를 들면 루마니아의 많은 지방에서는 아직도 이것이 행해지고 있다. 어느 향토연구가는 이 지방에서 지금까지 행해지고 있는 결혼관습에 관해서 특별히 다음과 같은 기록을 하고 있다.

신랑은 신부의 명예를 보여줄 수 있는 신방에서의 증거물을 남겨두는 일이 많다. 결혼 3일째부터 부부가 신부의 친척을 방문할 때 비로소 이것을 공개해야 한다. 이 방문은 "대로(大路, der große Weg)"라고 한다. 이 방문에 의해서 신부의 양친에게 굴욕이나 명예 중의 하나가 주어지기 때문이다. 청정무구하다는 것이 밝혀진 경우에는 가족 모두가 커다

독일의 삽화집에서(1648)

란 탄성을 지르고 딸의 양친에 대한 성대한 주연이 베풀어지며 그 사이에 딸의 과거에 대
한 생생한 증거인 속옷이 큰 쟁반에 올려져서 모두에게 보이게 되며 사람들은 그 쟁반에
동전을 던져넣어 축하를 표시한다. 그러나 이러한 풍속은 서민계급에서만 행해졌고 귀족
계급에서는 신부 속옷의 검증은 신부의 아버지만이 했다.

앞에서 서술한 것 중의 마지막 부분과 같은 제안은 이미 옛날부터 있었다. 핏자
국이 묻은 신부의 속옷을 공개하는 것은 대개 하층계급의 풍속이었고 귀족계급은
그러한 의식을 집 안에서 행했는데 그 의식에는 가장 가까운 친척, 특히 신부의 양
친과 가장 가까운 친구들만이 초대되었다. 그러므로 그러한 의식에 초대받는다는
것은 특별한 명예였다.

물론 이러한 관습이 오랫동안 보존되어온 지방에서는 그것이 점차로 상징적인
형태로 바뀌어갔다. 즉 사람들은 진짜 흔적뿐만이 아니라 상당히 손질이 가해진
흔적도 공개하게 되었다. 사기적인 의도가 아니더라도 오랜 옛날부터 그렇게 하지
않을 수 없었다는 것은 명확하다. 왜냐하면 인간은 아주 일찍부터 경험을 통해서
처녀막이 파열된다고 해서 반드시 출혈이 있지는 않다는 사실과 출혈이 없더라도
그 여자가 처녀라는 점은 전혀 부정할 수 없는 경우가 있다는 사실을 잘 알고 있었
기 때문이다.

마지막으로 육체적인 처녀성에 대한 이러한 높은 평가는 어떤 나라에서나 일반적

으로 여자는 처녀성을 잃으면 그 이전에 비해서 머리가 나빠진다고 생각하고 있었기 때문이다. 이와 같은 이유 때문에 여자는 결혼하기 전에 이 고귀한 물건을 빼앗아간 남자에게 손해배상을 청구할 수도 있었다. 한편 신랑은 신부가 처녀가 아니라는 사실을 알게 된 경우 신부의 양친에게 막대한 지참금을 요구할 수 있었다.

그런데 앞에서 얘기한 바와 같이 르네상스 시대의 여론도 그러했다는 것은, 즉 결혼 전에 여자가 순결을 지켜야 한다는 구속이 존재했다는 것은 여자측이 그것을 상당히 지키지 않았다는 사실과 별로 모순되지는 않았다. 남녀의 혼전 성관계의 증가는 에로티시즘의 일반적인 확장과 밀접하게 결합되기 마련인 것이다. 그런 소시민계급에서는 앞에서 얘기한 바와 같이 주로 자신의 이익에 따른 도덕관념이 어느 시대에나 최고의 의의와 최대의 세력을 가졌다. 왜냐하면 시민의 수공업적인 경제생활이라는 것이 가장 견고한 결혼형태를 만들어왔기 때문이다.

그래서 당시 대개의 마을 처녀들은 세상에서 낙인 찍히는 일을 가장 두려워했다. 이것은 어느 시대에나 마찬가지였다. 왜냐하면 여자들이 생활해나가는 협소한 사회에서는 그러한 낙인이 대개 일생 동안 붙어다니기 때문이다. 그럼에도 불구하고 주체할 수 없는 격렬한 정열은 실로 많은 이른바 "정숙한 처녀"에게도 영향을 미쳤다. 그리고 소시민적인 성도덕이 가져다주는 여러 가지 이익은 "바깥 품행"만이라도 어떻게 하면 유지시킬 수 있을까 하는 데에 국한되어 있었다. 이러한 "바깥 품행"이 그 당시에 얼마만큼 중요시되었는가에 대해서는 뒤에 여러 가지 재미 있는 예를 들면서 자세히 이야기할 것이다.……

시대는 남녀의 혈관 속에 뜨거운 피를 끓어오르게 하여 남녀가 관능에 불타는 격렬한 욕망을 가지도록 했다. 따라서 위험을 피하려는 교활함이 발달했고 여자들도 관능의 속삭임에 쉽게 이끌려 육욕의 즐거움을 스스로 즐기려는 욕구가 생기게 되었다. 육욕이야말로 인생에서 가장 유혹적인 것이었으므로 르네상스 시대에는 다른 시대보다도 육욕이 훨씬 높게 평가되었다. 따라서 르네상스 시대에는 모든 계급에서 여자의 혼전 성관계가 흔했다. 그러한 사실을 확실하게 주장한 것은 이 시대 어느 나라의 문학에나 많이 있었다. 또한 그러했다는 것을 확실하게 증명해주는 상황과 현상이 상당히 많이 발견되고 있다.

문학에서는 당시에 극소수의 여자만이 아무 결함이 없는 천사로서 결혼을 했다는 뜻밖의 기록이 많이 나오는 것이다. 여기에서는 처녀의 혼전 성관계를 보여주는 몇 개의 예만을 들어보기로 하자. 하인리히 베벨의 "처녀를 잃은 여자 이야기"라는 제목의 만담에는 다음과 같은 이야기가 나온다.

어느날 한 여자가 참회하면서 어떻게 해서 자신이 처녀를 잃었는가에 대해서 고해했다. 고해신부는 그 여자의 그러한 고해에 대해서 상당히 기분이 상해서 입심 사납게 욕을 하며 여자의 단정치 못함과 천국에서의 처녀성에 대한 휘황찬란한 대관식을 비교했다. 신부는 길게 설교를 하고 처녀성이라는 귀중한 성역에 관해서 여러 가지 이야기를 했으며 어떻게 해서 그렇게 소중하고 훌륭한 성역을 그렇게 쉽게 포기했느냐고 물었다. 고해한 여자는 더 이상 참을 수가 없어서 "신부님, 그것은 말씀하는 바와 같이 그렇게 견고한 성역이었다고는 믿어지지 않아요. 시골에 사는 농노라면 누구나 쉽게 포기할 수 있는 것이고 저도 그래서 쉽게 주어버렸던 것이지요"라고 말했다.

이탈리아 코르나자노는 「신은 여러 사람이 한 무리를 이룰 때 축복을 내린다」는 속담소설에서 10세 이상의 여자 중에는 처녀가 하나도 없다고 주장하고 있다. 즉 이 소설에서 주교는 신도들에게 이렇게 말하고 있다.

나는 주교가 되기 전에 고해신부도 한 적이 있다. 그런데 10세 이상인 여자 중에서 남자와 적어도 두 번 이상 관계를 가졌다고 고해하지 않은 여자는 한 명도 없었다.

프랑스에 관해서는 튕거도 똑같은 이야기를 하고 있다.

서투른 프랑스어밖에 할 줄 모르는 어떤 독일 귀족이 말을 타고 아비뇽 다리를 건너 도시로 들어갔다. 그가 탄 말은 피로하여 다리를 건너자마자 쓰러질 듯이 비틀거리기 시작했다. 예의가 없어 보이는 젊은 여자가 이 모습을 재미있어 하며 말을 타고 있는 귀족을 놀려댔다. 조롱당한 귀족은 풍자를 섞어서 이렇게 말했다. "오 부인, 내 말이 비틀거린다고 해서 당신이 우스워할 이유가 무엇이오? 동물이라는 것은 매춘부를 만나면 항상 비틀거린다는 사실을 당신이 알게 된다면 내 말이 비틀거리는 것이 전혀 우습게 보이지 않을 것이오." 이에 대해서 그 음란한 여자는 이렇게 대답했다. "잠깐만요, 귀족님. 만약 동물이 그렇다면 당신은 말을 타고는 이 도시에 한걸음도 들어올 수가 없어요. 무리하시면 당신은 말에서 거꾸로 떨어져버릴 거예요."

이런 인용문을 각국에서 수집하는 일은 아주 쉬운 일이다. 왜냐하면 그런 이야기

반듯한 결혼(동판화, 17세기)

를 독자에게 제공하지 못하는 소설가, 사육제 노래의 시인, 만담작가, 풍자가는 아주 드물었기 때문이다. 앞에서 서술한 두 개의 기사는 원래의 이야기를 과장한 풍자이기는 하지만 오히려 그렇기 때문에 시대의 모습을 숨기지 않고 시대의 본질을 드러내고 있다.……

사람들이 어느 시대보다도 시대의 파도에 쉽게 휩쓸려버린 가장 큰 이유는 그 시대에는 결혼하기가 쉬웠기 때문이다. 따라서 사회로부터 낙인이 찍힐 위험성은 거의 무시해도 좋을 정도였다. 교회에서의 결혼만이 하늘이 내려준 법률로 인정되는 경우가 아닐 때에는 —— 이미 앞에서 이야기했듯이 사람들은 어디에서나 상당히 집요하게 장기간에 걸쳐서 그것에 대해서 저항했다 —— 결혼이 합법적으로 인정되기 위해서는 쌍방의 간단한 서약, 즉 독일의 경우에는 남녀 두 사람의 "악수와 동의"만으로도 충분했다. 그 후 두 사람이 동침하면 결혼은 성립되는 것이었다. 따라서 결혼의 법률적인 효력으로 피로연이나 결혼서약서 같은 것은 필요없었다. 또 나이 어린 결혼 후보자의 경우에도 양친이나 후견인의 동의는 전혀 필요없었다. 따라서 어디에서나 "내연관계"라는 것이 많이 나타나게 되었다. 교회는 그 현상에 대해서 맹렬하게 반대했지만 결국 인정하지 않을 수 없었다. 그런데 이와는 반대로 악의적으로 남편에게서 버림받은 아내가 남편을 상대로 고소하는 경우가 많았다. 그러한 상태는 백년간에 걸쳐서 세상에서 가장 불행한 일로 여겨져왔기 때문에 결

사랑의 달력(독일의 동판화, 17세기)

Ehe daß mein alter kam daher
So war dis auch mein stets beger.

Das Alter bringt die Kindheit mitt
Von solcher sach weiß ich nun nitt,

Drumb denck ich noch der Zeit
Daß ich daran hatte ein frewd

Ach Thut man Solche sachen noch
Gott woll sich deß Erbarmé doch

Mich gedenckt das ichs auch pflag

Ach, ach, ach Thut man das noch

enckt auch noch der Liebe Zeit
ch hieran hatte Lust vnd frewdt.
der weil mein Jahren kommen.
dieser Lust benomen,
dencke der sachen nicht mehr nach,
ch in Jungen Jahren Pflag
st die Lieb bey vns albeyden
, biß Sie der Thot thut scheiden.

Der Eytelkeit sampt Ehr: vnd pracht
Dersag ich ab mit aller macht
Den meine Jahren sind Dahin
Mir ist Geschwächt mein muth vnd Sinn
Von alterthumb bin ich ein Kindt
Verschrumpsten vnd den mit augen blindt
Gleich wie ihr seyd, so war Ich auch
Nuhnaber ist vollend mein Lauff

에로틱한 사랑에 대한 동판화(독일, 1600)

국 "내연관계"의 대부분의 경우는 남녀가 자신들의 강렬한 성욕을 사회의 틀 속에서 안전하게 배설시키는 하나의 형태에 불과한 것이었다. 이것은 또한 대부분의 아내는 속임을 당하거나 버림을 받았다는 잘 알려져 있는 사실도 진실이 아니라는 것을 말해준다.

여자들도 혼전 성관계를 별로 싫어하지 않았다는 사실을 증명하는 두번째 증거는 당시에 처녀막을 인공적으로 만들어주는 장사가 상당히 번창했다는 것이다. 왜냐하면 그러한 "기술"은 로코코 시대 또는 현대에 와서 처음으로 알려진 것이 아니라 르네상스 시대에도 이미 널리 알려져 있었기 때문이다. 그 당시 약제사와 약종상은 지혈성이 있는 연고나 약으로 모든 것을 치료했으므로 그 덕택으로 흠집이 생긴 처녀막도 몇 번이나 다시 원래 상태로 복구시킬 수가 있었다. 따라서 새로 연애를 시작한 연인이나 남편은 자기야말로 청정무구한 꽃을 처음으로 꺾었다고 믿었을 뿐만 아니라 그러한 사실을 증명해주는 당당한 증거를 자기 눈으로 볼 수가 있었다. 어떤 속담은 이러한 약의 덕택으로 "어떤 여자든 배만 불러 있지 않으면 처녀로 통한다"라고 했다. 아레티노는 이미 "처녀 재생제"의 응용에 관해서 노골적인 묘사를 하고 있다. 그중에는 처음 연애에서 이미 갈 대로 다 가버린 신부가 그 약의 덕택으로 버젓하게 자신에 관한 혐의를 벗고 당당하게 청정무구함에 대한 귀감이 되었다

156

는 이야기가 있다. 그래서 이러한 처녀막 재생 사업은 나날이 번창했고 수요도 점점 더 증가해갔다. 우리들은 연대기 작가들이 약제사가 그러한 약을 팔아 백만장자가 되었다는 이야기를 많이 기록한 것을 알고 있다. 따라서 약제사와 약종상만이 그 약을 판 것이 아니라 많은 돌팔이 의사, 산파, 편력(遍歷) 학생들도 이 약을 팔러 다녔다는 것도 알 수 있다. 이 장사는 이익이 많았을 뿐만 아니라 수요도 무한정했기 때문이다. 15세기에 유행한 편력 학생의 노래에는 "처녀를 잃은 여자에게 나는 우선 고약을 만들어주겠다"라는 것이 있다. 그러나 한편 그러한 속임수가 성행하고 있었다는 것은 대부분의 남자들도 잘 알고 있었다. 그래서 남자들은 다른 방법으로 여자의 처녀성을 확인하기 위해서 여러 가지 주술을 이용해 결혼 전에 몰래 시험해보았다. 여자가 처녀인가 아닌가 백발백중 알아맞힌다는 주술이 도처에서 유행했다. 그 실례로서는 "역청 녹인 물"만을 들어둔다. 중세에는 이 물에 관해서 다음과 같이 말했다. "아가씨에게 이 물을 먹여보라. 아가씨가 처녀라면 아무런 변화도 일어나지 않을 것이다. 그러나 처녀가 아니라면 당장 얼굴이 붉어질 것이다. 왜냐하면 이 물이 여자를 감정하기 때문이다." 그러나 남편은 아내가 가짜가 아닌가 하고 걱정하는 일도 생겼다. 왜냐하면 이 방법을 매춘부에게 써보니 매춘부마저 처녀로 판명되었기 때문이다. 그리고 여자들도 곧 이 방법을 눈치채게 되었다.……

이렇게 보면 첫째로 이데올로기가 여자의 육체적인 처녀성에 얼마나 커다란 가치를 부여했는가를 알 수 있다. 둘째로 이미 앞서 살펴보았듯이 사람들이 당시의 혼전 순결에 대한 요구를 오랜 기간에 걸쳐서 경멸해왔다는 것을 알 수 있다. 셋째로 여자는 결혼 전에 이미 장래의 남편에게 마지막의 것까지 허용했을 뿐 아니라 —— 왜냐하면 그러한 경우 인공적인 방법으로 처녀성을 위조할 필요가 없었기 때문에 —— "세상 사람들이 경기를 하는 것과 같이 남녀가 시합을 벌여 여자가 동의를 할 때에만 남자가 승리자가 되는 창 겨루기 놀이"를 장난기 있는 남자와 함으로써 많은 여자가 쉽게 무구함의 영광된 관을 썼다는 것이 확실하다.

따라서 대부분의 여자들은 순결해 보이는 행동과 돌팔이 의사의 값싼 약의 덕택으로 "배가 부르지 않는" 한 처녀로 통했기 때문에 임신을 가장 두려워하게 되었다. 왜냐하면 임신으로 말미암아 비로소 사회로부터의 박해라는 두려움을 감당해야 했기 때문이다. 혼전 임신에 대한 공포는 도처에서 여러 민요 속에 애조 띤 가락으로 표현되었다. 다음의 민요는 그 실례이다. 이 민요는 15세기에 만들어져 현재 남아 있는 사본을 보면 알 수 있듯이 16세기에도 줄곧 불렸다.

자, 모두들 들어주세요,
젊은 서생을 노래한
새로 지은 이 노래를 들어주세요.
젊은 서생이 순진한 아가씨에게 구애를 했어요,
정말 정말 남자는 여자와 연애를 했어요.

남자는 아가씨에게 빨간 스커트를 보냈어요,
왜 그것을 보냈을까요?
남자는 자기 마음을 알리고 싶었기 때문이었어요,
그 후 남자는 아가씨와 같이 잤어요,
아가씨의 침실에서 같이 잤어요.

매일 저녁 한밤중에,
서생은 아가씨에게 왔어요,
남자가 문을 두드리면,
아가씨의 침실 문을, 두드리면
그 문은 안에서 열렸어요.

함께 침대 위에 있을 때,
아가씨가 남자에게 속삭였어요.
마침내 아기를 배고 말았다고,
남자는 그 말을 듣고,
아버지는 도대체 어떤 남자지?

아, 나에게 둘도 없는 바로 당신.
아기는 소중하게 길러줘요.
금과 은으로
나도 아기를 기르고 싶다오,
나야말로 아이의 아버지라오.

얘기는 이것으로 끝이에요,

Das lied/Ein maydlein an dem laden stund.

¶ Ein maydlein an dem laden stund/es schrey vberlaut/het ich ein jungen knaben/der mir die lauten schlůg/vnd ein klaines geyglein mit jm trůg.

¶ Das erhört ein junger knab/ein waybellicher gesell/er ließ jm an geygen machen/von silber vnd rotem gold/O wee liebes maydlein wie bin ich dir so hold.

¶ Do das geyglein gemachet wardt/do trat er der lieben für die thür/vnd bist du feines lieb dinne/so trit zu mir her/für/O wee liebes maydlein wie gefal ich dir.

¶ Du gefelst mir auß der maſſen wol/mit dir wil ich dar/non/mit dir vber die hayde/meinen freünden zu spot vnnd layde/O wee liebes maydlein es wirdt dir layd.

¶ Do sy vber die hayde kam/es daucht sich müde/het ich vier Roß vnnd wagen/der mich ein klaine weyl trüge/O wee lieber Hanß wie bin ich so müde.

¶ Vier Roß vnd wagen vermag ich nit/ich vermag ein Bettelsack/mag er dich gehelffen/ich hencl dir jn an den halß/O wee liebes maydlein so haß dir das.

¶ Des bettelsacks des wil ich nit/ich bin kain Bilgerin/ich bin eins Malers töchterlein/dort niden an dem Rein/O wee lieber narr was wil ich dann dein.

¶ Do es an die klayder gieng/das maydlein trawret seer/so wil ichs meiner mutter sagen/das ich hab verloren meinen/O wee liebe mutter so zürn nit so seer.

¶ Der vns das liedlein newes sang/von newen gesungen hat/das hat gethan ein Salzburger/Got geb jm ein fein gut jar/O wee liebes maydlein nym jn beym hart.

민요(16세기의 소책자 중에서)

그 후 어떻게 되었는지 알아맞춰보세요.
서생은 자취를 감추어버렸어요.
그건 창피한 일이 아닐까요?
정말 정말 그 후 앞날이 엉망이 되어버렸어요.

그 무명시인의 말이 옳았다. "정말 정말 그 후 앞날이 엉망이 되어버렸던" 것이다. 여자는 아기를 두 팔로 가슴에 안고 꼼짝없이 앉아 있었다. 그 아기의 아버지는 넓디넓은 알 수 없는 세계로 자취를 감추어버렸다 ── "좋았던 옛 시대"에는 이러한 일이 오늘날보다도 흔한 일이었다. 그에 관한 증거는 많이 있지만 그중에서 한 가지만 들어보기로 하자. 춘프트의 마스터들은 자신들의 규약 속에 적자, 즉 사

분만하고 있는 부인(아우크스부르크의 목판화, 1540)

생아가 아닌 자만이 도제로 채용될 수 있다는 조건을 넣어 그 시대로서는 가장 간단한 방법으로 자격 없는 경쟁자를 물리쳤다. 그리고 이러한 제한이 계속해서 이용될 수 있었다는 점과 또한 그렇게 함으로써 커다란 효과를 볼 수 있었다는 점은 사생아가 엄청나게 많았다는 것을 증명하고 있다.

이렇게 그 당시에는 혼전 임신이 많았기 때문에 앞에서 말한 문전성시를 이룬 처녀막 재생 장사말고도 상당히 성공을 거둔 제2의 "기술"이 있었다. 그것은 낙태였고 사람들은 이 기술을 잘 알고 있었다. 그야말로 "그 후 앞날이 엉망이 되어버렸던" 것이었다.

우리들의 미개한 조상들은, 그들을 미풍양속의 모범인으로 결코 보지 않는 사람들이 상상하는 것보다 훨씬 더 많이 낙태를 했다. 그에 관한 납득할 만한 증거로서는 태곳적부터 민간에게 널리 이용된 "월경 촉진제"라는 약들의 긴 목록을 나열해 보면 충분하다. 이 목록은 르네상스 시대에 이르면 거의 무한정할 정도로 많아지고 "확실하다"는 약만도 수백 종류에 이른다. 산파들은 한결같이 그러한 약을 처녀성을 잃은 것을 감추려고 하는 여자들에게 추천했다. 목록에는 낙태약, 즉 월경을 거르는 약으로 달여 먹는 약을 비롯한 약 250종류가 나열되어 있다. 그 대부분에 대해서 위험하다는 견해도 있었다. 예를 들면 백선(白蘚)이란 식물에 대해서는 "이것은 약효가 너무나 강해서 임신부가 침대에 누울 필요조차도 없다"라는 생각도 널리 퍼져 있었고, 다른 약들은 신체에 해롭지는 않을 정도였지만 그중에는 상당히 위험한 낙태약도 있었다. 그러나 낙태약은 상당히 널리 이용되었고 상당한 신뢰를 받았다. 이 방면에 관해서는 "보리 깜부기"와 "노간주나무(Sabina)"만을 알아보자. 노간주나무의 이용에 관해서는 많은 기록이 남아 있다. 그것의 효험에 대한 여자들의 신앙이 얼마나 깊었던가는 노간주나무가 처녀종려나무, 처녀만년초, 아이떼기나무, 처녀나무 등으로 불린 것만 보아도 잘 알 수 있다. 처녀와 부인네들 사이에서는 노간주나무가 가장 대중적인 낙태약이었다. 노간주나무는 연애를 하고자 하는 처녀와 부인네들에게 더할 나위 없는 위안이었고 최후의 소중한 희망이었다. 따라서 옛날에는 어느 지방에서나 여자들이 노간주나무를 조그마한 정원에서 소중하게 길렀다. 그러한 일을 "남자들은 전혀 알아채지 못했다.……" 나이 든 여자들은 젊은 처녀가 독립해 살아가려고 하면 이해심 깊게 "만일 연인이 축복을 내려주고 나서 집을 떠나버리면" 이 나무의 잎을 먹으면 피해를 입지 않을 것이라고 속삭여주었다. 처녀들은 모두 그것을 잘 알고 있었다. 그리고 서로 "남자가 단결하면 여자도 단결해야 한다"라고 말했다. 노간주나무의 낙태

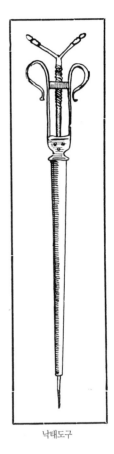
낙태도구

작용에 관한 지식이 얼마나 넓게 퍼져 있었는가는 영국을 비롯한 여러 나라들의 속담과 격언만 보아도 알 수 있다. 옛 영국의 서사시 중에는 젊은 처녀가 아이를 떼기 위해서 노간주나무를 사용하는 내용이 있다.

노간주나무를 찾아서
처녀는 허겁지겁 정원으로 나갔네.
그러나 그녀가 말할 수 있는 (또는) 할 수 있는 것은
노간주나무가 아기를 죽이지 않는다는 것뿐.

노르웨이 사람들은 이렇게 노래불렀다.

쌍둥이를 분만하고 있는 부인(독일의 동판화)

노간주나무, 노간주나무
처녀로 통하는 한 처녀는 스스로 노간주나무에만 기도를 드린다.

그러한 약이 주문한 대로 효력이 나타나지 않아서 원하지 않은 임신을 하게 된 경우에 여자들은 대체로 보통 노간주나무 외에 뜨거운 목욕, 격렬한 춤 등과 같은 몹시 거친 치료방법을 시도하거나 여러 가지 극히 난폭한 실험에 의존했다. "여자가 마치 내일이 해산 예정일이거나 한 듯이 춤춘다"라는 말은 열광적으로 춤을 추는 여자에 대해서 흔히 하는 말이었다.

상황이 이러했기 때문에 르네상스 시대의 낙태의 보편화를 증명해주는 그 시대의 문학적인 기록을 접할 경우에도 전혀 놀랄 필요가 없다. 기록에 따르면 궁정사회에서의 낙태행위는 상당히 광적일 수밖에 없었다고 한다. 그것은 당연한 일이었다. 왜냐하면 궁정사회는 어느 곳보다도 유혹의 위험이 도사리고 있는 곳이었으며 반면에 결혼 전의 임신은 그 개인에게 가장 치명적인 것이었기 때문이다. 이에 관해서는 브랑톰의 적나라한 기록이 많이 남아 있다. 황태자의 아기를 임신하여 사생아를 낳은 어떤 젊은 처녀가 그 황태자에게 가해지는 도덕적 비난에 대해서 공공연하게 이렇게 대답하고 있다.

세상은 나의 곤경을 비난할 것이 아니라 내가 일찍이 조심하지 않았다는 것을 비난해야 할 것입니다. 왜냐하면 나와 마찬가지로 아니 나보다도 더 심한 짓을 하는 나의 많은 친구들처럼 내가 영리한 여자였다면 이러한 결과를 미리 예방하여 지금과 같은 고통을 당하지는 않았을 것이기 때문입니다.

세상 사람들은 젊은 숙녀가 황태자에게 추파를 던지고 유혹적인 전희(前戱) 이상의 것을 허용한 것

정원에서 노니는 여인(달력 삽화, 목판화)

에 대해서 비난하는 것이 아니다. 젊은 숙녀가 열쇠 —— 즉 순결의 외적 표현 —— 를 잃어버리지 않고 모험만 즐겨야 한다는 유희의 규칙을 지키지 않았다는 것을 부도덕하다고 본 것이다. 다음의 글은 아름다운 여자가 궁정사회에서 바라지 않는 임신의 위험에 직면하지 않은 경우는 하나도 없었다는 점을 분명하게 보여주고 있다. 프랑스의 어느 무명작가는 이렇게 쓰고 있다.

분만하고 있는 부인(독일의 목판화)

양가집 딸들도 약제사의 약에 정통해짐에 따라서 성급한 연인과 위험한 짓을 하는 것을 두려워할 필요가 없어지자 창녀라는 직업은 점차로 사양길에 접어들고 있다. 기사들의 입장에서 보면 명문가의 귀부인과 별 걱정 없이 향락을 즐기는 편이 훨씬 유쾌하기 때문이다. 연인이 자신의 우아하고 아름다운 얼굴과 풍만한 가슴을 바라보는 일 이상의 것을 요구해도 이제는 양가집의 정숙한 딸들도 안심하게 되었다.

마지막으로 지적해둘 것은 그 당시에는 일반적으로 낙태가 범죄가 아니었기 때문에 사람들은 아주 공공연하게 낙태약을 권하거나 준비해둘 수 있었다는 것이다. 그리고 낙태가 범죄가 된 경우에도 그 죄로 기소된 사례는 극히 드물었다. 그러나 앞에서 인용한 민요의 마지막 구절인 "그 후 앞날이 엉망이 되어버렸어요"가 정확한 판단이었다는 사실만은 틀림없었다.

5) 시험혼의 풍속

앞에서 르네상스 시대 처녀들의 혼전 성관계가 상당히 보편화되어 있었다고 주장했다. 그러나 그것은 그러한 보편화가 그 시대의 도덕률이 공공연하게 인정해준 권리였다는 말이 아니라, 그 시대의 에로틱한 요구가 그러한 대중화에 영향을 미쳤다는 것을 말하는 것이다. 강제적인 계급이익이 시대적인 경향이라는 커다란 파도에 밀려나는 경우에는 항상 에로틱한 요구가 나타날 수밖에 없다.

그런데 여자의 혼전 성관계가 도덕법전에서조차 당당하게 인정된 실례와 그렇게 한 서민층이 실제로 있었다. 그것은 시험혼(Kommnächte, Probenächte)의 관습으로, 이것은 주로 —— 이 "주로"에 주의하자 —— 농민층에서 생긴 것이며 당시 유럽 전체에 퍼져 있었다. 이 관습은 오늘날까지도 완전히 없어진 것은 아니다. 왜냐하면 그것은 현재까지도 유럽의 상당히 많은 지방에서 행해지고 있기 때문이며, 일반적으로 "입구의 동침"이라고 불리며 어느 곳에서나 상당히 오래된 시대까지 거슬러올가는 관습이고 그 이름도 다양하다. 스위스에서는 "밀회한다(kilten)" 또는 "밀회하러 간다(zu Kilt gehen)"라고 부르며 케른텐 지방에서는 "브렌텔른(brenteln)" 또는 "가셀른(gasseln)", 상부 바이에른 지방에서는 "펜스테를른(fensterln)", 포게젠 지방에서는 "슈바멜른(schwammeln)"이라고 부르고 슈바벤 지방에서는 "푸겐(fugen)"이라고 부른다.

그런데 이 관습의 분포범위가 상당히 넓고 그 역사도 상당히 오래된 데 반해서 이 관습에 관한 연구는 오늘날까지도 매우 빈약하다. 가장 오래되었고 자세한 연구는 18세기의 연구인데, 그것은 남부 독일의 슈바벤 지방을 그 대상으로 하고 있다. 피셔는 그의 소책자(1780)에서 이 관습의 대강의 내용을 다음과 같이 서술하고 있다.

독일 전체에 걸쳐서, 특히 슈바르츠발트라고 부르는 슈바벤에서는 농민들 사이에서 처녀들이 보통 남자들만이 누리는 특권과 자유를 결혼하기도 전에 자신의 구혼자와 즐기는 풍습이 있다. 그러나 이 풍습을 보고 그러한 처녀들이 도덕성이 부족하고 조심성이 없어서 연인에게 처녀성을 주어버리는 것으로 생각해서는 안 된다. 결코 그런 것은 아니었다. 시골의 미인들도 하루 종일 화장대 앞에 앉아 있는 양가집 딸들과 똑같이 영리하게 자신

창가의 사내(아우크스부르크의 동판화)

의 아름다움을 가꿀 줄 알며 그들과 똑같은 내성적인 성격으로 조심스럽게 향락을 맛볼 줄 아는 것이다.

　농민의 딸이 나이가 들어 제법 요염해지면 그녀는 당장에 많은 연인을 사귀게 된다. 그 연인들은 그들 중의 하나가 행운의 남자로 발탁되지 않는 한 열심히 그녀의 주위를 맴돈다. 상대가 정해지면 다른 연인들은 일제히 모습을 감추며 정해진 상대만이 매일 저녁 그녀를 만날 수 있다. 그러나 그 젊은이가 집의 정문으로 들어가게 되면 그는 낭만적인 행복을 맛볼 수 없게 된다. 마을의 예절에 따르면 젊은이는 밤에 지붕 뒤에 있는 창문으로 들어오게 되어 있다.……

이러한 뼈를 깎는 듯한 모험에서 젊은이에게는 처음에는 다음과 같은 것밖에 허용되지 않는다. 첫째로 젊은이에게는 처녀와 몇 시간 동안 잡담하는 것만이 허용된다. 둘째로 처녀는 잡담을 하는 동안에 옷을 단정하게 입고 침대에 누워 연애규칙을 어기지 못하게 할 자세를 취하고 있어야 한다. 처녀가 잠들면 젊은이는 즉시 돌아가야만 한다. 그러나 날이 갈수록 두 사람 사이의 대화는 화기애애해진다. 그 다음에 처녀는 연인에게 촌스러운 여러 가지 익살을 부림으로써 자신의 감추어진 아름다움을 상대방에게 알려줄 계기를 만들고 일부러 얇은 옷을 입어 상대방이 자신을 덮치도록 유인하며 마지막으로 여자가 남자의 정욕을 만족시켜줄 수 있는 모든 방법을 동원하여 상대방을 만족시켜준다. 그러나 이때에도 항상 순서가 있기 마련이지만 오늘날 볼 수 있는 격식을 갖춘 애정으로는 그것 이상의 자세한 내용은 알 수가 없다. 단지 우리는 "시험삼아 지내보는 밤(Probenächte)"이라는 말에서 여러 가지 내용을 상상해볼 수 있다. 앞에서 설명한 만남은 실제로는 "다가오는 밤(Kommnächte)"이라고 불렸기 때문에 "시험삼아 지내보는 밤"은 우리가 상상해볼 수밖에 없는 밤인 것이다.

처녀가 남자의 최후의 요구를 계속 거절하는 경우에는 남자가 폭력에 호소하는 수도 있다. 이러한 폭력사태는 상대방 젊은이의 체력에 대해서 여자 쪽이 의문을 품고 있을 때 일어나기 쉽다. 처녀는 바트만이라는 과부와 같은 교묘한 방법으로 자신이 품고 있는 의문을 해소시키는 방법을 알고 있기 때문이다. 따라서 대개 이러한 폭력은 젊은이에게는 상당히 어려운 일이다. 왜냐하면 육체적인 흥분을 맛보지 못한 여염집 처녀를 정복한다는 것은 상당히 어려운 일이기 때문이다. 상류계급의 처녀라면 쉽게 저항을 포기하겠지만.……

시험삼아 지내보는 밤은 매일 있을 수 있지만 다가오는 밤은 일요일과 제삿날 또는 그 전날에만 있을 수 있다. 시험삼아 지내보는 밤은 남녀가 자신이 육체적으로 결혼할 자격이 있는가를 서로 충분히 인정할 수 있을 때까지 또는 여자가 임신할 때까지 계속된다. 그 후에 젊은이는 비로소 처녀에게 정식으로 결혼해줄 것을 요청한다. 이어서 약혼과 결혼이 행해진다. 풍속이 상당히 소박한 농민들 사이에서는 남자가 여자를 임신시킨 후에 버리는 것은 있을 수 없는 일이다. 그러한 남자는 마을에서 증오와 경멸의 대상이 된다. 그러나 남녀가 한두 번 시험삼아 지내보는 밤을 경험하고 나서 서로 헤어지는 일은 상당히 많았다. 그러한 경우에는 여자에게 나쁜 평판이 주어지지 않는다. 왜냐하면 처녀들은 자신과 만나서 처음으로 낭만적인 사랑을 나눈 남자를 잊지 못하는 법이기 때문이다. 여자가 정말로 시험혼에 실패했을 때에만 여자에게 이러저러한 평판이 따르게 된다. 마을 사람들은 그러한 경우에 여자에게 무엇인가 비밀스러운 결함이 있는 것은 아닐까 하고 상상하는 것을 별로 나쁘게 보지 않는다. 농민들은 자신들의 관습에 대해서 상당히 좋게 생각하고 있기 때문에 사제가 마을 사람들에게 딸들의 안부를 물을 때 딸이 나이가 들었다는 증거로서 상당히 적나라하게 자기 딸이 이제 다가오는 밤을 즐기기 시작했다고 말하는 것이 보통이다.……

연인

피셔는 이 글에서 다른 지방에서도 시험혼 관습이 있었다는 사실을 증명해주는 결혼 전의 "시험"에 관한 두세 가지 오래된 기록을 보여주고 있다. 예를 들면 어떤 고문서에는 다음과 같은 기록이 있다. "작센 지방에서는 신랑이 결혼 전에 신부와 한번 같이 자보고 나서 그 상대와 결혼할 것인가 말 것인가를 결정하는 일이 법률적으로 인정되는 이상한 풍속이 있었다." 또한 케임브리지의 쿼더스라는 학자는 윌리스 지방에 관한 기록에서 이렇게 쓰고 있다. "옛날에는 젊은이들은 결혼하기 전에 반드시 상대방 여자와 동침을 하기로 되어 있었다. 즉 여자의 부모는 일정한 돈을 시험료로 받고 자기 딸을 젊은이에게 넘겨주었으며 딸이 되돌아오는 경우에는 그 돈을 몰수하는 풍속이었다."

이외에도 스위스에서의 이러한 풍속의 보급과 시행에 관한 자세한 기록이 있지만 그것은 주로 현대에 들어와서의 일이기 때문에 여기에서는 다루지 않기로 한다.

이미 앞의 제I권에서 농가경제를 꾸려나가는 데에 자식이 얼마나 중요한 의미를 지니고 있는가와 또한 자식이야말로 농가경제를 이끌어나가기 위한 최고의 조건이라는 점을 서술했다. 이러한 경제적인 필연성과 특수한 농민적 재산관계를 살펴보면 일부일처제의 이데올로기와 연결시키기 어려운 앞의 관습을 이해할 수 있다. 그렇게 되면 이러한 관습이 문명사가에게 남긴 여러 가지 수수께끼와 문제가 풀릴 수 있을 것이다. 첫째로 이러한 관습은 여러 지방에서 오랫동안 지속되어 왔기 때문에 수백년에 걸쳐서 성직자가 지껄이는 도덕적인 훈계를 마이동풍격으로 만들어버렸다는 것이다. 또한 각 지방마다 이 점에 관해서 어떻게 서로 달랐는가, 왜 어느 지방에서는 이러한 관습이 생기고 어느 지방에서는 생기지 않았는가라는 문제도 논리적으로 점차 분명해진다. 이러한 관습의 특수성은 그 지방의 총체적인 재산관계, 특히 상속권의 특수성을 반영하고 있다. 동시에 이러한 점은 각 지방에서 행해

연인(한스 제발트 베함, 목판화)

진 다가오는 밤과 시험삼아 지내보는 밤의 법률적 해석이 서로 다른 이유, 즉 어떤 지방에서는 결혼 직전에 비로소 "시험"이 행해지고 또 어떤 지방에서는 그간의 동침으로 인해서 의무가 발생하고 또 다른 지방에서는 임신만이 강제적인 의무를 낳게 하는 이유를 설명해준다.

물론 다가오는 밤과 시험삼아 지내보는 밤의 관습을 설명하기 위해서는 이러한 직접적인 경제적 요인, 즉 "자루에 들어 있는 고양이는 사지 않는 다"는 요인 외에도 다른 여러 가지 요인들이 필요하다. 예를 들면 그러한 요인들 중에는 이러한 관습을 직접 만들어낸 원인은 아니더라도 그것의 발생과 존속에 커다란 촉진제 역할을 했고, 뿐만 아니라 그것이 일정한 형식을 가지도록 한 것들이 있다. 그러한 요인 중에는 산악지방에 적합한 것도 있다. 이것은 독신남자와 독신여자가 노동에서의 역할이 서로 다르기 때문에 생긴 것이다. 역할이 서로 달랐기 때문에 이 지방의 독신 청년과 처녀는 보통 아주 멀리 오랫동안 마을에서 떨어져 있었다. 예를 들면 산악국가에서 젊은 남자는 대개 마을에서 멀리 떨어진 숲속에서 나무 베는 일을 한다. 한편 처녀들도 마을에서 멀리 떨어진 산속의 목장에서 소를 기른다. 이러한 상황에서는 당연히 남자와 여자가 서로 만나서 이야기하며 노는 기회가 만들어졌다. 그리고 그러한 놀이는 대개 밤에 했을 것이라는 점과 노는 장소가 좁은 곳, 정직하게 말하면 처녀의 침대였을 것이라는 점은 상당히 논리적인 추론이다. 이렇게 되면 남자는 항상 여자의 방에서 잔다. 산악국가에서의 남녀교제는 이렇게 이루어질 수밖에 없었기 때문에 이러한 자연스러운 사교에 대한 요구가 농민들의 결혼의 일반적인 목적과 결합되어 이 관습을 영속적인 확고한 제도로 만든 것이다.

이미 나는 앞에서 다가오는 밤과 시험삼아 지내보는 밤의 관습이 주로 농민들 사이에서 오래전부터 행해졌고 오늘날에도 행해지고 있다고 서술했다. 그러나 이러한 관습은 실제로는 농민들에게만 한정되어 있지 않았으며 15세기에서 16세기에 걸쳐서 유럽 전체에서 도시 부르주아지 사이에 많이 행해졌다. 이탈리아의 경우를 보면 어느 연대기 작가는 도시 부르주아의 딸들은 자기 연인에게 금욕적인 시험삼아 지내보는 밤을 허용하고 있었고 도시귀족들도 이러한 관습을 아무렇지 않게 받아들었다고 쓰고 있다. 어떤 오래된 프랑스 민요는 북부 프랑스에서도 이와 같은 관습이 행해졌다는 사실을 가르쳐주고 있다. 이 노래 속에는 다음과 같은 내용이 들어 있다. 어느 숙녀가 연인에게 하룻밤을 한 침대에서 지내는 것을 허락한다. 그 것도 두 사람 모두 알몸 상태로 남자는 여자에게 자신의 나체를 보여주고 여자도 남자에게 자신의 나체를 보여준다. 발가벗은 채 여자는 남자의 팔에 안겨서 밤을 지새려고 한다. 그러나 남자는 금욕하겠다는 자신의 약속을 지켜야 한다. 만약 이 러한 금욕의 조건이 실로 행해진다면 남녀 두 사람 중에서 누가 오래 참고 견딜 수 있는가가 문제인 것이다. 또한 독일에서도 이러한 관습이 행해졌다는 상당히 정확하고 신용할 만한 기록이 있다. 왜냐하면 이 기록은 어떤 역사적 인물에 관한 재판 기록이기 때문이다. 이 사건은 독일 인문주의 운동의 지도자 빌리발트 피르크하이머의 계모인 바르바라 뢰펠홀츠와 그녀의 전성시대의 연인인 지그문트 슈트로머 사이의 연애와 결혼 사건으로서 재판을 거쳐 결말이 났었다.

이 연애와 결혼 사건에 관해서는 현재 뉘른베르크 시립도서관의 사서인 에밀 라이케 박사의 훌륭한 연구가 있다. 박사는 이 연구 속에서 오늘날 남아 있는 고문서를 복원하고 그것에 주석을 달았다. 이 재판의 핵심은 원고 지그문트 슈트로머가, 바르바라 뢰펠홀츠가 자기에게 했던 혼약을 지키지 않았다고 주장한 것이다. 여자는 나중에는 마음이 변하기는 했지만 처음에는 약속을 지키지 않았던 것이다. 그래서 상당히 복잡한 재판이 벌어져 쌍방 모두 엄청난 분량의 전문가의 감정서까지 제출하면서 흑백을 가리기 위해서 싸웠다. 이 문제의 핵심은 우리에게는 별로 중요하지 않지만 재판과정에서 두 연인 사이에 시험에 관한 자세한 토론이 벌어졌다는 점은 우리에게 상당히 중요하다. 왜냐하면 젊고 아름다운 바르바라의 침대에서 두 사람이 함께 잔 날 밤 바르바라가 결혼을 맹세했다고 하기 때문이다. 라이케 박사는 이 재판기록에 근거해서 시험에 관해서 다음과 같이 쓰고 있다.

'바르바라는 원고가 밤중에 자기 방을 나갔다는 사실을 인정해야만 했다. 그녀는 처음에는 상대방을 두 시간 동안만 자기 방에 있게 할 작정이었다고 말하고 있지만 그녀가 원고와 함께 잔 시간은 적어도 6시간이었다. 피고는 심문에서 그것을 인정하지 않았지만 자기가 예절을 모두 지키지는 않았다고 말하고 있다.……"

파울 임호프 부처 ── 바르바라 뢰펠홀츠의 친척으로 그녀는 이 부처의 집에서 지그문트 슈트로머의 방문을 받았다 ── 는 그 시대의 소박한 풍습에 따라서 바르바라의 방에 드나들며 그녀의 침대에 허리를 걸치고 앉아 있기도 했고 같은 방에서 그녀와 원고가 함께 자기도 했다는 것이다. 적어도 젊은 부부 중의 어느 한 사람이 마치 시중드는 사람과 같은 역할을 맡고 지그문트가 방문할 때 그곳에 있었던 듯하다. 이 점을 보면 우르줄라가 방문열쇠를 피고에게서 넘겨받고 있었다고 보아도 좋다. 그러나 우르줄라는 원고와 피고 두 사람끼리만 있게 해둔 적도 있었다.

친밀한 밤의 방문이 뉘른베르크 최고의 명문귀족인 홀츠슈어 가문의 방에서 이루어졌다는 점을 지적해두고자 한다. 마르틴 홀츠슈어는 고아인 바르바라 뢰펠홀츠의 숙부였다. 그리고 파울 임호프는 마르틴 홀츠슈어의 사위이며 한때는 장인의 방에서 기거하기도 했다. 재판소와 감정가는 두 사람의 젊은 남녀가 가진 몇 번에 걸친 친밀한 동침에 관해서 별로 중요한 사실을 발견하지는 못했지만 바르바라 뢰펠홀츠와 지그문트 슈트로머가 서로 결혼하려는 확실한 목적을 가지고 있었다는 점을 인정하지 않을 수 없었다. 왜냐하면 원고는 고소를 취하했기 때문이다.

이상과 같은, 누가 읽어보아도 확실하게 알 수 있는 재판기록을 보면 그러한 시험을 행하는 것이 당시의 시민계급에게도 널리 퍼져 있었다는 사실이 훌륭하게 증명되고 있다. 이 재판을 보면 시민계급의 시험혼도 농민계급의 시험혼과 비슷하다

는 것을 알 수 있다. 그러나 시민계급의 경우에는 그러한 전주곡이 농민들 사이에서와 같이 낭만적이지는 않았다는 것이 확실하다. 구애를 하는 시민계급의 젊은이는 원칙적으로는 집 뒤의 창문이나 위험한 좁은 길로 드나들지 않았으며 고작해야 뒷문으로 살금살금 기어들어갔던 것이다.

그런데 이러한 외관상의 일치에도 불구하고 시민계급과 농민계급 사이에는 커다란 차이가 있었다. 그것은 최종적인 목적에서의 차이, 즉 사물의 본질에서의 차이였다.

예를 들면 농민계급에서는 어느 지방에서나 나

희롱하고 있는 한 쌍(J. 바닝, 네덜란드의 동판화)

170

이 든 딸들에게 소위 "남근에 대한 동경"과 "남자 살에 대한 그리움"이 나타나게 되면 양친은 곧바로 딸들이 가능한 한 떨어진 방에서 지내도록 배려했다. 이 점만 보아도 대개의 경우 일반적으로 "시험삼아 지내보는 밤"이 행해졌다는 것을 추론할 수 있다. 양친은 이러한 사정을 잘 알고 있었기 때문에 — 양친도 실은 왕년에 그러했던 것이다 — 또한 자신들의 과거의 경험으로 미루어보아 젊은이가 딸의 관능을 한번 휘저어놓으면 딸은 종종 모든 것을 잊어버리게 되어 옆방에서 부모와 어린 동생들이 자고 있다는 것도 생각지 못한다는 것을 잘 알고 있었기 때문에, 뿐만 아니라 — 이것이 가장 중요하다 — 이웃집 한스가 그레테의 침대에 오르면 그 두 사람은 하늘에 계신 우리 아버지께 기도하는 일과는 전혀 다른 짓을 한다는 것을 자연스럽게 생각하고 있었기 때문에 그레테가 남근에 대한 동경으로 괴로워하면 즉시 두 사람의 행복을 위해서 그레테에게 멀리 떨어진 방에서 지내도록 해주었다.

독일의 대다수의 유명한 민속작가와 민속연구가들이 그러한 일들은 사실이 아니라고 한다면 또는 바토풍의 전원시적인 목가극을 조롱한다면 그들은 결국 사기꾼들이라고 할 수밖에 없다. 그들의 연구는 어떤 이유에서인지 사물을 논리적으로 끝까지 추구하려는 용기가 없으며 또한 용기를 가지려고도 하지 않고 어정쩡하기만 했다. 나는 그러한 사람들을 반대한다. 그런 식으로 연구하는 사람들은 겁쟁이거나 무지한 사람들이고 역사를 조작하는 사람들이다. 이제 사실이 드러내는 논리를 약간 생각해보자. 밤의 방문객은 어떤 식으로 방문을 시작하는 것일까? 젊은이는 자기가 좋아하는 처녀의 방 창문 아래에 서서 익살맞은 연애시를 읊는다. 이러한 소곡과 시 중의 극소수만이 지금까지 전해내려오고 있다. 왜냐하면 그러한 것들 중의 일부는 자기 마음대로 즉흥적으로 만든 작품이고 또 일부는 입에서 입으로 전해져 한번도 인쇄된 적이 없는 전통적인 구전물이었기 때문이다. 그러나 현재까지 남아 있는 극소수만으로도 올바른 개념을 정립시키기에 충분하다. 왜냐하면 첫째로 이렇게 창문 아래서 부르는 소곡은 모두 천편일률적이며, 둘째로 이러한 소곡은 모두 농민의 입으로 묘사한 민요와 비슷한 다른 민요에 관한 기록으로 충분히 보충하여 완벽하게 복구시킬 수 있기 때문이다. 여기에서는 하버펠트트라이벤(Haberfeld-treiben : 상부 바이에른의 농민간에 행해진 일종의 사형 [私刑/역주] 때 낭독되는 소환장의 이름만을 알 수 있다. 그런데 이런 작품에는 감상적인 연애 혹은 비유적인 이야기와 말투 등 농민에게는 친숙하지 않은 것이 없다는 것을 알아야 한다. 이러한 농민의 시는 모두가 그 근본에서부터 외설적인 것으로서 품위 있는 유럽 사람들에게는 대개의 경우 소름이 끼칠 정도였던 것이다. 연애하는 젊은이가 애인의 방 창문 아래에서 소곡을 부를 때는 상당히 노골적이면서도 소박하게 자신의 감정을 표현했다. 또한 그러한 감정에는 자기 육체의 상태와 처녀에 대한 자신의 목적이 표현된다. 왜냐하면 그의 연애감정의 그 원시적인 충동은 처녀의 원시적인 감정에 호소함으로써만 인식될 수 있었기 때문이다. 여기에서는 오스트리아의 슈타이어마르크 지방의 젊은이가 지은 가장 수수한 소곡 하나를 소개해둔다.

집 아래에서 집 위에서
젊은이는 밤을 지낼 곳을 부탁한다.
밤을 지낼 곳만이 아니라
두 다리 사이에 있는 것이 밤을 지낼 곳도 부탁한다.

이러한 문구는 상투적인 전주곡이었다. 전주곡이 이렇게 노골적인데 본곡이 과연 "예의바를" 수 있을까? 이 "예의바르다"는 것은 우리가 흔히 의미하는 예의바른 것을 말한다. 가장 분명한 말로 자기 가슴 속의 불덩이를 모조리 끄고 나서야 처녀의 방으로 들어가는 것이 허용되는 평민 젊은이는 그 실천력에서는 순결한 요셉으로 보아야 하지 않을까? 또한 알몸으로 침대에 누워 있는 스무 살 처녀의 모든 아름다움을 탐스럽게 쳐다보기에는 너무나도 감정이 섬세하고 수줍은 연인라고 해야 하지 않을까? 젊은이가 손을 내밀어 붙잡기만 하면 되는 경우에는 자기가 한 말을 실천에 옮겨서는 안 되는 것이 아닐까? 이런 말은 백치나 또는 척수에 매독이 걸려서 수족이 마비된 환자에 대한 논리이지 이십대의 마을 젊은이에 대한, 같은 또래의 마을 처녀에 대한 논리는 아니다. 여기에서는 연애감정이 아직 전혀 정신적으로 승화되지 않는 순수, 본능적인 생활을 하는 사람만을 문제로 삼기로 하자. 지금부터 400–500년 전의 농민! 그들은 그야말로 거의 문명이라는 것을 모르는 반미개인이었다. 그들은 조잡한 격정으로 가득 찬 충동적인 생활로 일생을 보냈다. 그들의 충동적인 생활은 기껏해야 전승되어온 관습에 의해서 굳어진 편견과 전통으로 폐쇄되어 있었고 욕망과 감정에 대한 기품 있는 통찰과 의식은 결코 없었다.

따라서 남녀관계는 거의 모든 경우에 앞에서 서술한 바와 같은 모습을 띠었다.

이것이야말로 사물에 대한 단 하나의 논리이고 원칙이었다. 그렇기 때문에 개개의 경우에서 소처럼 씩씩한 젊은이와 다정다감한 처녀를 문제로 하는가 또는 냉정하고 상당히 타산적인 두 연인을 문제로 하는가에 따라서 개인적인 기질만이 서로 달랐던 것이다. 그리고 시험혼의 관습이 아직까지 남아 있는 곳에는 문제가 되는 또 하나의 증거가 남아 있다. 시험혼의 관습에 반대하는 의견을 쉽게 무너뜨리는 증거로 농촌에는 약속이나 한 듯이 사생아의 숫자가 상당히 많았다는 것이다.

이미 앞에서 서술한 바와 같이 시민계급에서의 시험혼의 관습은 농민들에서의 그 것과는 본질적으로 달랐기 때문에 시민계급에서는 그 관습이 전혀 다른 형태를 띠고 있었다. 오늘날까지도 이것에 관한 명확한 자료는 매우 빈약한 상태이다. 그럼에도 불구하고 만약 시민계급의 나이 든 처녀가 호감이 가는 구애자를 한 번 또는 여러 번에 걸쳐서 밤중에 자기 방에 불러들여 결국 자신과 함께 자는 것을 허락하는 경우, 그것은 원칙적으로는 "시험혼"과는 참으로 전혀 관계가 없는 것이라고 확실하게 말할 수 있다. 왜냐하면 사물은 모두 그 자신의 논리를 가지고 있기 때문이다. 그런데 이 경우의 논리는, 시민계급에서의 시험혼은 오히려 남녀간의 소박한 유희의 형태를 띠었다는 것이다. 우리는 이상으로부터 시험혼의 관습과 밀접하게 연관되어 있는 "순결한 동침을 한다"든가 "성실과 신앙을 걸고 동침한다"라는 말뿐 아니라 바르바라 뢰펠홀츠에 대한 재판에서 알 수 있듯이 침대 옆에 "호위부인"이 밤의 놀이에 입회하는 관습도 생각해낼 수 있다. 이러한 시민적인 예의를 갖춘 호위정신은 때때로 방을 비워줄 정도로 순수한 것이기도 했지만 결국 이런 밤의 동침에서 서로 진하게 농탕치는 남녀에게 어느 정도 여유를 주려는 목적 이상은 아니었다. 물론 이와 같은 사실은 연애에 빠진 여염집 처녀가 자기 손 —— 혹은 자기 재산 —— 을 원하는 호감이 가는 구애자에게 금욕의 조건으로 밤에 자기 침대에서 자는 것을 허락할 때 그 금욕의 조건이 때때로 지켜지지 않았다는 것을 부정하는 것은 아니다. 그 논리는 요구되는 약속이 완전히 파괴되지는 않았다는 뜻이고 "상류 가정"에서도 결국 갈 데까지 가게 되어도 두 사람은 어느 사이엔가 황홀한 애무와 육욕적인 호기심의 만족만으로 서로 참았으며 상대에게 모든 것을 요구하고 허용한 것은 아니라는 것이다. 그런데 건강한 관능으로 충만한 사람은 연애에 빠졌을 때 관능을 부채질하는 기회가 계속되면 그 강한 유혹에 오래 견디지 못한다는 것은 명약관화하다. 청춘남녀들이 모두 그러했으며 상당히 얌전한 여염집 처녀들도 그러했다. 따라서 약속을 끝까지 지키는 남자보다도 오히려 약속을 깨는 남자가 시험혼을 하는 처녀에게 크게 인기를 얻었다. 남자들은 처녀들이 자기에게 노골적으로 보여주는 아름다움 때문에 굳게 결심한 마음도 불 속에 던져진 양초와 같이 녹아버린다고 변명을 했다. 그 당시의 사람들은 이미 포옹의 결과를 방지하는 기술까지도 알고 있었다는 것을 지적해둔다. 그 증거는 그 시대 사람들이면 누구나 사용했고 그 후에도 수백 년 동안이나 사용된 표현법, 예를 들면 "방에 들어가지 않는다", "미카엘 축제 전에 꺼낸다", "축복을 내리기 전에 집에서 나온다" 또는 더욱 예의를 갖춘 말로는 "조심해서 연인을 불행하게 하지 않는다" 등의 표현법이 그것이다. 각 나라에서 사용된 이러한 표현법에 더욱 구체적인 설명을 덧붙일 필요는 없을 것이다. 기술이 서투른 사람은 비웃음을 샀다. "자식을 만드는 것이 기술이 아니라 자식을 만들지 않는 것이 기술이다"라는 말이 당시에 통용되던 격언이었다.

그런데 도시에서는 농촌과 그 핵심이 서로 달랐다. 즉 농촌에서는 중요한 목적인 것이 도시에서는 단지 결과에 불과했다. 그럼에도 불구하고 우리들은 시민계급에 대한 비판에서 여자의 순결, 품행, 정조라는 개념을 우리가 현재 생각하고 있는 것과는 전혀 다르게 다루어야 한다. 즉 과거에 대한 찬미자인 낭만주의자들이 일부는 고의로 또 일부는 무지함으로 말미암아 지금까지 비판해온 것과는 전혀 다르게 해석해야만 한다는 것이다. 시민계급에서 행해진 시험은 원칙적으로는 연인 사이의 장난질, 즉 하룻밤 사랑이었지만 귀족계급에서는 —— 이 계급에서도 "시험혼"이 행해졌다 —— "시험혼"은 하룻밤 사랑의 의미 이외에도 농민들의 경우와 마찬가지로 서로의 "시험"이 핵심이 되었다. 이러한 관습은 귀족계급에서도 상당히 오래 전부터 나타났다. 왜냐하면 기사에 관한 모든 영웅전설이 그러한 실례를 보여주고 있기 때문이다. 이 관습은 도처에서 —— 독일의 구드룬리트, 파르치팔, 로엔그린 전설, 프랑스의 트루바두르의 가요, 독일의 민네징거의 가요, 스페인의 로망스 —— 보이기 때문이다. 이들 전설은 연애에 빠진 여인이 어떤 때는 나체로, 어떤 때는 민네 봉사를 바라는 듯한 옷차림으로 자기를 사모하는 남자의 침대에 스스로 가만히 들어가든가 또는 사랑에 빠진 여인이 남자를 자기 침대로 끌어들여 시험을 한 뒤 남자와 약혼한다든가 하는 내용을 담고 있다. 구드룬리트에서는 카라디너 왕과 헤르비크의 동생과의 약혼을 다음과 같이 노래하고 있다.

여자는 처녀들이 흔히 그러하듯이 망설이면서도
결국은 따라갔다.

여자는 상대에게 자신의 민네를 주었다. 그러자
남자는 이렇게 노래 불렀다.

"여자는 제 마음에 들었습니다. 제가 아름다운 여
자의 잠자리에서 본 바와 같이

그렇게 봉사하고 싶습니다."

두 사람은 서로 맹세했다, 기사와 여자는.

두 사람은 밤까지 기다리지 않았다.

곧 모든 은밀한 행복을 맛보았다.

연인(프랑스의 목판화, 16세기)

로엔그린에서는 브라반트의 엘자의 "시험혼"을 묘사하고 있다.

브라반트의 엘자, 우아하고 청아한 처녀는
고귀하신 영주와 밤에 어울렸던 여자.
황후도 이번만은 막을 수가 없었다.
영주 부인이 그 처녀를 침대로 안내하는 것을.
황제가 왔다.
방에는 융단이 우아하게 깔려 있었다.
침대는 황금과 값비싼 비단으로 장식되어 있었다.

그리고 거기에는 여러 동물 모양이
수놓아져 있었다.
거기에서 사랑의 시합을 벌이기 위해서
처녀는 침대에 올랐다.
황제도 왔다.
그는 시종에게 물러가라고 명령했다.
그는 두 사람에게 안녕히 주무십시오 하고 인사했다.
이제 여자는 옷을 모두 벗어버렸다.
용사는 자랑스럽게 여자를 끌어안았다.
나는 그 이상은 말할 수 없다 —— 그가 찾던 것을 그는 찾았다.

로엔그린은 여자의 "처녀성"과 여자의 사랑을 요구했다. 하나는 그가 직접 찾아

낸 것이고 또 하나는 그에게 주어진 것이다. 숙녀와 기사 사이의 이러한 결혼 전 성
관계에 대해서는 이것말고도 많은 민요들에 묘사되어 있다. 그중 하나의 실례로서
「새매」라는 옛 독일민요집을 보자. 이것은 상당히 간결한 문장으로 상당히 품위 있
는 내용을 묘사하고 있다.

> 클로버 풀밭 위에서 남자는 여자와 마주 앉았다.
> 남자는 연인에게 황홀한 아픔을 주었다.
> 남자는 사랑을 요구했고 사랑을 찾아냈다.
> 달콤한 사랑으로 두 사람은 꼭 달라붙었다.

그런데 귀족과 영주에게도 "시험혼"의 관습이 있었다는 것은 문학에 의해서뿐만
아니라 고문서에 의해서도 증명된다. 예를 들면 포르투갈 황제의 딸인 레오노레와
약혼한 황제 프리드리히 3세는 신부의 숙부인 나폴리 국왕 알폰스에게서 한 통의
편지를 받았다. 그 내용에서 국왕은 관습적인 "시험혼"이 독일에서 행해지고 있으
므로 만약 포르투갈에 있는 자기 조카가 이 방면에서 프리드리히의 마음에 들지 않
을 경우 이탈리아로 되돌려보내는 것은 귀찮은 일이기 때문에 그런 일이 없도록 곧
이탈리아로 와서 그녀와 "시험혼"을 해달라고 했다. 그 편지 내용은 다음과 같다.

> 폐하는 과인의 질녀를 독일로 데리고 가서 신혼 첫날밤을 지낸 다음 질녀가 폐하의 마
> 음에 들지 않을 경우 그곳에서 과인에게 돌려보내든가 그냥 버리고 다른 여자와 결혼하고
> 싶을 것입니다. 그러므로 여기 이탈리아에서 첫날밤을 보내주십시오. 만약 질녀가 마음에
> 들게 되면 폐하는 좋은 상품을 가지고 돌아가는 것이고 마음에 들지 않으면 여기에 남겨
> 두고 떠나시면 됩니다.

또한 실패로 끝난 "시험혼"에 관한 공문서도 증거로 남아 있다. 그것은 합스부르
크가의 백작 요한 4세가 1378년에 반년 동안에 걸쳐서 라폴트슈타인의 헤르츠라우
데와 함께 했던 "시험혼"이다. 이 경우에는 남자 쪽이 딱지를 맞았다. 따라서 "시험
혼"은 실패로 끝났다. 합스부르크가에 시집간 어느 숙녀가 기록한 바에 따르면 그
는 6개월 동안에 걸친 시험혼에서 남성으로서의 자격을 모두 갖추지 못했다는 것이
판명되었다고 한다. 이 실패의 결과는 고문서에 여자가 자기는 그 사람보다 다른

사랑의 순수와 진실(남자의 사랑 서약에 관한 아우크스부르크의
상징적인 목판화, 1550년경)

목욕 가운을 입은 여자(요스트 암만의 의상서적 목판화, 16세기)

목욕하는 남녀(달력 그림)

창녀의 복장(바이겔의 의상서적 목판화, 16세기)

창녀의 복장(바이겔의 의상서적 목판화, 16세기)

기타 연주자(J. D. 가인, 가면 그림)

마부의 복장(바이겔의 의상서적에서, 16세기)

아리스토텔레스와 필리스(루카스 반 레이덴, 목판화, 16세기)

카리테스(루벤스, 1630년대)

부인(뉘른베르크의 목판화)

달력 그림(16세기)

Der Alten Weisen. Cap. I.

Von dem Ehebrecherischen Weib.

ES war ein weib / die hett ein ehelichen mann / darzů ei-
nen bůlen / die het auß jrem hoff einn heimlichen auß-
gang bei einem galgbrunnen / zů notdurfft / ob der ehe-
man vngewarnet kommen würd / daß dann der bůl dardurch
entrinnen möcht. Vff ein zeit stůnd sie bei jrem bůlen / vnnd
sahe jren mann zu hauß kommen / vnd sprach: Lauff bald / bei
dem brunnen ist ein außgang / Er sagt / ich find keynn / er ist zů-
geworffen / Sie sprach: Nan / ich sag dir nit von dem brunnen /
alleyn daß du den außgang bei dem brunnen finden soltest.
Er sprach: Du soltest mir nit den brunnen genant haben / da er
nit mehr da war / Sie sprach: Heb dich vnd mach nit vil wech-
sel wort / es würdt dir sunst zu kurtz / Der narr gab jr wider-
wort)

패설 골계집의 삽화(16세기)

ℭ Es war ein kauffmann inn dem land Perſia, der het ein
ſchoͤn weib, die buͦlte einen anderen. Der kauffman
wolte die recht warheyt befinden, vnnd zoge ein Atzel,
die lert er reden, darumb daß ſie jm ſagen ſolte, was in ſeinem
hauß beſchehe.   Auff einen tag ritt der mann von hauß zu
ſeinen geſchefften, von ſtund anſchickt die fraw nach jrem buͦ-
len, Der buͦl kam, vnd ſtuͤnd bei jr einzeit, vnnd gienge wider
ſein ſtraß. Da der mann zu ſeinem hauß kam, da fraget er die
Atzel, die ſaget jm alles was ſie geſehen hett, von dem buͦlen,
vnnd der frawen, Auff das ſchluͦge der mann die frawen gar
hart, Die fraw gedachte, daß ſie jr maͤgd verhaten hetten,
vnd kriegt mit jn. Die maͤgd ſagten jr, daß die Atzel ſollichs ge-
than het, Da das die fraw vernam, gedacht ſie, toͤdteſt du
die Atzel, ſo wuͤrt dein man gedencken, es ſei darumb, vñ haſt
es boͤſer dann vor, ꝛc.

Vnd

패설 골계집의 삽화(16세기)

수도사와 교황권의 종교개혁 시대에 대한 독일 캐리커처

남자 포주와 여자 포주(프랑스 「규범집」의 삽화, 16세기)

사랑에 빠진 스콜라 철학자

구애자가 더욱 완전한 자격이 있다고 생각한다고 말했다고 기록되어 있다. 반년간이나 동거하고 있던 여자를 여자로서는 가장 고통스러운 상태에 놓아두었다는 것은 여자의 처녀로서의 명예를 그렇게 손상시키는 것은 아니었다. 그러나 자기와 결혼할 신부와 동거하는 6개월 동안 백작인 결혼신청자가 침대를 같이 씀으로써 여자의 동경의 대상이 되는 데에 절반 정도만 성공하는 일이 한 번만 있었더라도 그것은 당시 귀족의 관념에 비추어보면 별로 나쁜 일이 아니었다. 길은 더럽혔지만 걸어간 것은 아니었다. 결국 걸어가지 않았다는 사실만이 중요했다. 이러한 기록은 물론 영웅전설보다 훨씬 값어치가 있다.

이렇게 보면 "진정한 동침"과 "형식적인 동침" 사이에 어떠한 원칙적인 차이가 있는지 알 수 있다. 즉 국가적인 이익뿐 아니라 개인적인 향락도 고려해보는 경우 형식적인 "동침"은 항상 약혼 전 또는 결혼식 전에 이루어진다는 것이다.

귀족과 군주의 관습이 이 점에서 농민의 관습과 완전하게 일치하는 것은 상당히 자연스러운 일이다. 양쪽 모두 이해관계가 문제의 중심이었다. 군주와 귀족의 경우에도 상속, 즉 자기의 혈통을 유지하기 위한 확실한 자손이 결혼의 최고의 목적이었기 때문이다. 따라서 많은 군주의 궁정에서도 오늘날까지 "시험혼"이 그대로 유지되고 있다. 왕실의 세력범위 및 재산을 확대시킨다는 문제 이외에도 군주의 신부는 비스마르크 시대의 은어로 말한다면 "자식을 낳는 암말"의 기준으로 선택되었다. 여자에게 상속권이 있는 경우에 결혼문제가 제기되면 신랑은 반드시 "전도가 유망한 수말"의 기준으로 선택되었다. 군주의 약혼 특히 황태자의 약혼에서 "마음과 마음의 결합" 운운하는 사람은 바보이다. 그런 것을 믿는 사람은 기껏해야 마음씨 좋은 얼간이일 뿐이다. 의사들은 혈통이 장래에 어떤 영향을 미칠 것인가, 대상이 되는 신랑과 신부의 개인적인 체질이 어떤 속성을 지니고 있는가를 감정해야 했다. 그리고 이런 종류의 "시험혼"은 확실히 가장 신뢰할 만한 것이었지만 또한 상당히 잔혹한 것이었다. 그것은 늠름한 젊은이와 색정적인 처녀가 억누를 수 없는 격렬한 욕망으로 신음하게 되면 서로 자신의 성적인 자격을 증명해보려고 하는 경우보다도 훨씬 잔혹하다. 왜냐하면 젊은이와 처녀 사이에는 이미 성애의 불길이 활활 타오르고 있기 때문이다.

6) 남녀간 구애의 형태

중세 말기에 구애의 여러 가지 형태는 어느 계급, 어느 나라에서도 상당히 원시적이었고 따라서 언제나 순수하고 풍류가 있었다. 바꾸어 말하면 남자와 여자는 모두 거의 예외 없이 노골적인 애정표시에 열중했다. 눈과 손은 모든 권리를 빼앗아 독점했다. 또한 상당히 직접적이었다. 또한 독일의 귀족은 이탈리아나 스페인의 귀족에 비해서 상당히 조잡했다. 그러나 그것은 어디까지나 정도의 차이이지 본질의 차이는 아니었다.

중세 특유의 노골적인 표현으로 사물을 묘사하고 있는 독일의 옛 이야기책인 「루오들리프」에는 농민의 노골적인 연애형태를 고전적으로 증명해주는 많은 내용이 있다. 여기에서는 다음의 부분만을 살펴보겠다. 머리카락이 아주 빨개서 작자가 "빨갱이(der Rote)"라고 이름붙인 한 대담한 젊은이가 나이보다 늙어 보이는 어떤 마을 사람을 찾아갔다. 이 사람은 아내가 죽은 뒤 젊고 아름다운 처녀와 재혼했다. 젊은 방문객은 가슴이 봉긋 솟아오른 그 젊은 여인을 보자마자 그녀를 손에 넣어야겠다는 욕망에 불타올랐다. 그래서 젊은이는 좋은 계획을 생각해냈다. 우선 노인의 질투를 없애기 위해서 자기는 노인이 모시는 상전의 사촌 되는 사람이라고 소개했다. 이 늠름한 손님에게 반해버린 젊은 부인이 그 말에 맞장구를 쳐서 두 사람 사이에는 곧 대화가 오고 갔다. 말하는 사이에 젊은이는 상대방에게 자기의 욕망을 넌지시 비쳤고 부인도 당신이 바라는 이상으로 자신도 당신이 좋아졌다는 뜻을 남자에

애정 놀음(헨드리크 골치우스)

게 전달했다. 그러나 두 사람은 밤이 되어 노인이 잠잘 때까지 기다려야 했다. 두 사람은 기다리는 동안에 서로 전희를 즐기기도 했다. 그리고 그 짓을 그치지 않았다. 노인이 잠깐 방을 나간 사이에 젊은이는 그 기회를 이용했다. "그는 한 쪽 손으로는 여자의 유방을 만지고 다른 한 손은 여자의 가랑이 사이에 집어넣었다." 이것은 젊은 여염집 부인의 취미에 꼭 들어맞는 일이었기 때문에 부인은 자기의 펑퍼짐한 옷을 좌우로 벌렸다. 이렇게 함으로써 "빨갱이"는 집주인의 면전에서 좋아하는 연애의 적어도 일부분을 계속할 수 있었다.

이 실례에서도 알 수 있듯이 농민계급의 구애방법은 상당히 조잡했지만 시민계급과 귀족계급도 꽤나 예의범절이 없어서 여러 가지 자극적인 행위를 세련되게 다듬기에는 아직 시간이 더 필요한 상태였다. 남녀는 언제나 곧장 "최후의 목적"을 향해서 돌진했다. 세상 사람들은 이러한 음탕한 장난 속에서 가장 커다란 즐거움을 맛보았고 어떠한 기회, 어떠한 장소에서도 그 장난을 했고 또 허용했다. 그러나 사람들이 그러한 일에 필요없이 열중한 것은 결코 아니었으며 여러 가지 상황으로 보아 알 수 있듯이 남자는 "방어가 허술한 성을 곧바로 점령하기" 위한 최초의 기회를 이용했다. 한마디로 말한다면 남녀는 모두 원칙적으로 단도직입적인 것을 좋아했다.

구애와 연애관계의 세련된 형태는 고대에서와 마찬가지로 역시 윤락녀에게서 나타났으며 이미 오래 전부터 윤락녀에게서 그러한 세련됨이 보였다. 윤락녀들은 남자를 가장 유혹하기 쉬운 힘은 세련미라는 사실을 알고 있었다. 따라서 윤락녀들은 이 점 때문에 자기들과는 아예 경쟁상대도 되지 않는 부인네들을 경멸했다. 예를 들면 로마의 윤락녀들 사이에서는 "암캐와 같이 몸이 달아 있어도 돌과 같이 끄떡도 하지 않는다"라는 속담이 유명했다. 이것은 고상한 로마의 부인네들은 연애에 항상 몸이 달아 있지만, 정작 연애라는 말이 지니고 있는 미묘한 맛도 이해하지 못하는 것들이라고 비웃음을 샀다는 내용이다.

확실히 화폐경제가 승리의 함성을 지르며 전진함에 따라서, 또한 향락을 즐기면서만 살아가려고 하는 계급이 늘어남에 따라서 그러한 계급에서는 여자를 사치용 동물로 보려는 경향이 점점 더 급속하고 강렬하게 번져갔다. 이러한 점은 연애에서의 향락이 이 계급에서도 점차로 세련되어갔다는 것과 같은 의미를 지닌다. 연애술은 이 계급에서도 가장 품위 있고 존경받는, 또한 가장 인기 있는 과학이었다. "명망이 있는" 부인은 연애에서 음란한 이야기가 가져다주는 세련된 효과는 물론 세련미로 색정의 불을 붙이고 따라서 연애로 향락을 즐길 수 있는 다른 여러 가지 기술을 배웠다. 이전에는 "침대 속의 통나무"로 불리던 부인네들도 앞의 인용문에서 증명된 바와 같이 이때부터는 윤락녀의 영역을 침범하게 되었다. 그 결과 점차로 그 시대 사람들이 말하는 바와 같이 "부인네에게 연애를 거는" 일 또는 "부인네와 함께 연애 경기장에서 만나는" 일이 가장 세련된 윤락녀와 연애 경기장에서 만나는 일보다 훨씬 더 즐거운 일이 되었다. "왜냐하면 부인네들은 총명하고 교양을 갖추고 있는데다가 연애술로 보더라도 윤락녀들에게 뒤지지 않았기 때문이다." 절대주의의 승리에 의하여 그러한 연애가 극도로 세련되었던 것은 당연한 일이다. 왜냐하면 절대주의는 성적인 도구로서의 여자를 숨어 있는 황제의 위치로 부상시켰고 여자 쪽도 활개를 치며 왕좌에 의젓하게 앉아 있을 수 있게 했기 때문이다. 이러한 "통나무"에서 "연애에서의 여자 기능사"로의 발전은 이 계급에서 특히 현저하게 나타났다. 브랑톰은 이것에 관해서 다음과 같이 서술하고 있다.

우리 프랑스의 아름다운 여자들에 대해서 말하자면, 그녀들은 옛날에는 재주가 꽤나 형편없어서 품위 없는 연애에 만족하고 있었다. 그런데 50년 전부터 여자들은 다른 나라 국민들로부터 자유분방함, 섬세함, 음란한 매력과 관습 등을 많이 배워서 그것을 열심히 연

사랑에 빠진 젊은 농부(피터 에르스텐)

구한 덕분으로 오늘날에는 다른 나라 국민보다 모든 면에서 뛰어나다고 말할 수 있게까지
되었다. 외국인들도 프랑스 여자는 다른 국민보다 훨씬 뛰어나다고 말하는 것을 들었다.
더구나 프랑스어로 하는 음란한 이야기는 다른 나라 언어로 하는 것보다 훨씬 색정적이고
듣기 좋고 또한 상당히 충동적이다.

프랑스 여자가 교사로 삼아 배운 사람은 스페인과 이탈리아의 여자이다. 한편 프
랑스 여자는 그 후 독일 여자의 교사가 되었다.

아름다운 여자의 유방을 공공연하게 만지는 일이 이 당시에 모든 계급에서 행해
진 가장 흔한 인사법이었다. 남자는 언제나 특히 사교 모임에서 이러한 인사법을
썼다. 춤을 출 때도 이러한 인사법에는 남녀가 이전부터 친숙한 관계여야 한다는
조건이 붙어 있지 않았다. 오히려 이러한 친근한 장난을 주고받음으로써 친근한 교
제가 시작되었다. 따라서 이러한 행동은 그것 자체만으로는 전혀 음란한 것이 아니
었으며 오히려 상당히 자연스러운 행위로 간주되었다고 추론할 수가 있다. 그러므
로 여자도 그러한 행위를 자신에 대한 모욕으로 받아들이지 않았다. 상대방 여자는
오히려 그것을 당연한 가벼운 인사 정도로 받아들였다. 그리고 아름다운 유방을 가

진 여자라면 대개의 경우 남자의 그러한 행위에 대해서 별로 저항하지 않았다. 설사 여자가 저항을 해도 대부분의 경우 그것은 단지 제스처에 불과하든가 저항을 통해서 상황을 더욱 자극적으로 만들려고 했던 것뿐이다. 또한 그것은 여자가 자랑스러워하는 아름다운 유방을 당시 성행하던 유행복이 보여주는 것 이상으로 더 많이 상대방 남자에게 보여주려는 기회를 잡기 위해서이기도 했다.

이 마지막 방법이 많이 이용되었고 가장 널리 호평을 받았다는 것은 이미 앞의 장에서 인용한 무르너의 징계성교가 잘 보여주고 있다. 따라서 무르너가 그 시 속에서 주장한 것은 이미 앞에서 서술한 것에서도 알 수 있듯이 어떤 면에서 보아도 풍자가의 과장은 아니었다. 남자는 여자에 대한 이러한 조잡한 장난을 상당히 좋아했다는 점, 여자는 항상 남자를 그런 식으로 충동질하여 그 과정에서 즐거움을 맛보게 되었다는 점 등은 모두 같은 사실의 서로 연결되어 분리될 수 없는 요소이며, 같은 행위의 서로 다른 측면에 불과했다. 여기서 사실이라는 것은 곧 그 시대의 동물적이고 관능적인 근본 관념을 말한다. 그것은 한편을 다른 한편에 논리적으로 연결시켜주는 어떤 틀과 같은 것이었다. 세속적인 것을 소유한다는 관념이 육체의 숭배를 가져왔고 육체의 숭배 —— 여자에 대한 —— 는 유방의 숭배를 가져왔으며 유방의 숭배는 노출의 숭배를 가져왔고 모든 노출은 남자로 하여금 사물의 어떤 형태이든 받아들이게 했다. 또한 이렇게 인정했다는 것은 이미 앞에서 되풀이해서 서술한 바와 같이 세상 사람들이 육체의 아름다움을 마음껏 찬양했다는 것을 뜻한다. 물론 남자들은 시대정신에 관해서는 이것을 다음과 같이 표현할 수밖에 없었다. 즉 남자들은 이것 보라는 듯이 드러나 있는 이 보물을 손에 넣고 싶다는 욕망을 기회 있을 때마다 표현했고 따라서 그것을 별 생각 없이 대담하게 움켜잡았던 것이다. 남자의 이러한 의도를 여자가 처음부터 알고 그에 동의했다는 것, 또한 사람들이 이러한 음탕한 장난을 아무렇지도 않게 보았다는 것은 그 시대의 중요한 특징이었다. 이것과 반대의 것만이 비논리적인 것이었다.

모든 민족의 문학 및 예술 속에 이러한 풍류의 원형에 관한 증거가 가득 들어 있다는 것은 이상의 사실로부터 보면 전혀 놀라운 일이 아니다. 그러나 여기에서는 극히 적은 실례만으로 만족하기로 한다. 왜냐하면 이 주제에 대해서는 다른 모든 이야기 줄거리에서 몇 번이나 되풀이하여 서술하게 될 것이기 때문이다. "처녀와 젊은이의 유희"에서 처녀는 이렇게 선언한다.

내 말도 좀 들어주세요!
세상은 나를 수녀로 보고 있어요.
그러나 나는 한 사람의 다 큰 처녀,
구운 배를 먹는 것이 매우 좋아요.
이젠 더 이상 매일 아침 정진을 할 수가 없고
나는 기꺼이 남자와 접촉하고 있어요.
나는 약수보다 술을 마시는 일이 더 좋아요,
수녀로서는 낙제인 셈이지요.

클레망 마로는 에피그램에서 이렇게 노래한다.

아, 아름다운 카트린이여,
내 가슴은 불타오른다네.
나는 어쩐지 기분이 좋아져서
상대방 가슴에 손을 넣었네.
처녀도 똑같이 불타오를 때까지.

도덕군자들이 시대의 호색을 박멸하기 위해서 출동했을 때 확실히 이것을 첫번째 공격대상으로 삼았음은 말할 필요도 없다.

카이저스베르크의 가일러는 제바스티안 브란트의 "바보의 배"를 설교체로 개작한 유명한 설교에서 다음과 같이 말하고 있다.

제3의 경고는 노출된 살갗을 만지는, 즉 부인과 처녀의 유방을 만지는 쾌락을 즐기는 것에 관한 것이다. 자신들은 여자와는 대화가 가능하지 않기 때문에 어떻게 해서든지 여자의 유방을 만져야만 한다고 하는 두세 남자가 있다. 이것은 당치도 않은 호색이다.

어느 도덕군자는 "영주와 주인"이라는 사육제 노래에서 역시 이것을 이야기하고 있다.

자네는 몸 구석구석 멋부리려고 하면서
아름다운 여자는 경멸하려고 한다네.

간부와 무력한 남편(작자 미상, 프랑스의 동판화, 17세기)

부인네들과 처녀를 보면
자네 입은 자네 손에게 그렇게 하라고 부추긴다네.
여자는 얌전하게 얘기하고 있는데
자네는 상대방의 유방을 몰래 훔쳐 먹으려고 한다네.
유방도 자네에게 걸리면 꼼짝 않고 가만히 있을 수는 없을 것 같다네.

　그러한 일을 아무렇지도 않게 허용하는 여자들을 풍자를 섞어 노래한 프리아멜도
역시 그러한 여자들은 수녀가 될 자격도 없다고 결론짓는다.

여자들은 모두, 언제나 기꺼이, 뒤로 벌렁 누워버린다네.
만약 남자가 지갑 속에 들어 있는 것을 주면
여자는 기꺼이 유방을 만지게 하고
기꺼이 춤을 추고 정진하려 하지 않는다네.
그러한 여자는 수녀가 될 자격이 없다네.

　나는 브랑톰이 모은 많은 역사자료로 볼 때 상류계급도 그러한 놀이를 싫어하지

않았다는 점을 알고 있다. 그는 그 책에 「연애에서의 접촉에 관해서」라는 제목을 붙였다. 그는 맨 처음을 다음과 같은 말로 시작하고 있다.

접촉에 관해서 말하자면 그것은 상당히 재미있는 것이라고 고백하지 않을 수 없다. 왜 냐하면 연애의 궁극적 목표는 향락이고 이 향락도 연애의 대상과 접촉하지 않고서는 얻을 수 없는 것이기 때문이다.

물론 세상 사람들은 이러한 놀이에서 유방만에 그치지 않고 처음 맞게 될 그 어떤 기회에 좀더 접근했다. 레겐스부르크의 수도사 베르톨트는 그 시대의 제4의 죄악으로서 "부끄러워해야 할 (색정적인) 키스", 제5의 죄악으로서 "리트(음부)의 부끄러워해야 할 접촉"을 들고 있다. 특히 이 두 가지는 연인들 사이에서 상당히 흔하게 행해졌다. 「키텔」이라는 시집의 저자는 젊은 처녀와 교제하는 농촌 청년의 애정을 다음과 같이 묘사하고 있다.

남자는 여자를 무례하게 만진다네,
남자는 여자가 가지고 있는 한 쌍의 제단을 가지고 논다네,
남자는 살이 쪘는지 어떤지 깊숙한 곳까지 들여다본다네,
남자는 뒤에서 여자의 궁둥이를 두드린다네……
남자는 여자의 위 아래를 만진다네……

카이저스베르크의 가일러는 남자가 여자에게 가장 열심히 구애할 때 하는 행동을 말하는 대목에서 다음과 같이 쓰고 있다.

남자들은 움켜잡고 만지면서 구애한다. 상대방의 이곳저곳 앞뒤 위아래를 만지면서 자기의 엔젤에게 구애하는 사람이 상당히 많다.……

그리고 모든 계급이 이러한 행위에 지대한 관심을 표명하고 있었다는 점은 다음과 같은 사실에서도 분명히 드러난다. 그리멜스하우젠은 "심플리치우스는 매일 가장 신분이 높은 부인의 이를 잡아주어야만 했다. 왜냐하면 이 부인은 젊은이들에게 자기의 유방이나 그보다 더 은밀한 부분을 만져보도록 하는 일을 좋아했기 때문이었다"라고 서술하고 있다. 그리고 이 일은 이 엄숙한 부인에게 지대한 쾌감을 주었

기 때문에 그 부인은 자기에게 마음을 두고 있는 심플리치우스에게 하루도 거르지 않고 매일 이를 잡도록 맡겼다. 그것은 호색적인 궁정부인의 취향이나, 연정을 호소하는 왕비의 사랑의 관점에서 보더라도 사소한 일이었던 것은 결코 아니었다. 브랑톰은 궁정생활에서 여자들이 궁정귀족들에게 전신을 마음껏 쓰다듬도록 하는 방법으로 그들에게 자기의 가장 은밀한 아름다운 부위가 어디에 위치하고 있는가를 가장 정확히 알 수 있도록 하는 기회를 제공했던 것과 유사한 사례들을 서술하고 있다. 영국 궁정의 사례에 관해서는 연대기 작가들, 가령 해밀턴 같은 작가가 이와 동일한 사례를 기록해놓고 있다. 그러한 사례는 한없이 많이 있다. 실제로 독자들 스스로 이러한 사실을 입증해주는 역사적 사례를 찾아본다고 하더라도 아주 쉽사리 수많은 사례를 접할 수 있다.

소묘나 유화 같은 미술작품에서는 남자가 여자의 유방을 거리낌없이 만지는 모습이 가장 인기 있는 소재였다. 실제로 청년이건 장년이건 노인이건 가리지 않고 남자들이란 모두 이 매혹적인 사랑의 열매를 꽉 쥐고 놓지 않았다. 그것은 청년에게는 최초의 승리이고, 장년에게는 매일 먹는 식사와 같은 것이었으며, 노인들에게는 최후의 흥분제가 되었다. 연인관계인 남녀의 경우에는 남자는 항상 사랑하는 여자의 유방 사이로 손을 집어넣곤 했지만 그것만으로는 만족하지 못했다. 연인인 남자는 유방의 견고함, 형태, 길이, 크기, 그리고 그 아름다움 등을 수없이 음미하고, 또 음미해보곤 했다. 처녀를 유혹하여 포옹하게 되는 경우 총각은 한 손으로는 그녀의 유방을 움켜쥐고, 또다른 한 손은 처녀가 빠져나가지 못하도록 그녀의 허리를 안았다. 용병이나 농민들은 목로주점에서 처녀의 가슴 부위에 손을 얹거나, 혹은 이 먹음직한 과실 중 하나를 움켜쥐곤 했다. 단 하나의 매력만이라도 남아 있는 유방이라면 모두 유방으로서의 권리, 즉 유방으로서의 자격이 있었다. 네덜란드의 미술가들은 대가이건 아니건 간에 모두 그러한 광경을 즐겁게 화폭에 담고 있다. 실제로 모든 화가들이 그러한 광경을 화폭에 담았던 것이다. 독일이나 영국, 프랑스에서도 화가들은 그러한 장면을 묘사하는 데에 이들 못지않게 열성적이었다.

그리고 이러한 모든 회화에는 당시의 주된 연애방식과 함께 그 자신들이 알고 있던 최고의 쾌락 가운데 하나를 찬미하고자 했다는 사실과 아무리 그것을 찬미하더라도 충분하지 못하다는 사실이 분명히 보인다. 이 점은 도덕적인 관점에서 동시대인을 풍자하고자 했던 회화에서도 거의 같다. 도덕성을 강조했던 그 시대의 풍조에 따라서 화가들은 상당히 많은, 아니 대부분을 차지했던 이들 그림들을 동시대의 도덕상을 설명하는 데에 아주 효과적으로 이용했던 것이다. 풍자적인 시대윤리에 의하면 세상 여자들은 남자들의 그러한 행동을 허용해주면 그 남자의 돈지갑을 아주 손쉽게 가로챌 수 있다는 단 하나의 이유 때문에 남자에게 "몰래 훔치는 일"을 허용했다고 한다. 그리고 당대의 시대윤리는 회화를 통해서 이 과정을 직접 명료하게 보여주고 있다. 즉 사랑하는 젊은이가 마음이 끌린 여자의 불룩한 가슴 부분에 푹 빠져 있는 바로 그때 젊은이의 불룩한 돈지갑은 쥐도 새도 모르게 여자에 의해서 털리고 만다. 지갑이 가득 차 있으면, 여자들은 남자가 아무리 가깝게 접근하더라도 제지하지 않는다. 자기에게 빠진 사람이 노인인 경우라면 여자가 공공연하게 상대의 지갑을 완전히 비우는 일이 더욱 쉽다. 왜냐하면 이러한 노인들은 대체로 지갑 속의 돈으로 충분히 셈을 할 수 있었기 때문이다. 노인이 처녀의 싱싱한 젖가슴을 살펴본다거나, 만지는 일에 몰두하는 순간 혹은 가장 한창 때인 여자의 성숙하고 묵직한 젖가슴을 가지고 노는 데에 열중하고 있는 순간 여자는 남자의 돈지갑에서 돈을 꺼내어 테이블 위에 쭉 늘어놓고 난 뒤에 그것을 상대가 보는 눈앞에서 드러내놓고 셈하는 것이다. 그 마지막 과정에 관한 묘사는 대부분 노인과 젊은 여자의 결혼을 풍자한 것들이었다. 결국 두 사람은 이러한 방법으로 서로가 바라던 바를 성취했던 것이다.

그러나 이러한 판화나 유화의 풍자가 당시 상황을 적나라하게 표현했다고 해도 그러한 회화들은 결국 스스로 풍자하고자 했던 당시의 풍속을 간접적으로 찬미했던 것에 불과하다는 점을 간과해서는 안 된다. 화가는, 유곽에 머물고 있는 "탕아"가 계집애와 단 둘만 있게 되자 돌연 그 여자의 상의를 벗기려고 드는 듯한 광경을 묘사할 때나 노인이 어떤 밧줄로도 묶이지 않을 듯한 여자의 팽팽한 젖가슴의 아름다움에 넋을 잃은 채 자기의 색욕을 만족시키고 있는 듯한 광경을 묘사할 때, "죄악"으로까지 유혹하는 대상, 즉 여자의 젖가슴을 마치 자기가 찬미하고 있는 것처럼 항상 열광적으로 묘사하고 있어 "탕아"나 노인의 행위가 그 당시에는 아주 흔히 일어났던 일처럼 보일 정도이다. 그것은 마치 그 시대에 그처럼 행동하지 않는 남녀가 있다면 그들이야말로 얼간이라는 생각이 들 정도이다.

돈과 함께 여자의 사랑도 떠나버리고 말았다는 당시에 흔히 볼 수 있었던 현상은 물론 문학작품이나 미술작품의 흔해빠진 주제였다. 옛날 옛적 독일 민요는 이렇게 읊고 있다.

> 나의 아름다운 애인은
> 푸른 나뭇가지에서 날아가버렸네.
> 기나긴 겨울 밤을
> 누가 나와 함께 보내줄 것인가?

> 나의 사랑스러운 애인은
> 나에게 그녀 옆에 바싹 다가앉도록 했네.
> 그녀는 나를 어깨 너머로 살펴보았다오.
> 그녀는 내 지갑 속에 든 돈을 생각한다네.

> 내 지갑 속에 돈이 들어 있는 한,
> 애인은 나를 차버리지 않고, 상냥하게 대해주었네.
> 내가 한푼도 없게 되자,
> 모처럼의 사랑도 깨어져 버렸네.

> 나의 사랑스러운 애인은 나에게 편지 하나를 남겨두었네.
> 편지에는 이렇게 쓰여 있었다네.
> 나는 당신보다 다른 남자가 더 마음에 들었습니다.
> 그래서 저는 당신에게서 떠나갑니다.

> 그녀가 나에게서 떠났다고 해도
> 나는 크게 비참해하지 않는다네.
> 머물려 하지 않는 것들은 말에 태워 보내버려야 하는 것.
> 아름다운 여자들이 도처에 널려 있는걸.

> 그리고 우리에게 이 노래를 불러준 남자가
> 한번 더 불러주었네.
> 늙은이와 젊은 처녀 두 도락가들은
> 으레 일은 언제나 그렇게 된다고.

이 이야기에서는 조금전까지만 하더라도 의기양양했던 남자가 손바닥 뒤집히듯이 무자비하게 입구에서 쫓겨났을 뿐 아니라 결국에는 돌아가야 할 길까지 가르침을 받는다는 것에 당시의 도덕상이 비유적으로 묘사되어 있다.

그럼에도 불구하고 어느 나라에서나 자기 몸의 어떤 곳이라도 훔쳐먹을 수 있도록 기꺼이 제공했던 친절한 처녀나 부인들이 뻔뻔한 젊은이의 그러한 소원을 딱 부러지게 거절했던 조심성 많은 처녀들보다 훨씬 인기가 있었다는 것은 당연하다. 이와는 반대로 많은 처녀들은 자기의 완강한 조심성 때문에, 오히려 남자의 지갑에 맘대로 손을 집어넣어도 좋다는 권리에 대한 대가로서 자기 육체의 소중한 곳을 기꺼이 남자 손에 내맡기는 처녀들에게 애인을 가로채일지도 모른다고 우려했다. "디에겐"이라는 시극(詩劇)에서 작가는 얌전하고 조심성이 많기 때문에 버림받은 처녀를 등장시켜 이렇게 읊게 하고 있다.

내가 저 사람과 혼약한 지도
오늘로 벌써 14주나 되었다.
그런데도 저 사람은 아무런 대답도 해주지 않았다.
다른 처녀가 저 사람을 내게서 가로채가고 말았다.
그녀는 자기 몸 어디라도 허용하고,
자기의 아래 주머니를 갖고 놀도록 했다.
그 대신 그녀는 남자의 상의에 있는 지갑을 마음대로 갖고 논다.
그것은 당연한 결과라고
사람들은 칭찬하고 있다.

당시 남녀간의 구애에서 여성의 역할이란 단지 남자가 하는 대로 순종하는 데에 있었다고 생각한다면, 그것은 전혀 옳지 않은 견해이다. 오히려 그 반대였다. 어느 시대에서나 여성들은 누구나 행운을 낚을 수 있는 기회를 가졌으며, 또 기대하던 행운이 품안에 들어올 경우에는 절대로 그 기회를 놓치지 말고 낚아채야 한다는 사실을 훤히 잘 알고 있었다. 여자가 행복을 낚는다는 것은 항상 거기에 대한 열렬한 전투욕에 사로잡히도록 남자들을 직접적으로 충동질할 수 있는 기회를, 비록 그러한 시도가 너무 부끄러워서 지금 당장은 포기한 것이라고 하더라도, 교묘하게 만들어나가는 데에 있었다. 복장은 어느 시대에나 이러한 목적을 달성하는 데에 가장 적합한 수단이었다. 여자들은 항상 복장에 남자들을 유혹하는 충동적인 요소를 가미했다. 또 각 시대의 특징은 복장의 형태에서 바로 나타났다. 그런데 여자들은 복장에 관한 한 어느 시대에서나 그 시대가 허용하던 한계를 항상 뛰어넘었다. 르네상스 시대에 복장에 허용된 수단이나 형식에서의 대담성, 그리고 남자들의 눈요기감인 유방의 차폐물을 제거하는 데에 어떤 기회들이 이용되었던가 하는 점 등은 이미 서술한 바와 같다. 이처럼 대담한 수법은 단지 유방 한 부위에만 국한되었던 것은 아니었다. 그리고 여자들이 그러한 수단과 병행하여 택했던 또다른 방법들 역시 그 대담성과 음란성에서 전자와 대동소이했다는 것은 당연하다. 이전 시대에는 위에서 아래로 대담하게 노출시켰던 반면에, 이제는 아래에서 위를 향하여 대담하게 노출시키도록 조정했다 —— 여자들은 자기의 하체나 더욱 은밀한 부위의 아름다움이 단 몇 초간만 드러난다고 하더라도 그것이 남자들에게는 뇌살적인 인상으로 남으리라는 사실을 누구보다도 잘 알고 있었다. 다시 말하면 여자들은 연애에서 눈요기의 중요성을 누구보다도 잘 알고 있었다. 이 때문에 남자의 눈에는 모든 권리가 주어졌던 것이다. 르네상스 시대에서의 아래에서 위를 향한 노출은 대부분 무도회나 놀이마당에서 나타났다. 놀이의 경우 그것이 노리는 자극과 목적은 억지를 부려서라도 여자를 나체로 만드는 데에 있었다. 무도회나 놀이에 관해서는 별도의 장에서 일괄하여 상세히 서술할 예정이기 때문에 여기에서는 일반적인 사항만 간략히 언급해두고자 한다.

그런데 여기에서 꼭 지적해두고 넘어가야 할 것은 여자들이 무도회장이나 놀이마당 등에서 앞에서와 같은 자극적인 수단으로 종종 대담한 태도를 보였다는 것이다. 각국의 연대기 작가들은 고의적으로 위태위태한 모습을 보여줌으로써 남자들에게 불의의 타격을 입히는 방법은 여자들이 자주 애용하던 수법이라고 이야기하고 있다. "이러한 상황에 처한 남자들이 자기의 아름다움을 얼마나 흐뭇하게 생각하는가를 확실히 알아보기 위해서" 여자들은 종종 일부러 이러한 자세를 오랫동안 취하곤 했다. 이러한 사례를 나바라의 여왕 이야기, 혹은 브랑톰이나 같은 시대의 여러 소설가들 작품 가운데서 찾아보기로 한다. 브랑톰은 그의 소설에서 이렇게 쓰고 있다. "그러한 귀부인들은 또한 아무것도 가리지 않은 자기 몸을 남에게 기꺼이 내보이는 것을 마다하지 않았다. 왜냐하면 귀부인들은 자기 몸에는 단 하나의 얼룩이나 기미도 없다고 생각하곤 우리들 남자의 정욕을 불러일으키는 데에 자신만만했기 때문이다." 더구나 프랑스 궁정의 몇몇 명문가 귀부인들에 관한 기록에 의하면 이들 귀부인들은 기사들에게 방 시중을 들도록 명령했다고 한다. 예를 들면 이들 귀부인들은 자기가 각별히 호감을 가지고 있는 기사들에게 구두나 양말을 벗기도록 했다는 것이다. 왜냐하면 16세기경으로 추산되는 프랑스 고문서에 기록되어 있는 것처럼 이러한 방 시중이야말로 "다른 방법으로는 결코 노출되지 않는 은밀한 부위의 아름다움을 자기 마음에 드는 남자에게 공개할 수 있는 절호의 기회를 사랑에 빠진 귀부인에게 부여했기" 때문이다. 이 고문서에는 또 "귀부인들은 상대방이 정열적인 남자라면 처음엔 약간 주저하기는 하겠지만 그러한 기회를 쉽사리 놓치지 않으리라는 사실을 이미 예견하고서 일부러 그렇게 행동하는 것이다"라는 기록도 남아 있다. 귀부인들은 또 한편으로는 그 정도 자세라면 만일의 경우 자기가 가장 사랑하는 남자가 그러한 자신의 풍류적인 시도에 응답하여 "귀부인의 명예와 양심이 허락하는 한계 이상으로" 더 나아가려고 한다면 언제라도 저지시킬 수 있는 자세로 손쉽게 바뀔 수 있다는 속셈도 있었다. 같은 시대의 또다른 작품에는 다음과 같은 내용이 있다.

오늘날에는 이러한 총애의 표시를 남자친구들뿐만 아니라 잘 알지도 못하는 남자들에게도 허용하는 사교부인들이 상당수에 이른다. 대부분의 부인들은 이러한 권리를 빠르면 며칠 내에 허용하고 있다. 오늘날의 귀부인들은 그것이 친구들의 눈이나 손이라면 남편에게도 그다지 불미스러운 일은 아닐 것이라고 생각하고 있기 때문이다. 따라서 부인들은 "자기 친구의 눈과 손에는 최대한의 자유를 보장"해주었다.

여기에는 이러한 글이 쓰여 있기도 하다.

"많은 기사들의 입에 그녀의 은밀한 아름다움이 오르내리고, 그들마다 그 아름다움에 대해서는 자신이 가장 잘 알고 있다고 자랑할 정도로 처신하는 귀부인들이 많이 있다. 그럼에도 불구하고 그러한 부인들은 정숙한 부인의 표상으로 칭송받고 있다. 그것은 당연한 일이기도 하다. 왜냐하면 이들 부인들은 그러한 처신으로 상대 남자들에게 수치심을 안겨주지 않는 대신 단지 그들의 질투심만을 고양시켰기 때문이다. 그러기를 원하는 남자들에게는 언제라도 그러한 아름다움을 즐기도록 허용했던 반면 그렇지 않은 사람들에게는 엿보는 일조차 허용하지 않았기 때문이다."

과학에서는 이러한 성향을 노출증으로 규정하고 있지만, 노출증이 가장 대담하게 드러났던 것은 여염의 정숙한 부인들조차 제정신을 잃어버리곤 했던 경기(Sport)에서였다. 그러한 경기란 귀부인들이 상상만 해도 흥분에 사로잡혀 몸을 떨게 되는 굉장한 것이었다. 아직 미혼인 양가집 규수들 중에서까지 많은 규수들이 기사에게 그러한 자유를 허용하곤 했다. 이들 기사들 중에서도 아직 미혼인 기사들에게 가장 먼저 이러한 영광이 주어졌던 것은 당연한 일이었으며 이들 처녀들은 기뻐 날뛰면서 자기 상대 남자가 청혼을 해오도록 용기를 북돋았다. "양가집 처녀들은 이러한 방법으로 남자 파트너들에게 그처럼 훌륭한 아름다움을 독점하기 위해서는 지대한 노력이 기울어져야만 한다는 사실을 이해시켜주었다." 이들 처녀들이 그러한 사실을 남자들에게 이해시키기 위해서 사용했던 방법은 다음과 같은 것이었다.

정숙한 양가집 규수들 중에서 많은 규수들은 자기에게 사랑을 고백하는 남자들에게 자기의 아름다움을 확인시켜주는 방법을 체득하고 있었기 때문에 추파나 세련된 대화보다도 이러한 방법으로 상대를 보다 확실히 자기에게 매어둘 수 있었던 것이다.

이러한 방법은 아주 안전한 방법이기도 했다. "왜냐하면 보는 것만으로는 여자의 임신 여부를 알 수 없었기 때문이다"라고 사람들은 흔히들 말하곤 했다. 그런데 이처럼 여자의 은밀한 아름다움이 입에서 입으로 전해지게 되면 그것만으로도 그 처녀에게는 행운을 잡을 수 있는 기회가 더 많아졌다. 그런데 남자가 분명하고 간절한 태도로 자기 의사를 표명했음에도 불구하고 이처럼 "악의 없는 일"조차 단호히 거절하는 양가집 규수에게는 무엇인가 감추어진 결함이 있어서 그것을 숨기려 하는 것이라는 둥, 그래서 그 결함이 드러날 경우 남자들에게 외면당하게 될 것이기 때문이라는 둥 좋지 않은 소문이 사방에 퍼지곤 했다. 브랑톰 역시 이러한 견해를 앞에서 예시했던 "연애에서 눈요기의 중요성"이라는 장에서 확인해주고 있다.

따라서 이러한 세태에서는 이처럼 좋은 기회가 주어졌음에도 불구하고 그 기회를 활용하지 못하는 남자, 즉 아름다운 양가집 규수가 기사에게 당시의 풍류에 따라서 다리를 내밀고 발 시중을 들어줄 것을 요구했을 때 남자가 신발을 어떻게 벗겨주어야 할지를 몰랐을 때에는 악의에 찬 조소의 대상이 되었다.

이 자체가 갈랑트리(galanterie), 즉 호색의 가장 원초적 모습이었다. 그 시대에 남자들이 평생에 걸쳐 몰두했던 이 음란한 구애는 여자들이 남자에게 요구했던 행위들 가운데에 그 모습이 가장 분명하게 드러난 것일 뿐이라는 사실을 인식해야만 한다.

르네상스 시대의 생활양식에는 이처럼 음란한 형태의 구애가 남녀간에 이루어질 수 있는 기회가 많았다. 활동반경의 협소함, 협소한 주택에서의 혼잡한 생활, 그리고 모든 사회적 욕구를 해결하는 데에서의 원시적 수단에의 의존 등은 끊임없이 자극을 도발하기에 충분했다. 여기에서는 여행이라는 하나의 사례만을 들어보고자 한다. 당시 사람들이 여행을 떠나는 일은 아주 드물었다. 특히 여자들이 함부로 여행하는 일은 전혀 없었다. 그러나 부득이하게 여행을 떠나게 되는 경우에는 도중에 있을 여러 가지 어려움을 고려하여 무리를 지어서 갔다. 여자들이 여행에 나서게 되는 경우에는 남편들이나 형제들이 같이 따라나섰고, 때로는 남자친구들과 동행하기도 했다. 왜냐하면 여자 혼자 길에 나서는 것은 아주 짧은 거리인 경우에만 허용되었으며, 그렇지 않은 경우에는 항상 보호자를 동반해야만 했기 때문이다. 도로사정은 어느 곳이나 형편없어서 마차는 이용하지 못했으며, 설령 이용한다고 하더라도 번거로울 뿐만 아니라 가격도 비쌌다. 따라서 사람들은 그저 터벅터벅 걸어가는 수밖에 없었다. 부호들만이 여행용 마차를 소유하고 있어서 그것을 이용했다. 따라서 대부분 먼 여행은 말에 의존했으나, 그때에도 여행중의 여러 가지 곤란 때문에 가능한 한 간단한 차림새로 나섰다. 귀부인이 여행을 할 때에는 그녀와 수행인이 말 한 필에 동승했는데, 여자가 앞에 앉거나 뒤에 앉거나 했다. 따라서 귀부인과 수행인은 오랫동안 몸을 밀착시키고 있어야 했다. 도로에 하천이나 개울이 있으면 수행인은 말 위에 동승한 귀부인을 종종 껴안거나 붙잡아주어야 했다. 따라서 둘 사이가 이전부터 서로 친했다거나 아니면 여행중에 서로 친해진 경우에라도 정욕에 사로잡혀 남자의 손과 여자의 손(!)이 이리저리 상대의 몸을 더듬었으리라는 것은 구태여 말하지 않아도 충분할 것이다. 이러한 일이 적어도 전체로 보더라도 절반 정도는 일어났던 것은 당연했고, 구태여 증명할 필요도 없다. 그 사실은 연대기 작가의 기록에서, 멀리는 민네징거의 작품에서, 또 가깝게는 근대 소설가들의 작품 속에서 확인할 수 있다. 이들 기록들에서는 기수가 자기 앞이나 혹은 뒤에 타고 있는 귀여운 처녀나 억세게 보이는 시골 처녀를 꼭 껴안은 채 부드럽게

말을 타고 있는 융커와 귀부인(목판화, 15세기)

애무한다거나 하는 내용들이 지겨울 정도로 많이 발견된다. 하나의 실례로 여기에서는 15세기에 아우구스트 팅거가 쓴 아주 음란한 이야기의 첫부분을 인용하고자한다. 이 이야기는 말을 타고 여행하고 있는 남녀간에 일어났던 모든 것을 소재로삼고 있다.

젊고 아름다운 시골 처녀가 어느날 나귀를 타고 그레이를 향하여 길을 떠났다. 그레이는 자오네 강변의 백작령인 부르고뉴의 큰 도시에서 상당한 거리에 떨어져 있었다. 길을가던 중 한 숲 앞에서 처녀는 뚱뚱한 사제 한 사람을 만나게 되었다. 처녀는 존경심과 함께 안전을 위해서 사제에게 자기 뒤에 타도록 권유했다. 사제는 기꺼이 나귀에 올라탔다.그다지 오래 가지 않아서 사제 —— 바이히트파프(Beichtpfaff:고해사제)가 아니고, 바우히파프(Bauchpfaff : 배불뚝이 사제)였던 것 같다 —— 는 훌륭한 몸매를 지닌 처녀의 나긋나긋한 촉감을 느끼게 되었다. 뒤에 타고 있었기 때문에 처음에는 우뚝 솟은 유방에 정신을 잃을 지경이었다. 그는 갑자기 두 손으로 처녀의 유방을 움켜잡았다. 처녀는 그러한 행동을 수상쩍어했지만, 사제에 대한 존경심 때문에 차마 무어라고 말하지 못했다. 사제는지체 없이 "너를 꽉 붙잡지 않으면 당장이라도 떨어질 것 같다"고 말하는 것이었다.

대략 15세기 정도로 추산되는 침메른 연대기 중에도 이와 똑같은 광경이 묘사되어 있다. 여기에는 단지 여행중에 일어나는 이러한 사건을 즐길 요량으로 짧은 여행을 수차례나 떠난 귀부인의 이야기가 있다.

여행자나 방문객도 종종 이와 같은 특권을 누렸다. 환대해야 될 여행자가 자기 집에 묵게 되어 곧바로 아내나 묘령의 딸과 접전을 벌이면 주인은 그것을 명예로 삼았다. 그 손님의 방문이 특히 명예로운 것일 경우에는 집주인이 서둘러 자기의 아름다운 딸을 손님 방에 보내어 접대토록 했다. 그리고 그 손님이 딸을 예쁘다고 칭찬하거나 혹은 딸에게 지나치지는 않더라도 관심을 보이기라도 하면 그것은 가문에 큰 영광이었다. 여행자의 관심은 꼭 두세 번 키스하는 것으로 한정되어 있지는 않았지만, 설령 그렇게 하더라도 그것이 집주인의 감정을 특별히 건드리는 것은 아니었다. 중세의 연애시인들이나 연대기 작가들이 끊임없이 언급하고 있는 관습, 즉 아름다운 하녀나 묘령의 딸을 밤중에 말상대로서 귀한 손님에게 보내는 관습은 중세 때부터 유래한 것이다. 집주인의 부인이 직접 이러한 역할을 맡는 일도 많았다. 이 관습은 "아내는 정성을 다해 말상대가 되어주었다"라고 전해진다. 무르너는 「고이히마트」에서 16세기까지도 행해지던 이러한 관습에 관해서, "네덜란드에도 이러한 관습이 있었다. 귀중한 손님이 집에 들게 되면 자기 아내에게 진심으로 말벗이 되어주도록 했다"라고 기록해 놓고 있다. 우리는 프랑스 기사들에 관한 이야기에서 집주인이 이러한 "진심" —— 결코 남편의 진심이 아니라, 훌륭한 이유가 성립되는 아내의 진심 —— 을 아주 그럴 듯하게 합리화시켰기 때문에 잘생긴 젊은 여행자가 집에 묵게 될 경우 여자들은 신바람이 나서 이러한 역할을 기꺼이 떠맡았다는 사실을 알 수 있다. 이 이야기에는 또 부인이 모처럼 기대했던 사랑의 환희를 아름다운 딸 때문에 다음 기회로 기약할 수밖에 없게 된 내용도 수록되어 있다. 왜냐하면 아직 잠들지 않은 남편이 이러한 관습을 그다지 달가워하지 않는 기색을 내보였기 때문이다. 그 내용은 이렇다.

궁정의 백작부인은 그러한 손님을 맞게 된 것을 기뻐했다. 부인은 손님을 위해서 살찐 거위를 준비시키고, 손님이 푹 쉴 수 있도록 방에는 고급침대를 들여놓도록 했다. 백작부인은 자러 가면서 딸 중에서 가장 예쁘고 품행이 좋은 아이를 자기 방으로 불러들여 조용히 속삭였다. 귀여운 딸아, 자 저쪽으로 가거라. 기사님 침대에 들어가 스스럼없이 기사님의 말벗이 되어주도록 해라. 내가 부끄러워서 그렇게 하지 않는 것이 아니야. 사실은 아직 잠들지 않은 네 아버지 때문이란다. 기꺼이 이 어미가 그 일을 하고 싶지만.

덧붙여 말한다면 자신의 진심을 합리화했던 남편도 있었겠지만, 그러한 남편은 그다지 많지 않았다. 하르트만은 자기가 독일에서 체험한 경험에 관해서 "신만이 알 것이다. 그러한 일이 많지 않다는 사실을"이라고 했다.

음란한 희롱에 의한 남녀의 결합을 시대가 어느 정도까지 허용했는가 하는 점은 남녀의 이러한 열망에 힘이 되어주고자 사람들이 취했던 태도에서 명확히 나타난다. 예를 들면 17세기 중반까지도 아우크스부르크 시에서는 결혼을 약속한 남녀가 서로 사랑을 나누는 행위를 죄악시하지 않았으며, 이들 두 남녀가 바라는 바를 성취할 수 있도록 특별한 기회를 만들어주는 풍습이 그때까지도 남아 있었다. 이 시대의 연대기 작가는 이렇게 쓰고 있다.

결혼을 약속한 남자가 처녀를 찾아오면 주인은 방구석에 두 사람을 위해서 2인용 테이블을 놓아주고, 두 사람 주위를 스페인 병풍으로 둘러쳐서 두 사람만의 시간을 보낼 수 있도록 했다.

결혼을 약속한 남녀가 공공연하고 적나라한 애정행위를 벌인다거나 재차 "동일한 행동"을 하더라도 사람들은 이러한 행위를 관대히 받아들였다. "두 사람은 결혼할 사이다"라는 사실이 모든 연인에게 통용되는 면허증이었다.

그런데 남녀가 특별히 결혼을 약속한 사이가 아니더라도 친척이나 친구들이 이들의 연애를 보살펴주었다. 이러한 사실은 앞에서 인용했던 바르바라 뢰펠홀츠의 연애재판에서 확실히 입증된다. 미모의 바르바라는 애인인 지그문트 슈트로머와 "예의바르게" 동침했다고 했다. 우리는 이 선언에서 바르바라가 당시 "진짜 무슨 일"이 일어났던 것은 아니라는 사실만을 진술했던 것으로 알고 있다. 확실히 진짜 무슨 일은 일어나지 않았다. 그리고 그 이외의 어떠한 일도 일어나지 않았다. 그러므로 우리는 "그 이외의 어떠한 사실"도 거기에서 발견하려고 해서는 안 된다. 우리가 있는 그대로의 사실에 폭력을 가해서는 안 된다고 한다면 바르바라 뢰펠홀츠의 특수 사례에서도 또 일반적인 다가오는 밤, 즉 시험혼이라는 관습에서 그 이상의 어떠한 사실도 발견하려고 해서는 안 된다. 우리가 앞에서 암시했던 것처럼 시험혼은 도시나 농촌에서나 아직은 일차적으로 플러트, 곧 성적 방종이 세련되지 못한 원초적인 형태였음을 증명한다. 상호간에 선정적인 호기심의 충족과 노골적인 애정교환에 유용한 것이었음에는 분명하다. 이 사실을 명확히 지적해두지 않으면 안 된다. 대담한 접촉은 처녀가 청년이 자기 방에 들어오는 것을 허용한 순간에 이미 예정되어 있던 일로서, 그것은 그러한 상황에서 이들 두 남녀에게 가능했던 유일한 대화였다. 그것은 총각이 처녀를 방문한 단 하나의 목적이며, 또한 처녀가 총각한테 기대했던 유일한 일이었다. 따라서 모든 사람들은 이미 그러한 상황을 예견하고 있었던 것이며, 이들 남녀는 자기 역을 명확하게 맡았던 것이다. 다시 말하면 천성에 따라서 어떤 사람은 정열적으로, 다른 사람은 고상하게, 또 다른 사람은 줏대없이 자기 역을 맡았다. 그러나 본질적인 면에서는 모두 동일했다. 그것은 서로 이질적인 것이 아니었으며, 그렇다고 지적이지도, 정신적이지도 않았다. 그것은 단지 동물적이었을 뿐이다. "예의바르게"라는 말은 당시의 언어사용 용법에 따르면 서로의 애정을 그 시대가 허용하는 한계 내에서 발산했다는 의미를 가질 뿐이다. 그런데 이 시대에서 그 한계는 극단적으로 확장되어버렸다. 그리고 청춘남녀들은 방종한 연애의 권리를 요구했다 —— 결론적으로 말하면 청춘은 두번 다시 돌아오지 않는다는 것이 이 시대의 확고한 견해였다. 따라서 그들은 방종한 연애를 한다고 해서 결코 수치스럽게 여기지 않았다. 그것은 항상 상호간에 유기적으로 결합되어 있었다. 이처럼 새로운 내용의 논리에 인색하게 구는 것은 앞에서 이미 지적했던 것처럼 짐짓 근엄한 얼굴을 한 채 결국에는 역사를 의도적으로 왜곡시키는 행위일 뿐이다. 왜냐하면 그러한 태도는 정열적인 남성을 운신도 제대로 못하는 노인으로 격하시키는 정도의 의미조차 지니지 못했기 때문이다. 아무튼 사실을 그 살아 숨쉬고 있는 맥락에서 느끼고자 하는 사람에게는 바로 우리가 추론해온 방식 이외의 다른 방식은 있을 수 없다.

남녀간의 구애에서의 이와 같은 소박한 형식이 르네상스 시대에는 모든 면에서 더할 나위 없이 세련되었다는 것은 분명하다. 새로운 경제력에 의해서 모든 문화가 풍부해졌으며, 연애 또한 정신적이 되었다. 연애 그 자체도 더욱 예술적이 되었다. 본능을 폭발적으로 발산시키던 연애는 자취를 감추고, 그 대신 의식에 의해서 산출된 경험으로 변모했다. 물론 이러한 사정은 농민계급이나 소귀족계급에게는 적용되지 않았지만 —— 이들 계급은 예전과 같은 동물적인 야만상태에 머물러 있었다 —— 그러나 상업적 토대 위에서 발전을 거듭했던 시민계급에게는 그대로 적용되는 것이었다. 그것은 당연했다. 왜냐하면 이들이야말로 새로운 역사의 건설자들로서 역사적인 사명을 받은 계급이며, 새로운 경제력으로 결실을 보게 된 풍부한 수확물의 대부분을 거두어들인 계급이었기 때문이다.

7) 결혼생활과 정조

15-16세기 때에는 결혼을 하여 가정을 꾸려나가는 것이 가장 숭고한 의무로 생각되었다. 이와 반대로 독신이거나 내연의 관계를 맺는 것은 죄악시되었으며, 독신남이나 독신녀에게는 항상 오명이 따라다녔다. 시인과 작가들도 결혼에 대해서 힘이 닿는 데까지 극구 찬양했다. "결혼찬미"는 여러 가지 언어와 여러 가지 방법을 통하여 노래되었다. "가장 안온한 잠자리는 부부끼리의 잠자리"라고 강조되었으며, 기혼자는 결혼생활을 하고 있다는 이유만으로도 천국에 갈 수 있지만, 독신생활을 계속하는 사람은 지옥으로 떨어질 수밖에 없다고 위협당했다.

결혼생활을 최고의 공적처럼 목청을 높여 끊임없이 찬양한 데에는 물론 그럴 만한 이유가 있었다. 그리고 그 이유들은 대단히 분명하게 제시되었다. 그러나 우리는 여기에서 그 이유를 당시 사람들이 결혼생활을 옹호하기 위해서 열거한 윤리적 입장에서 찾을 것이 아니라, 오히려 그 시대의 부득이한 요구에서 찾지 않으면 안될 것이다. 당시 등장하고 있었던 공업은 노동력과 구매자를 필요로 했다. 절대주의적 군주의 권력은 군대를 필요로 했다. 그러나 상품생산에 필요한 노동력은 그다지 풍부하지 못했다. 한편 인구증가를 방해하는 대단히 강력한 요인들이 산재해 있

나이 든 남편을 버린 젊은 부인

었다. 즉 중세의 인구는 교회권력이 강화됨에 따라서 점점 더 정체현상을 나타냈다. 왜냐하면 교회권력이 강해짐에 따라서 수도원이 늘어나고 결혼의 어려움 때문에 부득이 수도원에 들어가는 사람의 숫자가 점차 증가했기 때문이다. 이 때문에 지금까지 나타난 바 없는 위험한 요소가 드디어 문제시되기 시작했다. 더욱이 새로운 경제제도와 함께 재빨리 기분 나쁜 동반자라고 할 수 있는 페스트, 알콜 중독, 매독 등이 찾아들었다. 그리고 모든 방면에 대해서 세력팽창을 도모하고 있었던

남자 기근에 대한 풍자(1565)

상업은 이러한 질병 모두가 전염병적 성질을 띠게 되는 환경을 조성했다. 그 결과이 무서운 손님들이 일반 인구는 물론 특히 성인남자 인구를 격감시키고 말았다. 왜냐하면 여행, 유곽출입 등의 이유로 남자 쪽이 더 이와 같은 역병에 전염될 위험성이 높았기 때문이다. 또한 남자들은 무엇보다도 먼저 새로운 경제제도의 대가를 치르지 않으면 안 되었다. 왜냐하면 당시 빈발했던 분쟁 및 전쟁에서 종종 생명과 건강을 잃어야 했던 것은 남자들이었기 때문이다. 이러한 사정 때문에 독신 자체가 점차 사회적으로 위험시되고 결혼생활을 기피하는 남녀 모두가 사회의 당면요구를 기피하는 적으로 간주되었다. 이 때문에 세간에서도 급히 결혼의 여러 가지 윤리적 이익을 역설하게 되었고 결혼의 최고 목적은 가급적 많은 자식을 낳는 데에 있다고 주장하게 되었다. 이 경제적 요구는 시대의 관능적 특징과도 완전히 일치하고 있었기 때문에, 당시의 현실 또한 이 가장 중요한 이데올로기와 합치되었다. 한 가족에한 다스의 자식이라는 것은 결코 진기한 것이 아니었다. 빌리발트 피르크하이머는 바르바라 뢰펠홀츠와의 결혼생활에서 13명이나 되는 자식을 낳았으며, 아우크스부르크 시의 연대기 작가였던 부르크하르트 칭크는 두 명의 아내에게서 18명의 자식을 낳았으며, 알브레히트 뒤러의 아버지는 한 사람의 아내에게서 18명의 자식을 낳

일곱 명의 부인이 벌이는 바지 쟁탈전(프란츠 브룬, 동판화, 1560)

앉으며, 안톤 투허는 한 사람의 처에게서 11명의 자식을 낳았다. 또한 로마 교황의
비서관이었던 프란체스코 포조는 자기가 알고 있는 자식만도 18명이나 되었으며
그 가운데 14명은 사생아였다. 뿐만 아니라 20명 혹은 그 이상의 자식을 낳는 부부
도 얼마든지 있었다.

결혼생활이란 인간이 자신의 힘을 발휘하기 위한 가장 중요한 제도였기 때문에,
이 목적을 위해서 항상 문제가 되었던 것은 특수한 결혼형태, 즉 가부장적으로 지
배되는 결혼생활뿐이었다. 남자는 독재적 지배자가 되어야 했다. 직인(journeyman)
과 도제를 "도장인(master)의 집에서 동거하도록" 강제한, 다시 말해서 작업에 종사
하는 사람 모두를 도장인의 집에 제도적으로 속박시킨 춘프트의 경영조직이 가부
장적 지배를 요구했던 것이다. 따라서 직장에서의 권위는 또한 가족 내에서의 권
위를 자연스럽게 의미하게 되었다. 그래서 세상 사람들은 결혼을 찬양함에서 첫째
로 결혼생활에서는 지아비의 지배가 당연하다는 점을 강조하는 의견, 예를 들면
"남편은 아내의 위안이며, 아내의 주인이다"라든가, "남편은 아내의 육체와 재산
의 주인이다"라든가, "아내는 남편의 의견을 듣고 여자다운 여자로서 남편의 의지
에 따라서 행동하지 않으면 안 된다" 등과 같은 의견을 선전했던 것이다. 난폭한
남편이라 하더라도 아내는 남편에게 전보다도 더 겸손한 태도를 취해야만 했다.

순종 훈련(16세기 캐리커처)

남편이 큰소리치면, 아내는 입을 다문다.
남편이 입을 다물고 있으면, 아내는 말을 건다.
남편이 언짢아하면, 아내는 조용히,
남편이 격노하면, 아내는 얌전하게,
남편이 실의에 빠지면, 아내는 위로한다.
남편이 불쾌해하면, 아내는 소리를 낮추며,
남편이 난폭하게 굴면, 아내는 순종한다.
남편이 미쳐 날뛰면, 아내는 상냥하게,
남편이 골을 내면, 아내는 달랜다.
남편이 햇님이라면, 아내는 달님.
아내가 밤이라면, 남편은 낮.

아내의 경건한 복종은 남편이 다른 여자와 간통을 해도 잠자코 참고 견디지 않으면 안 될 정도였다. 옛날 독일의 격언에는 다음과 같은 것이 있다.

침대와 식탁은
남편의 정부와 하녀 차지.
남편에 대한 소문이나 첩 민네에 대한 소문이

바지 쟁탈전(네덜란드, 17세기)

때때로 당신 귀에 들릴지라도,
당신은 인내가 아내의 의무라고 생각한다.
그러한 일에 마음을 쓰지 말고 못 본 척하는 것이 좋다.

설사 바로 자기 집에서 그러한 일이 벌어질지라도, 아내는 쓸데없이 소란을 피워서는 안 된다. 남편이 탐스러운 유방에 취해서 때때로 젊은 하녀의 방으로 몰래 들어가도, 아내는 보아도 못 본 척 행동하지 않으면 안 된다. 그러나 "남편이 하녀 위에 타고 있는 것을 우연히 목격했을 때, 그것이 하녀와의 합의하에서 행해진 것이라면, 그 이상의 화를 방지하기 위해서 그런 호색적인 하녀는 집에서 쫓아내지 않으면 안 된다." 그러나 아내는 남편에 대해서 상냥한 말로 거듭 선도하지 않으면 안 된다. 왜냐하면 그 경우에도 물론 "호색적인 인간"에게만 책임이 있기 때문이다. 한편 아내는 변함없이 남편을 주인으로서 공경하지 않으면 안 된다.

아내가 만일 이러한 관례에 순종하고자 하지 않았다면, 그것은 물론 당시로서는 아내가 범할 수 있는 가장 큰 죄악으로 간주되었다. 따라서 르네상스 시대의 사고방식에 의하면, 만약 아내가 남편의 의지에 계획적으로 반항했을 경우, 아내를 노골적인 꾸지람으로써 훈계할 수 있는 전권이 남편에게 부여된 데에는 충분한

202

이유가 있었다. 고집불통인 아내에 대해서 일찍이 츠베터의 라인마르는 이렇게 훈계했다.

당신의 애정 같은 것은 집어던져라. 커다란 곤봉을 가지고 아내의 등을 때려주어라. 아내가 당신을 주인으로 인정하고 자신의 악한 마음을 회개하도록 힘주어 때리면 때릴수록 만사가 형통할 것이다.

이러한 방법을 통해서만 남자들은 "사나운 여편네들"을 순하게 만들 수 있었다. 16세기에 대단히 널리 퍼져 있었던 두세 가지 속담은 이와 마찬가지의, 아니 이보다 훨씬 지독한 질책방법이 남편들 사이에서 행해지고 있었음을 시사한다. 그리고 아내들 편에서조차도 대개 그러한 취급을 아주 당연한 일로 생각했다 —— 노예가 아직 자의식에 눈뜨지 않는 한, 노예는 항상 자기 주인의 머리로 사물을 생각한다. 아내를 질책할 수 있는 권리는 법률적으로 어느 국가에서도 남편들에게 충분히 부여되어 있었다.

그러나 이렇게 결혼생활에서 아내의 지위가 억압받고 있었던 형편이었음에도 불구하고, 처녀들은 결혼생활을 여자의 최고 목표로 인식하고 모든 수단과 방법을 동원하여 남자를 차지하기 위한 경쟁 —— 즉 바지 쟁탈전 —— 에서 승리자가 되고자 노력했다. 그리고 이 사실은 특별히 기묘한 현상이 아니었다. 자연의 법칙이야말로 최고의 법칙이었다 —— 풍자적인 상징은 처녀들의 이러한 바지 쟁탈전에서 도대체 무엇이 가장 중요한 문제였는가를 분명히 밝힘으로써 그것을 증명하고 있다. 그러나 사회도덕에 의하면 여자들은 자신의 성욕을 자연에 반하지 않도록 결혼이라는 틀을 통해서만 충족시키지 않으면 안 되었다. 한편 결혼이라는 것은 그 당시에는 오늘날과는 비교도 할 수 없을 정도로 여자들에게 둘도 없는 취직 자리였다. 왜냐하면 당시에는 여성이 가질 수 있는 직업이 거의 없었기 때문이다. 이것을 입증하는 같은 시대의 기록을 조사해보면, 당시의 처녀들이 남편을 맞이하기 위해서 역사상 전례가 없을 정도로 서로 맹렬하게 경쟁했었다는 것을 분명히 관찰할 수 있다. 여기에도 역시 어쩔 수 없는 그 시대적 이유가 존재했다. 앞에서 설명한 바 있는 여러 사정들 때문에 남편을 맞이할 수 있는 기회가 처녀들에게는 대단히 드문 형편이었다. 더욱이 이러한 형편은 다른 여러 사정에 의해서 한층 더 복잡해졌다.

사악한 간부에 대한 팸플릿(17세기)

예를 들면 도시수공업에 종사하는 사람들은 표면상으로는 모두 동질의 계급이었다. 그러나 엄격한 춘프트 규약은 소시민계급을 여러 작은 부분으로 분리시켰고, 그 작은 부분은 춘프트의 이해관계에 따라서 또다시 엄격하게 분리되어 있었다. 그리고 그 소속원들은 자기 멋대로 직업을 이리저리 바꿀 수 없었다. 뿐만 아니라 현장수업이라는 권리가 종종 그 마스터의 고유권한이었기 때문에, 빵집, 양복집, 대장간의 무남독녀로서 가업을 상속받지 않으면 안 될 경우에는 같은 빵집 자식, 양복집 자식, 대장간 자식하고밖에는 인연을 맺을 수가 없었다. 따라서 이런저런 경제적 속박 때문에, 처녀들의 신랑 선택은 대단히 좁은 범위에 한정되었다. 우리는 이러한 사정을 분명히 인식해야 하고, 그뿐 아니라 앞에서 서술한 사정에 추가하여 남편을 맞이하기 위한 경쟁이 그 당시에는 대단히 맹렬한 형태로 행해졌기 때문에 그러한 경쟁에는 항상 음모와 중상모략이 수반되었다는 사실은 그리 놀랄 일이 못 된다는 점을 인식할 필요가 있다. 따라서 우리는 이 시대에 나타난, 처녀들의 바지 쟁탈전을 묘사한 여러 회화들로부터 일반적인, 다시 말해서 어느 시대에도 적용될 수 있는 풍자적 격언만이 아니라, 오히려 그 이상으로 그 시대 특유의 비참한 상황을 다룬 기록까지 보게 된다.

이러한 처녀들의 "바지 쟁탈전"에 대해서 남자들이 우쭐해져 있었음은 물론이다. "남자의 수는 줄고 처녀의 수는 늘고 있었기" 때문에, 자기들이 얼마나 인기가 좋은 상품인가를 남자들은 잘 알고 있었다. 이 때문에 남자들은 바야흐로 주가를 높일 수 있었다. "내 마음에 드는 여자를 마음대로 선택할 수 있는 자유가 더욱더 커지게 되었다." 카이저스베르크의 가일러 역시 마찬가지의 의미에서 이렇게 선언했다. "처녀가 남편을 맞이하려고 생각한다면, 요즈음에는 무엇보다도 먼저 네 개의 G, 즉 혈통(Geschlecht), 용모(Gestalt), 재산(Gut), 현금(Geld)을 구비하지 않으면 안 된다."

앞에서 얘기한 결혼에 대한 견해로부터 또다른 현상, 즉 사회가 남편에게 자신의 의지에 "따르지 않는" 아내를 육체적으로 질책해도 좋다는 권리를 부여했던 것과 마찬가지로, 남편이 아내에게 계획적으로 지배되든가 혹은 더욱 극단적으로 "채찍을 휘두르는" 혹은 채찍을 부여하는 것이 아내 쪽의 역할이기도 했다. 남편에 대한 질책은 거의 모든 나라, 모든 지방에서 볼 수 있는 "마누라 천하"가 증명한다. 나는 여기에서 그 여러 풍습들 가운데 약간의 특징적 실례만을 들고자 한다. 하르츠 강변의 블랑켄부르크라는 작은 도시에서 1594년 제정된 규칙에는 남편이 아내에게 매를 맞은 경우 부부가 받는 형벌 —— 대개의 경우 아내도 함께 처벌된다 —— 에 대하여 다음과 같은 내용이 있다.

아내가 남편을 쥐어뜯는다든가, 때린다든가 했을 때, 아내는 정상을 참작하여 벌금 또

바지 쟁탈전(독일의 팸플릿, 17세기)

카드 그림(독일, 16세기)

는 징역에 처해진다. 혹은 아내에게 재산이 있을 때에는 시청의 관리에게 모직물을 바치지 않으면 안 된다. 그러나 자신의 아내로부터 쥐어뜯기고 매맞고 욕먹을 정도로 남편이 연약하고 그리고 그러한 일에 분개하여 상부에 고소해야 함에도 불구하고 그렇게 행동하지 않은 사실이 발각되었을 경우, 그 남편은 시청의 담당 관리 두 사람에게 모직물을 바치지 않으면 안 된다. 그것이 불가능할 경우에는 그 남편은 징역 또는 관리의 자유재량에 따라서 처벌되며, 자기 집 지붕을 벗겨내지 않으면 안 된다.

지붕을 벗기는 형벌은 부인에게 엉덩이를 맞은 남편이 받은 가장 흔한 형벌로서 각국에서 널리 행해졌다. 헤센에서는 남편에게 폭행을 가한 아내는 당나귀에 거꾸로 태워져 남편이 그것을 끌고 마을을 돌지 않으면 안 되었다. 베스트팔렌의 옛 판례인 벵커의 이교도법에는 다음과 같이 쓰여 있다.

아내 때문에 집에서 쫓겨난 남편은 지붕 위에 사다리를 걸고 올라가 지붕에 구멍을 뚫고 집에 말뚝을 박는다. 그리고는 금화(굴덴) 한 닢에 상당하는 벌금을 내어 그 돈으로 이웃사람 두 사람과 함께 술을 마셔야 하는데, 만취할 때까지 계속 술잔을 비우지 않으면 안 된다.

문학 및 회화 속에서도 엉덩이를 얻어맞는 남편을 풍자했다. 나는 특히 회화 속에 나타난 이러한 풍자 쪽을 제시하고 싶다. 왜냐하면 회화 속에 나타난 풍자는 이 문제의 극단적인 형태까지도 보여주기 때문이다. 그리고 그것은 이 문제를 가장 간단한 형식으로 표현했기 때문에 사물의 가장 깊은 곳에 있는 비밀을 폭로했을 뿐만 아니라 그럼으로써 이 문제를 실로 통렬할 정도로 파헤쳤던 것이다. 회화의 풍자는 "마누라 천하", 혹은 엉덩이를 맞는 남편의 특징을 나타내기 위하여 특히 두 가지 모티프를 강조하게 되었다. 즉 제멋대로 남편을 바보 취급하는 아내, 혹은 아내의 명령에 따라서 바보가 피리를 불고 춤추는 것이 첫째 모티프이다. 둘째로 더 흔히 볼 수 있는 모티프는 고대에서 원용한 "아리스토 텔레스와 필리스"의 소재이다. 아내는 남편의 등에 올라타고 남편은 고삐 맨 말처럼 네 발 달린 짐승이 되어 아내라는 짐을 참으로 순종적으로 끌고 간다. 아내는 남편 머리에 종종 위협적으로 채찍을 휘두르기도 한다. 동시에 우리는 다른 흔한 모티프도 들지 않으면 안 된다. 아내의 바지 찢어진 곳을 잡아당기는 남편, 그 가운데서도 유디트(「구약성서」에 나오는 여장부. 스스로 미인계를 이용, 적장의 목을 탈취한 미모의 과부/역주)가 가장 적절한 예이다. 이들 상징은 그 어느 것

엄처시하(프랑스의 목판화)

이나 모두 대단히 단순하여 쉽게 알아차릴 수 있다. 그러나 바로 이 단순함 덕택으로 르네상스 시대의 익살은 남편을 바보로 취급한다든가 또한 아내의 요구대로 남편을 행동하게 한 힘은 결국 무엇인가, 도대체 무엇이 최대의 현자 아리스토텔레스까지도 억지로 네 발 달린 짐승으로 만들어서 그 무거운 짐을 인고 속에서 끌면서 한평생이라는 험난하고 기나긴 길을 가게 하는가를 분명히 밝혀주었다. 이 "무엇"이라는 것은 다름 아닌 관능이었다. 바로 이 관능이 남편을 정복한 힘이었던 것이다. 그 증거가 바로 풍자화가가 이때까지 표현했던 항상 의인화된 성욕이었다. 내가 전에 「캐리커처에 나타난 여성」 속에 넣었던 한스 발둥 그린의 대형 목판화에서처럼 풍자화가가 여자를 나체로 그렸든지, 루카스 반 라이덴의 훌륭한 동판화에서처럼 옷을 걸치게 했든지 하는 것은 아무래도 좋다. 문제는 남편의 운명이란 구속받는 존재였다는 풍자이다. 다시 말해서 남편을 신처럼 하늘 꼭대기에 모셨다고 할지라도 남편은 의무로써 자기 여자의 노예가 되지 않을 수 없었다는 사실이다. 그것은 이러한 상징적인 만화의 대다수가 암시하는 간단하지만 의미심장한 주제였다. 그런데 르네상스 시대에 이러한 주제가 널리 취급되었다는 사실은 또한 이밖에도 다음의 두 가지 사실을 증명한다. 첫째 이러한 판화는 단지 모든 사람의 배꼽을 쥐게 할 정도로 아내에게 쩔쩔매는 남편에 대한 단순한 풍자가 아니라 실제는 그 이상의 내용을 의미한다는 사실이다. 더욱이 거기에는 아내가 남편이라는 존재를 지배할 수 있는 수단이 실로 교묘하고 풍자적으로 묘사되어 있었다는 것이다. 둘째로

무력한 남편(프랑스의 동판화, 17세기)

이 시대의 삶에서 제1의 영향력을 행사한 것이 관능이었다는 사실이다.

결혼의 최고 법칙은 어느 시대를 불문하고 부부의 정조였다. 특히 르네상스 시대에는 결혼생활만큼 고귀한 생활이 없었으며 부부가 정조를 지키는 결혼생활만큼 고귀한 명예 또한 없었다.

하나의 몸, 두 개의 마음,
하나의 입, 하나의 기분,
정조는 하나의 오점도 없이
청정무구하게 지켜진다.
여기 두 사람, 저기 두 사람, 모두가 변함없는 정조로 굳건히 결합되어 있다!……
그리고 민네가 그와 같이 두 사람을 결합시키고 있을 때
팔에 팔을 꼭 끼고
한 지붕 밑에 사는 두 사람의 모습이 보인다.
이야말로 환희의 관(冠)일 것이다.
이 환희의 관을 머리에 쓴 남자들에게 행복이 있을지어다!

민네 시인인 츠베터의 라인마르가 일찍이 결혼을 찬양하여 부른 노래이다. 르네상스 시대에는 감격에 목이 매어 결혼의 정조를 찬양했다. "정조가 깃든 곳만큼 고귀한 천국은 없다." "정조가 지켜지는 곳이 바로 지상의 천국이다." 부부의 정조 없이는 결혼의 행복이라는 것은 존재하지 않았다. 따라서 좋은 아내를 점지받았음에도 불구하고 다른 여자의 품을 찾는 남편은 진창 속에서 딩구는 돼지에 비교되었다. 슈페르포겔은 이렇게 노래한다.

> 좋은 여자를 얻었는데도
> 남편은 뻔뻔스럽게도 다른 여자에게도 간답니다.
> 그런 남편은 차라리 돼지와 같아요.
> 돼지는 왜 언제나 기분 나쁜 모습일까요?
> 돼지는 깨끗한 샘물을 버리고
> 지저분한 진창에 자빠져 자려고 한답니다.

정숙한 아내는 간통을 저질러 자기를 모욕하려는 남편에게 가장 가혹한 복수를 했다. 아내는 스스로 그녀 자신의 정부의 소원에 따르기도 했지만 그것은 그런 체하는 것일 뿐이었고 실제로는 남편이 "정숙한 아내 방에 들어오려는" 용기와 즐거움을 영원히 없애기 위해서였다.

그런데 과거의 낭만파가 이러한 교훈과 실례를 일반적인 현실로 해석했다면 그들은 당치도 않은 오류를 범한 것이 된다. 왜냐하면 낭만파는 어느 특정한 계급에서만 나타나는 것을 전체에 적용시키려고 했기 때문이다. 남편의 간통에 대한 아내의 복수라는 개념은 그 계급의 경제적인 조건에 토대를 두고 있는 것이다. 여기에서 말하는 계급이란 소시민계급, 프롤레타리아 계급 및 소농계급의 일부였다. 소시민계급에서의 집안 다스림이 어떤 식이어야 했는가에 관한 경제적 조건은 이미 앞 권에서 많이 다루었기 때문에 참고하면 될 것이다. 프롤레타리아에 대해서도 마찬가지였다. 프롤레타리아의 이익과 춘프트적인 소시민의 이익이 밀접하게 연관되어 있었고 프롤레타리아의 계급의식이 아직 충분하게 성숙되지 않았기 때문에 프롤레타리아가 그 시대에는 아직 소시민적인 사상권에 머물러 있었다. 따라서 소시민에 관한 분석은 프롤레타리아 계급에 관한 분석에도 그대로 적용된다. 또한 프롤레타리아 계급의 분석에서 잊지 말아야 할 것은 이 계급은 당시 진행되고 있던 경제적인 대변혁에 대해서 소농과 함께 그 어두운 면을 느끼기 시작하고 있었다는 사실이다. 봉건적인 사회제도가 붕괴되어간다는 것이 이 계급에게 궁핍으로부터의 해방을 의미하지 않았으며 오히려 반대로 상당히 고통스러운 생활난을 가져다주었다. 궁핍은 이제 대중적인 현상이 되어버렸다. 그리고 각 개인의 생활난은 이제 공포심을 불러일으킬 정도가 되었다. 이러한 생활난을 해결할 수 있는 밝은 빛은 한줄기도 비치지 않았다. 이제 그것은 하나하나의 불행을 죽일 때까지 감수해야 하는 어쩔 수 없는 숙명이 되어버렸다. 그에 대한 당연한 결과로 프롤레타리아 계급에서는 상당히 금욕적인 세계관이 도처에서 만들어졌다. 그런데 암울한 금욕과 자유스럽고 방종한 성관계는 일반적으로 서로 인연이 먼 것이다. 후자는 언제나 인생에서의 즐거운 향락과 낙천적인 사고방식에서 나오는 것이기 때문이다.

이것을 일반 프롤레타리아의 결혼에 적용해보면 그 당시 프롤레타리아 계급 속에서 나타났던 공산주의적 종파에 대한 여러 가지 조잡한 주장에서도 점차로 분명해져간다. 이 종파는 당시 프롤레타리아 계급에서 발생하지 않을 수 없었던 금욕적인 세계관의 결과일 뿐이었다. 이제 이러한 종파에서 호색적인 방탕이 유행했다는 것을 악의적으로 공공연하게 선전하기 위해서 조작된 여자공유의 이론 또는 그 실천은 모두 전혀 의미가 없는, 억지로 뜯어맞춘 주장이라는 것이 확실하다. 이 종파의 어디에서도 여자공유의 흔적은 발견되지 않는다. 오히려 그와는 반대의 현상이 확인될 뿐이다. 15세기와 16세기에 있었던 대부분의 공산주의적인 단체만큼 성적인 일에 대해서 그렇게 엄격하게 징벌을 가한 단체는 없었으며 또한 간통에 대해서 그렇게 엄격하게 징벌한 단체도 없었다. 단체로부터의 제명, 즉 파문이라는 극형은 어디까지나 그러한 태도에서 나온 형벌이었다. 이와 같은 엄격한 사고방식은 몇 세기에 걸쳐 상당히 비난의 대상이 된 뮌스터의 재세례 교도 단체에도 해당된다. 재세례 교도 지배시대의 뮌스터에는 탕음, 성적인 여자공유, 매춘 등은 전혀 없었다. 시정부를 지배하기 시작했을 때, 최초의 포고문에는 간통 및 처녀유혹에 대해서 사형을 선고한다고 되어 있다. 그 후의 모든 포교와 자신들에게 가해진 규탄에 대한 재세례 교도들의 반론은 모두 결혼 이외의 성관계는 엄격하게 금지한다는 일관된 사고방식을 보여주고 있다. 뮌스터에 관한 단 하나의 진실은 그들이 전세계로부터 감시의 대상이 되었을 때, 그러한 포위된 도시를 지배하는 전시상황에서는 자신들의 가정을 다스리는 조직을 단일화시켜야 했다는 것이다. 남자의 숫자가 줄어들었던 결과, 8,000-9,000명의 여자에 대해서 남자인구는 겨우 2,000명에 불과했다. 부인, 처녀, 아이들만 있어 가정을 다스릴 단 한 명의 남자도 없는 가정이 많았다. 특히 남자들 중에는 독신생활을 하는 병사가 많았다. 따라서 불건전한 상황이 초래되었던 것은 당연한 일이었다. 그러므로 한 남자의 보호 아래 많은 여자를 한 가정에 모이게 하는 것 —— 다시 말하면 남자들은 여자와 아이들을 지키기 위해서 뮌스터 시에 배치되었던 것이다 —— 은 본질적으로 일부다처제와는 전혀 다른 것이었다. 그것은 부부의 침대를 한데 모으는 것은 아니었다. 그것은 성적인 것이 아닌 경제적인 일부다처제였다. 실제로 이를 부정할 수 있는 증거는 하나도 발견되지 않으며 오히려 가장 도덕적이고 엄격한 지배를 증명해주는 증거가 훨씬 많이 발견된다.

뮌스터의 재세례 교도를 수백년에 걸쳐서 문서와 그림을 통해서 중상모략한 것은 —— 오늘날까지도 세상 사람들은 르네상스 시대의 목욕탕 생활을 "재세례 교도의 목욕탕"으로, 즉 부끄러움을 모르며 육욕의 탐닉이 난무하는 풍습으로 보고 있으며 특히 추잡하게 그린 비르길 솔리스의 동판화를 그 증거로 삼고 있다 —— 물론 무지 때문이다. 세상 사람들이 왜 왕성하게 일어났던 민중운동의 내용과 논리를 그렇게까지 왜곡되게 받아들였는가에 대한 이유는 당시 사람들이 더 잘 알고 있었다. 뮌스터에서의 재세례 교도의 운동은 그 시대에 압박받던 민중이 자신들의 압제자에 대해서 용감하게 대항한 저항운동이었다. 민중이 그러한 영웅적인 위대함을 보였을 때 민중의 저항대상인 "질서"의 옹호자들은 언제나 민중에게 오물을 끼얹었던 것이다.

뮌스터의 재세례 교도 운동에 대해서 사람들이 이유 없이 뒤집어씌운 여자공유라는 중상모략은 역사를 왜곡하려는 일부의 증오심이 공상 속에서 만들어낸 것이었음은 이제 기록을 통해서도 증명할 수 있다. 그러므로 "아담 교도"로 널리 알려진 타보리트(Taborit : 급진 후스 교도/역주)에 대해서도 그 운동의 중추 논리에 대해서 외면해서는 안 된다. 성적인 여자공유, 즉 음탕함을 증명할 수 있는 그 시대의 유력한 증거는 하나도 없기 때문이다. 우리는 15세기 초의 공산주의자들이 간직하고 있던 이러한 엄격한 태도가 여자공유제를 필요로 했다는 점을 알고 있다. 그런데 이 종파들의 이와 같은 종류의 여자공유제로부터 그것이 관능적인 방탕의 토대였다는 것은 전혀 증명할 수 없는 사실임은 확실하다. 그 시대의 역사가였고 그 후 교황이 된 에네아스 실비우스는 이 종파의 여자공유제에 대해서 다음과 같이 기록하고 있다.

그들은 여자공유제를 실시하고 있다. 그러나 그들의 우두머리인 아담의 허락 없이 함부로 여자와 사귀는 일은 금지되어 있다. 그런데 만약 욕망에 사로잡힌 남자가 어떤 여자에 대해서 연정을 품게 되면 그 남자는 그 여자의 손을 잡고 우두머리에게 가서 "나의 영혼은 이 여자에 대한 사랑으로 불타올랐습니다" 하고 말한다. 우두머리는 그 말을 듣고 "가서, 아이를 낳아, 번식시켜라, 땅을 가득 채워라" 하고 대답한다.

후세의 역사가들이 모든 방탕함의 으뜸으로 보는 나체에 대해서 이 종파가 취한 태도는 어디를 보아도 에로틱한 것과는 정반대였다. 현실은 전혀 달랐던 것이다. 왜냐하면 그들은 사치스러운 의복은 어느 것이나 모두 모든 죄악의 시초로 보았고 따라서 나체는 사람들이 희구하는 "무구한 순결"의 상태라고 보았기 때문이다. 그리고 그 요구가 이 교단의 신자들에게서 어느 범위까지 실제로 받아들여졌는가, 또 그들의 여자공유제는 어떤 성격을 띠고 있었는가에 대한 납득할 만한 자료는 거의 알려져 있지 않다. 에네아스 실비우스는 그들이 나체로 걸어다니고 있다고 기록했다. 그밖에도 아담 교도는 자신들의 교의에 따라서 파라다이스라고 부르는 집회장소에 나체로 모였다는 기록이 있다. 그러나 이 기록은 단지 소문에 불과한 것이다. 이 파라다이스적인 모임에 관한 가장 오래된 그림은 실제로 그것이 있었던 200년 뒤에 그러한 공산주의 운동을 중상하려는 목적을 가진 "감정의 심연으로부터" 흘러나왔던 것이다. 왜냐하면 재세례 교도 운동에 대한 기록에 들어 있는 삽화는 모두 중상모략을 위한 것이었기 때문이다.

15세기와 16세기에 나타난 이러한 프롤레타리아적인 교단과 그 운동에 대해서 우리들은 어떤 에로틱한 의미의 여자공유제와 또다른 어떤 관능적인 방탕함을 이야기할 수가 없다. 그뿐만 아니라 오히려 이러한 서민층은 생활토대가 음울하고 단조로운 상태였기 때문에 그들의 관능에 대한 관념과 결혼형태에 대한 이상에 대해서도 무엇이라고 말할 수가 없다. 이 경우에 그들의 결혼생활은 결국 교미 이상의 것이 아니었으며 그 경제적인 토대를 보아도 교미 이상의 것일 수가 없었다.

8) 간통

　남녀의 혼전관계가 상대적으로 많아진 것은 연애풍조가 보편화됨에 따른 것이다. 부부간의 정조관념이 무너진 것 또한 이러한 연애풍조의 확산과 관계가 있다. 이러한 풍조는 스스로의 이데올로기로서 간통을 중범죄로 간주하고 있던 계급에서도 풍미했다. 낡은 사회형태를 새로운 생활양식에 짜맞추는 데에는 필연적으로 엄청난 사회적 진통이 수반되기 마련이다. 이러한 시대에서는 제I권에서 이미 서술한 바와 같이 많은 사람들이 기존의 이데올로기에 토대를 두고 있는 제반 규칙을 번거로운 속박으로 감지하기 시작하고, 거기에서 벗어나려고 한다. 소시민계급에게 기존의 이데올로기에 대한 이와 같은 이탈이 소시민적 결혼생활의 이익이나 조건에 근거하지 않는 것이라면 그것은 당시 상황에 비추어볼 때 이 시대의 소시민계급에서조차 본성과 인습 사이에 가로놓여 있는, 즉 사유재산제를 기반으로 구축되었던 일부일처제가 야기한 모순에서 과감히 벗어난 것이었다고 할 수 있을 것이다. 그 결과 르네상스 시대에 접어들면서 간통은 시민계급에서조차 일반적인 대중현상이 되었다.

　이러한 사실은 시대의식에서도 분명하게 드러났다. 부부생활의 지속, 즉 당대의 시대적인 관점에서 볼 때 가장 중요하게 간주되던 사회제도가 크게 동요된 때에는 시대도 또한 그러한 것을 민감하게 받아들일 수밖에 없었다. 즉 간통문제는 각국의 종교적인 측면에서나 공공윤리라는 측면에서나 가장 중대한 문제로 부각되었다. 그것은 그 태도가 진지했던지 혹은 조소적인 입장이었던지 간에 당시 사회에서 끊임없이 제기되었던 문제였다. 당시 상황에서 그러한 논의가 전반적으로 간통을 부정하는 것이었다는 것은 당연하다. 사람들은 부인의 정조를 감격적으로 찬미하는 동시에 그 이상으로 간통의 특징이나 그에 대한 묘사를 늘어놓곤 했다. 그러나 사람들이 전반적으로 기존의 이데올로기를 귀찮은 속박으로 느끼게 되었다는 사실 또한 간통에 관한 문제에 대해서 언급하는 사이에 더욱 명백해졌다. 간통을 다루고 있는 많은 문학적 표현에서는 간통을 죄악시하는 대신에 이를 극구 찬양했다. 뿐만 아니라 항상 부정한 부인을 찬양했던 반면에 부정한 남편에 대해서는 전혀 그렇지 않았다는 점에서나 늙은이나 무기력한 남편에게 예속되어 있는 젊은 부인에게 동정적이었다는 데에서도 시대의 건강한 감각이 여실히 드러난다고 할 수 있다. 어떤

냄새(이사크 오스타데)

부인이 질투심 많은 남편의 온갖 방해를 극복하는 데에 성공하여 총애하던 젊은이와 함께 서로가 바라던 목적을 이루었을 경우에 그러한 부인의 재간은 자주 진정한 호의에서 감격적으로 묘사되었다. 술책을 사용하여 의심 많은 남편을 감쪽같이 속이고 외간남자 품에 안기는 데에 성공한 경우나, 의심 많은 남편이 혹시나 그러지 않을까 우려했던 방법으로 총애하던 젊은이와 함께 기분이 내키면 언제라도 자신이 원하던 정사를 즐기는 데에 성공한 부인의 경우에, 이러한 부인들은 대중으로부터 아낌없는 찬사를 받았다.

늙은 남편들의 시기심을 정복한 교활한 부인들을 부추겨세운 작품들 중 대부분은 어느 나라에서나 아주 음란한 작품에 속하는 것들이었다. 그 실례로서는 코르나자노가 쓴 「약삭빠른 사람에게는 두세 마디 말로 충분하다」는 이탈리아 격언소설을 읽어보면 충분할 것이다. 이 소설에서는 남편으로 하여금 아내가 바라는 것이라면 어떤 것이라도 충족시켜주도록 하는 데에 성공한 부인, 심지어 남편으로 하여금 그가 싫어하는 남자 하인에게조차 아내가 바라는 바를 충족시키도록 권유케 하는 데에 감쪽같이 성공한 부인의 수완을 그리고 있다. 우리는 대부분의 경우 그 작품의 제목만 훑어보더라도 그 소설의 음란성 정도를 정확히 파악할 수 있다. 예를 들면 포조는 「마누라의 질이 두 개라고 믿었던 바보 이야기」라는 책에서 이러한 소재를 다루고 있다. 동일한 소재를 이와 유사한 제목으로 다루고 있는 것으로는 "아름다운 질에는 아름다운 메스가 어울린다……"는 익명의 독일 만담을 들 수 있다.

우리는 또한 당시 부인들에게 널리 행해졌던 또다른 찬사를 간과해서는 안 된다. 곧 남편이 밀통을 꾀하고 있다는 사실을 감쪽같이 알아내어 무산시킨 다음에 그것을 자기 형편에 유리하도록 적절하게 활용할 줄 알았던 부인들의 교활함에 대한 찬사였다. 이런 부인들은 항상 다음과 같이 행동했다. 남편이 외도하리라는 사실을 눈치챈 부인은 남편이 꾀어낸 하녀나 다른 부인 대신 자신이 깜쪽같이 그 자리를 차지하는 것이다. 즉 부인은 재빠르게 남편이 외도하고자 하는 여인과 침대를 바꿔치기하여 바로 그 침대에서 잠들어 있는 체하는 것이다. 부인은 이러한 방법으로 남편이 외간여자에게 쏟고 있는 연애의 증거, 즉 남편이 자기 이외의 여자에게 나타내려고 하는 사랑의 표시를 자신이 모두 차지하는 것이다. 부인은 이러한 방법을 사용하여 당연한 결과로서 이중의 이익을 취했다. 왜냐하면 자기 아내에게는 결코 영웅적인 모습을 보이지 않던 남편도 그러한 경우에는 예외 없이 헤라클레스적인 행동을 취하기 때문이다. 이러한 방법으로 남편을 속인 경우를 묘사한 작품 중에서 유명한 것 두 가지를 살펴보기로 한다. 그 하나는 모를리니의 「자기 아내를 정부가 되도록 한 백작 이야기」라는 소설이며, 또 하나는 제목이 긴 사케티의 소설이다. 사케티의 소설 제목은 「키에티 지방의 방앗간 주인 파리넬로는 몬나 콜라지아네 집 침대에 몰래 숨어들어가 있었다. 파리넬로는 정부에게 홀딱 빠져 자기 아내가 누워 있는 침대로 남몰래 기어들어가 자기와 동침한 여자가 몬나 콜라지아라고 철석같이 믿고선 같이 밤을 보냈다」라고 하는 아주 긴 것이다.

여기에서 주의해야 할 사항은 앞에서와 같은 부정한 아내에 대한 찬사는 항상 정부와 정을 통한 남편에 대한 조소를 동반한 것이며, 이러한 경향에서 벗어난 것은 하나도 없었다는 점이다. 바꾸어 말하면 정부와 정을 통한 남편에 대한 조소에는 항상 부정한 부인에 대한 찬사가 수반되고 있다. 그러나 이와 반대되는 경우도 많이 있는 것은 정부와 정을 통한 남편에 대한 조소와 함께 부정한 아내에 대해서도 경멸했다는 사실을 드러내주고 있다. 이러한 관계설정은 남자의 논리에서 볼 때 아주 정당한 것이었다. 남편이 부인에 대해서 절대적인 지배권을 가지고 있는 한, 간통을 저지르는 아내는 모두 남자 전체에 대해서 죄를 저지르는 것이 되기 때문이었다. 여기에서 또한 부정한 남편에 대한 계획적인 비난이 등장한다. 부정한 남편은 무자비하게 비난받았다. 왜냐하면 그와 같은 남편은 남자의 권리 중에서도 가장 중요한 권리, 부인에 대한 절대적인 가정권뿐만 아니라 자신의 가장 중요한 재산권마저 쉽사리 침해당하기 때문이었다. 부인이 남편의 눈을 속여 그의 재산을 몰래 침해하는 데에 바로 그의 수치가 있다는 의미였다. 그러므로 아내와 외간남자간의 성관계가 남편의 권리를 크게 침해하지 않는 경우에는 —— 예를 들면 남편이 중요한 손님에게 아내를 헌납하는 경우에는 그것이 결코 남편의 권리를 침해하는 것은 아니었다는 것이다 —— 두 사람이 서로 즐겁게 쾌락을 나누더라도 그것은 부인에게도 수치스럽지 않은 것은 물론 남편 또한 수치심을 느끼지 않았다. 그렇다면 이와 같은 물적인 토대에서 남편이 부인과 성적인 관계를 유지하면서 또한 외간여자와도 성적인 관계를 맺는 경우에 부인의 명예가 손상되지 않았다고 하는 것은 어떤 이유 때문인가 하는 대비적인 의문이 있을 수 있다. 그것은 당시 부인은 남편의 재산이었지만 남편은 부인의 재산은 아니었다는 사실에서 설명된다. 따라서 이런 경우 법률적인 관점에서 볼 때 부인은 결코 피해자가 아니었다.

동시대인들의 일치된 비판에 의하면 부부의 정조란 아주 희귀한 꽃과 같았다. 희귀한 꽃을 찾아서 하루 종일 헤매더라도 그 꽃을 찾는 것은 하늘에서 별을 따는 것처럼 어려운 일이었다. 그 꽃은 "두번 다시 피지 않는" 잡초로 결혼식 날에 심어졌다가 바로 그 다음날엔 시들고 마는 하루살이꽃이었다. 반대로 "외롭지 못한" 잡초는 모든 사람의 정원에서 피어나는 꽃이었다. 페트라르카는 「위로의 거울」에서 "이제 간통은 너무나 흔한 일이 되었다. 그것은 법률이나 정의, 그 어느 것으로도 벌할 수 없을 정도이다"라고 서술하고 있다. 또 제바스티안 브란트는 그의 시에서 "자갈이 사방에 흩뿌려져 있듯이 간통은 그렇게 쉽게 세상에 만연되었다"라고 읊고 있다. 결국 부부는 치열한 경쟁관계 속에서 서로가 서로를 속인 결과 그 어느 쪽도 상대를 비난할 수 없는 처지에 놓이게 되었다는 것이다. 남편은 밤중에 흑심을 품고서 정력을 주체하지 못하는 한 젊은 부인이 잠들어 있는 방을 찾아간다. 그 부인의 남편이 오랫동안 지방을 여행하고 있거나 담으로 둘러싸인 은밀한 술집에서 최근에 남국에서 사들여온 "나이팅게일"에게 금화를 뿌리는 데 정신이 빠져 있을 때 "밤의 공복"에 시달리고 있는 미모의 이 부인에게 눈독을 들이고 있다가 적절한 때에 접근하여 꼬드기는 것은 그리 어렵지 않았다. 그의 부인은 부인대로 집에 젊은 이를 불러들여 민네 놀이의 감미로운 쾌락으로 이끌고 비너스와의 싸움에서 남자가 어떻게 힘을 발휘할 수 있는가를 가르쳐준다. 부인은 젊은이의 가슴에 남아 있는 지워지지 않는 상처를 정성껏 위로해준다. 그러면 젊은이는 부인이 펼치는 사랑의 기교에 빠져 수줍은 처녀가 그 전에 그에게 바쳤던 넉넉치 못한 빵과 같은 사랑은 순식간에 잊고 만다. 그렇지 않으면 부인은 "면죄해주기 위해서, 혹은 그녀와 함께 가장 세속적인 방법으로 묵주알을 하나씩 헤아리며 기도해주기 위해서" 적당한 시간에 맞추어 그녀를 찾아오는 호색한 사제에게 자신의 은밀한 동경을 고백한다. 더구나 그 어떤 부인도 남자의 음란한 공격에 맞서 끝까지 순결을 지키기는 어려웠다. "남의 부인을 만나자고 할 경우 남자는 상대방의 정조를 하찮게 여기고 상대방이 남편에 대한 정절의 의무에서 벗어나도록 하기 위해서 곧바로 음란한 대화나 접촉으로 상대방을 공격한다. 또 대부분의 남자들은 상대가 완강하게 거절할 경우 폭력을 사용해서라도 뜻을 이루고자 한다." 그러나 자신의 의지에 반하여 가해진 치욕에 몸부림치며 자살한 로마의 루크레티아는 한 사람도 없었다. 대부분의 부인들은 남자들이 음란한 대화를 걸어오는 것을 내심으로는 기뻐했으며, 주위의 남자들이나 친구들이 자기에게 음란한 욕망을 나타낼 경우 그것을 명예롭게 생각했다. 또한 저항에도 불구하고 남자들이 계속 완강하게 밀어부치기라도 하면 부인들은 내심으로는 자기도취에 빠지곤 했다. 더구나 부인들은 상대방 남자들이 자기 의사에 반하여 자기를 간부로 만들 경우에라도 죄악이라고는 전혀 생각하지 않았다. 이러한 정황으로 미루어보아 한 풍자가가 당시를 "루크레티아, 당신의 명예를 귀중하게 생각합니다. 오늘날에는 단 한 사람의 부인도 자살하려고 하지는 않습니다" 하고 조롱한 것은 결코 잘못된 지적이 아니다.

부부가 서로 정조를 지키지 못한 자신의 죄를 서로에게 참회하면 앞에서 서술한 바와 같이 이에 대한 서로의 부담은 청산되었다. 이러한 사실은 민요에서도 여실히 나타나고 있다. "가게 주인과 여주인의 참회"라는 민요에 나타나 있는 것처럼, 그러한 발상은 수없이 많은 민요에 드러났고 각 나라에서 서로 다른 형태로 나타났다. 이러한 사실을 여실히 드러내주는 민요는 전문(全文)을 싣지 않고서는 이해하기가 어렵다. 그러나 그 내용들이 너무 길기 때문에 여기에서 그것을 인용하기는 애석하지만 불가능하다. 남녀의 참회를 다룬 민요 등에 나타난 그 결과는 남편의 경우 부정한 부인을 쉽게 용서해주지만 아내의 경우에는 결코 못된 부정한 남편에게 자비를 베풀지 않았다는 것이다. 왜냐하면 부인의 입장에서 볼 때 자기는 한번도 남편의 의지를 거부한 일이 없었기 때문에 남편이 다른 여자를 찾아갈 이유는 하나도 없다는 것이다. 따라서 아내는 남편에게 완강한 태도를 취하고도 자기 태도에 대해서 결코 후회하지 않았다. 오히려 남편에게 어릿광대가 쓰는 방울 달린 모자를 씌워주었다.

간통 찬미자들은 흔히 남편의 경우에 대해서는 우호적이었지만, 앞에서도 서술한 바와 같이 간통을 저지른 부인에 대해서는 진지하고 풍자적인 항의를 퍼부은 경우도 많았다. 즉 그러한 부인은 아주 착실하고 성실한 남편을 속이는 것이며, 남편이 부인을 한 번 속일 때 부인은 남편을 이미 열 번도 더 넘게 속였다는 지적이다. "음란한 부인은 정부가 있는 곳으로 가는 길을 쥐가 구멍을 찾는 것보다 더 빨리 찾아낸다." 이러한 풍자는 또한 각국의 그림에도 나타나 있다. 이러한 그림에는 남편이 일 때문에 지방여행을 가게 되어 집을 떠나게 되면, 아직 부인이 창가에 서서 남편에게 이별을 고하고 있는데도 뚜쟁이 역할을 맡은 하녀가 재빠르게 간부에게 뒷문을 열어주고 있는 모습이 그려져 있다. 그리고 부정한 부인 역시 간부처럼 조금도 참지 못한다. 말을 타고 가는 주인의 모습이 시야에서 사라지기도 전에 부인은 간부와 함께 아름답게 치장된 침대 앞에 서서 간부가 원하는 모든 행위를 솔선함으로써 서로의 정욕을 불사르는 것이다. 그러나 그림에 나타난 풍자는 이와 함께 남편이 집을 비우는 사이 자신의 명예가 실추되지 않도록 파수꾼 역할을 부탁한 친구가 멀리 떨어져 있는 본인에게 "침이 마르도록 충고했지만 자네 부인은 외간남자 품에 안겨 놀아나고 있네"라고 알려준다고 하더라도 크게 놀랄 필요는 없다고 덧붙이고 있다. 즉 오랜 경험에 비추어볼 때 아내를 감시하기보다는 아침에 목장의 메뚜기떼를 한 마리도 빠짐없이 모두 몰아냈다가 저녁에 다시 목장으로 몰아넣는 편이 더 쉽다고 가르치고 있는 것이다.

운 좋은 연적은 이 시대에는 피하기 힘든 운명이었다. 그런데 이러한 연적은 피할 수 없었을 뿐만 아니라 또 여기에 대항할 수 있는 방법도 전무했기 때문에 —— 왜냐하면 "젊은 처녀 때는 정숙했지만 날이 갈수록 음란한 여인으로 변모하여 정숙함 때문에 상실한 것을 간부라는 형식으로 보상받기라도 할 듯이 음란하게 행동하는" 것을 세인들은 노상 보아왔기 때문이다 —— 풍자가들은 세상의 모든 남편들에게 마지막 수단으로 가장 열악한 승부에서는 사람 좋은 얼굴을 하고 모든 것을 하나도 남김없이 삼켜버리도록 충고하고 있다. 무르너는 「고이히마트」에서 "가령 자네 부인이 침대에서 알몸으로 외간남자와 동침하고 있는 장면을 목격했다고 하더라도 자네는 종전과 다름없이 부인의 좋은 면을 신뢰하지 않으면 안 되네"라고 하며 남편들에게 조소적인 충고를 해주고 있다. 게다가 이러한 충고는 당시 많은 남편들에게 설득력을 지니고 있었다. 따라서 브란트가 다음과 같은 시를 읊은 것은 아주 정당한 것이었다.

> ……부인들에게 어떠한 모욕을 당하더라도
> 남편들은 태연하게 참을 수밖에 없다.
> 남편들은 아주 튼튼한 위를 가지고 있기 때문에,
> 아무리 많이 먹더라도 소화해낼 수 있다.

또다른 곳에서는 이렇게 읊고 있다.

> 간통은 슬픔이나 고뇌를 가져오지 않는다.
> 남자들이란 간통을 마음에 담아두는 일이 거의 없는 법.

이러한 이유 때문에 대부분의 남편들은 아내들에게 다음과 같이 질책을 받더라도 전혀 걱정하지 않았다.

> 부인이 도둑을 집에 불러들여.
> 한스, 등불을 가져다주세요.
> 아름다운 남자 얼굴을 보고 싶다고 남편에게 말하면,
> 남자는 모르는 체하고 부인을 따른다.

엄처시하(작자 미상, 동판화)

그렇지만 "한스 카렐의 반지"라는 이야기에서 소박하지만 아주 교묘하게 상징화
되어 있듯이 남편이 아내와 사랑하는 순간에만 아내의 정조를 신뢰할 수 있다든가,

지칠 줄 모르는 부인을
살펴보거나,

부인을 큰 술통에 담아놓고
마개부터 음미해보면 좋을텐데.

이러한 프랑스인의 조소어린 지적처럼 행동하여 부인들을 모욕한다거나 하면,
그녀들은 결코 그러한 비난에 굴복하지 않았을 것이다. 그녀들이 정조를 털끝만치
도 중요하게 생각하지 않은 데에는 오직 단 하나만의 이유가 아니라 당당하게 내세
울 만한 이유가 수없이 많았다. 또한 당시의 소설이나 만담 등에는 모든 사정들이
자세히 드러나고 있을 뿐만 아니라 상세히 설명되어 있다.

자신의 부정을 합리화시키는 가장 중요한 이유로 부인들은 남편의 부정한 품행에
대한 복수의 권리를 들고 있다. 부인들은 이렇게 선언한다. "내 몸은 아직도 팽팽
하여 물이 넘쳐흐르고, 젖가슴은 창과 같이 우뚝 솟아 있건만 당신은 이를 외면하
고 외간여자의 목장에 있는 풀까지 먹어치우려고 하는군요." 이런 사정에 처한 남
편은 자기 집에 외간남자가 몰래 숨어들어와 "자기의 밭을 경작하는 것"을 각오해
야만 할 것이다. "부부들의 이야기"라는 연극의 서막에서는 부인이 남편에게 이렇
게 선언하고 있다.

저의 주인이시여, 저의 믿음직한 남편이시여,
저는 당신을 너무나 의심하고 있습니다.
이제는 더 이상 이 일을 침묵하고 있을 수만은 없습니다.
당신은 다른 이의 바이올린을 켜고 있습니다.
당신의 바이올린은 집에 내버려둔 채 말입니다.
당신의 바이올린은 밤낮을 가리지 않고 당신만을 그리워하고 있습니다.
당신의 바이올린은 당신이 원하는 대로 소리내기 위해서 현이 메워져 있습니다.
그런데도 당신은 당신의 활을 다른 사람에게 쓰고 있군요.
저는 당신이 제 바이올린을 켜려 했을 때 단 한번도 거부한 적이 없습니다.
설령 당신이 무리하게 하룻밤 동안에 네 번을 켠다고 하더라도
저에게는 결코 지나친 것이 아닌데도 말입니다
당신은 다른 여자를 데리고 노는 것이 좋은 모양입니다.
바로 당신이 저로 하여금 다른 사람에게 바이올린을 켜도록 한 사람이며,
따라서 저의 깃에 다른 남자가 들어오는 것은 어쩔 수 없는 일입니다.

이러한 주장에 대한 근거는 "군주와 주인의 유희"에서 보다 상세히 제시되고 있다. 여기에서는 프랑스의 왕비와 아라곤 왕국의 왕비가 부정한 행위를 저지른 남편을 비난하고 있다.

프랑스 왕비 :
마마, 당신도 제가 말하는 대로 하시기 바랍니다.
자기 멋대로 구는
그러한 남자는 타인을 비난할 자격이 없습니다.
그럼에도 그는 자칫 자기가 좋은 사람이라고 생각하겠지요.
저의 주인은 날마다 저에게 화를 내고
자기 분수 이상으로 자신만만합니다.
주인이 저와 함께 자리에 들 때에는
그는 제 곁에 장작처럼 누워 있습니다.
그것은 바로 당신이 생각하고 있는 것처럼,
자기 망아지를 다른 사람의 물 웅덩이에서 씻기고 있기 때문이랍니다.
의당 집에서 제가 사용할 권리가 있는 망아지를
주인은 다른 사람의 물 웅덩이에서 고생시키고 있는 것이지요.
그러나 주인이 그만두지 않으므로,
저는 다른 망아지라도 구해야만 했습니다.
그 망아지가 밤에 저를 끌 힘이 나도록
저는 낮에도 여물을 준답니다.

아라곤 왕비 :
마마, 당신의 주인이 당신의 여물을 경멸하는 한,
당신이 주장하는 바는 결코 부당하지 않습니다.
저 또한 저의 목장을 보살펴주고,
꼴을 베어줄 다른 인부를 고용해야만 할 처지랍니다.
저의 주인은 다른 사람의 여물을 먹고,
자기 목장은 풀이 무성한 채로 내버려두고 있답니다.
이 때문에 저도 저의 목장에 알맞게 물을 뿌려줄
노예를 안심하고 고용합니다.
그러면 저의 목장은 파릇파릇하고 무성하게 될 것입니다.
주인이 보살펴주어야 함에도 보살피지 않기 때문에

설령 그럴 권리가 없는 남자라도
당신이 기꺼이 고용하는 것이 좋겠지요.

부인들이 부정에 대한 권리를 합리화시키는 데에 내세운 이유 중 두번째로 중요한 것은 남편의 무능력이었다. 남편이 장사에 빠져 있거나 근심거리가 있거나 혹은 밤에 휴식을 취해야만 한다거나 하여 부부간의 애정표시가 차츰 뜸해지거나, 남편이 너무 늙어서 힘이 없다거나 일년 내내 여행만 한다거나 하여 "아내가 침대에서 추위에 떨고 있을" 때, 혹은 "아내가 홀로 외로이 있을" 때 어김없이 찾아오는 우울함을 말끔히 걷어내줄 정부를 불러들이는 것은 당연한 일이었다. 이에 대해서 클레망 마로는 다음과 같은 시를 읊었다.

"남편이 나쁜 사람이라면
그 아내의 마음은 비할 데 없이 비참하다.
그런 경우에 아내가 홀로 잠자야 한다는 것이
어떻게 가장 아름다운 일이라고 할 것인가!"라며 카트린은 말했다.
── 그러자 카트린의 아름다운 동생은 절규했다.
"나쁜 남편에 대해서는
고뇌할 것이 아니라 처방을 찾아야 한다.
아내도 부담 없이 정부를 두는 것이다!"

남편이 부인에게 페스트탁(Festtag : 祝祭日)은 주지 않고, 항상 파스트탁(Fasttag : 大齊日)만을 강요하는 날이 많거나 남편의 오랜 부재가 계속되면 ── 이것이 궁극적인 원인이다 ── 어떠한 부인이라도 병들게 되며 부인은 눈에 띄게 "본래의 모습을 잃고" 수척해진다. 단 하나의 즐거움도 주지 못하는 사랑이야말로 여자를 쇠약하게 하는 가장 큰 원인이기 때문이다. 따라서 이러한 고독한 주부가 문안차 여러 번 자기를 방문해준 용모 수려한 방문객과 우정을 나누다가 결국에는 그와 함께 달콤한 사랑의 묘미를 만끽한다거나, 부인이 남몰래 정부에게 연서를 보내어 그를 밤에 초대한다거나 하는 일은 항상 멀리 떨어져 있는 남편에 대한 그리움에서 야기된 일이라는 것이었다.
"만약 남편이 여행에서 돌아왔을 때, 떠날 때의 살찐 망아지 대신에 비참하도록

무력한 남편(프랑스의 동판화, 17세기)

여윈 해골을 마구간에서 발견하게 된다면 그것은 남편을 그리워한 부인의 비참함 때문이다." 그러나 대부분의 부인들은 이러한 희생을 치르려고 하지 않았기 때문에 그런 일이 발생하는 경우는 거의 없었다. "남편들이 큰 장이 서는 도시로 떠나가 부재중이더라도 집의 손님 접대용 침대는 싸늘하지 않았다." 다음의 프리아멜은 이 사실을 여실히 보여주고 있다.

부르주아가 귀족보다 훌륭하다는 것에
오늘날에도 사람들은 놀라워한다.
그것은 참 멋있고 똑똑한 생각.

226

많은 신사들이 부르주아의 집에 몰래 들어가선
오랫동안 머물곤 한다오.
주인이 시의회에 참석하러 나갔다거나,
상인들과 함께 여행을 떠났을 경우에는,
안주인은 자기 집에 찾아온 신사들을 쫓아내지 않는다지.
안주인으로서는 주인보다도 이들 신사들이 더 마음에 드는 것이라네.
안주인들에게 그것은 의심할 여지가 없는 일이지.
주인은 자기를 거부하지만, 이들 신사들은 자기를 기꺼이 받아들이기 때문이지.
그러므로 부르주아가 귀족보다도 더 고상하다고
아직도 세상 사람들은 말하고 있다오.

이와 같은 사정은 바깥 주인이 오랫동안 외국을 순례하거나 로마 순방길에 나선 경우에도 역시 마찬가지였다. "남편이 콤포스텔로 여행을 떠나면 아내는 품퍼넬(Pumpernell) 위에 드러눕는다." 교회의 대표자들도 이러한 경우에는 공평한 판정을 내렸다. 남녀 모두 공평하게 신의 은총을 즐겨야 하므로, 여자는 여자대로 신의 은총을 즐겨야 한다는 것이었다. "남편들이 로마 순례를 떠나면 수도사는 부인들에게는 270일간의 면죄일을 주었다." 덕택에 순례에 마치고 돌아온 남편들은 "걱정거리 하나 없는 축복"을 받았다.

남편이 나이가 많은데다가 머리는 희끗희끗하고, 부부간의 생활은 금욕시되어 마치 "남편은 정력을 일년 내내 여행하는 데에만 쏟고 있는" 것 같은 경우에는 "아내가 때때로 젊은 청년과 함께 집에서 기도를 드리곤" 했다고 하더라도 그 태도는 경건한 것이 되었다. 왜냐하면 자신의 생명과 육체를 소중하게 다루지 않는 행위야말로 가장 크나큰 죄악이었기 때문이다. 당시에는 항상 "침대생활의 금욕이야말로 사람을 일찍 죽게 한다"라고 이야기되곤 했다. 이러한 이유 때문에 늙은 사람과 결혼한 아내는 부정을 저지르는 데에 두 가지 이유를 달 수 있었다. 첫째 이유로는 노인들의 경우 결혼생활에서 약속을 지키지 못한다는

암탉 돌보기(프랑스의 동판화, 17세기)

것이다. 그들은 약속한 바를 심하면 단 하루도 지키지 못했다. 따라서 이들 부인들이 "쳇, 말을 지척에서 기르면서도 전혀 타보지도 못하는 바보들 같으니라구" 하는 식으로 경멸 섞인 비난을 퍼붓기도 했다. 사정이 이럴진대 아내도 약속을 꼭 지켜야 할 필요는 없었다. 아내는 남편에게는 결여되어 있는 것, 즉 그것 없이는 생활에서 아무런 의욕을 찾아볼 수 없어 비참하게만 될 뿐인 바로 그것을 소유하고 있는 젊은 남자와 즐길 권리를 가지고 있었다. 그림에 나타난 풍자에서는 이러한 "결여되어 있는 것", 가령 젊은 부인과 간통하고 있는 젊은이를 항상 훌륭한 검이나 단도로써 상징적으로 묘사했다 —— 그것은 아직 사용되지 않는 힘, 언제나 행동을 예비하고 있는 정력의 상징이기도 했다.

그런데 유감스럽게도 정력의 결여는 부인들의 견해에 따르면 단지 노인들에게만 국한된 것이 아니라 세상의 모든 남편들에게 해당되는 일이었다. 앙투안 드 라 살은 세상의 모든 남편들이 결혼 생활을 해나가면서 직면하게 되는 운명에 관하여 「결혼생활의 15가지 즐거움」이란 책을 썼다. 그는 이 책에서 결혼생활의 일곱번째 즐거움에 관해서 이렇게 말했다.

나이가 들면 아내라면 누구나 믿게 되는 결혼생활의 원칙이라는 것이 있다. 그것은 바로 이러한 것이다. 즉 당신의 남편은 세계에서 가장 심술궂은 남자인 반면에 연애문제에서는 가장 무능한 남자라는 사실이다. 부인들은 모두 자기 남편에 대해서 이렇게 생각하고 있을 뿐 아니라 이 사실을 굳게 확신하고 있다.

그러나 이런 사실은 아내가 부정을 저지르는 가장 중요하고 핵심적인 이유를 합리화시키기 위한 상투적인 핑계에 불과했다. 그것은 바로 대부분의 아내들이 남편의 정력만으로는 만족하지 못하고 있거나 연애 상대를 바꾸고 싶어하는 연애 자체에 대한 끝없는 굶주림의 표현이었다. 물론 남편의 처사가 간통을 충동질한 경우가 많았다는 것은 분명하다. 남편들이 한자리에 모일 때마다 그들은 왜 자기 아내의 은밀한 아름다움이나 아내가 자기를 위해서 마술을 부려 지상의 천국을 만들어주는 사랑의 기교를 어찌 그다지도 큰 소리로 친구들에게 들려준다는 말인가! 남편들은 기회만 있으면 왜 "내 마누라 엘스베트의 몸은 눈처럼 희고, 두 다리는 아름다운 원주 같으며, 유방은 대리석처럼 단단하다고나 할까"라며 자랑했던가. 그러면 다른 남편은 왜 "내 마누라 버플의 손은 벨벳처럼 부드럽고, 그 사랑은 발삼을 탄 꿀처

뚜쟁이질하는 하녀(한스 바이디츠, 목판화)

럼 감미롭다"라고 응답하곤 했던가. 남편들은 마치 입버릇처럼 이렇게 말하곤 했기 때문에 풍자가가 자기 부인을 "다른 사람 앞에서 자랑하거나 미화하는" 사람은 만일 친구가 자기 부인을 욕보인다거나 혹은 아내가 허영심에 들떠 "나의 남편이 말한 것은 꾸밈없는 진실"이라는 사실과 "남편이 나의 아름다움이나 사랑의 기교를 더할 나위 없이 극찬한 것은 진짜"라는 사실을 아내 스스로가 남편의 친구들에게 실증해준답시고 나서는 경우 그 책임은 전적으로 남편에게 있다고 한 것은 올바른 지적이었다.

아내들은 자기들의 부정을 이처럼 합리화시키고 있지만 풍속작가들은 여기에 대해서 반대했다. 풍속작가의 견해에 의하면 상당수 아내들은 천부적인 호색녀들이기 때문에 정부를 두고 있다는 것이다. 왜냐하면 정사의 즐거움이나 새로운 향락, 그리고 남편에게서 얻을 수 없는 미지의 쾌락에 빠져들어 부인들은 어느덧 정부의 품안에 안기곤 했기 때문이다. 앙투안 드 라 살은 앞에서 지적한 사실이 당시의 현실을 그대로 드러내주는 것이라고 말하면서 다음과 같은 설명을 덧붙였다. 즉 정부라는 존재는 연애의 영역에서는 남편보다 훨씬 정력적이고 능력이 있었기 때문에 연애의 욕구를 충족시키고자 하는 부인들의 갈증을 충족시켜주는 데에 남편보다는 훨씬 우위였다는 것이다. 남편은 단 한번의 애무로 만족했지만 정부는 사랑의 행위에 목말라 있어 끊임없이 새로운 도전을 하기 위한 만반의 채비를 갖추고 있었다. 이는 또한 다음과 같은 사정에 기인하는 것이기도 했다. 즉 정부의 머리는 온통 이 일로만 가득 차 있었다는 것이다. 모든 것은 단지 이 하나의 목적을 달성시키는 데에 모아졌다. 그들은 단지 자신의 소원이 성취되었으면 하는 희망 속에서 살아가고 있었다. 상대의 아름다움에 대한 호기심은 소진되는 법이 없었다. 상대가 자기 앞에 나타나면 그는 항상 불같이 타오르곤 하는 것이었다. 정부는 밀회에 적당한 기회가 주어지면 이를 충분히 활용해야 했기 때문에 항상 진취적이었으며, 또한 언제라도 연애에 돌입할 자세를 갖추고 있었고 그러한 기회가 포착되면 결코 놓치지 않았다. 따라서 정부는 자기 뜻에 따라서 일이 진행될 때에는 남편이 신혼 초에만 아내에게 보여주었던 황홀한 기적을 상대에게 보여주는 것이다. 따라서 그 전부터 자기 남편이 줏대 없고 변변치 못한 놈이라고 생각하고 있었다면 그 아내는 남편의 무능함을 더욱더 확신하게 되는 것이다. 이렇게 되면 아내는 그 이후로부터는 간통에 대해서 자신 있게 두 가지 구실을 내세울 것이다.……앙투안 드 라 살의 상세하고 자세한 설명이었다.

그런데 드 라 살이나 다른 여러 사람들이 지적했던 것처럼 색욕에 뒤집힌 부인의 눈으로 볼 때 정부는 이밖에도 많은 매력을 가지고 있었다. 정부들은 앞에서 지적된 이유 등으로 상대를 설득하여 이해시키는 태도를 취하는 반면에 한편으로는 남편보다 훨씬 난폭했다 —— 그러나 그들은 대부분 남편보다는 훨씬 섬세했다. 그리고 상대와 함께 부정한 연애를 하는 데서 오는 즐거움에 빠져 있었으며 상대에게 화류계 여자의 세련된 향락을 가르쳐주었다. 뿐만 아니라 또한 무엇보다도 아주 대담했다. 이러한 대담성 그 자체가 상대의 쾌락을 자극하는 촉매제였으며, 연애 사업을 영위할 때 상대의 쾌락을 높여주는 것이기도 했다. 따라서 부인들은 직접적인 위험에 직면하지 않는 안전한 때만을 골라 자기의 탐스러운 과실을 따먹고자 하는 정부들을 경멸했다. 결국 정부가 대담하게 행동하면 할수록 그는 자기가 바라던 목적을 더욱 확실하게 달성할 수 있었다. 부인들은 남편 앞에서조차 정부로 하여금 그가 바라던 바를 실행에 옮기게 하고, 더 나아가서는 직접 자기 남편 옆에서 정부가 남편을 패배시킬 수 있는 방법과 수단을 알고 있었다. 이에 관해서 앙투안 드 라 살은 다음과 같이 설명했다.

정부는 상대 여자와 이야기를 나누는 것만으로는 만족하지 못한다. 따라서 한밤중에 몰래 그녀 집으로 숨어들어가 지하실이나 마구간에 잠복해 있다가 결국에는 미친 듯이 정부의 남편이 잠들어 있는 침실로 뛰어들어간다. 그러면 부인들 중에는 정부의 그와 같은 대담성을 물리치지 못하거나, 또 그러한 대담성 때문에 정부와의 사랑에 몸을 불사르게 되는 부인도 있다. 그러한 부인은 그 때문에 결국은 몸을 망치게 된다.

정부의 이와 같은 대담성은 보카치오, 모를리니, 아델푸스, 프라이 등 수많은 작가들에게 풍자적인 해학의 소재였다. 이들 해학 및 이와 유사한 해학이 묘사하고 있는 내용은 대부분 다음과 같은 것이었다. 즉 정부가 그 남편으로부터 호된 질책을 받는다거나 아차 하면 발각될 순간에 여주인이 대담한 기지 —— 가령 "방에서 소란을 피우는 것은 집귀신들인데요"라는 식으로 —— 를 발휘하여 자신은 물론 정부까지 코앞에 닥친 위기에서 구해냈다거나 하는 내용이다. 또 이밖에도 이러한 기지를 발휘함으로써 대담하기 그지없는 정부에게 기회가 닿으면 언제라도 연애에 굶주려 있는 여인을 찾아올 수 있도록 했다는 등의 내용이 그것이다. 이러한 대담성은 당시의 회화에서도 잘 묘사되어 있다. 그리고 회화에 이러한 대담성이 묘사된 것이 꼭 드문 일만은 아니었다는 사실은 16세기 프랑스 법전 중 간통에 관한 부분의 삽화가 이를 설명하고 있는 데에서도 확인된다.

그런데 전혀 의심할 나위 없는 간통의 가장 유력한 이유는 부인들이 어떤 종류의 남성들이 지닌 이상한 육체적인 마력에 홀리는 것이라는 점이었다. 이러한 육체적인 마력은 그것에 홀린 처녀들로 하여금 그의 신분이 아무리 낮다고 하더라도 그 사람을 그 누구보다 훌륭한 사람이라고 생각하게끔 했다. 따라서 그러한 남성은 처녀들보다는 부인들에게 더욱 정조를 지켜야 한다는 교훈은 물론, 모든 의무와 관습, 예의 그리고 계급차별마저도 망각하게 하는 요인, 즉 도대체 어떻게 해볼 여지도 없는 요인으로 작용했다. 이상한 정력은 영주의 아내들에게는 노예마저도 영주처럼 생각하게 했으며, 귀족의 부인들에게는 인부마저도 귀족처럼 생각하도록 만들었다. 그리고 그것은 더구나 수녀들에게조차도 그녀들이 맹세한 선서를 망각하게 하는가 하면 자존심이 강한 부인들을 비천한 마부에게 복종하도록 만들었다. 그뿐만이 아니라 부인들의 영혼에 날개를 달아주어 그 결과 부인들은 연애의 즐거움 가운데서도 가장 기대하고 있었던 쾌락을 음미하기 위해서라면 짜낼 수 있는 술책이란 술책은 모두 짜내게 하는 데 아주 익숙하게 만들었다. 포조, 모를리니, 코르

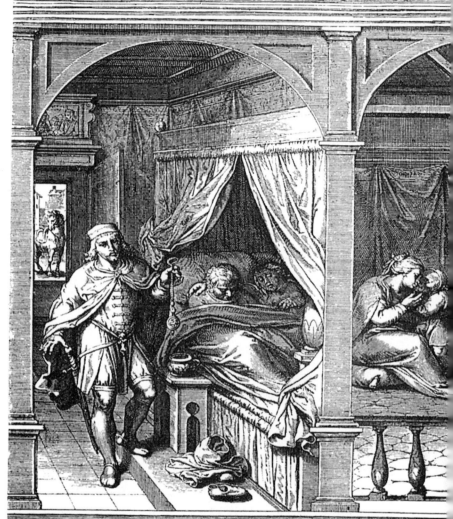

Il bel Giocondo da l'amata moglie
Parte, per gir dal Re, con graue pianto,
E perche seco, per oblio, non toglie
Il dono del monil gradito tanto,
Ritorna à casa, e troua (ahi crude doglie)
Ch'un suo seruo à la moglie giace à canto;
Pian pian sotto il guanciál prende il monile
Segue il viaggio, e diuien brutto, e vile.

Iocond mandé en cour, pour faire monstre
De sa beauté contre celle du Roy;
Laisse à regret sa femme; qui luy monstre
Tresbeau semblant, et d'amour et de soy.
Depuis sorty vne mille en campaigne,
Il luy souuient, d'auoir laissé au lict
Vn fermaillet, que sa chère compaigne,
En souuenance, au partir luy offrit.
Il tourne bride, et r'entré chez sa femme;
La troue ia couchée entre les bras
D'vn sien valet, dequoy presque il se pasme;
Croyant à peine à ses yeux dan tel cas.

Ne l'adultera moglie
Tutto mesto, e dolente
Vile da vna fessura sta
Con vn Nano disforme
Quanct l'acerba doglie
Ricuperò là sua belt
Ne intese la caqion (per
Il Re che ne sequnia. e

부정한 아내(이탈리아, 17세기)

dire mot, il poursvit son voyage
pendant le violent des dain
affront, point si fort son courage:
beauté se defait tout soudain.
en mal. Iusques à ce qu'vn iour
e fait voir, en cachette la Reine
ne vn nain fort laid de son amour,
leur passe et son train il recouvre:
il a vn Roy pour compagnon;
gresse soubs serment, il decouvre
moyen de cest le guerison.

Da le mogli infedeli ambo traditi
Scorrendo andorno ignoti, e soli il Mondo,
Le altre Donne prouando, e senza liti
Poser tra loro vn viso assai giocondo;
Pur'ancho da costei furo scherniti,
Ch'accolse vn sante suo trà il Re, e Giocondo
A' pie del letto: inteso poi lo scorno,
Ridendo à le lor mogli fer ritorno

Le Roy, fasche de si maigre fortune,
Laissé la Reine. Ils s'en vont seuls a deux
Courir le monde, vne amie commune,
Pour leur plaisir, couche tousiours entre eux.
Ce non-obstant cest le garce infidelle
Permet, qu'vn tiers, montant au pied du lict,
Entre ces deux, en iouisse encor d'elle,
Sans crainte, d'estre attrappée au delict.

Parquoy croyant pour vray, que toute femme
Estant requise abandonne sa foy.
Et qu'elles sont toutes d'vne humeur mesme,
Chascun resout de retourner chez soy.

tti patron suo oiff.to O. V. D.

나자노는 이탈리아 부인을 예로 들어서 우리에게 그러한 사실을 증명해주고 있다. 또한 베벨, 프라이, 린드너는 독일의 부인들을, 그리고 브랑톰과 여러 프랑스 작가들은 프랑스 부인들을. 영국의 연대기 작가들은 영국 부인들을 각각 예로 들어서 이러한 사실을 분명히 증명하고 있다. 이러한 이야기들 중 몇 가지를 예로 들면 다음과 같다. 모를리니가 쓴 것으로는 "귀족부인을 만족시킨 나그네의 이야기"와 "번뇌를 이기지 못해 마부에게 몸을 바친 수녀의 이야기"가 있으며, 침메른의 프로벤 백작의 연대기 중에서는 "비만한 공작부인"의 이야기를 들 수 있다. 또한 코르나자노의 "영리한 사람에게는 두세 마디의 말로도 충분하다"나 영국 왕실의 귀부인에 관한 그라몬트의 회상록에 나타난 묘사 등 이밖에도 수없이 많다. 이외에도 "간통에는 이 이상 좋은 구실은 없다"라고 하는 의견은 각국의 구전이나 속담, 수수께끼, 가요 중에 수없이 나타나 있다.

아내의 부정을 이와 같이 취급한 것은 풍자에서도 크게 선호되던 방식이었다. 우리는 대표적인 실례로서 부정한 아내에 대한 아리오스토의 풍자만을 들어보기로 한다. 이 풍자는 한 장짜리 인쇄물로 간행되었으며, 거기에는 대부분 이탈리아어와 프랑스어 2개 국어로 설명이 덧붙여 있었다. 이 풍자에 함축되어 있는 사상을 간략히 간추려보면 다음과 같다. 귀족 조콘도가 궁정으로부터 초청을 받았다. 그는 아름다울 뿐만 아니라 정숙하다고 굳게 확신하는 아내와 눈물을 흘리면서 이별했다. 그러나 그가 말을 타고 몇 마일도 채 가기 전에 문득 아내가 이별의 징표로 그에게 준 부적을 침대에 놓고 온 사실을 깨닫곤 길을 돌려 집으로 되돌아왔다. 그러나 조용히 침실로 들어선 순간 그는 자기의 눈을 의심할 수밖에 없었다. 왜냐하면 정숙하리라고 굳게 믿었던 아내가 젊은 남자 품안에 안겨 있는 것을 목도했기 때문이다. 아아! 아내와 젊은 정부는 정사를 치른 피로 끝에 곤히 잠들어 있었다. 그는 그들을 깨우지 않은 채 곧바로 집을 다시 나왔다. 돌아서는 그의 마음의 비참함은 이루 헤아릴 수 없었다. 그는 아내가 자기에게 안겨준 모욕을 한순간도 잊지 못했지만 어느날 우연히 왕비가 추한 광대인 난쟁이 품안에 안겨 잠들어 있는 것을 목격했다. 그 후 국왕 역시 자기와 동일한 운명이라는 사실을 알고 난 후로는 다시금 본래의 생기를 되찾을 수 있었다. 왕은 이 치욕 때문에 결국 왕비를 버리고 말았다. 그 뒤에 왕과 조콘도 두 사람은 두 사람 모두의 아내라고 할 수 있는 공동 소유의 여자친구 한 사람과 더불어 함께 세계를 방랑하게 되었다. 그리고 밤이 되면 이 공동 소유의 아내는 두 사람 사이에서 자게 되었다 —— 덕분에 두 사람은 여자의 정조에 대해서는 전혀 의심하지 않아도 되었다. 그러나 사실은 이와 정반대였다. 즉 그 여자는 오히려 두 사람 중 그 누구로부터도 방해받지 않은 상태에서 침대발치 사이로 몰래 숨어들어온 제3의 정부와 유유히 정사를 즐겼던 것이다. 이때 두 사람은 모두 서로 상대방이 그 여자의 총애를 받는 것으로 믿었던 것이다. 그러나 국왕과 귀족이 결국에는 이러한 사기극을 알아채게 되었고, 그들은 아내란 강한 유혹에는 버티지 못하고 결국 부정을 저지르고야 마는 존재라는 사실을 체득하게 되었다. 두 사람은 이러한 체득 후에 다시 집으로 돌아갔다.……

결국 여기에서 나타난 결론은 오쟁이 진 남편들의 달력에는 간부들이 남편에게 죄를 짓지 않는 날이란 단 하루도 없다는 사실이었다.

9) 자유로운 성관계와 관능의 부패

자유로운 성관계는 소시민계급의 가족적 이해관계에 위배될 뿐 아니라 농민이나 프롤레타리아 계급에 속한 가족의 이해관계에도 배치되는 것이었다. 따라서 이들 계급에서 부부간의 부정은 아주 일반적인 현상이었음에도 불구하고 개인적인 불행으로 치부되었으며, 일반적인 관점에서도 사회의 불행한 사태로 간주되었다. 그러나 상인이나 상인과 결부되어 있는 직업의 결혼생활, 특히 궁정귀족의 결혼생활에서는 상황이 판이하게 달랐다.

이미 제I권에서 서술한 것처럼 증가일로에 있던 상업적인 이윤의 덕택으로 여자들은 가사노동에서 해방되었다. 그 결과 가사노동과는 전혀 별개인 영역, 즉 문학이나 미술, 과학 분야들에 종사할 수 있는 시간과 함께 이들 분야에 관심을 가질 정도의 경제적 여유도 가지게 되었다. 비라고라고 부르는, 과학이나 예술에 종사하는 부인들, 특히 여성학자들이 등장했다. 이들 여성들은 자기들에게 주어진 자유의 한계 내에서는 무엇보다 먼저 자신들의 문제나 자신들과 사회와의 관계를 진실로 규정짓고자 했기 때문에 최우선적으로 성관계를 검토하고 비교하여 비판하고, 또한 철저하게 자기목적으로서의 연애에 열중했던 것 역시 자연스러운 일이었다. 이러한 현상의 당연한 결과로서 이들 사이에서는 지극히 자유로운 성관계가 등장했다. "청춘의 혈기로써 혁명적인 대부르주아 계급은 가부장적인 가족제도와 일부일처제를 와해시켰다."(칼 카우츠키) 이러한 계급에서 자유로운 성관계가 나타났으며, 그 것은 결국에는 보편적인 현상으로 발전했다. 즉 어느새 이러한 성관계 때문에 가족 이 위협받는 일은 없어졌다.

그러나 국민의 극히 일부 계층에 지나지 않던 부르주아 계급에 속한 부인들의 해 방은 생산과정에 참여하는 여성 노동자에게 "밤만 축내는 여성 수탈자로 변모한 것"을 의미하는 것으로, 이 계급의 내부에 새롭게 등장한 생의 자유는 일반적인 해 방이나 정신적인 측면 혹은 윤리적인 측면에서의 향상을 의미하는 것은 아니었다. 더욱이 이러한 성의 자유는 형편없는 방종으로 흘러버리고 말았다. 따라서 여성으 로서는 제1차적인 천직이라고 할 수 있으며 또 가장 신성한 의무이기도 한 모성, 즉 어머니라는 역할에서도 해방되었다. 이것은 여성들이 천성이라고 할 수 있는 모 성보다도 과학이나 예술 등에 더 높은 가치를 두었기 때문은 결코 아니었다. 결론 적으로 말하면 모성의 의무를 유기한 것은 그것이 자유분방한 향락을 추구하는 데 에 (그 자본이 되는) 사치적 동물로서의 여자의 모습을 추하게 만드는 것이었기 때 문이었다. "유방이 본래 모습대로 아름답고 부드럽게 유지되었다면 아이에게 젖을 먹인 이는 그 어머니가 아니라 다른 부인인 것이다."

관능적인 부패가 사회의 최상층계급에서 불가피한 현상으로 나타났다면 이와는 정반대의 하층계급, 즉 분해와 새로운 생성을 거듭하던 상태에 놓여 있거나 몰락의 길을 걷고 있던 계급에서도 상황은 역시 거의 마찬가지였다. 이들 계급은 한쪽은 원래의 역사적인 생활기반을 상실한 채 사회의 기생충적인 위치로 몰락해가던 계급 이고, 다른 한쪽은 본격적인 발효상태에 있었던 계급이었으나, 이들 모두 내부적으 로는 성적인 부패가 크게 심화되어갔다. 왜냐하면 사회적인 발효현상과 부패현상 은 외관상으로는 동일하게 나타나기 때문이다. 이들 계급에서 성적인 부패가 필연 적인 현상으로 나타난 데에 대해서 우리는 이미 제I권에서 살펴보았기 때문에 여기 에서는 단지 이 정도로 지적해두는 선에서 그치고자 한다. 중세 말기에 계급분해와 함께 새로운 계급으로 발전되고 있던 계급은 기사계급과 농민계급이었다.

기사계급의 연애봉사는 정화과정임과 동시에 부패과정이기도 했다. 그런데 그것 이 일차적으로는 부패과정으로 나타나게 되었다. 만약 우리들이 이 과정을 "영원" 이라는 망원경을 통해서 살펴볼 수 있다면 그것은 매력과 시정(詩情)으로 충만된 아주 유혹적인 모습으로 보일 것이다. 민네 봉사가 만들어낸 문학기록은 모든 문학

가운데서도 비견할 수 없을 정도로 훌륭한 것들이다. 그중 가장 중요하고 대표적인 것으로는 저 유명한 프로방스의 알베스(Albes)와 독일의 "타글리더"를 들 수 있다. 이러한 가요 중에 민네의 대가로 행복을 얻은 기사와 귀족부인의 이별의 묘사가 있다. 망루의 파수꾼은 남의 눈을 피해서 연애를 즐기는 연인들의 수호신이다. 파수꾼은 망루에서 아침의 노래를 불러준다. 그 노래는 밤새 오랜 전투에 지쳐 떨어져 곤히 잠들어 있는 두 연인을 깨우게 된다. 총애를 받은 정부는 "불같이 타오르는 사랑을 즐긴" 아름다운 성주부인의 손님 접대용 침대에서 적절한 시간에 일어난다.

> 자, 어서 일어나십시오. 시간이 되었습니다.
> 새벽녘에 파수꾼이 이렇게 노래합니다.
> 지금 마음으로 연애를 하는 사람은
> 내가 하는 말을 귀담아들으십시오.
> 새는 울타리 위에서 노래하고 있고,
> 종달새와 나이팅게일이
> 소리 높여 지저귀고 있습니다.
> 또다른 새들이 여기저기서
> 지저귀는 소리에 눈을 뜨면
> 나는 하늘 높이 해가 떠 있는 것을 보게 됩니다.……

시에 대한 감각이 전혀 없는 사람이라고 하더라도 모든 아침의 노래가 마치 화창한 봄날에 잠들어 있는 사람들을 뒤흔드는 저 감미로운 아침 공기처럼 사람의 마음을 사로잡는다는 것을 부인할 사람은 아무도 없을 것이다. 그것은 또한 새로운 시대를 여는 아침 공기였다. 그것은 머지않아 세상에 그 모습을 드러내게 될 개인적인 성애, 인류문화의 최고의 공적으로서의 아침 공기였다.

그런데 이 예술이라는 거울은 수정처럼 투명하다. 만약 사물에서 형용사를 모두 제거해버리고 그것을 현실 그대로 재생시킨다면 그 광경은 전혀 다른 모습이 되고 말 것이다. 우리들은 거기에서 단지 부패만을 보게 된다. 거기에는 항상 천편일률적인 사실이 얼굴을 내밀고 있다. 즉 결혼생활이란 연속된 사기극에 불과하다는 사실이다. 이 시대 민네의 가장 큰 특징은 결국은 남편을 속이는 데에 있다. 다른 모든 지배계급과 동일하게 기사제도에서의 결혼생활도 절대적으로 인습에 기초하고 있었다는 것은 분명했다. 그리고 공공연한 탈선행위나 불륜의 인연을 과감히 떨쳐 버리는 일은 매우 장엄하고 진보적인 일이었다. 그러나 그런 부인들은 단 한 사람 도 없었다. 천성의 복수라는 것은 교묘한 기만에 불과했던 것이다. 이들 부인들은 계획적으로 외간남자의 씨앗을 받아서 낳은 아이를 남편의 친자로 속이는 것을 가장 큰 자랑으로 삼게 되었다. 당시의 시에서 항상 민네의 보상이 구가되었던 것은 분명하지만 모든 것 가운데 가장 중요한 것은 결국 최후에 나타나는 결과였다. 그 런데 그 결과는 대부분의 경우 결국은 기사의 헌신적인 사랑을 허용한 부인들의 불 륜에 의한 임신이었다. 부인들 대부분은 그러한 일을 허용했을 뿐만 아니라, 상대 기사들이 그렇게 한 것을 자랑하고 다니면서 그것을 최고의 영예로 삼았다. 외간여 자와의 포옹이나 애정행각을 통해서 얻을 수 있었던 육욕의 향락이야말로 기사들이 오직 원했던 것이며, 또한 부인들이 약속한 사랑에 대한 보상이었다. 그것은 부인 들이 기사들의 헌신적인 구애에 대해서 베풀어야만 하는 최고의 보상이었다. 그것 은 아직 원시적인 상태라고 할 수 있는 당시의 문화풍토에서 인생의 최고의 즐거움 은 동물적인 성행위 가운데에서 구해졌기 때문이다. 그리고 연애중에 있는 남자와 여자의 승리란 말할 것도 없이 그 여자의 남편을 속여서 은밀한 사랑의 밤에 서로 육욕의 감미로운 쾌락을 맛보는 것이었다. 또한 그들의 승리는 사랑을 나눈 밤에 부인이 상대 기사의 아기를 임신함으로써 비로소 완벽한 것으로 성취되었다. 그것 역시 자연스러운 일이었다. 이러한 사랑의 담보를 뒤에 남겨두는 것은 분명히 행복 했던 기사들의 각별한 자랑거리였으며, 아마도 대부분의 부인들 또한 바라던 바였 다. 이는 또한 개인적인 연애풍조가 결실을 맺은 최초의 성과이기도 했다. 양가집 부인들도 서로 배가 맞은 남자에게서 아이를 얻고 싶어했다. 아마 부인들은 이러한 결과를 당연한 것으로 생각했을 것이다. 이후의 기록에서도 이러한 사실은 정확히 입증되고 있다. 예를 들면 귀족부인들이 정부가 뜻을 이룬 순간에 "남편으로서의 의무"를 다하고자 노력하는 정부에게 배를 들어올려 밀착시켰다는 내용이 있다. 이 러한 행동으로 나타난 채워지지 않은 욕구 가운데서도 가장 큰 욕구로서 부인들의 건강한 관능의 욕구가 묘사되고 있다. 즉 그러한 부인들은 말하자면 상대 남자를 자기의 온갖 사랑의 기교로써 만족시켜준 순간에 자기가 구했던 끝없는 향락에 대 한 요구가 남자의 만족으로 끝나버리기 때문에 배를 들어올린 것으로 볼 수 있다. 그러나 충족되지 않은 욕구에 대한 이러한 불만 가운데는 결국 우리가 앞에서 지적했던 것, 즉 인간이 어떤 제도에 반항하여 그 제도를 뛰어넘는 것은 그러한 행동이 결실을 맺지 못할 경우에는 완전하다고 할 수 없다는 점이 나타나 있다는 것이다. 이러한 행위가 대부분 무의식적으로 행해진 것이라고 하더라도 그 때문에 상황이 달라지는 것은 아니다. 따라서 민네 봉사에 대한 결론은 첫째로는 기사계급에서의 법률상의 아들은 그 대부분이 그들의 친자가 아니었다는 사실이고, 둘째로는 부인과 그녀와 연애에 빠져 있는 기사들의 지혜는 모두 오랜 세월 동안 오로지 이러한 기만과 또 이와 같은 결과에만 집중되어 있었다는 것이다.

우리는 민네 시대의 기록에서 모든 일이 단 한번도 이러한 목적에는 도달하지 못한 것으로 쓰여 있는 것을 볼 수 있다. 그러나 실제로는 그 목적 가운데서 처음으로 모든 일의 진정한 성격이 드러났다. 그리고 그 진정한 성격이란 곧 부패를 의미한다. 민네 봉사 그 자체 역시 결코 이상적인 것은 아니었다. 그것은 우리가 수차례에 걸쳐서 이야기해온 민네 규칙 중 하나만을 고려해보아도 분명해진다. 어떤 기사가 마상시합에서 그때까지 전혀 알지 못하던 어떤 가문의 한 귀부인을 걸고 한판 승부를 겨룬다. 승리하면 그는 그 부인의 문장(紋章)을 몸에 달게 되며, 그의 승리에 대해서는 민네의 보상이 주어진다. 몸을 깨끗이 하고, 체력을 회복하는 즉시 기사에게는 그 부인의 침대에 오르는 일이 허용되며, 기사와 부인은 사랑의 갈증을 풀었던 것이다. 이렇게 사랑의 하룻밤을 보낸 뒤에 기사는 다시 그곳을 떠난다 —— 이러한 사실은 에센바흐의 볼프람 가운데에 수없이 서술되어 있었다. 그러나 우리들의 현대적인 관점에서 볼 때 이해되지 않는 점은 그 기사가 마상시합에서 패했을 경우에 일어나게 되는 상황이었다. 패하면 그는 내기를 걸었던 것을 잃게 되었다. 그러나 설령 그가 패했다고 하더라도 그 기사가 빈 손으로 떠났던 것은 아니었다. 기사가 자기의 명예를 걸었던 그 귀부인 쪽에서 항상 그에게 대가를 지불했던 것이다. 바꾸어 말하면 귀부인은 항상 비합법적인 연애의 향락을 허용해 왔다. 즉 자기의 문장을 거두어들인 기사 대신에 시합에서 패한 기사로 하여금 그가 남자와의 시합에서처럼 귀부인과의 시합에서도 용맹스럽게 힘을 겨룰 수 있는 가를 증명해 보이도록 허용했던 것이다. 귀부인의 애인에게 아직 적의를 품고 있는 패배한 기사에게도 그 귀부인에게 아이를 가지게 할 권리가 주어졌던 것이다.

독자들은 이러한 견해가 진보적인 것이었다고는 설마 말하지 않을 것이다. 이는 논리적 맥락에서 파악해볼 때 기사들의 결혼생활 전반에서도 동일했다. 왜냐하면 이러한 계획적인 기만은 일방적인 것은 아니었을 뿐만 아니라, 앞에서 서술한 바와 같이 기사사회는 상호간의 간통을 용인했던 유일한 사회였던 것이다. 이는 그들의 가정생활에도 그대로 반영되었다. 자녀들에 대한 자기의 지위나 가족감정 등은 기사들에게 이상적인 세계로 여겨지지 않았다. 기사들에게 가정이란 일상생활을 꾸려나가는 데에 갖추어야 할 형식에 지나지 않았으며, 형식적인 구색에 불과했다. 따라서 우리들 역시 이러한 시대상황에서 발생한 사회범절에 관해서 낭만적인 공상을 품어서는 안 된다. 성내의 여자집(Frauenhaus) —— 여자들이 노동을 하던 가옥 —— 은 대개의 경우, 기사들의 하렘을 이루기도 했다. 기사들과 여자 노예들의 관계 역시 동일했다. 기사 출신의 영주는 제멋대로 하인의 부인이나 딸들을 다룰 수가 있었으며, 또 실제로도 그러했다. 영주는 자기 마음에 드는 여자가 있으면 아무런 거리낌없이 그녀에게 자기의 정욕을 풀 수 있었다. 많은 의문이 남아 있는 유스 프리메 녹티스(Jus primae noctis), 즉 봉건영주 등의 초야권은 재산개념에서 자연스럽게 나타난 대단히 "자연스러운 권리"였다.

그러나 앞에서의 일은 기사계급의 일부분, 그것도 극히 소수에 해당되는 일이었다. 민네 봉사에 대한 시가는 항상 신분이 높고 부자인 귀족만을 대상으로 읊어졌다. 그외의 대다수 기사들은 호화로운 성곽이나 궁전에서 살지 못했으며, 부르크슈탈(Burgstall)이라는 성 안의 작은 집에 기거하던 소귀족들이었다. 이러한 작은 집은 형편없이 초라한 집으로 고상한 노래나 시와는 거리가 멀었다. 이러한 사정은 후텐이 자기 아버지의 슈테켈베르크 성을 묘사한 글에서 잘 나타나 있다. 그런데 이 성만 하더라도 아직 상당히 좋은 주택에 속하는 편이었다. 하급귀족의 생활 역시 그들의 집이 보여주는 바와 같이 아주 살풍경한 것이었다. 이들 대부분은 당시 아주 흔했던 노상강도가 전문이었다. 결국 오늘은 약탈, 내일은 채찍이라는 식이었다. 그리고 채찍은 약탈만큼이나 자주 있는 일이었다. 상황이 이럴진대 이 계급이 도덕적으로 한없이 야만화된 것은 오히려 당연했다. 성적인 문제에서도 우리가 오늘날 직업적인 룸펜이라는 가장 너절한 사람들에게서 흔히 볼 수 있듯이 그들에게서도 역시 야만화된 상태와 견해가 지배적이었다. 실제 당시 상황이 이와 달랐을 가능성은 전혀 없었다. 노상강도단은 우두머리나 졸개를 가리지 않고 동반자 없이 혼자 길을 가는 여자가 있으면 솜털이 보송보송한 앳된 처녀든 다 늙어빠진 노파이든 가리지 않고 닥치는 대로 강간했다. 노상강도들의 아내나 처녀들 역시 똑같은 일을 당하곤 했다. 만일 그들의 아내나 딸이 그런 일을 당하게 되면 그들은 즉시 복수하곤 했다. 이러한 내용의 속담으로는 "백성들은 서로 죽이곤 하지만, 귀족들은 서로 아이를 만들곤 한다"라는 것이 있다.

귀족들 가운데에서도 자기 영내의 백성들이 바치는 세금에만 의존하여 생활하거나, 그 지방에 도둑질할 것이 하나도 없거나, 혹은 그 지방의 촌락이나 도시의 방어가 철저하여 노상강도짓을 할 경우 위험부담이 너무 높아서 그들로서는 가장 손쉬웠던 강도짓이라는 고급직업에 종사할 수 없었던 지방의 토호 하급귀족들의 풍기는 꼭 그렇게 야만적인 것만은 아니었다. 그러나 이들의 풍기는 바로 이런 점 때문에 하나에서 열까지 말할 나위 없이 황폐하고 풀려 있었다. 뷔르템베르크의 침메른 백작의 연대기 속에 나오는 짧은 기록은 이러한 상황을 여실히 보여준다.

슈바르츠발트에 사는 어느 귀족에게는 젊고 아름다운 아내가 있었다. 아내는 킬베르크 수녀원에 있는 가까운 친척 부인을 방문하려고 순례 여행길에 올랐다. 남편인 귀족은 자기 여동생이 그 수녀원에 있었기 때문에 아내가 수녀원을 방문하는 일을 흔쾌히 받아들였다. 그리고 그는 아내가 설마 자기를 속이리라고는 생각지 않았다. 그러나 실은 그가 감쪽같이 속은 것이었다. 즉 그의 여동생과, 여동생과 친한 몇 명의 여자들이 그의 아내를 꼬드긴 것이었다. 당시 오스트리아에서는 게롤트체크 백작이 네카 강 연안의 지배권을 장악하고 있었다. 게롤트체크의 젊은 아들인 발터는 아직 미혼이었다. 바로 이 발터에게 귀족의 부인이 소개되었다. 다만 이때 남자는 상대인 여자의 얼굴을 볼 수 없다는 조건이 붙었다. 수녀원의 심부름꾼이 발터에게, 도련님은 완벽하게 준비된 수녀원의 침대에서 귀부인과 즐기게 될 것이며 그 후에 단 한 번 부인의 얼굴을 보게 될 것이라고 전했다. 발터는 아주 즐거워하면서 그 조건을 승낙했다. 그리고는 그 날 늦게 수녀원으로 갔다. 그는 그를 접대하는 사람들에게 자기는 이미 식사를 끝냈으며, 무척 피곤하기 때문에 쉬었으면 좋겠다고 부탁했다. 접대하는 사람들은 매우 명민한 남자들이어서, 곧바로 침대를 준비시키고 휴식을 취하도록 했다. 발터는 젊은 귀족인 노이네크의 오스발트만을 대동하고 왔을 뿐 하인들은 한 명도 데려오지 않았다. 두 사람은 살금살금 한 수녀가 있는 데로 들어갔다. 그 수녀는 이들이 묵을 장소를 이미 용의주도하게 준비해두었다. 수녀는 발터를 칠흑같이 어두운 작은 방으로 인도하고는 방문을 닫았다. 발터는 옷을 벗고 침대로 올라갔다. 그는 그 방에 자기 혼자뿐인 줄로 알았으나, 곧 침대에 알몸의 여자가 누워 있다는 사실을 알아챘다. 그는 그 여자의 이곳저곳을 쓰다듬어보았다. 물론 그는 그 여자의 얼굴을 볼 수가 없었지만 그러나 그녀와의 접촉만으로도 그녀가 아름답고 젊은 여자라는 사실은 분명히 알 수 있었다. 발터는 여자와 정사를 나누었으나, 상대가 자기를 다우세스(dauxes : 惡魔)

라고 부를 수 없었던 것을 꾹 참아야만 했다. 바로 다음과 같은 사정 때문이었다. 실은 그녀와 가까운 여자친구인 한 부인이 오스발트 도련님과 함께 그 방과는 단지 얇은 칸막이 벽만을 사이에 둔 바로 옆방에서 전율과 정욕에 가득 찬 소리로 "아, 당신, 내 귀중한 안나, 아, 당신, 내 귀중한 안나"라고 절규하는 것이 똑똑히 들렸기 때문이다. 어쨌든 그녀의 입장에서 볼 때 사랑의 행위를 하는 데에는 집에 있는 남편보다 발터가 몇 배나 마음에 들었다. 발터에 비하면 그의 남편은 어린애나 마찬가지였다. 그 방에서 둘의 정사는 한밤중까지 계속되었다. 동틀 무렵에 수녀가 와서 발터를 그 방에서 데리고 나가 별실로 안내했다. 그는 별실에서 아주 곤한 잠에 떨어졌다. 노이네크 역시 마찬가지였다. 아침이 되자 두 사람은 잠에서 깨어나 말에 안장을 얹고서 유쾌한 기분으로 그곳을 떠났다.

이러한 기록은 15–16세기의 토착 소귀족들의 성도덕 관념을 보여주는 전형적인 기록이다. 왜냐하면 이러한 기록들은 예외없이 고전적인 사례만을 수록하고 있기 때문이다. 여기에서 이와 유사한 각국의 수없이 많은 사례를 더 이상 수록할 필요는 없을 것이다.

그러나 성내에 거주하던 귀부인 대부분은 앞에서 얘기한 슈바벤의 부인처럼 자존심이 강하지 않았다. 또한 그들은 민네에 대한 갈증으로 시달리거나 부부간의 사랑 행위로만은 만족하지 못할 때 그렇게 용의주도하게 처신하지도 않았다. 귀부인들은 남편이 부재 중일 때 "마부, 하인, 화부, 광대 같은 것들"이나 영내의 백성들을 불러들여서 성적인 욕구를 충족시켰다. 이러한 사정은 "백성들이 가장 좋아하는 달은 어느 달이지요"라는 물음에 "5월입니다. 그 달이 되면 백성들은 귀족 마님을 품게 되니까요"라고 답하는 문답식의 속담에서도 여실히 드러나고 있다. 플라우엔의 베른하르트는 이러한 사정을 빗대어 성적 욕구를 충족시키기 위한 귀부인들의 이러한 행태로 인해서 그들과 시민계급 사이의 두드러진 차이로 영주나 귀족들 중에 추남이 많았던 사실이 모두 설명될 수 있다고 조롱했다. 그들 대부분은 가난한 백성들이나 천한 노예들의 자손인 것이다.

하급기사인 귀족계급은 그 자신의 경제적인 기반을 완전히 상실한 상태에서 몰락 과정에 있었다. 그러나 당시 봉건귀족에 가장 가깝게 접근했고, 또한 이들 봉건계급과의 접촉이 가장 빈번했던 농민계급은 내부에서 본격적인 재조직이 형성되어가고 있던 계급이었다. 바로 여기에 문제가 있었다. 농민계급은 당시 새롭게 형성된 화폐경제로 인해서 경제적 기반을 상실하지는 않았지만, 내부적으로는 새로운 재편성이 요구되고 있었다. 왜냐하면 농민계급은 예전의 자급자족적인 공동체, 혹은 마르크 공동체를 유지하기 위한 생산활동에서 상품생산활동으로 전환해야만 했기 때문이다. 도시는 농촌에 의한 더욱 많은 양의 식량공급이 필요했는데 농촌경제에 대한 도시의 이와 같은 요구는 단지 식량에 한정되지 않고 공업생산을 위한 양모, 아마, 염료, 피혁 등의 원료공급에까지 확대되었다. 따라서 이 경우 생산자는 전적으로 농민이었다. 이러한 근본적인 변혁이야말로 우리가 이미 앞에서 언급했던 역사적 상황에 기초한 농민계급의 성도덕에 관한 서술을 특징짓는 것이다. 특히 이러한 변혁에 의해서 당시의 가족공동체에서 유지되어오던 가부장적 관계는 소멸되고 말았다. 그리고 농민계급의 경제적 기반이 강화되고 있는 어느 곳에서나 농노와 하녀의 수가 더욱 늘어났으며, 그들은 피고용인이나 가족의 일원에서 임노동자로 전환되었다.

그러나 새로운 귀족계급 자신이 생산자로 전환한 곳에서는 어디에서나 앞서와는 정반대의 현상, 즉 농민계급의 경제적 파탄이 초래되었다. 왜냐하면 귀족계급이 생산에 참여함으로써 저 유명한 농민축출이 시작되었기 때문이다. 생산활동에 종사하게 된 귀족에게는 농민의 토지가 필요했다. 다시 말하면 봉건시대와는 반대로 농민(농노)이 딸리지 않은 토지를 필요로 했던 것이다. 이러한 목적을 달성하고자 귀족들은 농민들로서는 전혀 이해할 수 없는 로마 법을 내세워 농민들을 토지에서 계획적으로 축출했다. 누구보다도 토지를 탐내고 있었던 융커들은 로마 법을 교묘하게 이용하여 자기의 편의를 신속하게 도모하는 방법을 알고 있었다. 농민들의 이러한 프롤레타리아화는 도시 프롤레타리아들이 그러했던 것처럼 그들에게 금욕생활을 강제했다. 그런데 경제적인 파탄으로 인한 금욕생활이 불필요했던 곳, 즉 경제적 파탄이 초래되지 않은 곳에서는 항상 가족공동체의 이완, 즉 성적 무관심 현상이 나타났다.……

농민계급의 정조관념을 간단명료하게 함축하고 있는 "농민들에게 마누라가 있는 한, 수도사들은 구태여 창부를 살 필요가 없다"라는 견해에 대해서는 소설가와 만담꾼, 사육제 극작가나 민요시인 등 수많은 사람들이 그림, 실례, 일화, 풍자로써 해석했다. 그러나 이러한 모든 해석에 관해서 다음과 같은 사실을 간과해서는 안된다. 농민들은 그때부터 수백년이 지나는 동안 계속 조소의 대상이었다는 점, 따라서 시민들이 해학과 위트로 —— 농민계급에 대한 서술은 전적으로 시민계급의 붓에 의해서 이루어진 것이기 때문에 —— 농민들의 야만스럽고 촌뜨기 같은 욕망을 상투적인 수법으로 폭로하는 데에 여념이 없었다는 사실 또한 간과되어서는 안된다. 그들의 방법이 논리적이었다는 것은 사실이다. 사람들이 농민계급과 시민계급을 분명히 구별했던 것은 보통 농민계급 이외의 계급에 대해서 그러했던 것처럼 일방적인 중상을 가하고자 하는 의도에서 그런 것은 아니었다. 그것은 농민계급이 가장 하위계급이었던데다가 당시에 이미 시민계급이 벌인 투쟁에서 모든 비난을 한 몸에 받게 된 적대계급이었기 때문이다. 따라서 시민계급은 이들 농민계급을 단지 극심한 욕심쟁이, 모주꾼, 오입쟁이, 난폭한 야만인으로 묘사했다. 죄악과 나쁜 짓들은 모두 농민들에게 전가시키고, 더 나아가서 농민들이란 남에게 속기만 하는 영원한 얼간이들 —— 그것도 대부분 자기 마누라한테 속임을 당하는 —— 이라고 혹심하게 매도했던 경향에 비추어볼 때 시민계급이 농민들에게 전가했던 죄악상의 절반 정도는 사실이 아니었음이 분명하다. 그렇지만 이러한 과장을 통해서 현실의 참모습은 오히려 그로테스크하게 부각되었다. 농민들의 현실을 결정하는 핵심 요소는 그들의 야만성이었다. 어떤 관점에서 파악해보더라도 야만적이라고 할 수밖에 없었던 이유는 원시적인 경제수단에만 의존하고 있던 농민계급의 철저한 문명부재에서 충분히 설명될 수 있을 것이다. 그들 농민계급에서 교양은 전혀 찾아볼 수 없었다. 그들의 철저한 무지는 보편적인 그 시대의 현상이었다. 농민들과 별 차이가 없던 무지한 사제들의 좁은 견문이 농촌에서는 그나마 지식을 얻을 수 있는 유일한 원천이었다. 따라서 고매한 윤리관이나 수준 높은 도덕성은 농민계급에서는 싹틀 수 없었다. 농민들은 최고의 쾌락을 충동적인 생활에서 찾을 수밖에 없었다. 우리는 이러한 상태에서 필연적으로 나타나는 결과를 이미 몇몇의 실례를 통해서 설명한 바 있다. 당시 사생아의 출산율은 도시지역보다 농촌지역이 몇 배나 높았다는 것은 분명한 사실이다. "농촌지역에서의 처녀능욕이나 매음, 간통 등을 억제하기 위해서" 당국이 제정한 풍기단속령은 수차례에 걸쳐서 개정을 거듭했지만 전혀 효과를 거두지 못했다. 또 교회에서의 엄격한 고백 역시 별소용이 없었다는 점에서는 동일했다. 농촌의 풍기문란이 이처럼 근절되지 않은 데에는 그럴 만한 이유가 있었다. 가령 당시에 실시되던 상속법에 의하면 농가의 상속자인 장남이 상속권을 아직 스스로 행사할 수 없었거나, 아버지가 자식에게 아직 상속을 해주지 않았거나, 상속권을 "중재"에 붙이지 않았거나, 혹은 상속분 중에서 부모들이 노후를 위한 "자신의 은거분(隱居分)"을 가져가지 않았을 때에 세상의 많은 젊은이들은 결혼할 수 없었다. 단지 이 하나의 사실에서도 당시 농촌에서의 처녀능욕과 같은 일은 간단히 근절될 수 없었다는 것이 분명해진다. 또한 이상에서 언급한 사실만으로도 당시 농촌에서 혼전 성관계를 규제하기 위해서 제정된 풍기단속령이 전혀 실효를 거둘 수 없었던 이유도 설명된다. 비단 혼전 성관계뿐만 아니라 설령 사생아를 낳는다고 하더라도 그것이 시골인 이상 당사자들인 처녀총각들이 그 일을 별로 수치스럽게 생각하지 않았던 사실 역시 앞에서 언급한 사정으로 충분히 설명할 수 있다. 더구나 농촌에는 매음제도마저 없었다는 사실이 이 점을 더욱 합리화시켜주었다. 매음제도가 농촌지역에 거의 없었던 것은 농민들의 풍속관념이나 풍기관념으로는 그 제도를 받아들일 수 없기 때문이 아니다. 공창제도에서는 애정행위가 곧 상품화되었기 때문에 애정행위는 곧바로 현금과의 교환을 의미했다. 그런데 농민들은 현금을 거의 소유하고 있지 못했다. 따라서 가난한 농촌에서는 단지 농민의 부인이나 딸과의 성관계만 가능했으며, 피고용인들을 부렸던 비교적 풍족한 농촌에서는 오직 농가의 하녀와의 성관계만이 존재하고 있었던 것이다.

농민계급에서는 도시와는 대조적으로 아주 문란한 성관습이 계속 유지되었기 때문에 피고용인과 관계를 맺을 때도 상대를 가리지 않는 일이 보편적이었던 것은 당연했다. 사실 우리는 이 점을 부정할 수도, 그렇다고 과장할 수도 없는 입장이다. 당시 피고용인들의 지위에 관한 정확한 자료를 우리는 거의 찾아볼 수 없다. 왜냐하면 그들은 그 어떤 곳에서도 자기들을 위한 역사가를 가지지 못했기 때문이다. 그러나 우리는 그들이 수백년 전에 어떻게 생활하지 않으면 안 되었는가, 그리고 그들의 생활조건이 오늘날에는 대체로 어떤 상태에 놓여 있는가를 알고 있다. 예를 들면 농노와 하녀의 침실이 대부분 서로 떨어져 있지 않다는 점과 그들이 몸에 걸치는 의상은 셔츠와 바지, 셔츠와 스커트뿐이라는 사실 또한 알려져 있는 일이다. 따라서 우리가 가까운 과거와 현재라는 척도만 가지고 생각해보더라도, 당시 여성 피고용인(하녀)들은 농가의 자제들이나 농노, 심지어는 고용인인 농가의 주인이 요구하는 대로 몸을 주어야만 했다는 사실은 당연한 논리로서 받아들여진다. 하녀들은 한마디로 말해서 농촌에서는 사냥꾼들의 밥이었다. 그리고 이러한 운명에서 벗어날 수 있었던 하녀들은 극소수에 지나지 않았다는 것도 분명하다. 더욱이 이들은 몇년 동안이나 많은 남자들 품에 안기고 끊임없이 아이를 가졌지만 아이의 아버지가 누구인지 알지 못하는 일은 더욱 늘어났다. 왜냐하면 집안의 남자란 하나도 빠짐없이 상대해야 했기 때문이다. 엉터리 낭만주의적인 입장이나 반동적인 사회적 이해로 인해서 이러한 상황이 실제로 벌어졌다는 것을 인정하려고 하지 않는 사람이 있다면 앞에서 언급한 원시적인 주거상태를 지적함으로써 충분한 설명이 가능하다. 농노와 하녀가 한 방에서 같이 자는데다가 그 방마저 매우 협소하거나 혹은 방과 방이 어설픈 얇은 칸막이로만 나뉘어져 있어서 출입하기 위해서는 다른 쪽 방을 거치지 않을 수 없었기 때문에 이런 상황에서 남녀가 서로 접촉하는 일이 얼마나 수치스럽고 부끄러운 일이었던가를 구태여 거론하는 것은 무의미한 일이다. 이러한 본능적인 제어가 그 기능을 상실했던 경우에 남자들은 정욕이 발동하는 대로 오늘은 갑이라는 하녀의 침대로, 내일은 을이라는 하녀의 침대로 몰래 숨어들어가곤 했던 것이다. 이 경우에는 단지 개인적인 시기심만이, 즉 남편이 하녀 방에 들어가는 것을 막으려는 부인의 시기심이나 자기에게 특별한 호의를 베푼 하녀에게 자기 이외에는 다른 정부를 두지 못하도록 하려는 완력 좋은 농노의 시기심만이 이러한 상황을 방지할 수 있는 울타리, 그것도 낮은 울타리를 칠 수 있었을 뿐이다.

물론 이러한 행위는 의도적인 강간은 아니었으며, 또 그렇게 간주되지도 않았다. 그들은 그러한 행동을 아주 당연하게 생각했다. 대부분의 하녀들은 이러한 행동이 아주 당연한 일이며, 그것은 자기가 남자에게 유혹당하거나 반해서 그랬던 것만이 아니라 언행을 통한 자기의 유혹에 남자가 걸려든 것이며, 자기가 남자의 침대에 들어간 것 또한 스스로 좋아서 한 일이라고 생각하고 있었던 것이 분명하다. 따라서 하녀들은 자기들의 이러한 상황을 특별히 수치스럽게 생각하지도 않았고, 오히려 이런 일을 일상생활에서 가장 유쾌한 일로 간주했다.

우리는 여기에서 기사계급 및 농민들에 대한 고찰과 함께 16세기에 들어서면서부터 기사출신의 영주들을 철저하게 내몰아버린 용병들에 대해서 살펴볼 필요가 있다. 용병은 말할 것도 없이 새로운 사회의 부산물이었다. 그러나 이들 용병은 하급귀족과 동일한 생활태도를 지니고 있었고, 따라서 이들의 풍기상태 또한 하급귀족의 그것과 거의 비슷했다. 우리가 용병을 이 장에서 다루는 것 역시 바로 이런 이유 때문이다.

유럽 각국의 낭만주의자들은 용병을 영웅시했다. 그러나 그들은 모든 면에서, 하물며 군사적인 분야에서조차 결코 영웅적이지 못했다. 15-16세기에는 용병들의 대부분이 스위스와 독일에서 공급되었는데, 특히 독일 출신 용병이 스위스 출신보다 훨씬 많았다. 이들 독일 출신 용병들은 당시 용병부대의 대다수를 차지했다. 그들은 이탈리아, 스페인, 프랑스, 독일 등 그 어느 곳의 전쟁에나 모두 참여했다. 그들은 서로 각자의 이해관계나 자신들의 군주들을 위해서 전쟁에 참여했기 때문에 결국에는 독일인(용병)과 독일인(용병)이 서로 싸우는 사정에 몰리게 되었다. 역사적인 사유를 하지 못하는 사람은 독일이 수백 년 동안 세계 도처에 산재해 있던 용병부대에 무진장 용병을 제공한 인적 자원의 보고였다는 사실을 놓고, 항상 그렇듯이, 독일인의 선천적인 방랑벽이나 군인직업에 대한 각별한 선호 정도로 가볍게 설명하려고 했다. 이러한 설명은 조금도 정확하지 않은 견해이다. 독일인들의 민족적 특징이 되었던 방랑벽이나 군인직업에 대한 선호 등은 그 첫째 요인이 당시 독일이라는 나라가 처한 특수한 경제상황에 있었다. 당시의 독일은 정치적인 혼란으로 경제적인 동요 또한 그 어느 나라보다 심각했다. 따라서 사회적 신진대사 또한 어느 나라보다도 급격하게 이루어지고 있었다. 즉 "고향을 떠나게 되거나 결국에는 사회적으로 축출당하여 모험적인 생활을 할 수밖에 다른 도리가 없었던 사람들이 산더미로 쌓여 있었다."(후고 슐츠) 아메리카 대륙의 발견에 따라서 통상로가 변경되자 독일은 전반적인 경제적 불황을 맞게 되었다. 게다가 이런 불황이 독일을 한 차례 더 휩쓸자 독일은 걷잡을 수 없는 경제적 혼란상태에 빠지게 되었고, 이와 같은 경제적 혼란은 그 후에도 수백 년 동안이나 지속되었다. 독일이 주된 용병 배출지가 되었던 사실상의 이유는 바로 여기에 있었다. 바로 이러한 원인에서부터 오늘날에도 독일인의 특징 중의 하나로 꼽히고 있는 저 유명한 방랑벽이 점차로 형성되기 시작했으며, 그 결과 수백 년 동안 각국의 용병부대는 대부분 독일인들로 채워졌던 것이다. 그러나 이러한 사실들과 함께 용병제도를 유지시킨 주요 인적 자원은 그 당시나 그 후에나 모든 종류의 수공업 장인들, 하급 관리들, 그리고 룸펜화한 서생들, 즉 계급적 기반을 상실한 도시주민들이었다는 사실을 간과해서는 안 된다. 따라서 용병들의 생활태도에는 그 어떤 것이나 도시적인 성향이 나타난다. 그것은 용병들의 관습이나 사회적 조건, 이데올로기, 상징들이 도시의 춘프트 조직에서의 그것과 거의 흡사하다는 사실을 살펴보더라도 분명히 입증된다. 그리고 이러한 점은 다음의 두 가지 이유에서 더욱 확연하게 증명된다. 첫째로 용병들이 도시적인 규범을 지니고 있었다는 점은 농민들에 대한 그들의 가공할 만한 적대적인 태도에서도 설명이 가능하다. 농민 출신의 청년들이 용병군의 절반가량만 차지했다고 하더라도 농민들이 용병들에 의해서 그렇게까지 처참하게 학살당하지는 않았을 것이며, 또한 밭이나 삼림, 과수원 등 농민생활의 모든 자원들이 그렇게까지 무의미하게, 또 몰이해 속에서 파괴되지도 않았을 것이다. 그리고 이처럼 난폭한 광란행위는 용병들에게는 그럴 만한 이유도, 또 그런 행위를 통해서 이익을 얻을 것도 없었다. 그것은 단지 농민들을 짐승처럼 여긴 도시인들이 농민에게 품고 있었던 본래적인 증오에 의한 것이며, 그러한 증오가 용병들의 행동에서 가장 야만적인 모습으로 나타난 것에 불과했다. 우리들에게 가장 중요한 사항인 두번째 이유는 용병들은 주로 도시의 룸펜프롤레타리아트들로 보충되었다는 점이다. 따라서 그들의 성 모럴 역시 룸펜프롤레타리아트들이 처한 환경에서의 그것과 전혀 다르지 않았다. 그들의 난폭한 행동양식은 앞에서 언급한 바 있는 융커 출신의 노상강도들이 자행하던 야만적인 행동과 거의 흡사했다.

용병들의 생활조건은 노상강도를 자행하던 소귀족들과 다름없이 항상 불안한 상태에 있었기 때문에 그들의 생활 역시 하루살이 방식이 될 수밖에 없었다. 용병들은 연애할 기회가 주어지면 항상 탈선했다. "도대체 누가 내일 일을 알 수 있겠는가? 아침은 로트(rot : 홍안), 저녁은 토트(tot : 백골)!" 이런 식이었다. 용병들은 권력을 휘두를 수 있을 때에는 언제나 처음부터 폭력으로 여자의 사랑을 강제했다. 그들이 유혹의 수단을 동원하여 여자에게 구애한다거나 하는 일은 거의 없었다. 농촌 처녀들이나 부인네들이 길가나 가까운 숲속에서 용병들에게 능욕을 당하면 여자들은 그것을 오히려 명예로 생각했다. 특히 다수의 용병들이 한 여자를 놓고 먼저 정욕을 풀기 위해서 주사위를 던져 순서를 정하는 경우에 처하게 되면 그것은 그 여자에게는 더할 나위 없는 명예가 되었다. 남자들의 충분한 보호 없이 여행에 나서 용병들 손에 잡힌 여자들의 운명도 이와 똑같았다 —— 이때 용병들의 손에 여자가 욕을 당하는 것은 용병들 각자가 요구하는 몸값에 앞서 그 자리에서 즉시 지불해야만 했던 선불이었다. 상대가 그래도 자비심이 많은 자일 때에는 그것은 홀로 걸어가던 여인에게 요구하는 통행세의 명목으로 그 이상은 요구되지 않았다. 어느 연대기 작가는 15세기의 기사들과 기병들의 파렴치한 행위에 관해서 "수녀원이 가장 큰 피해를 입었다. 나이 어린 여자애들마저 그냥 두지 않았으며 부인네들은 남편이 보는 앞에서 끌려갔다"라고 기록하고 있다. 그런데 용병들의 난폭함을 증언하는 16-17세기의 기록 가운데에도 이와 똑같은 내용을 보여주는 기록이 남아 있다. 그들은 전혀 나이를 가리지 않았으며, 또한 노파나 임신부는 물론 어린 소녀들까지도 그냥 두지 않았다. 이 가운데서도 수녀원에서의 "사영(舍營)"이 가장 인기 있는 스포츠였고, 수녀들은 모두 매일 수없이 "두려움에 떨며 주기도문을 외워야만 했다." 그리고 이때 용병들은 그곳이 동맹국이든, 적국이든 가리지 않고 동일하게 행동했다. 이들이 포위하고 있던 성곽을 점령했을 때 가장 잔혹하게 행동했던 것은 당연하다. 그들은 이러한 기회가 주어지면 자기들의 "권리"임을 내세워 아주 숙달된 방법으로 부녀자들을 능욕하고, 그런 뒤에는 결국 야수적인 쾌락의 희생자들인 그들을 살해하는 수법으로 자기들의 권리를 증명해 보였다. 다음은 어느 소도시를 점령한 용병들의 약탈광경을 묘사한 연대기 기록 중의 하나이다.

성 내외를 막론하고 도처에서 수많은 부인네들과 처녀들, 심지어는 임신부조차 능욕을 당했다. 어떤 임신부는 유방을 잘렸다. 열두 살 난 소녀는 강간당한 후에 죽고 말았다. 또 백 여 살가량이나 되는 고령의 노파도 이들에게 능욕당해야 했다. 또한 어떤 부인은 이들로부터 비밀장소에 숨겨놓은 금을 찾아내도록 강요당한 끝에 공포와 놀람 그리고 수치심 때문에 죽고 말았다. 어떤 시민은 자기 부인과 젊은 딸이 눈앞에서 강간당한 후에 다른 곳으로 끌려가는 것을 보아야 했으며 그 자신은 그들에게 맞아죽고 말았다. 또 어떤 시민은 자기 아내가 눈앞에서 능욕당하는 것을 보고 있을 수밖에 없었다. 그들 부부는 3일 동안이나 그들의 진영에 감금당했다.……산후 얼마 되지 않아 겨우 몸을 가눌 정도의 또다른 정숙한 부인은 하룻밤에 연속 여섯 번이나 몸을 빼앗겨야 했다.……

이러한 광경은 그들의 만행을 나타낸 가장 대표적인 사례이며, 이와 같은 기록은 30년전쟁에 관한 기록 가운데에 수없이 많다.

그렇지만 이것을 신속히 개선할 수 있는 방법도 없었다. 왜냐하면 이와 같은 만행은 오늘날에 와서도 여전히 근대적 식민지 전쟁의 특징을 이루고 있기 때문이다. 어떤 경우에나 농민이나 시민들이 자신들을 보호하기 위해서 취했던 저항만이 만행을 막아낼 수 있었다.

용병들에 관해서 앞에 이야기했던 것은 국도변의 풍기문제에도 적용되는 것이었다. 그 당시 어느 나라에서나 국도라는 곳은 무뢰한들의 소굴이었다. 예를 들면 16

세기 바이에른에 관해서는 이렇게 쓰여 있다. "이 지방은 해고된 병졸이나 용병이 굶주린 노상강도나 뜨내기가 되어 들끓고 있다." 고향을 잃고 살 곳이 없어 할 수 없이 국도로 모여드는 "부랑자" 가운데에는 난폭한 무뢰한들이 우글우글했다. 이런 경우 부랑자들 모두를 무뢰한들이라고 부르는 것은 물론 문제가 있겠지만 이 사실만은 분명히 드러난다. 즉 부랑자들 가운데는 노상강도인 "두령"이 반드시 있었다. 그리고 용병과는 비교가 되지 않을 정도로 이들은 언제나 몰락한 계급의 인간들로 보충되고 있었다. 그러니까 조직화된 두령이 세력을 가지고 있다는 것은 그저 위협하거나 공갈을 쳐서 돈이나 물건을 빼앗는 정도가 아니고 언제나 직접적인 폭력을 사용하여 자신의 욕망을 채우고 강도, 살인, 강간을 일삼는다는 것이었다.

각 도시 사이의 단거리 여행조차도 여자들의 명예를 위협하고 있었다. 그것은 "부녀자 강간"이 증가하고 있음에 대해서 경고한 도시 관공서의 엄격한 훈령이나 부녀자는 해가 저물면 등불이나 남자의 보호 없이 왕래하면 안 된다고 명령한 훈령에서도 엿볼 수 있다.

승리를 구가하며 새로 역사에 등장한, 수단과 방법을 가리지 않고 자신의 토대를 강화한 계급의 도덕적인 부패는 앞에서 든 경우에 못지않게 심했다. 그런데 혁명적인 대부르주아나 전제군주계급의 성적 자유와 용감성이 극심한 풍기문란으로 타락하게 되었던 사회적 원인은 귀족계급이나 농민계급의 그것과는 완전히 다른 것이었기 때문에 그 방탕의 형태도 역시 다른 것이 될 수밖에 없었다. 그들에게는 막대한 부로 인해서 황금 같은 인생의 쾌락이 열려 있었다. 부가 이 계급의 수중에서 거인처럼 커졌기 때문에 그들이 준비했던 힘은 이제 세계의 곳곳의 바위에서 황금을 캐냈다. 덤으로 캐낸 황금은 그들의 호주머니 속으로 은밀히 굴러들어갔다 —— 따라서 이 계급의 인생은 무진장 쾌락을 즐기게 되었다. 그것은 계속해서 승리의 개가를 올리게 하고 계속해서 그들의 생활에 황금의 다리를 놓을 수 있게 했다. 이 계급만큼 바쿠스적인 관능숭배를 발전시키는 데에 기여한 온상은 없었다. 이 때문에 인생의 쾌락과 향락은 한이 없어지고 만연한 관능은 대부르주아 계급과 전제군주계급에서 방탕의 본질이 되었다. 유익하고 즐거운 유희도 결국 지쳐 싫어지기는 여느 유희와 마찬가지이지만, 성욕은 인위적으로 극단까지 높일 수 있다는 것에 주목해야 한다. 육체적, 정신적인 힘을 생존경쟁을 위해서 완전히 소진시키지 않았기 때문에 이런 힘은 그대로 관능적 향락, 즉 성적 쾌락을 위해서 쓰이게 된다. 바쿠스나 케레스(Ceres : 곡물의 여신/역주)가 요구하는 즐거움은 욕망과 정력을 맘껏 도발하기 때문이다. 최후에는 모든 사고와 감각이 에로틱한 것에 집중되어 모든 것이 성적 욕망으로 치닫게 되고 모든 것이 성적 욕망 속에서만 해방될 수 있었다.……

문명인의 연애는 생식충동으로 나타날 뿐 아니라 한층 풍부한 개인적 체험, 즉 풍부함에 대한 충동, 힘찬 전진으로의 충동이기도 하다. 하지만 관능은 남성이라는 인간과 여성이라는 인간의 친밀한 성관계 정도이지 개인의 인간성을 풍부하게 하는 데에 도움을 주는 것은 아니다. 다만 남녀는 각기 성을 통해서 제2의 영혼을 얻고 자신들의 자아를 성취하고 그 결과 개인적인 존재에서 전체적인 존재로 완성되는 것이다. 그런데 방탕은 이러한 인생의 가장 장엄한 신비에 의해서 그 더러움이 자주 은폐되고 있다. 남자 돈 후안도 여자 돈 후안도 결국은 인간 완성의 크뢰수스(Krösus : 그리스 최고의 부자 임금/역주)의 자세를 흉내낼 뿐이다. 그러나 이런 모방은 바보 같은 자를 훌륭하게 보이게 하는 의상과 같은 것이다. 그것은 모든 사물에는 법칙이 있기 때문이다. 경제 혹은 정치에서 통용되는 것, 즉 양이 어느 한계에 이르면 질로 변한다는 논리는 연애에서 꼭 들어맞는 것은 아니다. 이것은 부정의 논리이기 때문이다. 인간은 본질적으로는 일부일처이다 —— 그러나 자신의 개성을 계발하고 내적인 완전한 조화에 이르기 위해서 인간은 자신을 두 배로 확장하게 되고 또 두 배로 확장되어야만 한다. 그러나 인간은 이런 방법에 의해서 자신을 몇 배로 할 수도, 끝없이 풍부하게 할 수도 없다. 인간은 이성(異性)의 여러 가지 본성을 동시에 사랑할 수는 없다. 인간은 연애라는 동물적인 소비형태, 즉 연애의 기술적인 행위만을 몇 배로 할 수 있지, 그것을 여러 개인에게 분배할 수는 없다. 그러나 그 때문에 결국 연애는 향락이 되어버린다. 연애가 향락이 되면 앞의 이야기와는 반대되는 현상이 개인은 물론 전체에 대해서도 나타난다. 즉 풍부해지는 대신 내적 빈곤이 생기게 되는 것이다. 연애는 개인적, 사회적 완성의 토대가 되지 않고 단순한 향락의 문제가 된다.

연애가 향락이라는 관념이 되어버리면 —— 그리고 관능적인 향락이 사치로 나타나게 되는 경우에 연애는 조직적인 형태로 또는 대중현상으로 향락의 관념이 되어버리는 것이 보통이다. 이 경우 변화를 구하는 현상이 먼저 나타난다. 변화란 여러 여자, 혹은 여러 남자와 동시에 관계하는 것이다. 이런 경향은 첩이나 정부를 집에 들여앉히는 제도에 의해서 엿볼 수 있다. 남자는 본처 외에도 신분에 따라

충실치 못한 결혼생활(독일의 동판화, 1592)

서 한 명 또는 몇 명의 첩을 거느렸고 때로는 본처와 함께 거느리고 사는 경우조차 있었다. 카이저스베르크의 가일러는 "본처 외에 매춘부를 태연히 거느리고 있는 남자들도 있었다"고 쓰고 있다. 여자는 대개의 경우 본처일 뿐 아니라 제3의 남자의 첩이기도 하고 때로는 제4, 제5의 남자의 첩이기조차 했다. 많은 성심리학자들은 이 현상을 잘못 이해하여 그녀들을 "선천성 창부"라고 불렀다. 그들은 현상의 단편적인 면만을 보았던 것이다. 경제적 조건에서 말하자면 이러한 것은 실제로는 사회적인 현상이고 따라서 일상적인 현상이었다. 그러나 "장미 이야기" 속에는 소박하기는 하지만 정확하게 "여러분은 모두 실제행위로도 감정으로도 음란한 여자이고 음란한 여자일 것이고 음란한 여자였던 것이다"라고 쓰여 있다. 이런 시대의 이런 계급에서는 남자들 모두가 아내가 정부를 가지고 있는 것을 지극히 당연한 것으로 여겼다. 그것은 동시에 아내가 다른 남자의 첩인 것을 뜻한다. 그러나 이 경우 남자 쪽에서 보면 그것은 자기 자신이 주장할 수 있는 권리를 다른 사람에게 양보하는 관대함이라든가 또는 값싼 정의라기보다는 오히려 연애가 세련된 것이라고 보아야 할 것이다. 남자들은 무엇보다도 창녀에게서 가장 큰 즐거움을 발견했다. 창녀는 관능적 향락만을 위한 연애 놀음을 가장 섬세하게 해결해주었기 때문이다. 그런 이유로 남자는 자기 아내를 창녀로 키웠다. 이 경우 부부 사이에서는 정부와 아내와의 관계에서 임신은 하지 않겠다는 약속이 존재했다. 만약 임신을 하는 경우 그것은 비웃음거리가 되었다. 이는 꼭 그런 관계가 밝혀졌기 때문이 아니라 연애 놀음에 대단히 서툴렀기 때문에 결국 원칙을 위반했다는 것이 밝혀졌기 때문이다. 연애는 하나의 놀이에 불과했다. 단지, 아내의 부정이 밝혀지는 것은 임신이라는 귀찮은 결과가 나타났을 때만으로 한정되었다. 이 계급에서는 예의라는 관념도 완전히 바뀌어버렸다. 정부의 권리를 존중하여 자기의 아내와 정부가 불의의 습격 따위에 방해받지 않도록 만사를 처리하는 남편만이 예의바른 남자로 인정받았다. 남편은 적당한 때에 집안이나 방문을 확인, 점검한 후 눈치 있게 집을 떠나야 했고 아내나 정부가 미처 준비되지 않은 때에는 절대로 무대에 나타나서는 안 된다 —— 이와 반대로 행동할 때 그것은 실례가 되었다.

이 시대에는 아내가 남편의 아이를 임신한 기간만은, 다른 남자에게 몸을 맡겼더라도, 정숙한 여자의 진정한 본보기가 되었다. 이 기간이라면 남편은 자기 자식이 아닌 아이를 길러야만 하는 위험에 빠질 염려가 없기 때문이다. 따라서 당시 유행했던 속담에 "임신한 아내는 불의를 저지를 수 없다"라는 것이 있다. 이것은 또한 여자들의 인생철학도 고치게 했다. 또 이런 기록도 있다. "임신을 하게 되면 재빨리 다른 남자들에게 모든 것을 허용해도 아내는 그것이 남편을 모욕하는 것이 아닌 것은 물론이고 남편을 소위 아내를 빼앗긴 여인숙의 주인으로 만드는 것도 아니라고 믿었다." 이 이야기는 이런 철학의 결과, 즉 "임신한 아내는 몇 배 즐거워지게 된다"는 것을 뜻한다. 그런데 아내는 남편과는 물론이고 정부와의 관계에서도 임신을 피하고 불의한 연애의 쾌락에만 빠지고 싶어한다. 이럴 때 아내는 도대체 어떤 방법을 쓰면 좋을까? 이를 위해서는 한 명의 정부와만 관계하지 않고 오히려 여러 남자와 관계해야 한다. 왜냐하면 —— 세간의 의견은 이렇다 —— "여러 남자와 관계하는 여자는 임신하지 못한다"라는 속설 때문이다. 정욕은 쉽사리 자기 목적을 달성할 구실을 발견해내는 것이다.

르네상스의 대부르주아 계급을 지배하고 있던 관능적 부패를 비판할 수 있는 자료는 실로 풍부하게 남아 있지만 그것을 소개하는 것은 다음 기회로 미루기로 하고 여기서는 몇 가지 인용문만을 소개하는 것으로 그치기로 한다. 이것을 부연설명하기 위해서 실례를 한 개만 들어보자. 이 실례는 성의 타락이 때로는 어느 정도에 이르게 되는가를 우리들에게 대담하게 증명해주기 때문이다. 베커는 뤼베크 시의 역사에서 예의상 공공연히 정부를 두는 것이 금지되었기 때문에 색에 주린 도시귀족의 아내들이 금지된 연애의 즐거움을 어떻게 만끽하게 되었는가를 보고하고 있다.

이런 목적을 위해서 귀부인들은 1476년 뤼베크 시의 귀부인들과 마찬가지로 두터운 베

결혼의 끝(테오도르 드 브리, 동판화)

일로 얼굴을 가리고 밤이 되면 목로주점으로 외출해서 매춘굴에서 남몰래 메살리나 황후의 쾌락에 빠져 정욕을 푸는 방법을 알고 있었다.

—— 카이사르 시대의 로마의 방법! 그것에 놀랄 필요는 없다. 문명국가 국민의 경제적 지위도 다시 로마의 그것과 동일해진 것이다.……

정말 놀라운 것은 정부와 첩이 궁정과 궁정귀족의 공인된 제도였다는 것이다. 어 모든 군주는 애첩을 거느리고 있었다. 바꾸어 말하면 군주들이 아주 요염하고 미모인 한 무리의 매춘부들을 모든 궁정에서 거느렸다는 것이다. 그들은 대개 궁정귀족 출신이었다. 그러나 군왕의 침대에는 대개 시민계급의 손에 의해서 "침대의 공물"로 많은 미인들이 진상되었다. 영국의 헨리 8세는 두 명의 빵가게 아가씨를 차례로 총애했다. 프랑스 루이 11세는 많은 첩들을 부르주아의 집안에서 뽑았으며 브란덴부르크의 요아힘 1세 선제후는 대포 공장 집안의 색골 과부인 지도빈을 발탁했다 —— 우리들은 이런 여자들의 이름을 몇백 명이라도 들 수 있다. 왜냐하면 색골 국

254

왕은 이런 방식으로 언제라도 즐거이 서민들 속으로 내려가고 또 서민을 왕관이라는 태양의 빛 가운데로 끌어올리기 때문이다. 인간정신뿐 아니라 천재에게까지도 신격을 부여하지는 않았지만 여자의 육체적인 아름다움에 대해서만은 상당히 이해심이 깊었다. 아름다운 젖가슴과 통통한 허벅지는 틀림없이 "신의 은총"에 값하는 것이었다. 그런 조건을 갖추고 있다면 여자가 빈민굴 출신이거나 또는 어리석은 바보라고 해도 국왕의 침대에 오를 값어치가 있었다.

궁중여관(宮中女官)이라고 해도 대개 궁정에서는 이미 군주의 공공연한 첩에 지나지 않았다. 그래서 여자에게 관직을 주는 것은 곧 이러한 여관이 자신의 침대에 국왕이나 왕세자를 모실 수 있는 자격을 가지고 있다는 허가증에 지나지 않았다. 소발은 프랑스 국왕 프랑수아 1세의 궁정에서 모든 궁중여관은 국왕의 변태적이고 변덕스러운 요구에 언제 어느 때라도 응할 태세를 갖추어야 하는 것이 철칙이었다고 기록하고 있다.

국왕은 밤중에 이 여관(女官), 저 여관을 불시에 방문하는 것을 즐기셨다.……이런 까닭에 여관들은 국왕이 언제 어느 때 자기 처소에 납시게 되더라도 지장이 없도록 성내에서 머물렀다. 국왕은 모든 여관의 열쇠를 손에 움켜쥐고 있었던 것이다.

이와 똑같은 일들이 다른 많은 궁정에서도 행해졌다.

이렇게 궁중여관으로 임명되는 것은 사실은 국왕의 애첩으로 임명되는 것과 같은 의미였기 때문에 요염하고 예쁜 아내를 가진 귀족들은 아내와의 잠자리를 국왕, 심지어는 많은 다른 남자들, 즉 왕세자나 국왕의 총애하는 신하와 나누어 가지지 않으면 안 되었다. 그러나 그것은 그 귀부인들에게 수치가 되지 않았다. 왜냐하면 모든 방면에서 인정되었고 통용되었던 절대주의의 논리에 따르면 "국왕과 잠자리를 함께 하는 것은 수치가 아니다. 하층민과 관계하는 여자만이 음탕한 여자이지 국왕이나 귀족과 함께 사랑을 나누는 여자는 음란한 것이 아니다"라는 논리가 성립되었기 때문이다. 남편도 물론 이런 논리에 동조했다. 그들은 가끔 결혼생활조차도 이 논리에 따르게 되었다. 아내의 이런 "권리"는 결혼계약을 맺을 때 완전히 인정된다고 생각되었기 때문에 부부가 그런 문제 때문에 사이가 나빠지는 경우는 전혀 없었다. 브랑톰은 다음과 같은 실례를 기록하고 있다.

우리들은 어떤 명문의 귀부인이 하는 이야기를 들었다. 이 귀부인은 남편과의 결혼을 결정할 때 남편에게 "당신은 나에게 궁정에서 고귀한 분들과 자유롭게 사랑할 수 있는 자유를 허용해주세요. 이 권리를 숲속에 넘어진 고목나무 위에 똑똑히 새겨주세요"라고 요구했다. 그 부인은 그 대가로 남편에게 매달 용돈으로 천 프랑씩 지급하기로 하고 자기의 향락 외에는 어떤 것에도 신경을 쓰지 않게 되었다.

그런데 남편이 너무나 시세에 어두워 이런 절대군주의 논리를 이해하려고 하지 않을 때에는 마치 "네 놈은 앞으로 시시한 수작을 하지 말란 말이야"라고 하는 것처럼 그의 머리 속으로 재빨리 절대주의의 논리를 주입시켰다. 프랑수아 1세 때에 일어났던 다음과 같은 에피소드는 이것을 증명해주고 있다. 브랑톰은 이렇게 쓰고 있다.

나는 이런 이야기를 들었다. 국왕 프랑수아가 어느날 자기가 총애하고 있는 궁정의 어떤 여관과 하룻밤을 지내고자 했다. 국왕은 그런데 그 여관의 남편이 그 일 때문에 손에 단도를 쥐고 자기 아내를 막 죽이려고 하는 장면과 딱 마주치게 되었다. 그러자 국왕은 칼을 뽑아 남편의 목에 들이대고 "허튼 수작을 하면 네 놈의 목숨은 없어. 만약 네 놈이 이 여자에게 손가락 하나라도 대려고 하면 나는 네 놈의 목을 날려버리겠어" 하고 으르렁댔다. 그날 밤 국왕은 남편에게 외출을 명하고 남편과 자리를 교대했다. 이렇게 훌륭한 성기의 보호자에게 복을 받을 귀부인은 천하의 행운을 차지하게 되었다. 이런 일을 당하고 나서부터 남편은 아내에게 한마디도 거역하려고 하지 않았고 아내가 원하는 대로 했기 때문이다.

왕의 이런 보호를 받았던 사람은 이 귀부인에 그치지 않고 그밖에도 많은 사람이 있었다는 것을 나는 들었다. 많은 사람들이 전쟁중에 자기들의 소유지를 지키기 위해서 문 위에 왕의 문장을 걸어야 했던 것처럼 많은 귀부인들도 성기 속에 혹은 그 가장자리에 왕의 문장을 표시해두었기 때문에, 남편들은 아무 소리도 할 수 없었다. 이것이 없었다면 남편들은 아내들을 일찍이 찔러 죽여버렸을 것이다.

이와 유사한 많은 실례가 모두 절대군주의 궁정에 관한 기록이다. 그럼에도 불구하고 절대군주의 논리를 재빨리 이해하지 못했던 남편들은 목숨을 잃게 되었다는 실례가 산더미처럼 보고되어 있다. 그것은 언제나 거금을 받은 자객의 임무였다. 자객은 굳게 방어되고 있는 부부의 침실에 이르는 길을 국왕이라는 정부를 위해서 열어주는 역할을 했던 것이다.

절대군주의 제2의 당연한 논리는, 적극적이든 소극적이든, 궁중의 음탕한 여자들을 위해서 군주의 신하라면 당연히 그녀들의 수치를 가려주는 역할을 수행하고, 나아가서 세간의 자신에 대한 신용을 이용해서 군주의 행위를 감싸주는 것은 남편으로서도 결코 불명예가 되지 않는다고 하는 것이었다. 세계의 모든 절대주의 궁정은 이 논리에 대해서는 일치하고 있었다. 더구나 이 존경해야 할 임무가 신분이 낮은 인간에게만 주어졌던 것은 아니고, 국가의 최고위 관리나 고령의 귀족까지 이 고상한 임무를 수차에 걸쳐 인수했다는 점에서도 일치하고 있다. 그 실례 중 하나만 들어보기로 하자. 프로이센에서 흑색 독수리 훈장을 받았던 재상, 바르텐베르크의 콜베 백작은 프리드리히 1세의 애첩의 치부를 숨기는 임무를 수행하고 있었다. 당시 만들어진 "대왕의 여관들은 3개월마다 아이를 낳는다"라고 하는 속담은 이런 경우를 가리키는 것이다.

즉 "왕의 신격"이 언제나 음탕한 여자에 대해서 특히 결혼생활의 요구나 권리에 대해서 우선권을 쥔 것은 당연했다. 고귀한 열쇠의 소유자에게 어떤 귀부인을 애무하고 싶은 욕망이 울컥 치밀면, 설령 그 지위가 타인, 즉 남편이나 다른 정부에게 선점되어 있다고 하더라도 그런 선점자는 사랑의 전장에서 즉시 퇴각해야만 했다. 역사적으로 확인된 많은 실례는 다음의 사실을 증명해준다. 자기 아내가 특별히 요염하고 아름답거나 혹은 다른 이유로 총애를 받고 있는 여관일 경우 그 남편은 1년에 몇 번이나 자기가 선점했던 침대에서 한밤중이더라도 퇴각하지 않으면 안 되었다. 이것은 군주가 불시에 자기 아내에게 사랑놀음을 요구해온다든가 아내가 한밤중에 국왕의 침대로 소환되었기 때문이다. 얼마나 황당한가? 갑자기 직무정지를 명령받은 동침자의 퇴각이 어떤 이유 때문에 늦어지는 경우에 —— 이런 일이 자주 일어났던 것은 당연하다 —— 미처 퇴각하지 못한 그는 방의 어딘가에 숨어서 특권적인 경쟁자의 사랑 사업과 그 성공을 두 눈을 뜬 채 그러나 몰래 우러러보지 않으면 안 되었다. 나는 많은 실례 가운데 하나의 예만을 들어둔다. 프랑스의 국왕 앙리 2세는 그의 공인 애첩이었던 푸아티에의 디안과 간통하던 뻔뻔스러움을 유감없이 보여주고 있다.

국왕 앙리는 어느날 밤 디안의 방문을 두드렸다. 공교롭게도 그날 밤 디안의 방에는 브리사크 원수가 머물고 있었다. 예기치 않았던 일에 원수는 너무 당황하여 침대 밑으로 기어들어가는 수밖에 없었다. 국왕은 방으로 들어와서 아름다운 애첩 곁에 누워 브리사크가 숨어 있는 것을 아는지 모르는지 사랑하는 첩과 애무를 즐겼다. 몇 분 동안 디안과 즐긴 뒤에 국왕은 무언가 먹을 것을 요구했다. 이에 디안은 설탕에 절인 과일을 가득 채운 접시를 국왕에게 바쳤다. 앙리는 그것을 으적으적 씹어먹으면서 갑자기 한 조각을 침대 밑에 던져넣으며 "어이! 브리사크! 사람은 먹어야 사는 거야" 하고 소리쳤다.

이런 불유쾌한 일은 남자들이 궁정관리라는 직업에 종사하는 한, 푸념 한마디 하지 않고 당연히 받아들이지 않으면 안 되는 일이었고 실제로 그런 불평은 한마디도 드러내지 않았다. 자기 아내가 군주라는 친구를 동경하여 "상사병"을 앓아도 귀족들은 불평 한마디 흘리지 않았다. 따라서 상사병은 간접적으로 그들에게도 분배되었다. 이런 것도 궁중에서의 입신출세라는 상거래에서는 흔히 있었던 어쩔 수 없는 잡비의 지출에 속하는 것이었다. 소발은 프랑수아 1세가 평생 동안 성병으로 고민했고 그 때문에 궁정 전체도 끊임없이 성병으로 고민했으며 왕이 가끔 왕비의 침대에도 행차했기 때문에 왕비도 예외는 아니었다고 전하고 있다.

그런데 이상의 모든 것도 사실은 사람들이 궁정에서 점차 갈고 닦은 세련미에 의해서 매우 재빨리 위에까지 전파시켰던 다음과 같은 일과 비교하면 그리 대단한 것도 아니다. 우선 최초로 갈고 닦여 모습을 드러낸 세련된 풍속은 두 사람의 연인 사이에 벌어지는 비밀스러운 사랑의 장면에 제3자가 우연히 부딪히게 되는 것처럼, 실은 계획적으로, 꾸며진 일을 연애달력의 프로그램 속에 집어넣는 것이었다. 브랑톰은 이렇게 쓰고 있다.

나는 어떤 귀족을 알고 있다. 그 귀족은 주군인 왕자의 눈앞에서 아름다운 아내를 애무하고 있었는데 그것은 주군의 희망과 명령에 따라서 행해지고 있었다. 왕자는 눈으로 보는 것을 대단히 즐겼기 때문이다.

물론 노예도 주인과 같았다. 그것은 친구들에게 자기의 아름다운 아내나 애인의 모습을 묘사해주고 그 벗은 모습을 자기가 어떻게 즐기는가 하는 것을 말한 뒤 "그렇게 벗은 여자와 함께 사랑놀음에 골몰하는 것"이 어떠한 것인가를 친구들에게 공개함으로써 커다란 즐거움을 발견했기 때문이다. 이것은 어쨌든 진일보한 것이라고 할 수 있었다.

그러나 이런 가공할 방탕도 소위 세련미라는 단계의 1단계에 지나지 않았다. 방탕은 한걸음한걸음 체계화되었고 또 조직화되었다. 사람들은 개인적 향락을 차차 집단적 향락, 결국 술 마시고 노래하고 떠들어대는 광란으로까지 발전시켜나갔다. 그들은 공개적으로 연애했을 뿐만 아니라 집단적으로 많은 술을 마시며 연애했다.

그 당시 사투르누스(Saturnus : 로마 신화에 나오는 농업의 신. 이 신을 제사 지내는 기간은 환락으로 낮과 밤을 보냈음/역주)의 방탕은 마드리드, 파리, 런던에서가 아니라 오히려 로마 역대 교황의 궁정, 보르쟈나 로벨 집안의 궁정에서 정점에 달했다. 많은 교황뿐 아니라 인생의 쾌락의 빛 속을 영원히 산책했던 영광스러운 추기경들, 대주교, 주교 등 교황청의 무리도 그 시대의 성적인 대담함에서는 세속적인 모든 궁정들에서의 대연회나 풍속들을 훨씬 능가하고 있었다. 그 세련된 사랑놀음의 기교로 인해서 명성을 떨친, 황금을 쏟아넣게 하는 창녀들은 공공연히 바티칸 궁전의 교황 측근에서 살고 있었다. 바노차, 율리아 파르네세, 그밖의 수많은 교황들의 수많은 미모의 애첩들을 위해서 호화로운 궁전이 세워지고 교회가 헌납되었다. 연대기 작가의 보고는 이곳에서 성대히 행해지고 있던 가공할 속세의 죄악의 기록으로 가득하다. 교황 알렉산데르 6세의 궁전에서 아름다운 창녀와 요염한 여관들이 베푼 집단적인 섹스 유희는 처음 공개된 흥행거리의 하나로 승격되어 궁정사회 전부가 그것을 보고 즐겼다.

로마에서 박수갈채를 받은 것이 재빨리 파리나 런던에서도 똑같이 환영받았다는 것은 당연하다. 그래서 영국의 찰스 2세의 궁정에서는 로체스터 공작의 글에서도 볼 수 있는 것과 같이 125년 전에 알렉산데르 6세의 궁전에서 그랬던 것처럼 그 고마운 여흥에 더욱더 몰입하게 되었던 것이다. 이 경우에도 연애행위를 그야말로 세련을 극한 기술로 궁정신하나 여관에게 무대 위에서 실제로 연기하도록 했기 때문에 이런 행위는 심지어 가장 존경해야 할 대상으로까지 치켜올려졌다.……

방탕이 이처럼 광범위한 파급효과와 영향을 미칠 때에는 반자연적인 모든 패륜을 실천에 옮기지 못하도록 막을 수 없었다. 남색, 소년상대 남색, 동성애, 그밖의 것이 도처에서 번창 일로에 있었다. 지나친 향락은 새로운 관능, 교체, 변화를 요구했다. 아레티노가 그 때문에 많은 비난을 받았던 "소네티 루스리오시"에서 노래했던 남녀의 반자연적인 난음의 여러 형태는 사실은 반자연적인 성향락의 많은 종류 가운데서 가장 점잖은 것에 지나지 않았다. 그러므로 이런 것들은 꼭 부끄러워해야만 할 것이라고는 할 수 없었다. 브란데스는 셰익스피어 시대 영국의 성적 문란상태를 다음과 같이 조망하고 있다.

> 품위와 함께 모든 예의범절도 무시되었다. 국왕 제임스의 충직한 변호자이고 또 찬미자이기도 했던 디즈레일리조차 궁중의 풍기는 두려워할 만한 것이라고 말했으며 신하들이 빈둥거리는 생활과 한없이 무절제한 낭비로 자신들의 남는 시간을 허송하면서 가장 부끄러워해야 할 패륜을 일삼고 있다고 스스로 고백할 정도였다. 그 스스로도 이 계급의 신사 숙녀에 관해서 쓰여진 드레이튼의 「문칼프」에서 "남자들은 너무나 많은 여자들을 알고 있고 여자들도 마찬가지로 너무나 많은 남자들을 알고 있다"라는 구절을 인용하고 있다.

이런 사회에서는 모든 인간이 역사적 상황이 만들어낸 방종의 권리를 쉽사리 버릴 수 없었다는 것은 능히 짐작할 수 있는 일이다. 어떤 부류의 여자들에게 만약 그녀들의 환경이 이 방종의 권리를 공공연히 휘둘러도 좋다고 허용한다면 —— 왕녀는 어느 나라에서나 이 부류에 속했다 —— 그녀들은 더욱 흐트러져 그만큼 더 방종하게 되었을 것이다. 같은 신분의 정부와의 관계가 위태로운 모험이라고 생각되면 그녀들은 안심할 수 있는 인물로 상대를 바꾸었다. 그럴 경우 대개 시종이 선택되었다.

시종을 유혹하는 것은 쉬운 일이었다. 시종은 언제나 손 닿는 곳에 있었기 때문에 대단히 기회와 조건이 좋았기 때문이다. 절대주의의 인간관은 자기와 같은 지위와 계급에 있는 자만을 인간으로 보았다. 이 계급의 귀부인들은 시종들을 꺼리고 조심해야 할 필요가 없었고 그들에게 가장 비밀스러운 볼일을 분부해도 지장이 없었다. 독일의 포르베르크는 이렇게 쓰고 있다.

> 귀부인들은 자기들의 노예에게 가장 절박한 볼일을 분부했다. 신분이 낮은 노예는 신분이 높은 사람의 눈에는 인간이 아니었기 때문이다. 그러니까 귀부인들은 노예를 동물과 마찬가지로 여겼기 때문에 그들에게는 부끄러워할 필요가 전혀 없었던 것이다. 러시아 사람들의 의견에 따르면 귀부인들을 얼굴이라도 붉히게 하기 위해서는 상대 남자들이 동일한 신분이어야 한다.

어느 프랑스 작가도 이렇게 쓰고 있다.

우리나라의 궁정이든 다른 나라의 궁정이든 태연하게 볼일이 치러지도록 그들(시종들)은 흔히 귀부인들에게 옷을 입히기도 하고 벗기기도 했기 때문에 이때 많은 아름다움을 보게 되었다 —— 대개는 여자 쪽에서 일부러 자기 육체를 자랑스레 내보였다는 것이다.

　그런데 귀부인들이 시종과의 관계도 위험하다고 느낄 경우나 또는 이런 관계에서 충분한 만족을 얻지 못했을 경우에 그녀들은 뚜쟁이 남자나 여자의 손을 빌려서 상대편 남자가 이쪽 여자의 신분을 전혀 알 수 없도록 고의로 이쪽의 신분을 전혀 모르는 낯선 남자라든가 외국인과의 밀회를 주선하도록 하였다. 이런 모험을 준비하는 것은 스캔들 위주로 썼던 당시의 연대기뿐만 아니라 그 시대의 진지한 문학 속에서도 다양하게 묘사되고 있다. 시골뜨기 심플리치우스 심플리치시무스가 파리 체재중에 이런 모험을 하게 되었다. 그래서 그는 그의 근사한 일류 문체로 그가 체험했던 것을 자세하게 마치 조각을 하듯이 보여주고 있다. 이 모험의 중심 인물은 세 사람의 왕녀였다. 이 세 사람의 왕녀는 우연한 기회에 심플리치우스의 훌륭한 풍채를 눈을 비비면서 탐내게 되었다. 아니, 눈이 서로 맞았는지도 모른다. 어쨌든 그는 어느날 심부름하는 여자에게 이끌려 밤중에 궁전으로 안내되었다. 궁전에 들어가자 그는 목욕탕에 넣어서 깨끗이 씻겨지고 몸에 향유가 발라지고 그의 피를 흥분시키기 위한 흥분제까지 먹게 되었다. 그리고 데콜테 차림을 한 님프들의 연회에 초대되었다. 모든 것이 그의 관능을 부채질하기 위한 배려에서 준비되었다. 연애에 들어갈 수 있는 준비를 갖춘 후에 그는 드디어 실연 무대에 등장했다. 아주 깜깜했기 때문에 상대가 누구인지 알 수 없었다. 그는 침대 속에서 발가벗은 여자를 찾아냈는데 상대는 대단히 젊고 아름다운 숙녀로 생각되었다. 그는 세련된 갖가지 방법으로 이미 도발되어 있는 힘을 완전히 발휘해 상대의 정욕을 만족시켜주지 않으면 안 되었다. 이런 일이 일주일 동안 계속되어 세 명의 왕녀가 매일 밤 번갈아 나타났다. 그는 이 왕녀들을 혼자서 상대해야 했다. 그러나 그는 자신에게 주어진 기대나 희망을 결코 저버리지 않으려고 했기 때문에 결국 과로로 인해서 완전히 맥이 빠져 마침내 병이 들어서야 비로소 이 비너스의 산으로부터 석방될 수 있었다. 그의 이 충분하고도 넘치는 봉사행위는 황금 덩어리로 후하게 보상되었다.

　그런데 대개의 경우 그런 행운에 걸려든 복받은 남자의 결말, 사건의 대단원이 반드시 그 남자에게 유쾌한 것이 되는 것은 아니었다. 즉 그런 관계가 폭로될 위험이 있다거나 기타 위험스러운 가능성이 닥치게 되면 당사자인 그 남자는 자객이나 그 일당 —— 여자 쪽에 매수된 —— 의 단도에 의해서 무자비하게 살해되어 모처럼 얻었던 쾌락도 끝장이 나고 마는 경우가 비일비재했던 것이다.

물론 방탕은 이 시대의 분위기를 지배했던 온갖 난장판 속에서 좌충우돌하며 돌진했던 왕성한 성적 욕망의 자기 목적이 되었을 뿐 아니라 대개의 경우 다른 목적을 위한 하나의 수단이기도 했다. 스스로 상품성을 갖추게 된 이후 연애는 이 관능시대에 들어서면 충분한 대가가 지불되는 상품이 되었으며 그리고 더없이 잘 유통되는 상품이기도 했다. 사랑의 여신 비너스는 모든 도시의 뒷골목이나 시장거리에 나타나 부끄러움도 체면도 모두 망각한 채로 자신의 아름다움을 자랑했다. 비너스는 특히 권력의 핵심으로 통하는 문 앞에 서게 되었다. 아름다운 몸매를 지닌 여자는 그 권력의 문 안에서 자신의 아름다움을 대가로 지불하고 화폐뿐 아니라 권력, 지위, 특권 등 이 세상의 거의 모든 것을 얻을 수가 있었다. 비너스는 이 경우 자기 자신을 위해서, 남편을 위해서, 형제를 위해서, 그리고 가족을 위해서 이 모든 것들을 사들였던 것이다.

아름다운 용모는 르네상스 시대의 귀족계급의 많은 젊은 규수들에게는 하나의 자본이었다. 그리고 그녀들은 자기들이 가지고 있는 그 자본으로 엄청난 폭리를 취할 수 있었고 또 취하곤 했다. 거의 언제나 그 자본은 여자들에게 엄청난 이윤을 가져다주는 확실한 수입원이었던 것이다. 영국 사람인 윌슨은 16세기 말의 영국 궁정을 묘사하면서 이렇게 기록하고 있다.

비록 부모의 지나치게 사치스러운 낭비생활 때문에 땡전 한푼 없는 빈털터리가 되기는 했으나 한편으로 아름다운 육체와 용모를 갖춘 많은 젊은 귀족계급의 숙녀들은 자신들의 아름다운 용모를 하나의 자본으로 삼아서 그것을 비싼 값에 팔기 위하여 런던으로 모여들었다. 그리하여 온갖 수단을 모두 동원하여 평생 여유 있게 놀고 먹을 수 있을 정도의 막대한 연금을 손에 넣고 유명하고 돈 많은 남자와 결혼하여 총명한 귀부인, 따라서 영웅적인 인물로서 우러러 존경을 받았다.

많은 여자들은 권력자들이 가지고 있는 에로틱한 변덕스러움을 이용해서 재빨리 그들에게 몸을 맡기고 대신에 그 반대급부로 자기 자신이나 자기 남편을 위해서 관직이나 사회적 지위 등을 획득했다. 왜냐하면 군주나 국왕들은 상대하는 여

오감의 하나, 시각(F. 데 비트, 동판화, 17세기)

자의 연애기교가 자기에게 주는 쾌락의 정도에 의해서만 자기가 다스리는 신민이 지닌 우수한 재질을 파악했기 때문이었다. 군주들은 이런 생생한 증거에 의해서 세상에서 가장 형편없는 얼간이 여자에게서 아닌 밤중에 홍두깨처럼 전술가로서의 천부적인 재질과 그밖의 다른 능력을 발견하고 최고의 지위와 높은 녹봉이 지급되는 명예직을 부여하기도 했다. 아내나 미혼인 자매들의 매혹적인 아름다움은 대단히 복잡하게 이해가 얽혀 있는 재판사건을 간단히 해결해주는 역할도 했다. 만약 원고 혹은 피고의 아내가 아름다운 가슴과 매력적인 허벅다리의 위력을 발휘하여 이 은밀한 천국으로 재판관 나리를 언제라도 초대하겠다는 뜻을 은밀히 내비치면 그 이후부터는 많은 재판관들이 그 재판을 이쪽의 원고나 피고에게 유리하도록 이끌었다는 것이 바로 이에 대한 훌륭한 증거이다. 브랑톰은 풍속화랑에서 이렇게 쓰고 있다.

자신의 사건은 아내에게 맡겨두는 편이 훨씬 좋을 것이고 그 재판을 아내에게 일임하는 것이 사건의 해결에 훨신 유리하리라고 생각하여 남편들은 자주 아내를 재판소의 문앞이나 낭하, 넓은 방에 남겨두고 자기는 지체없이 돌아간다. 나는 정말로 자신의 정당한 권리에 의해서라기보다도 오히려 아내의 수완과 아름다움으로 인해서 감쪽같이 승소했던 많은 남편들을 알고 있다. 이런 때에 아내는 걸핏하면 누군가의 자식까지 덤으로 얻어오곤 했다.……나는 또 귀족의 부인들로부터 아주 성대한 대접을 받았다는 담당 판사나 재판장이 많았다는 점을 지적해두고 싶다.

이런 판결의 예는 여러 나라에서 있었던 많은 역사적인 실례에 의해서 증명된다. 그래서 또 이와 같은 사정들을 반영한 속담이 나오게 되었다. "바깥 주인은 마누라와 함께 재판소에 가지 않으면 안 된다"라든가 "아름다운 마누라의 무릎보다 더 지혜로운 것은 무엇일까? 그 미끈한 허리는 열 명의 법학자가 주장하는 것을 뒤집을 수 있다"라는 것 등이 바로 그러한 것들이다.

탕음은 자기의 쾌락을 위한 목적일 뿐 아니라 무엇보다도 우선 다른 여타의 목적을 이루기 위한 가장 유력한 수단이기도 했기 때문에 귀족계급은 자기들의 딸들만이 국왕과 침대를 함께할 수 있다는 것을 언제나 그들 계급의 세습적인 특권이라고 생각했다. 만약 그것이 여의치 않은 경우에는 귀족계급은 국왕의 침대에 애첩을 진상하는 영예를 시민계급과 끊임없이 다투기도 하고 경우에 따라서는 시민계급에게 기분좋게 넘겨주기도 했다.

국왕의 침대를 함께하게 된다는 영광을 차지하기 위하여 벌이는 귀족들의 격렬하지만 일상적인 경쟁에는 항상 아주 비열한 수단이 사용되었다. 국왕의 동침자의 위치를 차지하기 위한 이런 격렬한 승부의 경쟁에서 평민계급의 여자가 승리한 경우 평민계급은 점점 콧대가 높아지게 되었다. 딸이나 아내가 군주의 애첩으로 발탁되기라도 하면 가족 모두가 이를 명예로 여겨서 기뻐 날뛰며 정신없이 어쩔 줄을 몰라할 뿐 아니라 누차에 걸쳐 —— 그리고 그 가운데 시대와 계급의 발전을 특징짓는 원인이 확실히 감추어져 있었다 —— 그 도시의 모든 시민계급들이 그것을 자랑하고 뻐기며 자신들 전체에게 부여된 명예로 여겼다. 이것과 관련된 역사적인 실례로, 평민들 사이에서 많은 애첩을 발탁했던 프랑스의 루이 11세의 경우를 들 수 있다. 어떤 연대기 작가는 파리의 시민계급들은 "국왕이 그의 애첩을 자기들의 계급에서 뽑은 명예"를 대단히 오만하게 자랑하고 있었다고 기록하고 있다. 뿐만 아니라 이 국왕이 디종이라는 도시에서는 유게트 자크랑을, 리옹 시에서는 지공느 양을 애첩으로 총애했을 때, 이들 도시에서도 그것을 분에 넘치는 영광으로 여기고 감격해했다. 당시의 세상풍조는 물론 사고방식이 이러했을진대 시민계급의 딸들 사이에서조차 국왕의 애첩이라는 직위의 은총을 얻기 위해서 치열하고도 열띤 경쟁을 벌이게 되었던 것은 당연하다고 할 것이다.

국왕의 애첩이 될 수 있는 명예는 이들 시민계급의 의견에 따르면 아름다운 용모를 지닌 여자가 하늘로부터 부여받을 수 있는 최대의 행운이었기 때문에 공작, 백작, 추기경, 주교는 물론 촌스러운 시골 융커의 손길이 자기들에게 닿게 되는 것조차도 상당히 높은 명예라고 할 수 있었다. 마지막으로 어떤 나라든 그 나라에는 단 하나의 국왕, 이 세계에는 단 하나의 교황밖에 없었기 때문에 모든 사람들은 그 단 하나의 존재를 향하여 자기만의 길을 개척하고자 했다. 이런 세상 가운데서 그 누가 독불장군이라고 딸이나 마누라의 육체의 아름다움이라는 훌륭한 자본을 돈 많고 세력 있는 귀족들에게 어느 만큼이라도 투자하지 않고서 배길 수 있었겠는가? 상류 시민계급의 많은 여자들은 자기의 육체나 연애기교라는 자본이 적어도 이런 방법을 통해서 최대의 이윤을 만들어낼 가치가 있다고 여겨지면 언제라도 그 부분을 주저 없이 투자하겠다고 생각하게 되었다.

시민계급들이 자기들 계급의 여자가 국왕의 애첩으로 입신출세했던 것을 거리낌 없이 자랑했던 것은 그 시대의 역사적 상황에서 발생했던 참으로 자연스러운 현상이었다. 절대주의 체제의 논리가 지배적인 위치를 차지하고 있던 곳은 어디에서고 —— 그런 도시들은 주로 파리, 로마, 런던, 빈, 마드리드, 그밖에도 주교들이 많이 있던 곳들이었다 —— 모든 시민계급들은 눈깜짝할 사이에 경제적으로 궁정에 완전히 의지하게 되고 그 결과 논리적으로나 실제적으로 궁정의 "도덕"에 완전히 지배될 수밖에 없었다. 궁정에서의 사치, 궁정에서의 방탕은 상업에 종사하는 시민계급에게는 매우 큰 경제적 이익을 가져다주는 생활의 토대가 되었다. 애첩의 논리가 지배했던 도시에서는 상업 또한 번영했다. 그것은 그곳에서는 사회경제의 가장 낭비적인 형태가 기생하여 자라나기 때문이다. 그래서 시민들은 여러 가지 방법으로, 여러 방면에서 타락과 손을 잡고 있었다. 그러므로 대단히 많은 시민들이 궁정에 직접 고용되어 일하고 있었던 점도 이 문제에 대한 고찰에서는 반드시 덧붙여야 한다. 국가는 물론이고 도시의 관리계급 모두가 절대군주에 의해서 임명되고 있었다.

또한 절대왕권은 스스로의 권위를 화려하게 장식하는 것이 필요했기 때문에, 그런 필요에 의해서 시민계급은 그 절대왕권에 하나의 저수지의 역할, 즉 궁정이 그곳으로부터 인적 자원을 끊임없이 퍼올리는 저수지일 뿐 아니라 그 속으로 궁정의

뚜쟁이질 하는 장면(독일의 목판화)

"도덕"이 끊임없이 흘러들어가는 저수지의 역할도 했다. 따라서 당연한 논리의 귀
결로 절대주의가 지배하는 곳은 자연히, 또 예외 없이 도덕적인 타락과 윤리적인
죄악의 아성이 되곤 했다. 그런 현상은 소규모의 수공업이 정치적, 사회적 지배권
을 장악하고 있던 도시들에서는 아무래도 다른 모습으로 나타나게 되었다. 즉 이런
도시들에서는 그 당시로서는 언제나 "비교적" 건전하다고 할 수 있는 도덕이 유지
되고 있었던 것이다.

물론 그런 도시에서도 양적으로나 질적으로 볼 때 덜 본격적이고 소규모이기는
했지만 당시의 역사적 발전의 당연한 결과로서 수도의 특수한 궁정의 풍기가 일반
적인 사회의 보편적 도덕의 한 형태로서 나타나고 있었다. 즉 이들 도시의 시민계
급에게서도 앞에서 묘사했던 것처럼 지배계급과 똑같은 도덕관이나 갖가지 방탕한
모습과 방법, 또 동일한 경제적 이해관계가 엿보인다.

이런 도시의 많은 남자들이 대부분 자기의 아내나 딸을 팔아 이익을 얻기 위해서
대단히 바쁜 뚜쟁이가 되었고 많은 경우에 그들의 부부생활은 비밀스러운 알선장소
를 제공하기 위한 허울에 지나지 않았다. 그리하여 그런 남편들은 아내를 미끼로
해서 자기의 목적에 이용하기 쉬운 상대를 낚았다. 그들은 자신들이 노리는 정부들
에게 이렇게 말한다.

　　내 마누라는 당신을 좋아하고 있어요. 그저 단순히 좋아한다고 말하고 있는 게 아닙니
　　다. 당신에게 반해서 완전히 홀딱 빠져 있단 말입니다. 어때요? 내 마누라를 찾아오지 않

겠어요. 그렇게만 해주신다면 마누라는 너무나 즐거워 어쩔 줄 모를걸요. 당신은 그녀와 함께 즐거이 이야기를 하게 될 것이고 또 그녀의 즐거운 수다를 듣게 되면 무료함을 쉽게 잊을 수도 있을 걸요.

다른 남편들은 또 자기 아내에게 다음과 같이 해서 상대를 속이도록 부추기기도 한다.

아무개 씨는 당신에게 홀딱 빠져 있어. 나는 그 사람을 잘 알고 있지. 그 사람이 자주 우리집에 오는 것도 실은 당신에게 반해 있기 때문이라구. 그 사람과 서로 알게 되고 친해지는 것은 우릴 위해서 유리해.

만약 그 상대방 친구가 찾아오게 되면 아름다운 부인은 집에 홀로 있을 뿐 아니라 아무리 풍류를 모르는 둔감한 친구라고 할지라도 "현명한 마누라는 언제나 빈틈없이 바깥 주인의 주문대로 한단 말인가?"라는 말이 얼마나 정확한가를 수긍할 수 있도록 아름답고 간단한 옷차림만으로 모습을 나타낸다. 그리고 교활한 마누라는 이러한 제반여건을 이용하는 방법을 매우 잘 알고 있다. "얼간이(친구)가 달아오르게 되면 재빨리 금과 은, 윗옷과 외투, 모피와 긴 바지를 땀으로 흠뻑 젖게 해야 한다.……"

귀족이 자기의 아내를 뚜쟁이의 시장에 내놓는 방법처럼 그렇게까지 세련되지는 않았지만, 서민계급의 방법은 이 영업을 어느 정도까지는 훨씬 노골적으로 행했다. 가일러의 이야기를 들어보기로 하자.

그들 서민들은 수중에 돈이 한푼도 없이 떨어지면 마누라에게 이렇게 말한다. 당신, 밖에 나가서 어떻게든 돈좀 벌어와. 돈푼깨나 있는 놈을 찾아가 손을 뻗쳐보란 말야. 그러면 틀림없이 우리들에게 돈을 줄걸. 여기저기에서 점잔을 빼는 사제 나부랭이, 학생 나부랭이, 귀족 나부랭이들이 있는 곳을 찾아가 돈을 빌려주십사고 잘 부탁을 드리란 말이야. 특히 명심해둘 것은 한푼도 벌지 못하고 집으로 그냥 돌아오면 용서하지 않겠다는 거야. 알겠어? 돈이 돌아다니는 곳이나 돈이 벌리는 곳은 어느 곳이나 찾아가서 잘해봐. 네 몸뚱이 하나라도 잘만 해내면 엄청난 돈을 모을 수 있을 거야. 이런 식으로 남편은 아내에게 부정을 강요한다. 이렇게 하여 아내는 집을 나갈 때에는 정숙하고 신심 깊은 여자였지만 돌아올 때는 매춘부가 되는 것이다.

물론 "신심 깊고 정숙한 아내가 매춘부나 다른 사람의 애첩이 되어 돌아오는 것"은 남편만이 그 모든 사태의 책임자이고 선동자라고 할 수는 없었다. 아내들은 자기들의 윗옷이나 치마 속에 깊이 감추어진 아름다운 육체라는 자본을 귀족이나 성직자가 얼마나 열정적으로 탐내고 있는지를 너무나 잘 알고 있었다. 그래서 아내들이 남편에게 비싼 장신구나 보석, 아름다운 옷을 사달라고 조를 때 남편들이 순순히 들어주지 않는다면 대체로 아내들은 곧바로 수도사나 고위 사제에게 달려가 매달린다. "저를 몰래 훔쳐먹어주세요." 이렇게 구두쇠 남편을 위협했던 것이다.

> 당신이란 분이 열이 바짝 올라서 온 몸이 떨려도 좋아요.
> 당신이 내게 아름다운 장신구를 사주실 생각이 없다면
> 나도 수도사님, 영주님,
> 사제님이 계신 곳으로 지체없이 달려가지요.
> 그런 분들은 내게 고운 옷을 사주신답니다.
> 그리고 나는 다른 여인네들과 마찬가지로
> 엉덩이와 살갗으로 톡톡히 갚아드리지요.

무르너는 바보 같은 여자의 탄원조로 이렇게 노래했다.

그 당시 유부녀들의 부정이나 탈선, 자유스럽고 거의 방종에 가까운 성관계는 이 계급에서도 흔히 있는 일이었고 때문에 이런 모든 사례는 대단히 철없고 무책임한 윤리적인 태도의 소산이었다고 적당히 호도되어서는 안 될 것이다. 그런데 앞에서 이야기했던 계급이나 개인들의 일반적이고 보편적인 경우와는 정반대로 문자 그대로 최상의 열정과 서릿발 같은 질투로 부부의 침대를 수호, 독점했고 또 그렇게 독점해야 한다고 허세를 부리는 남편들도 상당히 많이 있었던 것이 틀림없다. 이 경우 부정한 아내는 스스로의 목숨을 걸고 이루어지기 어려운 사랑을 좇지 않으면 안 되었다. 만약 아내가 밖에 나가 몰래 부정을 저지르는 경우 그것은 그들 남녀 모두가, 즉 부정을 저지르는 아내나 타인의 소유를 감히 침범하려고 했던 정부가 모두 목숨을 걸어야 하는 모험이었다. 만약 자신의 권리가 침범당한 자가 그 침입자를 현장에서 붙잡았을 때에, 세상의 기준은 권리를 침범당한 그 사람에게는 "공정"했지만 침입자에 대해서는 세상에서 가장 참혹한 복수를 하여 훌륭히 채무정리를 하곤 했던 것이다. 나는 이런 복수행위의 실례를 보고하고 있는 기록, 이야기, 그림

따위를 많이 알고 있다. 그리고 그런 보고 가운데에는 자기의 소유권을 침해당했던 남편들의 모든 복수나 제재 등의 온갖 형태가 생생하게 묘사되어 있다. 그런 경우 어느 시대에나 그랬던 것처럼 속아넘어간 남편이 자기를 속인 아내와 간통한 남자를 폭행하는 것이 가장 일반적인 형태의 제재였다. 대개의 남편은 간통한 아내와 남자를 세상의 웃음거리로 만들기 위해서 이웃사람들을 모조리 불러모아서 적나라한 그 현장을 보였지만 결국 그것은 자기 얼굴에 침뱉기라는 것도 모르는 어리석은 바보의 짓에 지나지 않았던 것이다. 따라서 모욕당한 남편이 간통한 남자와 그의 공범인 자기

목욕하는 밧세바(알데그레버, 동판화, 1532)

아내를 살해할 때에만 그 남편은 세상에 이런 치욕이 드러나는 것을 막을 수 있었다. 그러나 시니컬한 남편은 보다 더 세련된 방법을 도모하여 간통한 남자의 육체와 생명에 제재를 가하기 전에 좀더 다른 종류의 제재, 예를 들면 부정한 아내의 면전에서 우선 그를 모욕하는 방법으로 복수를 했다. 이런 복수행위는 여러 소설에서 훌륭하게 묘사되고 있다. 다른 재미있는 또 하나의 복수는 속은 남편이 그 부정의 현장에서 간통한 남자를 붙잡아 거세하는 자리에 부정을 저지른 아내를 일부러 이 무서운 수술의 입회인으로 참석시키는 방법이었다. 이러한 복수행위도 많이 보고되어 있다. 독일의 콘스탄츠 지방에서 어느 부유한 상인이 자기가 없는 사이에 의사인 정부와 함께 자기집 목욕탕에서 금지된 사랑놀음에 빠져 있는 아내를 현장에서 덮쳤다. 그 상인은 정부인 의사를 말털을 빗는 빗으로 후려쳐서 그 자리에서 즉사시켜버렸다. 부정한 아내와 정부에게 속아넘어간 남편이 발명했던 가장 악랄한 복수방법은 어느 이탈리아 귀족에 의해서 고안되어 실천에 옮겨졌다. 이 귀족은 자기 자신도 그쪽 방면에서는 대단한 솜씨를 가지고 있는 사람이라고 스스로 자부해도 좋을 사람이었다. 그럼에도 사랑에 굶주린 아내의 성욕의 공백을 메워주기에는 충분치 못했는지 하여튼 그의 아내는 부정을 저질렀던 것이다. 남편은 아이러니컬하게도 "좋아, 그렇다면 당신에게 평생에 한 번 만족할 기회를 주지"라고 말했다. 그리고는 인부들과 노잡이 열두 명을 돈을 주고 사서 그들에게 아내를 처리하도록

했다. 그들은 귀족에게서 여자가 정신을 차리지 못할 때까지 마구 다루도록 부탁
받았으며, 결국 그녀는 3일 만에 죽고 말았다.

10) 정조대의 사용

앞에서 서술한 것처럼 상호관계란 항상 서로가 논리적으로 대응하는 것이기 때문
에 용의주도한 남편이 위험에 처한 아내의 정조를 인위적으로 지키기 위해서 취한
잔혹한 방법은 배신당한 남편의 잔혹한 복수와 조금도 다를 바가 없었다. 이런 잔
혹한 방법이 바로 르네상스의 남편들이 채택했던 방법이다. 그것은 아내의 육체적
인 정조를 지키기 위해서 기기를 사용하는 방법이었다.

사람들은 당시의 인생철학에 따라서 도덕적 훈계의 효과를 높게 평가하고 그런
관점에서 정조를 마치 입버릇처럼 추켜세웠지만, 그들 가운데에서도 아주 교활한
자들은 "좋은 것이 좋다. 그렇지만 더욱 좋은 것이 더욱 좋은 법이다"라고 생각했
다. 그리고 남편들은 악마 —— 음란한 악마 —— 의 가장 아름다운 놀음을 저지하
기 위해서 악마를 속이는 데에 가장 좋은 방법을 발견했다. 남편들 가운데서도 가
장 용의주도한 남편들의 의견에 따르면 그렇게 하기 위해서는 "지상의 연애천국으
로 들어가는 입구를 폐쇄시키는" 견고한 기기를 사용하는 방법이 정조에 대한 딱딱
하기 그지없는 설교나 열렬한 찬미보다도 훨씬 좋은 방법이었다. 왜냐하면 바라는
목적지까지 정부를 데려갈 수 없다는 사실을 알게 된다면 아내는 별 수 없이 정숙
한 아내가 될 것이며, 음란한 정부의 추근거림을 단호히 거절하게 될 것이고 나쁜
생각을 경박하게 품지도 않을 것이라고 생각했기 때문이다. 바로 이러한 사상에서
정조대(Keuschheitsgürtel), 혹은 비너스 대(Venusgürtel)라는 이름으로 널리 알려
진 철제의 정조 파수꾼이 발명되었다. 이러한 정조대의 구조는 착용한 여인이 대소
변은 볼 수 있으나 성행위는 할 수 없도록 여자의 허리를 기기로 빈틈없이 폐쇄하
도록 되어 있었다. 또 모든 정조대에는 복잡한 자물쇠가 달려 있었으며, 그 열쇠는
남편이나 애인만이 소지했다.

당시 정조대가 남자들이 아내의 부정행위를 막기 위하여 채택했던 유일한 방어수
단이 아니었다는 것은 분명하다. 발칸 제국에서는 오늘날에도 행해지고 있는 것처
럼, 또 이들 나라의 풍속에 관한 최고의 권위자인 크라우스가 「안트로포피테이아」

질투가 초래한 결과(루카스 크라나흐)

에서 여러 가지로 기술하고 있는 것처럼 하층 서민계급에서도 이와 유사한 방법이 사용되고 있었다. 이런 방법들은 여성의 외음부를 꿰매버린다거나, 여성의 음부에 이물질을 집어넣고 여간해서는 빠지지 않게 해놓는다거나, 산(酸)을 주입시켜 심할 경우에는 수주일 동안이나 염증이 생기도록 하여 조금이라도 접촉이 있으면 그곳에 견딜 수 없는 통증을 느끼도록 하는 것들이었다. 그러나 우리는 르네상스 시대에서

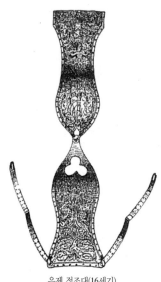

은제 정조대(16세기)

는 그러한 방법에 관한 상세한 자료를 입수할 수 없는 실정이다. 단지 사물에 관한 내적인 논리로부터 우리는 주인이라는 권리에서 발생한 질투심에 의해서 그때에도 역시 오늘날과 같은 정도로 창조적이고 잔혹한 행위가 자행되었을 것이라고 추론할 수 있을 뿐이다.

우리는 비너스 대의 사용이나 보급상황에 대해서는 확실하다고 단언할 수 있는 자료를 조금은 가지고 있다. 각국에서 수백년 동안에 걸쳐서 정조대를 사용했다는 사실은 분명하게 확인되었다. 근대에 들어와서 정조를 지키기 위해서 이와 같은 기계적인 기기가 사용되었다는 사실에 대해서는 여러 방면에서 의문이 제기되고 있다. 과거에 대해서 낭만주의적인 입장을 피력하는 사람들은 이와 같은 잔혹한 처사를 결코 인정하려고 하지 않았다. 그리고 이들은 가능한 한 이러한 관습이 중세의 십자군 시대에나 행해졌던 것으로 치부하려고 했다. 왜냐하면 그들은 중세에 대해서는 남편이 여행중에 아내의 정조를 보호하기 위해서뿐만이 아니라 무엇보다도 우선 아내의 정조를 폭행으로부터 보호하기 위해서 기사들이 그들의 아내에게 어쩔 수 없이 사용하게 한 방어수단이었다고 변명할 수 있기 때문이다. 그러나 우리는 이러한 견해 가운데서도 후자의 경우는 전혀 논리적이지 않다는 사실, 또 정조대는 어디까지나 르네상스 시대의 발명품이라는 사실을 「에로틱 미술의 역사」에서 또다른 관계 부분에 관한 서술을 해나가면서 이미 증명했기 때문에 그 부분을 참고해주기 바란다.

이러한 정조대가 실제로 사용되었다는 것에 대한 원칙적인 의문이나, 더 나아가서 정조대는 그보다 훨씬 후에나 발명된 것으로 그것은 에로틱한 기만에 지나지 않는다고 하는 주장은 다음과 같은 사실에 비추어볼 때 설득력이 강하다. 즉 각지의 박물관이나 수집관에 보존되어 있는 정조대를 감정해본 결과 그 대다수가 정교하게 만들어진 가짜라는 사실이 밝혀졌기 때문이다. 그러나 이러한 모조품 이외에 진짜도 많이 있다. 더구나 최근에는 당시 문헌에서도 정조대가 사용되었다고 하는 증거가 속속 밝혀지고 있다. 그러나 그중에서도 가장 중요한 것으로는 최근의 발굴조사 결과이다. 이와 같은 일련의 발굴조사 결과 정조대의 소재에 관한 모든 의혹이 불식되었을 뿐 아니라 정조대가 실제로 사용되었다는 사실이 누가 보더라도 분명하게 증명되었다. 그러한 사실은 파칭거-린츠 박사가 소지하고 있는 정조대에서 분명히 밝혀진다. 파칭거-린츠 박사는 오스트리아 소재의 한 묘지발굴에 우연히 참여했다가 16세기 사람으로 추정되는 한 젊은 여인의 유해에서 이 정조대를 발견했다. 그 여자는 이름이나 신분은 정확하게 밝혀지지 않았지만, 유해가 납관에 안치되어 있었던 점으로 보아 명문가 출신의 부인일 것이라는 사실만은 분명했다. 의심할 나위 없는 그외의 더 많은 진품들이 뮌헨 시의 민족박물관, 베네치아, 마드리드의 왕실 수집관, 런던의 투소 박물관, 그리고 푸아티에 박물관 등지에 소장되어 있다. 무엇보다 여기에서 주의해야 할 점은 이러한 발굴품 전부가 모두 르네상스 시대에 제작된 것들이라는 사실이다. 왜냐하면 이들 중에는 제작연도가 15세기 초 이전까지 거슬러올라가는 표본은 하나도 없기 때문이다.

이러한 도구의 사용을 풍속사적으로 비판하는 데에 문제가 되는 것은 첫째로 그것을 그렇게 사용한 계급이 어떤 계급이었는가 하는 점이고, 다음으로는 어떤 계급에서 어느 정도까지 정조대가 사용되었는가 하는 점이다. 이제 역사를 살펴보자. 우선 먼저 정조대를 부인들에게 착용하게 했던 계급은 유산 지배계급, 즉 상인들이었던 대부르주아 계급과 절대군주 계급이었다. 두번째 문제인 사용범위의 정도를 살펴보면 이들 계급, 특히 절대군주 계급과 사회적, 경제적으로 결부되어 있던 계급에서 상당히 광범위하게 퍼져 있었으며, 그것이 결코 산발적인 현상이 아니었다는 사실은 분명하다. 단지 그렇다고 해서 부인들 대다수에게, 더 나아가 이들 계급에 속한 부인들 전부에게 이러한 "자물쇠가 부착되어 그들의 정조가 지켜졌다"라고 단언해서는 안 된다.

정조대의 재료가 고가품이었다는 점이나 그 재료가 예술적으로 가공되었다는 점 —— 대다수는 은제품이었으나, 더러는 금으로 만들어진 것도 있었으며, 대부분은 아름답게 조각되어 있고 자개가 박혀 있다 —— 에 비추어볼 때 그것의 사용범위가 확연하게 드러난다. 그것은 또 상당한 분량에 달하는 문학적인 자료에서 더욱 확실해진다. 그리고 당시 그것이 아주 대중적인 현상이었다는 사실은 여러 가지 회화에서 증명된다. 이들 회화들은 오늘날까지 남아 있어, 우리는 그것을 통해서 당시의 정조대의 사용방법을 알 수 있다.

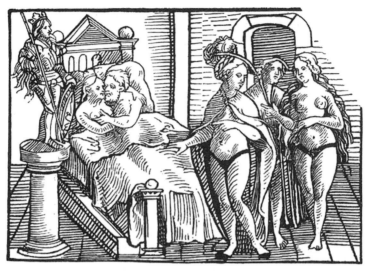
사랑 현장과 정조대를 한 부인들

　정조대에 관한 회화의 대부분은 독일 지방의 것들이지만 정조대의 사용에 관한
문학기록들은 회화와는 달리 각국에서 두루 발견된다. 소설, 가요, 격언, 수수께
끼, 속담 그리고 사육제 연극 등에서도 정조대에 관해서 언급되어 있고, 연대기나
또다른 당시의 기록 가운데에도 언급되어 있다.

　비교적 풍부한 문학기록에서 우리는 주변의 사정이나 정조대의 발생과정과 각 나
라나 도시로의 파급과정, 외관적인 모양이나 구조, 사용법, 정조대에 대한 아내의
반응 이외에도 정조대와 관계된 기타 사항들을 개략적이나마 약간은 살펴볼 수 있
다. 그리고 기록 가운데 가장 일반적인 견해는 정조대를 최초로 발명한 사람으로
파도바의 프란체스코 2세를 꼽고 있다. 또다른 기록에 따르면 베르가모에서 정조대
를 많이 제작했기 때문에 사람들은 그것을 "베네치아식 격자" 혹은 "베르가모 식
자물쇠"라고 부르기도 했으며, 마누라나 정부에게 "베르가모식 자물쇠를 채웠다"라
고 말하기도 했다. 아마 정조대는 여러 지방에서 동시에 발명된 것으로 추측된다.

　우리들은 그러한 기록 가운데서 정조대의 사용이 어느 정도는 공적인 제도로 정
착되었다는 사실을 엿볼 수 있다. 자신의 아름다운 딸의 구혼자에게 정숙한 어머니
는 자랑스럽고 믿음직스럽게, 자기 딸은 열두 살 되던 해부터 지금까지 한결같이
"베네치아식 격자"를 붙이고 있었다고 말한다. 순결한 아가씨를 아내로 맞이하기를

학수고대했던 애인은 그녀의 허리를 더듬어본다. 그리고 옷자락 밑에 아가씨의 몸체를 둘러싸고 있는 철제의 격자가 있는 것을 알게 되면 환하게 웃는 것이다. 신부가 젊은 신랑의 침대로 이끌려오면 —— 신혼초야는 항상 신부집에서 치러졌다 —— 신랑은 아름다운 조각으로 장식된 자물쇠를 열기 위해서 신부 어머니로부터 수년간 소중하게 간직해왔던 열쇠를 받게 된다. 그때부터 열쇠를 독점적으로 지배하는 주인이 바뀌는 것이다. 젊은 남편은 그때야 비로소 정조대의 자물쇠를 살펴보고 난 뒤에 문앞에서 기다리고 있던 그녀의 부모, 친구들에게 "자물쇠와 문"은 그대로 무사했다고 자랑스럽게 알리는 것이었다. 또다른 지방에서는 젊은 신랑이 신혼초야를 지내고 난 바로 다음날 아침에 젊은 신부에게 최초로 건네주는 선물이 바로 "아름다운 베네치아식 격자"였다. 순진한 아내들은 이 장식품을 아직 한번도 본일이 없으며, 따라서 그것을 어떻게 사용하는지도 전혀 알지 못했다. 남편은 잔뜩 호기심에 사로잡혀 있는 아내에게 이 기묘한 장식품을 어떤 곳에 어떤 목적으로 사용하는 것인가를 설명하고 난 뒤에 직접 자기 손으로 아내의 사랑스러운 몸에 부착시켜준다. "이로써 윤리에 어긋나는 연애의 길은 폐쇄되었다." 이후 부인은 남편의 부재시에는 항상 "아내의 명예로운 정조를 지켜주는 가장 훌륭한 보호자"의 보호를 받았다. 귀족이나 도시귀족이 멀리 떨어진 나라로 여행을 떠나기 위해서 준비할 경우, 그들은 "음란한 아내에게 그녀의 정조를 지켜줄 가장 믿음직한 친구"를 붙이는 것이다. 이 믿을 만한 친구란 다름 아닌 "철제의 재갈"이었다. 남편들이 설령 멀리 떨어진 나라에 머물고 있더라도 이 철제의 재갈로 "아내의 간음에 쐐기를 박을 수 있었다."

이러한 사실들은 당시의 문학이나 미술작품 등을 통해서 비교적 상세히 알려지고 있다. 다음은 메우르시우스의 역사서에 나오는 어느 젊은 신랑과 신부의 대화로, 여기에서 비너스 대의 형태와 구조를 분명히 알 수 있다.

옥타비아 : 나는 요즈음 율리아와 어머니가 정조대에 관해서 말하는 것을 들었어. 그렇지만 아내를 정숙하게 한다는 이 대가 도대체 어떻게 생겼는지 정확히 알지는 못해.

율리아 : 당신은 그것이 어떻게 생겼는지 곧 알게 될 거예요.……금으로 만들어진 조그만 격자가 네 개의 강철로 만들어진 사슬에 달려 있어요. 이 사슬들은 벨벳 천에 싸여져 강철로 만들어진 벨트에 정교하게 잡아매어져 있어요. 이 사슬 가운데 두 개는 격자 앞부분에, 나머지 두 개는 격자 뒷부분에 달려 있어서 격자를 앞과 뒤에서 고정시키고 있어요.

철제 정조대(16세기)

뒤에는 허리 바로 윗부분에서 자물쇠로 채우게 되어 있고, 그 자물쇠는 아주 작은 열쇠로 여닫게 되어 있어요. 격자의 높이는 엄지손가락 여섯 개 정도이고, 넓이는 엄지손가락 세 개 정도로 회음부에서 외음부 윗부분까지 가리게 되지요. 격자는 양 허벅지에서 하복부에 이르는 부분을 온통 둘러싸게 되어 있어요. 격자에는 세 줄의 구멍이 뚫려 있어 그 구멍으로 소변을 보는 데는 전혀 지장이 없으나, 손가락 하나라도 그 구멍 사이로 집어넣을 수 없게 되어 있어요.

이 기록에서 우리는 이 책의 삽화와는 전혀 다른 구조의 정조대도 있었다는 사실을 알 수 있다.

오덴발트의 엘바하 성에 보존되어 있는 정조대에 새겨진 "아, 그것은 여자들이 열쇠로 나를 괴롭힌다고 자네가 호소한 것이다"라는 문구에서 우리는 독일에서 정조대가 광범위하게 사용되었다는 사실을 추측해볼 수 있다. 이 문구는 또 정조대에 새겨져 있는 그림을 설명하는 데에도 유용하다. 그 그림에는 한 여자가 남자의 무릎에 걸터앉아 서로가 원하는 목적을 위해서 용을 쓰면서 남자를 도와주고 있는 모습이 그려져 있다. 프랑스에서의 정조대 사용에 대해서는 브랑톰의 다음의 기록에서 대체적인 윤곽이 드러난다.

앙리 국왕 시대에 어떤 철물상인이 여자의 음부에 자물쇠를 채우도록 만든 철물들을 생제르망 시장에 가지고 나왔다. 그것은 아래로부터 착용하는 대(帶)였으며 자물쇠를 열쇠로 열 수 있게 장치가 되어 있었다. 철물은 아주 정교하게 만들어져 있었는데 대에는 소변을 볼 수 있는 조그마한 구멍 두세 개밖에 뚫려 있지 않아, 그 대를 착용하게 되면 여자는 저 감미로운 쾌락을 맛볼 수 없었다.

이탈리아의 경우에 관해서도 이와 유사한 기록이 모를리니의 글에 있다.

밀라노 귀족들은 이때부터 오늘날에 이르기까지 자기 부인들에게 미술적인 세공이 가해진 금제 혹은 은제의 대를 착용시켰다. 그 대에는 배꼽 근처에 자물쇠가 달려 있었으며, 대소변용의 작은 구멍만이 뚫려 있었다. 부인네들의 경우 이 대를 착용하기만 하면, 감시 없이 자유롭게 자신의 생각대로 생활해도 좋았다.

코르나자노의 소설 중에는 장기간에 걸친 여행을 떠나는 상인들이 아내의 정조를 지키기 위해서 이 대를 어떻게 사용했는가를 묘사하는 내용의 이야기가 있다.

외국인 상인 한 사람이 있었다. 이 상인은 아름다운 처녀를 아내로 맞게 되었다. 그러던 어느날 아내를 두고 해외여행을 떠나게 된 상인은 많은 남자들로부터 유혹받고 있는 자기 아내를 믿을 수 없었기 때문에 아내가 스스로 나쁜 짓을 저지르려고 하더라도 그러한 죄악에 빠지지 않도록 어떤 조치를 강구해두어야겠다고 생각하게 되었다. 그리하여 그는 세미라미스가 아들의 질투심 때문에 발명했던 시리아식의 대를 만들었다. 이 대에는 여자가 소변을 볼 수 있도록 단 하나의 구멍만이 조그맣게 나 있었다. 상인은 아내에게 그 대를 채우고 열쇠를 자기가 보관하면 안심하고 근동지역 여행에 나설 수 있으리라고 생각했다.

라블레 또한 아내의 부정행위 예방법으로서 남편이 집을 비울 때에는 아내에게 꼭 채워두어야 했던 정조대에 관해서 언급하고 있다.

내가 규방에서 외출하게 될 때에는 언제나 아내에게 베르가모식 자물쇠를 채웠는데, 만약 자물쇠 채우는 것을 잊어버리기라도 하는 일이 있다면, 그때는 바로 흰자위라고는 조금도 찾아볼 수 없는 불타는 듯한 붉은 눈의 악마에게 이 몸을 주어버리는 편이 차라리 좋을 것이네.

이상의 것들은 각 나라 혹은 각 계급에서의 정조대의 사용에 관한 기록들 중 극히 소수에 불과하다. 그러나 앞의 사실들이 우리가 이러한 자료에서 얻을 수 있는 지식의 전부는 아니다. 이 이외에도 우리는 이러한 기록이

정조대를 한 부인(알데그레버, 동판화, 1532)

나 또다른 기록에서 두번째로 중요한 사실 —— 이들 기록에서도 나타나고 있는 실로 기가 막힌 역사의 아이러니 —— 을 간파할 수 있다. 그것은 철제의 정조대가

발명되자마자 곧 그것을 열 수 있는 또다른 여벌의 열쇠도 준비되었다는 사실이다. 우리는 이들 기록과 자료를 통해서 남편들에게 비싼 가격으로 정조대의 열쇠를 건네주었다는 사실을 알 수 있다. 역사의 이러한 인과응보적인 도덕규범은 "자기 스스로 정조를 지키려는 의지가 없는 여자들에게는 정조대를 채운들 아무런 소용이 없다"라는 간단한 문구에서 여실히 드러난다.

　"정조대로 자물쇠가 채워져 있는 귀부인"이 비록 여벌의 열쇠가 없다고 하더라도, 만약 권세가가 어느 때라도 몸을 허락하겠다고 나서는 미모의 부인에게 이렇게 거추장스러운 방해물이 부착되어 있는 것을 알게 되어 몇 시간 안에 이 복잡한 자물쇠에 꼭 들어맞는 여벌의 열쇠를 만들 수 있는 수완 좋은 열쇠장이를 찾으려고 한다면, 그것은 결코 어려운 일이 아니었다. 그렇게 되면 정부는 여자의 남편으로부터 조금도 의심받지 않고서도 적절한 때에 자기 사업을 가로막고 있는 문을 열어젖히고, 의도하는 바를 성취할 수 있었다. 클레망 마로는 격언시 서문에서 이러한 사례를 풍부하게 소개한다. 유혹자인 제2의 다윗은 프랑스의 프랑수아 1세이며 우리아는 왕의 신하인 도르송비예르 남작이다. 제2의 밧세바인 미모의 도르송비예르 부인은 왕의 유혹에 첫번째 밧세바가 그랬던 것처럼 몸을 맡긴 채, 수완 좋은 열쇠장이가 일을 하도록 꾹 참고 있었다. 그 결과 열쇠장이는 국왕인 정부를 위해서 그가 볼 수 있을 뿐만 아니라 들어갈 수 있도록 천국에 이르는 문에서 자물쇠를 떼어 버렸다. 수없이 많은 소설이 이러한 사례를 쓰고 있는데, 부정한 사랑은 항상 정확히 그 목적을 달성했다. 왜냐하면 권력이 어떤 일을 하려고 할 때에는 항상 아모르 (사랑의 남신)가 권력과 제휴했기 때문이다. 이러한 견해는 또한 회화에서도 자주 그려졌다. "저는 지금 자물쇠가 채워진 사랑에 괴로워하고 있습니다. 아모르여, 부디 오셔서 이 사람을 위해서 이 문을 열어주소서." 그러면 아모르는 부인의 소망을 들어주기 위해서 열쇠 꾸러미를 들고 재빠르게 달려온다. 뛰어난 채색판화인 "어울리지 않는 연인"은 이와 유사한 내용을 담고 있다. 그러나 이 판화가 페터 플뢰트너의 작품이라는 주장은 옳지 않다. 이 판화에서는 두 명의 남자 가운데 젊은 남자 쪽이 자신만만하게 "나는 자물쇠에 맞는 열쇠가 있다"라고 선언하고 있다. 그러자 그 앞에 서 있는 미모의 부인은 또 한 명의 남자인 의심 많고 늙은 남편의 주머니에서 금화를 한 움큼 꺼내어주고 이 열쇠를 사들이게 된다. 따라서 이 판화는 두 가지 방법으로 설명할 수 있다. 첫번째 설명은, 아내는 남편이 인심 좋게 준 금화로 아

비너스의 정조대(독일의 동판화, 1648)

주 세련된 황금 세공사의 기술을 사들일 수 있었다는 것이다. 그러나 두번째 설명
이 더 설득력을 가진다. 다시 말하면 아내는 자기가 사랑하는 남자에게 남편이 인
심 좋게 내놓은 금화까지도 사례로 주었다는 것이다. 이때 그 부인이 사들인 여벌
의 열쇠는 이중적 의미를 지니는 것이 분명하다.

  그렇지만 앞에서도 서술한 것처럼 결국에는 대부분의 부인들이 여벌의 열쇠를 은
밀하게 소지하게 되었다. 따라서 부인들은 자기가 총애하는 정부에게는 애정과 함
께 여벌의 열쇠를 건네주었다. 소설이나 그림에는 이러한 내용이 앞에서 열거한 사
례보다 훨씬 많이 실려 있다. 우리는 이와 관련된 실례를 두 가지만 들어보고자 한
다. 알데그레버의 동판화에는 정조대를 차고 있는 미모의 부인이 젊은 정부가 포용
하는 순간에 여벌의 열쇠를 그에게 건네주는 광경이 그려져 있다. 멜히오르 셰델의
방패 문장에는 정조대를 착용한 부인이 오른손에는 여벌의 열쇠를 쥐고, 왼손에는
금화가 가득한 주머니를 마치 누군가를 유인하는 듯한 자세로 치켜올려 들고 있는
모습이 그려져 있다. 결국 여기에서도 남자를 열망하는 연애행위에 대해서 금화라
는 보수를 내세워 정부에게 유혹의 손길을 뻗치고 있다.

  그러나 앞에서 우리가 얘기한 아이러니는 그 정도의 내용만으로 끝나지 않는다.
정조대가 만들어진 시대에는 바로 또다른 여벌의 열쇠도 만들어졌기 때문에 그것으
로 부정을 단속한다는 것은 환상에 불과했다는 점이다. 그것은 단순한 우연이라기

보다는 피할 수 없는 숙명이었다. 즉 정조대는 질투심 많은 남편의 경계심을 잠재우는 역활을 했기 때문에 그로 인해서 결국 아내가 부정을 저지르게 되는 가장 좋은 매개물로 전환되었다. 남편은 친구들에게 손님들이 아름다운 부인을 희롱하더라도 걱정하지 않게 되었다. 남편은 아내가 부정한 행위를 할 수 있는 적절한 시간에도 불구하고 수없이 외출했으며, 또 종전보다도 훨씬 오랫동안 집을 비우곤 했다. 아내는 예전엔 부정을 저지를 수 있는 기회조차 주어지지 않았지만, 이제는 정조대 덕분에 수없이 많은 기회를 가지게 되었다. 대부분의 아내들이 주어진 기회를 모두 이용했던 것은 당연한 일이었다. 격언에서 말하고 있는 것처럼, "자물쇠 달린 정조대가 부정을 더욱 만연시켰다." 그리고 이는 정조대의 사용에 관해서 서술해놓은 모든 자료나 기록의 결론이기도 했다. 「이 시대의 귀부인의 거울」이라는 소책자에는 다음과 같은 내용의 글이 쓰여 있다.

항상 한 명 또는 여러 명의 정부를 두고, 1년 내내 그들을 몇 차례씩이나 돌려가며 상대하면서도 이 지방에서 순결하고 정조를 지킨 거울로서 칭송받고 있는 귀부인들을 우리는 많이 알고 있다. 이러한 귀부인들은 여러 명의 정부의 아이를 임신하여 낳았다. 또 이들 부인들이 자기 남편보다도 친구나 정부, 아니면 외국인의 아이를 임신하는 것을 더 좋아했던 것은 널리 알려진 일이다. 이들 부인들에 대한 평판은 남편의 입장에서도 결코 나쁘지 않았다. 그러한 일은 결국 여자의 부정을 방지하는 가장 확실한 방법이라고 평가되던 저 베네치아식 자물쇠를 아내에게 달았기 때문에 일어났던 사건이다.

석궁과 동행녀(모사화)

이것은 정조대 착용이라는 제도에서 가장 두드러지게 나타난 아이러니였지만, 또 영구적인 아이러니이기도 했다. 정조대는 여염집 아내가 창부가 되도록 기술적으로 훈련시켰다. 분명코 이 이상 기교한 아이러니는 이 세상에 존재하지 않을 것이다.

마지막으로 우리는 르네상스의 지배계급에서 정조대가 고안되어 이들 계급에서 그처럼 광범위하게 사용되었다고 하는 점을 개괄적인 풍속사의 관점에서 파악할 때, 어떠한 결론이 도출될 것인가 하는 질문을 던져보아야만 한다. 이에 대한 해답은 바로 다음과 같다. 즉 수치심이라는 인간의 천부적인 제어력이 점차 사라져가자 아내의 부정을 인공적으로 막기 위한 도구, 즉 정조를 보호하기 위한 기기장치가 고안되었지만 그것은 결국 르네상스 시대의 외형적인 성생활이 어떠한 것이었는가를 보여주는 것으로 우리가 지금까지 차근차근 서술해온 역사관을 고전적으로 입증해주는 것일 뿐 아니라, 이러한 입증은 이 장에서의 가장 중요한 결론이기도 하다. 정조대의 사용 그 자체는 우리가 주장한 르네상스 시대의 연애는 어디까지나 관능적이었다는 견해를 실로 훌륭하게 증명해주는 것이며, 뿐만 아니라 세간에 갈랑트리가 유행하고 연애의 향락은 물론 노골적인 방종이 널리 성행했다는 사실을 고전적으로 증명해주는 것이기도 하다. 그것은 또한 남녀간의 구애에서 단도직입적인 태도가 선호되었다는 점, 또 그로부터 끌어낼 수 있는 가장 중요한 사실, 즉 그 시대의 끝없는 에로티시즘의 팽창을 아주 훌륭하게 입증하는 것이다.

3. 가톨릭 교회의 도덕

1) 르네상스 시대의 교회

르네상스 시대의 교회를 살펴보려는 경우, 우리는 로마 가톨릭 교회에 관심을 집중시키는 것이 좋을 것이다. 르네상스 시대의 전기간에 걸쳐서 일찍부터 "복음을 전파하는 유일한 교회"로서 세력을 떨친 것은 오직 로마 가톨릭 교회라고 할 수 있기 때문이다. 교회조직 자체보다도 복음서의 본래적인 가르침을 더욱 중시하는 루터의 프로테스탄트 교회가 비로소 폭넓은 서민층의 지지를 받으면서 그들의 공적, 사적 도덕에 커다란 영향을 미치기 시작한 것은 그로부터 훨씬 후대의 일이었다.

따라서 르네상스 시대에 교회의 본산은 현실적으로는 로마 가톨릭 교회뿐이었다. 더욱이 모든 기독교도들의 정신생활과 현실생활을 좌지우지할 수 있었던 그 막강한 힘을 고려할 때, 로마 가톨릭 교회야말로 진실로 모든 계급의 전반적 생활영역에 가장 강력한 영향력을 행사한 사회조직이었던 것이다. 이와 같은 거대한 조직은 유럽 문화사에서 일찍이 그 전례를 찾아볼 수 없는 것이었다. 뿐만 아니라 그 세력범위는 당시의 기독교 국가 전체에 걸쳐 있었다. 또한 중세의 전체 기간을 통하여 가톨릭의 세력은 이미 삼척동자라도 알 수 있을 정도로 대단히 막강했기 때문에 마르틴 루터의 종교개혁 운동이 시작된 이래 수세기의 세월이 흐른 후에야 여러 소집단은 물론 국가조직 전체까지도 가톨릭 교회의 강력한 영향력으로부터 벗어나는 것이 가능했다.

이와 같이 로마 교회는 당시 유럽의 사회조직 가운데 가장 크고 중요한 특수조직이었기 때문에, 그 특수한 생활조건에서 비롯된 특이한 성 모럴은 이론과 실천의 모든 면에서 일반 민중의 공적, 사적 모럴을 형성하는 중요한 요소로서 작용했다. 바로 이러한 사정이 안으로는 자체의 교회조직을 지배함과 동시에 밖으로는 유럽 각국의 여러 계급 및 개개인들에게 심대한 영향력을 행사했던 로마 가톨릭 교회의 도덕을 이 책에서 특별히 한 장으로 다루게 된 동기이다.

인간이 극복하지 않으면 안 되는 모순은 인간의 의식이 순수한 형태로 나타나기보다는 이미 설명한 바와 같이 항상 어떤 해석을 거친 형태, 즉 관념적 형태로 나타나기 마련이기 때문에 —— 왜냐하면 인간이란 내용보다는 형식에, 운동력보다는 겉모양에 현혹되기 쉬운 존재이기 때문이다 —— 어떤 사건을 판단할 때 우리는 원인과 결과를 뒤죽박죽 뒤섞어 해석하는 어리석음을 범하는 수가 많다. 또한 이러한 해석상의 혼동은 오늘날보다 예전에 더욱 심했다. 바로 이러한 이유 때문에 종교개혁 운동의 원인과 결과에 대해서도 예의 그릇된 견해가 발생했던 것이다. 관념사관은 수세기에 걸친 종교개혁 투쟁을 단지 유린된 영혼의 반란, 즉 종교계에서의 순수한 정신운동으로만 보았을 뿐, 지금까지 한번도 순수한 경제적인 이해관계 때문에 야기되고 움직였던 대표적인 투쟁으로는 생각하지 않았다. 그러나 종교개혁은 사회경제적 투쟁이라고 할 수 있었다.

우리는 이 기회에 그러한 관념적 해석이 특히 후세 역사가들의 그릇된 의식에서 비롯된 것이라는 점을 분명히 지적해두지 않을 수 없다. 바로 그러한 관념적 인식으로 인해서 종교개혁 운동이라는 훌륭한 혁명이 그저 사제들간의 단순한 논쟁, 즉 성찬배분 방식이라든가 면죄부 판매의 정당성 여부 등과 같은 대단히 까다롭고 실제로는 별로 이해관계가 없는 문제에 대해서 교황을 비롯한 교회인물들 사이에 벌어진 신학논쟁이라는 축소된 형태로 일반인들에게 소개되고 말았던 것이다. 그러나 당시의 사태를 두 눈으로 똑똑히 지켜보았던 사람들은 후세의 역사가들이 아니라 바로 그 시대를 온몸으로 살았던 그 시대의 사람들이었다. 그것은 역사를 만드는 법칙이 특별히 그 시대의 사람들에게는 비밀이 아니었다는 그런 것이 결코 아니다. 오히려 유럽의 여러 국민들, 특히 독일 국민이 교황의 지배라는 쇠사슬을 끊기 위해서 분연히 일어선 종교개혁 운동의 원인은 누가 보아도 바로 경제적 이해관계였다는 것이 너무나 분명했기 때문이다. 당시의 사람들은 종교개혁은 가톨릭 교회의 철면피한 경제적 수탈에 대항하기 위해서 일어난 경제투쟁이라는 사실을 확연히 인식하고 있었다. 즉 로마와 로마 교회가 수탈의 우두머리였던 것이다. 기독교도들 모두가 누구라고 할 것 없이 교활한 수법들에 의해서 수탈을 당했지만, 그중에서도 가장 심하게 수탈을 당한 사람들이 바로 독일 국민들이었다. 당시 사람들의 불평은 어디를 가나 교회사제들의 수탈에 집중되어 있었다. 그러나 사실이 이러함에도 불구하고 이 투쟁의 실제내용은 아예 사장되어버리고 그것을 관념적인 타협의 쓰레기 더미 속에 매장시키기 위해서, 불행하게도 그동안 무수한 대학교수들은 아무짝에도 쓸모없는 책들을 저술한답시고 커다란 호수만큼의 잉크를 낭비해가며 헛된 노력을 기울여왔고, 지금도 사정은 마찬가지이다.

그러나 당시의 거의 모든 사람들은 로마 교회의 목적이 인간영혼의 불멸이 아니라 바로 자신들의 호주머니 불리기이며, 따라서 로마의 횡포로부터 벗어나서 자유를 확보하기 위해서는 무엇보다도 먼저 그들 자신의 호주머니를 굳게 지키지 않으면 안 된다는 사실을 분명히 깨닫고 있었다. 그럼에도 불구하고 앞에서 설명한 바와 같이, 그들은 당시 목전에서 전개되고 있는 역사적 현상의 인과관계를 관념적으로밖에 설명할 수 없었다. 이 때문에 교황권 타도를 위한 방법 역시 별수없이 관념적 수준에서 벗어날 수 없었다. 다시 말해서 그들은 교회라는 조직의 도덕적 퇴폐상태에 대해서 도덕적으로만 분노했을 뿐이었다. 즉 당시의 사람들은 교회의 붕괴원인이 도덕적 퇴폐현상에 있다고만 생각했을 뿐, 그와 반대로 교회가 번영의 반대급부로 인해서 자체의 진실을 상실한 결과, 교회의 도덕이 문란해진 것이라고는 생각하지 못했던 것이다. 따라서 그들은 로마 가톨릭 교회라는 거대한 조직이 타도되면 도덕적 퇴폐현상도 자연히 해결될 수 있다는 사실을 깨닫지 못하고 있었다.

그들의 투쟁방법이 어디까지나 잘못된 방법이었다는 사실은 오늘날 우리들의 눈에도 대단히 명백하다. 따라서 이러한 오류투성이의 방법으로는 교황권을 향해서 아무리 예리한 창끝을 겨눈다고 하더라도 이렇다할 성과를 거둘 수 없다는 사실 또한 명백하다. 그럼에도 불구하고 그러한 그들의 태도 역시 이 책의 목적을 위해서 대단히 중요한 사실을 시사해준다. 왜냐하면 변혁과정에서 나타나는 도덕적 퇴폐상태를 항상 타파의 궁극적 대상이 되는 원인으로 파악한 이러한 이데올로기야말로 풍속사를 서술할 때 우리들로 하여금 과거의 사실들을 있는 그대로 조립, 복원하게 함으로써 인멸과 망각의 위험을 제거시키는 데에 필요한 무진장한 자료들을 제공하기 때문이다. 이것은 확실히 이 책의 모든 페이지에서 증명되는 바와 같이, 지금까

타락한 수도사에 대한 풍자(독일의 목판화, 1521)

지의 모든 역사적 현상들 가운데에서도 구조적으로나 시대적으로나 로마 교회의 도덕적 퇴폐라는 문제가 그 가장 적합한 실례라고 할 수 있다. 왜냐하면 너나할 것 없이 모두가 로마 교회 자체의 도덕적 퇴폐를 공격했기 때문이다. 다시 말해서 당시의 프로테스탄트들은 로마 가톨릭 교회의 부패를 공격함으로써 기독교의 새로운 주인이 되고자 했으며, 진실한 가톨릭 교도들 또한 오욕의 진흙탕으로부터 벗어나 다시 한번 과거의 찬란한 영광을 되찾기 위해서는 지금이야말로 가톨릭 교회를 정화시키기 위한 절호의 기회라고 믿었다.

2) 교회지배의 경제적 토대

수도사와 수도원은 로마 교회의 제1의 교두보였다. 그리고 로마 교회를 위해서 이들이 담당한 역할은 일반 기독교도들에 대한 지배권 확립이었다. 이 사실에 대한 "계몽사상"(여기에서 말하는 계몽사상이란 볼테르를 비롯한 18세기 프랑스 백과전서파 계몽주의자들의, 경제적인 측면을 무시한 사상을 가리킴/역주)의 해석에 따르면 일반 기독교도들에 대한 수도사들의 지배권 확립은 기도와 찬송에 의지하게 되었다.

그러나 이 문제에서 계몽주의 사상가들의 설명만큼 어리석은 해석은 없을 것이다. 왜냐하면 일반 기독교도들에 대한 수도사들의 지배권 확립은 이와는 전혀 다른 방법을 통해서였기 때문이다. 수도원은 유럽 최초의 문명발생지이자 최초의 문명

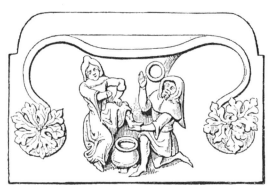
방탕한 수도사에 대한 풍자(14세기)

전파지였다. 또한 이곳만이 오랜 세월에 걸쳐서 그러한 역할을 수행해왔다. 구체적으로 말해서 직업적 수공업이 최초로 발흥한 곳이 수도원이었고, 최초의 직물장인이 나타난 곳도 바로 이곳이었으며, 최초의 맥주양조인도 수도사였을 뿐만 아니라, 최초로 합리적인 농업이 영위된 곳도 이곳이었다. 그리고 수도사들은 부근의 주민들에게 그 모든 새로운 기술들을 가르치고 지도했다. 그들은 주민들의 물질적 생활을 위해서 직포술과 재단술은 물론 생산성이 높은 새로운 농법을 가르쳐주었을 뿐만 아니라 주민들 스스로가 희망과 용기를 가지고 자신들의 생활향상을 위해서 노력하도록 정신적인 고무까지도 아끼지 않았다. 수도원이 이러한 신기술 개발의 발생지가 될 수 있었던 까닭은 명확히 설명할 수 없는 어떤 우연 때문이 아니었다. 오히려 이것은 역사에서의 모든 기술변혁의 자연적 원인이라고 할 수 있는 집약적 노동을 바로 이들 수도원이 처음으로 실천한 덕분이었다. 그리고 이 집약적 노동 덕분으로 수도원은 상품생산의 선두주자가 될 수 있었으며 최초의 상인으로 성장할 수 있었다. 이 결과, 수도원은 수세기에 걸쳐서 막강한 지불능력을 갖춘 상인으로서 그 위세를 자랑했다. 수도원 사람들은 항상 모든 것을 충분히 소유하고 있었다. 그리고 "수도원 노동"은 언제나 양질의 노동을 의미했다. 이 사실은 특별히 "수도원에서는 신의 각별한 축복이 노동에 깃들기" 때문이라든가 수도원에서는 경건하게 베틀의 몸체를 움직이기 때문이 아니라, 오히려 간단하게도 경제적 원인의 당연한 결과였다. 즉 수도원에서 일하는 사람들은 자본가를 위하여 잉여가치를 생산하는 꼭두각시와 같은 피동적 생산도구가 아니었다. 수도원의 생산물은 노동에 참가한

COMEDASECVNDA DVLCICVS

간더스하임의 로스비타의 책 삽화

모든 사람의 공동노력의 값진 열매였다. 다시 말해서 이기적인 욕구를 공동체적인 협동으로 승화시킴으로써, 노동과 생산을 크게 향상시켰던 것이다. 이 결과, 수도원은 자연히 최초의 또한 가장 중요한 생활 중심지로 발전할 수 있었다. 뿐만 아니라 수도원 사람들은 최초로 자체의 유지, 발전을 위하여 시가지를 건설하고, 황무지를 개간하여 밭을 일구고, 늪지를 메우고, 제방을 쌓았다. 수도원의 견고한 돌담은 최초의 견고한 성채였다. 약탈자들이 습격해오면, 부근 주민들은 그들의 재산을 수도원에서 보호할 수 있었다. 수도원과 교회는 하느님을 위한 정신적인 성곽이었을 뿐만 아니라, 속세의 적에 대처하기 위한 가장 견고한 최초의 요새였다. 또한 이러한 물질적 도움 덕분으로, 교의에 대한 신망도 크게 높아졌다. 더욱이 중요한 것은 가장 호전적인 교단조차도 언제나 벗으로서 농촌에 찾아왔다는 사실이다. 중세에 그들은 가는 곳마다 진보적인 것을 대표했고 또 진보적인 것을 토대로 한 모든 것의 역사적 논리의 대표자였다.

수도원의 선구적 역할은 기술 및 경제 분야에만 그친 것이 아니었다. 왜냐하면 수도사와 수도원은 정신 분야에서도 동일한 역할을 담당했기 때문이다. 수도원이야말로 중세 과학의 유일한 산실이었다. 최초의 의사가 살았던 곳은 바로 수도원이었다. 주민들은 이들 의사로부터 인간과 가축의 질병에 대하여 산파에게서보다 훨씬 뛰어난 지식을 배울 수 있었다. 또한 주민들은 수도사들에게서 읽고 쓰고 셈하는 것을 배웠다. 저술은 수도원에서만 행해졌고 더욱 발전했다. 여성해방이 가장 먼저 이루어진 곳도 바로 수도원이었다. 유산 시민계급이 여성해방을 이야기하기 시작하기 수세기 전부터 수도원에서는 이미 여성해방이 이루어져 있었다. 이에 대해서는 학자이자 저술가로서 활동했던 많은 수녀원장들, 특히 그 가운데서도 구체적인 이름을 든다면, 진보적인 간더스하임의 로스비타를 생각해보면 쉽게 이해될 것이다. 이런 현상이 나타난 것은 그런 진보적인 결과의 토대가 되는 경제적 조건이 수도원에서 처음으로 발생했다는 단 하나의 이유만으로 쉽게 납득할 수 있다.

수도사와 수녀의 거짓 믿음에 대한 풍자(독일의 목판화)

또한 문화의 최고봉이라고 할 수 있는 미술이 처음으로 발전한 곳도 수도원이었다. 수도원은 오랜 세월 동안 미술을 위한 최고의 보루였고, 수도원에 바치기 위한 작품뿐만 아니라 많은 중세의 정신이 미술의 형식을 빌려서 표현된 가장 위대하고 당당한 작품이 그곳에서 만들어졌다.

이상의 여러 사실들이 바로 수도사와 수도원의 지배력을 공고하게 다져준 원인이라고 할 수 있다. 다시 말해서 수도원의 지배력은 이상과 같은 사실들 덕분이었지, 결코 단순히 기도와 찬송가의 덕분은 아니었다.

또한 우리는 수도사 생활의 중요한 토대인 독신제도의 본질 및 역사적 조건과 그 몰락의 필연성에 대하여 올바르게 고찰하기 위해서 독신제도 자체도 이와 같은 경제적 토대에 의하여 파악하지 않으면 안 된다. 왜냐하면 저 관념적인 "계몽"이 이 제도에 대해서 행한 비판과 분석은, 주민들에 대한 수도사와 수도원의 인간지배에 관해서 그들이 행한 비판과 분석과 마찬가지로, 뒤죽박죽 오류투성이이기 때문이다. 18세기 프랑스 계몽문학은 이 독신제도 속에서 인간정신의 "길잃음"을 발견함으로써 만족했다. 확실히 역사적인 집단현상을 그렇게까지 간단하게 정리한 그들의 설명은 재론할 필요조차 없을 것이다. 그리고 "어리석음"과 "길잃음"이 있다면, 그것은 다행스럽게도 수도원 집단 자체에 있다기보다는 오히려 역사가들 쪽에 있다고 하겠다.

간음하는 악마(한스 바이디츠, 목판화)

3) 수도사와 수녀의 독신생활

수도사와 수녀의 독신생활은 결코 인간정신의 길잃음에서 비롯된 우연적 결과가
아니라, 오히려 "어떤 주어진 사회적 조건에서 비롯된 필연적 결과"였다. 수도원의
독신제도는 수도원의 창립자가 천치와 같은 사람이었다는 사실을 증명하는 것이 아
니라, 오히려 그것은 경제적 조건이라는 것이 상황에 따라서는 "자연의 법칙"보다
도 인간에게 훨씬 더 강하게 작용할 수 있다는 무서운 사실을 증명하고 있다. 그렇
다면 그렇게도 인간에게 강력한 영향력을 행사할 수 있었던 당시의 경제상태란 도
대체 어떤 것이었던가? 수도원의 기원을 고찰해보면, 이 의문에 대한 답이 저절로
나온다. 물론 수도원이 발생한 이유는 여러 가지 상황의 종합적 결과였겠지만, 가
장 유력한 이유는 대다수 수도원들의 시초가 빈민들의 단결로부터 비롯되었다는 사
실로 미루어보아 빈민들이 각기 뿔뿔이 흩어져 살기보다는 함께 모여 서로 단결해
사는 쪽이 물질생활 면에서 훨씬 유리했기 때문이라는 것이다. 그것은 더욱 큰 토
대를 가졌던 고대 동거인 제도의 확대판이었다. 이와 같은 이유 때문에 대개의 수
도원에서는 수공업을 자신들의 생활방편으로 삼았다. 당시의 가장 유명한 수도원
창립자들 —— 안토니우스, 바실리우스, 누르시아의 베네딕트 —— 도 동료들에게

수공업을 적극 권장했었다. 따라서 수도원이란 하나의 경제조직으로서 ── 수도원은 무엇보다도 먼저 경제조직이었다 ── "그들의 시대적 사회문제를 제한된 범위에서나마 동료들끼리 힘을 모아 한정된 세계를 위해서 해결하고자 시도한" 결과 나타난 산물에 불과했다. 순전히 경제적인 이유 때문에 종교라는 허울을 쓰고 등장한 이 조직의 발흥은 그 시대적 상황이 원인이었고 또한 원시 기독교가 고대세계의 경제질서를 거부하고 공산주의라는 토대 위에서 세워졌다는 사실 가운데 그 원인이 있었다. 물론 공산주의를 실현시키겠다는 당시의 시도는 그 시대의 여러 사회적 상황 때문에 실패로 끝나버리고 말았지만, 그러한 조직은 "프롤레타리아의 양산과 그에 따른 공산주의적 조직에 대한 요구"를 점증시켰던 것이다. 바로 이것이 수도원의 토대였다. 이러한 조직의 유지, 발전을 위해서는 생산수단과 소비수단을 모두 공유하는 제도를 채택하지 않으면 안 되었다. 왜냐하면 진정한 공동체란 어느 경우에나 개인의 사유재산제, 특히 생산수단의 사유재산제와는 양립할 수 없기 때문이다. 만약 어떠한 형태이든 이 사유재산제를 조금이라도 허용한다면, 그 공동체는 삽시간에 붕괴해버릴 것이다. 이러한 사실은 공산주의적 집단을 건설하고자 한 모든 역사적 실례에 의해서 입증되고 있다. 그러나 이러한 공동체 혹은 공동생산은 당대의 사람들을 짓눌렀던 사회적 빈곤, 다시 말해서 그들이 무엇보다도 먼저 벗어나기를 열망한 사회적 빈곤의 소산이었기 때문에, 그 구성원들은 이 공동체의 유지, 발전을 위해서 혼신의 노력을 기울이지 않으면 안 되었다. 따라서 재산관념 등 그밖의 일체의 문제는 이 일차적 당면목표에 비하면 부차적인 것이었다. 그들이 사유재산을 포기하고 공산주의적으로 생활하게 된 까닭은 바로 이러한 절박한 사회적 궁핍 때문이었다.

이에 따라서 성문제도 무엇보다도 절박한 사회적 궁핍으로부터 벗어나야 한다는 일차적 목표에 종속되지 않을 수 없었다. 그러나 이 경우에도 동거인 제도가 붕괴의 위험 없이 유지되어야 한다는 점이 가장 우선적인 고려사항이었다. 그런데 수도원이 발생한 시대는 재산권과 상속권이 이미 충분히 발달한 시대였다. 따라서 수도원에 일부일처제를 도입하여 유지하는 것은 생활을 위한 공동체적

연주하는 수도사와 춤추는 수녀(플랑드르의 세밀화)

음사에 빠진 수도사

요구와는 일치되지 않았다. 혈연관계란 항상 인간이 만든 어떠한 사회조직보다도 더욱 강하게 작용하기 때문이다. 수도원도 예외가 될 수 없었다. 따라서 진정으로 공동체의 와해위험을 피하고자 한다면, 수도원으로서는 결국 결혼생활을 포기할 수밖에 없었다. 세상사의 흐름이란 결국 그때그때 주어진 자연의 형편에 좇아가기 마련이다. 따라서 수도사들과 수녀들에게는 동거는 허용되었으나, 가족이라는 관계를 맺어서는 안 되었던 것이다.

독신생활, 즉 수도사가 아내를 가지지 않겠다는 서약은 인간정신의 어리석은 길잃음으로부터 발생한 것이 아니라 수도원이 밟아온 이와 같은 과정에서 발생했다. 왜냐하면 독신제도는 어떤 경제적 조건 때문에 그렇게밖에 행동하지 않을 수 없었다는 경제적 필요에 의해서 발생했기 때문이다. 여기서 나는 이 강제적인 독신주의란 애당초부터 순결과는 전혀 관계가 없었다는 사실, 다시 말해서 성적 향락을 포기한다는 의미는 없었다는 사실을 덧붙여두지 않을 수 없다. 왜냐하면 공동체의 유지를 위해서 수도원에서는 다만 성욕충족을 위한 일반적인 사회형태, 즉 부부생활만을 허용하지 않았을 뿐이었기 때문이다. 그러므로 최초의 수도사들은 주위의 시선을 전혀 의식하지 않고 기탄없이 자신의 본능적 성욕을 충족시킬 수 있었다. 그러나 동시에 점차적으로 순결에 대한 요구도 높아갔다. 이러한 순결의 요구가 동시에 널리 선전된 것은 확실히 인간을 끊임없이 금욕이라는 참으로 지독한 형태로 옭아맸던 시대의 사회적 침체를 가져오게 한 경제적인 원인에 있었다. 우리는 수도사 제도의 본래적 토대 —— 그리고 교회정치 전체의 모든 권력과 그 영향 —— 를 바로 이러한 경제적 조건을 고려하여 설명할 때, 비로소 이 제도가 왜 발전과정에서 전과는 전혀 다른 성격으로 변하지 않으면 안 되었는가, 다시 말해서 어찌하여 사회적 발전의 원동력으로부터 억제력으로 변하지 않으면 안 되었는가를 증명할 수 있으며, 마지막으로 그 독기가 수세기에 걸쳐서 독실한 기독교도들의 뼛속까지 파고들었던 저 더러운 고름으로 가득한 육체까지도 설명할 수 있을 것이다.

앞에서 설명한 공동체적 생활방식은 실제로 개인적 가계경영에 비하여 대단히 커다란 실제적인 이익이 있었기 때문에, 시간이 흐름에 따라서 경제적으로 더욱더 기대 이상의 성과를 거둘 수 있게 되었다. 그리고 그 시대의 다른 경제조직들에 비하여 경제적으로 우월했기 때문에, 곧 수도원은 결국 권력과 부를 장악할 수 있었다. "그러나 권력과 부는 타인의 노동을 사용하는 것을 의미했다. 수도사와 수녀는 이제 자기 노동에 의한 생활을 포기했다. 그들에게는 이제 타인의 노동을 이용하여 생활할 수 있는 기회가 주어졌던 것이다. 그리고 그들이 이 기회를 이용했음은 물론이었다.

수녀 공급(독일의 목판화)

이리하여 수도원은 점차 생산단체로부터 수탈단체로 변질되어갔다."

그러나 이와 함께 역사에서 이러한 변혁에 거의 항상 수반되기 마련인 부수적 결과가 나타났다. 그 결과는 처음에는 유익한 것이었다. 가사노동으로부터 해방된 덕분으로 과학 및 예술의 연구가 시작되고, 이리하여 수도원은 중세에 정신문화의 발생지가 되었다. 그러나 불로소득에 의한 부의 축적이 그들의 유일한 생활토대가 됨과 동시에, 다시 말해서 그들이 노동으로부터 해방됨에 따라서 비롯된 또다른 결과가 수도원을 점차 널리 지배하게 되었다. 이 또 하나의 결과란 다름아닌 관능적인 건달생활, 나태, 미식, 육욕 등이었다.

그리고 이러한 타락과정이 심화됨에 따라서 세상 사람들이 존경해마지 않았던 자체의 특별한 사회적 덕성을 수도원 스스로가 포기하게 되었다는 것은 그 필연적인 귀결이었다. 수도원은 자연경제 시대에는 잉여생산물을 부근의 빈궁한 사람들이나 순례자, 또 집도 절도 없이 길거리를 떠돌아다니는 유랑걸식의 무리들에게도 나누어주었다. 이러한 자선행위에 의하여 중세에서 수도원은 사회적으로 대단히 중요한 구제단체였던 것이다. 자선행위가 그토록 자연스럽게 이루어질 수 있었던 까닭은 경제적 관점에서 말하자면 수도원으로서도 잉여생산물을 달리 신속히 처분할 능력이 없었기 때문이지만, 그렇다고 해서 수도원이 구제단체였다는 사실 자체가 훼손되는 것은 아니다. 그러나 화폐라는 새로운 경제요소가 역사의 전면에 등장하여

사치스러운 수도사와 수녀에 대한 풍자화

상업이 발달해감으로써 수도원 사람들의 "경건한 마음"도 재빨리 변하기 시작했다. 다시 말해서 그들은 잉여생산물을 화폐형태로 축적할 수 있게 되었던 것이다. 예전 같으면 잉여의 농작물, 고기, 생선 등은 어떻게 처리할 방법이 없었지만, 이제는 굳이 처리방법을 고민할 필요가 없었다. 잉여생산물을 축적할 수 있게 되자 수도원은 점차 자선행위에 인색해져갔다.

자기들 마음대로 자유롭게 처분할 수 있는 부, 즉 화폐 및 귀금속 덕분으로 그들의 권력이 더욱더 강화됨에 따라서 그들은 점점 더 욕심쟁이로 변해갔다. 이와 함께 수도원의 독점력도 한층 더 증대했다. 대다수의 수도원들이 처음에는 빈민들의 단체로 출발했음에도 불구하고, 이제는 도리어 도움을 청하는 불쌍한 빈민들을 가능한 한 멀리하고 대신에 재산을 기부하는 사람이나 교단에 물질적인 이익을 제공하는 사람을 신자로서 유치하는 데에만 점점 열성적이 되어갔다. 뿐만 아니라 수도원은 뇌물, 기부, 재산권 양도 등에도 몰두하게 되었다. 이 경우, 귀족들 또한 순수한 신앙심의 발로에서만 그렇게 한 것은 결코 아니었다. 오히려 그러한 기부행위는 그들의 이기적인 계산의 결과였다. 이제 귀족들은 이 옛날의 빈민 피난처를 자기들의 결혼하지 못한 딸이나 차남을 맡길 만한 대단히 적합한 양육원으로 생각했다. 즉 장남이 아닌 자식들을 수도원에 맡길 수 있다면, 재산을 분배하지 않아도 좋았기 때문이다. 무르너는 이러한 당시의 사정을 다음과 같이 노래하고 있다.

> 그대는 아는가, 귀족이
> 시집 보내지 못하고
> 한푼도 남겨주지 않는 딸이 있다면
> 그 딸은 수도원에서 한평생 썩을 수밖에 없다는 사실을.
>
> 딸은 하느님에게 바쳐진 것이 아니다.
> 귀족은 자신의 뜻이나 오만 때문에
> 세상 사람들이 귀족에게 하는 것처럼
> 자기 재산으로 딸을 양육할 뿐인 것이다.

아무튼 수도원은 이러한 장사를 통해서 상당한 돈을 벌 수 있었다.

이리하여 치부에만 눈이 어두운 수도원과 교회는 점차 그 본래의 사회적 내용을 망각하게 되었다. 그들의 역사적 존재이유가 바로 이러한 사회적 내용에서 찾아질 수 있으며, 그들의 세력 또한 기도나 장례식보다 이러한 사회적 내용과 더 깊이 연결되어 있었음에도 말이다. 시간이 흐르면 흐를수록 교회는 더욱더 공익적인 구제단체로부터 세계적 조직을 가진, 일찍이 역사상 존재했던 것 가운데 가장 거대한 수탈단체로 변질되고 말았다. 동시에 그것이 종교적인 탈을 쓰면 쓸수록 교회는 더욱 유례가 없는 수탈집단이 되었다. 이것은 그 어떤 것으로도 보상될 수 없었다. 왜냐하면 교회는 이 무렵 등장한 유럽적인 인간의 새로운 시대가 그 시대의 생활내용을 향상시키기 위해서 추구했던 위대한 것에 대한 보상으로서 무엇 하나 내놓으려고 하지 않기 때문이다.

4) 수도사와 수녀의 악덕

어떤 제도가 역사적으로 극복될 때에는 앞의 권에서 설명한 바와 같이, 그 제도는 여러 가지 조건으로 말미암아 때로는 수세기 뒤까지도, 다시 말해서 사회진보에 대한 모순으로서 작용할 때까지 계속되는 경우가 보통이다. 그러나 이 경우 그 제도는 진보의 원동력으로부터 장애물로, 또한 진보의 부양자로부터 기생충으로 변하고 만다. 그리고 그것이 사회라는 육체에 서식하는 기생충으로 변하는 것과 같은 속도로, 기생충에 특유한 모든 본질이 그 자체로부터 분출된다. 즉 시간이 흘러갈 수록 본래의 목적과 현실적 왜곡 사이의 모순이 점점 더 확대됨에 따라서 부패의 확산도 점점 더 가속화된다. 14세기, 15세기, 16세기를 통해서 교회의 부패가 극에 달했을 때에 이러한 모순도 극대화되었던 것이다. 이 때문에 근대 유럽의 문화사에서 그 유례를 찾아보기 어려울 정도로 이 제도의 붕괴는 시간 문제로만 남아 있었다.

이런 상황은 르네상스 시대의 공적, 사적 도덕에 가장 중요한 자취를 남겼다. 그리고 그것을 그 시대의 기록이나 특유한 자료를 통해서 설명한다는 것은 제I권에서 밝힌 바와 같이 그리 어려운 일이 아니다. 다만 여기에서는 자료를 어떻게 제한적으로 선택할 것인가의 문제만 남아 있다. 그러나 이 문제는 아마 다른 어떤 분야에서보다도 용이한 일이 아닐 것이다.

어떤 현상이 보편적 상태로까지 발전했다는 사실을 증명할 수 있는 가장 유력한 증거는 그 현상이 "속담" —— 속담이란 민중의 비판으로서 그 성립에는 분명한 이유가 있다 —— 으로 풍자될 때이다. 아마 속담만큼 유력한 증거는 없을 것이다. 왜냐하면 누가 보아도 명백한 현상만이 "속담"으로 발전될 수 있기 때문이다. 속담이란 민중이 그들의 절실한 감정, 사물에 대한 의견, 경험을 가장 분명히 드러내는 화폐이다. 그것은 항상 민중이 고발자로서 공개적으로 행한 고소이자 민중이 재판관으로서 공개적으로 언도하는 판결이다. 뿐만 아니라 그 고소와 판결은 거의 항상 올바르기 마련이다. 따라서 하나의 사실, 하나의 제도, 하나의 역사현상을 그대로 표현하고 있는 수많은 속담은 사실, 제도, 역사현상이 민중생활 전반에 대하여 어떠한 의미를 가지고 있었는가를 측정할 수 있는 중요한 척도인 것이다. 르네상스 시대의 교회에 광범위하게 침윤된 도덕적 퇴폐상태에 대하여 민중이 풍자한 속담들을 살펴보면, 민중의 창조적 정신이 이렇게까지 놀라운 영감을 발휘했던 시대는 민중의 풍속사에서 전례를 찾기 어렵다고 할 수 있다. 왜냐하면 이 속담들을 한데 모으면 큰 책을 이룰 정도로 방대하기 때문이다. 예를 들면 교회의 자질구레한 실책에 대해서조차 종종 수백 가지의 속담이 만들어졌던 것이다. 아마 사회조직으로서의 교회가 붕괴해가는 역사적 과정은 이들 속담만에 의해서도 구체적으로 묘사할 수 있을 것이다. 따라서 이 장에서는 당시의 상황을 그대로 생생하게 되살리기 위

하여 다른 장에서보다도 훨씬 더 많은 민중철학의
밑천을 인용하고자 한다.

수녀 방의 수도사(독일의 목판화)

앞에서 우리가 이러한 변화의 본질적인 정수라
고 지적한 내용, 즉 교회가 금융업을 통한 이익추
구에만 열중했다는 사실, 그 결과 누가 보아도 무
서운 경제적 기관으로 변모해갔다는 사실도 바로
민중의 속담 속에 대단히 분명하게 표현되어 있
다. 예를 들면 "로마에서는 위도 아래도(boves et
oves) 모두 돈이면 사족을 못 쓴다"라든가 "로마
에서는 무전 유죄, 유전 무죄가 된다" 또는 "로마
에서는 돈만 있으면 어떤 짓이든지 하고 싶은 대로 다 할 수 있지만, 신앙심 자체는
별 도움이 되지 못한다" 등이 바로 그것이라고 할 수 있다. 그리고 앞의 내용들을
결론적으로 묶은 속담은 다음과 같다. "로마에서 얻을 수 있는 것 세 가지는 악한
마음, 병든 위장, 텅 빈 호주머니이다."

그렇다면 과연 당시 교회의 모습은 어떠한 상태였을까? 속담이라는 형식으로 정
리된 민중의 재판이 참으로 바른 것이었다는 사실을 검증하기 위해서는 단지 하나
의 증거, 즉 "면죄부"만으로도 충분하다. 왜냐하면 교황이 12세기에 들어서부터 발
행하기 시작한 저 유명한 면죄 정가표만큼 교회의 부패를 확연히 드러내주는 것은
없기 때문이다. 이 면죄 정가표 속에는, 예를 들면 사기행위에 대한 면죄는 시가로
얼마면 가능하며, 진행 중인 범죄에 대한 면죄(지상의 법률에 의해서는 물론, 천국
의 법률에 의해서도 처벌받지 않는)는 시가로 얼마면 가능한가 등이 명세서에 자세
히 밝혀져 있다. 유산자들을 천국에 보내기 위하여 이렇게까지 자비롭게 험난한 이
세상 가시밭길을 탄탄대로로 만들어준 면죄 정가표에 대해서는 여기서 그 일부만을
살펴보기로 하자. 거짓 서약에 대한 면죄는 6그로시(grossi : 1그로시는 1910년대
물가로 계산하면 약 17마르크에 상당함/역주), 문서위조에 대한 면죄는 7그로시,
관직매각의 경우는 8그로시 그리고 절도와 강도에 대해서는 장물의 액수에 따라서
결정되었으며 —— 이 경우 장물의 일부를 사전에 교회에 바치고 대충 나누어먹는
방식을 취할 수도 있었다 —— 살인의 경우에도 여러 가지 사정을 참작하여 사정되
었다. 성직자가 아닌 부모, 형제, 자매, 처 등 근친자를 살해한 경우에는 면죄의 가

신앙심 깊은 수녀의 향연과 호색(동판화, 17세기)

격이 5그로시, 피해자가 성직자인 경우에는 7그로시였다. 또한 이 경우에는 가해자가 로마에 출두하지 않으면 안 되었다. 어머니, 자매 또는 아들과의 근친상간에 대해서는 5그로시, 낙태의 가격도 마찬가지였다. 이에 비해서 처녀능욕에 대해서는 그보다 비싼 6그로시가 부과되었는데, 그 까닭은 처녀를 능욕했다면 가해자가 즐긴 쾌락의 강도가 더 높았을 것이라는 이유 때문이었다. 우려먹을 수 있는 한, 교회는 전유럽에서 대상 여하를 불문하고 가능한 한 많은 화폐를 긁어모으고자 했기 때문에, 교회 고용인들로부터도 돈을 긁어냈음은 물론이다. 다만 고용인이 민중의 주머니에서 틴 돈을 모두 상사와 나누어먹지 않으면 안 되었던 사정에 대해서는 여기에서 자세히 거론하지 않고 그냥 넘어가기로 한다. 아무튼 "밀히첸테(Milchzehnte : 직역하면 우유 십일조/역주)"가 제1위였다. 여러 가지 다른 이름이 있었지만, 특히 축첩관계를 묵인해주는 대가로 교회가 거두어들이는 세금을 보다 의미심장하게 그렇게 부른 것이다. 축첩에 대해서 성직자는 7그로시를 바치지 않으면 안 되었다. 매년 7그로시를 바치기만 하면, 그 성직자에게는 기간을 불문하고 첩과 향락할 수 있는 권리가 주어졌다. 고해의 비밀을 누설한 성직자에게는 7그로시의 금액이 부과되었다. 남몰래 고리대를 행했을 때에는 7그로시, 심지어는 고리대금업자가 자신의 묘지를 교회로 택했을 때에도 8그로시만 바치면 그만이었다. 그리고 교회 안에서 여자와 동침한 경우는 불과 6그로시를 부과했다. 대부분의 사제들은 여자를 교회로 데리고 와서 동침했다. 이러한 행위는 예외적인 현상이 아니라 오히려 일반적으로 널리 행해졌기 때문에, 엄하게 다스린다고 해서 없어질 일이 아니었다. 교회라는 상점이 발행한 정가표 가운데 가장 재미있는 이 부분에 대한 모든 가격을 하나하나 모조리 열거해놓더라도 방대한 페이지에 달할 것이기 때문에, 여기에서는 이만 생략하기로 하겠다. 교회는 돈을 긁어낼 수 있는 행위라면 그 어떠한 것도 가리지 않았으며 정의의 입장에서 정도를 따져서 대단히 세분된 목록을 준비했다. 예를 들면 남의 아내 또는 딸을 교회에 가는 도중에 강간한 경우보다는 교회에서 돌아오는 도중에 강간한 경우에 훨씬 대가가 비쌌다. 왜냐하면 교회로부터 돌아오는 길이라면 상대방 여자의 죄악은 이미 깨끗이 씻어져서, 악마가 먹어도 괜찮을 고기가 아니라는 이유에서였다.

사정이 이 지경이었기 때문에, 민중이 "로마에서는 성령의 날개가 잘려 없어졌다"라든가 "이 세상에 지옥이 있다면 로마가 그 지옥 위에 있다"라든가 "교황이 선출되면, 악마는 항상 외출을 한다"는 등의 속담으로 요약했다고 할지라도, 특별히 이상할 까닭이 하나도 없다.

물론 이러한 민중의 심판은 교회의 만족할 줄 모르는 금전욕뿐만 아니라 이 금전욕에서 비롯되는 모든 악덕을 겨냥하고 있었다. 참으로 돈이 교회의 소속원들에게 모든 악덕에의 길을 평탄하게 만들어줌과 동시에 모든 악덕에의 방법을 제공했던 것이다. 교회를 휩쓴 대표적 악덕은 나태, 어리석음, 비천, 교활, 사치, 관능적 방종이었다.

민중의 익살은 수도사의 나태한 생활을 다음과 같이 표현했다.

"악마는 십자가를 싫어하고 수도사는 일을 싫어한다." "수도사 가로되, 일하기도 싫고 그렇다고 죽을 수도 없으니, 나에게는 역시 비럭질이 최고지." "수도원의 수도사가 아침 식사를 알리는 종을 울리며 하시는 말씀, 인간이란 일생 동안 자기 몸을 소중히 여길 줄 알아야 하는 법." "수도사의 지배는 나태의 무대." "무사안일의 원천은 수도원이다."

어리석음, 비천, 교활에 대해서는 다음과 같이 비판되었다.

쾌락에 빠진 수녀와 죽음의 신

"하인리히는 좋은 것을 볼 줄도, 확실한 것을 들을 줄도, 좋은 것을 말할 줄도 모른다. 하인리히가 수도사가 된 이유는 바로 그 때문이다." "글림, 글람, 글로리암(glim, glam, gloriam) —— 어리석은 자가 승복을 입었다 —— 이라고 루터가 말했다." "수도사와 악마의 몸에서는 모두 역한 냄새가 나서, 서로 구별하기가 어렵다." "저 남자는 카르멜 수도사처럼 색마에다, 베른하르트 수도사처럼 먹보이며, 프란체스코 수도사처럼 대주가에다가, 카프친 수도사처럼 몸에서 냄새가 나며, 예수회 수도사처럼 교활하기 짝이 없다." "처음 수도원에 들어간 것도 악하기 때문이었는데, 수도원에서 다시 나올 때는 아예 철면피가 되어버린다." "수도사의 수도복은 악당의 표지." "개는 짖고, 이리는 우우거리며, 수도사는 거짓말한다." "눈물을 쥐어짜고 있는 수도사를 조심하라."

민중은 교회 소속원들의 향락생활과 우음마식(牛飮馬食)에 대해서도 이렇게 비판했다.

"그 자는 교황처럼 대주가이다." "고해신부들은 배불뚝이 신부들이다." "무르바하의 수도원장 이야기로는, 사순절만 되면 잔마다 술이 가득하다고 한다." "수녀들은 신앙에 정진한 덕분으로 모두 배가 불룩해졌다네." "나는 내 육신을 십자가에 달겠다고 수도사가 말하더니 버터빵 위에 햄과 짐승고기를 십자로 놓았다." "진수성찬은 수도사의 양식."

우리는 교회의 착취성은 물론, 이러한 모든 악덕을 수많은 구체적인 자료를 동원하여 분명한 수치와 연, 월, 일을 밝히면서 얼마든지 증명할 수 있다. 그것도 아주 재미있는 설명을 곁들여서 말이다. 왜냐하면 대부분의 유명한 고전적인 문학이나 만화들이 바로 이러한 문제들을 다루고 있기 때문이다. 확실히 이상의 설명은 내가 서술하고자 하는 주제와 그대로 맞아떨어지는 것이라고 할 수 있다.

그런데 지금까지 설명한 모든 특징적 성격은 한마디로 표현하면 관능적 향락이라는 말로 압축될 수 있을 것이다. 이것은 또한 특히 르네상스 시대의 수도원을 가장 간단하게 표현하는 말이다. 르네상스 시대의 수도원이 이렇게 에로틱한 모습으로 변해갈 수 있었던 까닭은 바로 그 시대의 여러 역사적 조건 때문이었다. 이러한 조

방탕한 성직자들에 대한 네덜란드의 풍자화

건들 덕분으로 수도원은 관능적 향락을 만끽할 수 있었던 것이다. 따라서 독자 여러분은 이 장을 통하여 내가 서술한 바와 같이 어떤 현상의 원인과 결과를 밝히는 작업이 얼마나 어려운 일인가를 더욱더 실감할 수 있을 것이다. 그럼에도 나는 이 정도의 대략적인 증명만으로는 만족할 수 없다.

수도사와 사제의 관능적 향락이 이렇게까지 발전하게 된 최초의 출발점은 바로 앞에서 설명한 독신제도에 대한 건강한 항의에서 비롯되었다. 나는 이미 독신제도란 무엇인가, 즉 독신제도란 어떠한 역사적 조건 때문에 생겼는가를 분석한 바 있다. 다음으로 독신제도의 목적은 무엇인가 하는 문제도 여기서는 매우 중요하다. 그러나 이 문제에 대해서는 더 이상 왈가왈부할 필요가 없을 정도로 이미 오래 전에 학자들간에 의견이 일치되었다. 이 일치된 의견이란 독신제도는 시대의 흐름에도 불구하고 교회의 중요한 권력수단으로는 이용되지 않았다는 사실이다. 다시 말해서 독신은 교회에 대해서 경제적 의미만을 지녔다는 것이다. 수도원에서의 부의 축적은 바로 독신제도 덕이었다. 수도원의 부는 상속을 통해서 분배되지도 않았으며, 수도원 안에서 그 부를 전부 소비한다거나 수도원 밖으로 나누어준다거나 하는 일도 없었다. 그리고 수도원이란 종교단체, 즉 권위 있는 교조를 중심으로 한 공동체적 집단이었기 때문에 수도원의 재산이 증가한다는 것은 바로 그 교단의 세력권 확장을 의미하기도 했으며, 사제의 독신이란 부근 주민들의 존경을 받기 위해서, 또 개인적 덕목에 걸맞기 때문이 아니라 그들을 교황에 순종하는 교회정치의 도구로 만드는 유일한 방법이라는 사실도 확실했다. 따라서 독신생활을 포기한다는 것은 자기가 속한 교회의 지배권을 포기한다는 것과 마찬가지였다. 교단 성립의 경제적 조건에서 관찰하면, 물론 독신은 본래 신도가 자신의 자유의지에 따라서 선택한 결의에 불과했다. 그러나 수도원이 점차 교회지배의 중요 수단으로 발전해감과 동시에 특히 증가해가는 교회의 재산으로 인해서 독신의 물질적 이익이 분명해짐에 따라서, 독신은 모든 교단을 지배하기 위해서 강제적으로 부과되는 서약을 의미했다. 11세기에 들어서자, 사제가 아내를 두는 것을 금지하는 그레고리우스 7세의 결혼법이 제정되었다. 당시까지만 해도 자유의지에 맡겨졌던 금욕이 이제는 이데올로기의 변화에 따라서 점차 강제적인 법률이 되었다. 순결의 서약이 지고한 덕목으로 승격되었다.

그러나 본능의 피란 인간의 어떠한 규율보다도 강하기 마련이었다. 극소수의 사람들만이 자신의 본능적 피를 억제했을 뿐이기 때문에 아무리 엄한 단속이나 형벌도 이렇다할 효과를 거두지 못했다. 오히려 그러한 단속 때문에 이제는 자연에 반하는 죄악적 성애인 동성애가 수도원마다 대단한 기세로 확산되어갔다. 그리고 수도원 사람들이 노골적으로 이 죄악을 범했기 때문에, 급기야는 동성애 금지가 공적인 문제로 부각되었다. 이 결과 "수도사와 수도회원은 동침하면서 남색을 범해서는 안 된다", "사제의 침실이나 밀실로 통하는 수상한 출입구는 철저히 잠그지 않으면 안 된다", "수녀들은 동침해서는 안 된다" 등의 파리 종교회의의 결정이 각 수도원들에 전달되기에 이르렀다. 그러나 근본적인 원인이 사라지지 않는 한, 이러한 명령은 몇몇 소수의 사람들을 제외한 대다수의 사람들에게 이렇다 할 효력을 발휘할 수 없었다. 독신의 목적은 글자 그대로 순결을 지키는 것이 아니라, 앞에서도 설명한 바와 같이 단지 성욕을 규칙적으로 충족시키는 행위, 즉 처자를 거느리는 행위만을 중지시키는 데에 있었으므로 —— 왜냐하면 사제가 아내를 두는 것은 교황청의 수입원과 권력행사의 범위를 축소시키기 때문이다 —— 남색행위는 점차 방임

수도사와 유녀

하게 되었다. 따라서 교회당국은 사제의 결혼에 대해서는 일체 허용하지 않았지만, 그 대신 축첩은 허용하게 되었던 것이다. 그리고 앞에서도 서술한 바와 같이, 그들의 착취전술이 이 방면에서도 커다란 실적을 올림에 따라서, 교회당국은 축첩행위에 대하여 보다 깊은 동정심을 발휘하게 되었다. 특히 교회당국은 축첩행위에 대한 면죄부를 사제들에게 거의 강매하다시피 했기 때문에, 교회 간부들에게는 이 면죄부가 새로운 수입원이 되었다. 또한 이러한 자체의 내적인 모순을 가리기 위하여 교회의 대궤변가들이 즉시 묘한 논리를 전개하게 되었음은 물론이다. 14세기에 들어서서 사제의 결혼문제에 대한 논쟁이 거론되면서 많은 사제들이 맹렬한 기세로 결혼의 허가를 요구했을 때 당대의 세도가였던 프랑스의 유명한 학자이자 수도사인 제르송은 수도사들의 음란행위를 다음과 같이 합리화하려고 했다.

사제가 음란을 범했다면, 그것은 진정 순결의 서약을 파기한 행위인가? 아니다. 순결의 서약이란 처자를 거느리지 않겠다는 것을 의미할 뿐이다. 따라서 아무리 간음을 저질렀다고 하더라도 그가 독신생활을 계속했다면, 순결의 서약을 파기한 행위라고 할 수 없다.

그리고 제르송은 다만 사제들의 간음행위에 대해서 다음과 같은 제한만을 두었던 것이다.

파렴치한 첩

간음행위를 아무도 몰래 주일이 아닌 날, 신성한 장소가 아닌 곳에서, 미혼자와 행했다면, 그것은 그리 문제시할 필요가 없다.

말하자면 호색적인 사제는 젊은 처녀로 만족하면 그만이라는 것이다. 교회란 이렇게도 절제가 강한 집단이었다! 제르송의 이 논증은 이른바 교의적 의견으로서 계속 통용되었다. 그렇다면 사제들은 이 정도로 만족했는가? 그렇지 않았다. 젊은 처녀들과의 성애에는 너무나 비싼 대가를 지불하지 않으면 안 되었기 때문에, 그들은 위험에 노출된 그들의 돈지갑을 방어하지 않으면 안 되었다. 그 결과 마침내 교회당국은 성직자들에게 축첩을 허가해주기 위한 보다 교묘한 논리를 전개했다. 제르송은 또다시 이렇게 선언했다.

교구의 주임사제가 첩과 함께 잔다면, 물론 그것은 교구의 주민들에게 커다란 수치일 것이 틀림없다. 그러나 자기 교구에 사는 젊은 처녀들의 순결을 망치기보다는 오히려 그 편이 죄가 가벼울 것이다.

이러한 과정을 통해서 교회당국은 교황청과 성직자 모두를 만족시킬 수 있는, 즉 영혼뿐만 아니라 교회의 이익 —— 교황청으로서는 후자가 더욱 중요했다 —— 을 모두 고려하면서도 독신문제를 해결할 수 있는 길을 발견했던 것이다. 사제들에게 축첩을 허용함에 따라서 교황청의 금고에는 정기적으로 돈이 쌓이게 되었다. 그리고 사제들의 결혼으로 교황권의 존속이 위협받을 가능성도 일소되었다. 그러한 결과 밑천을 들이지도 않고 징수하는 "축첩세"가 너무도 억울하여, 순결한 생활을 하는 것처럼 주교들을 뻔뻔스럽게 속이려고 하는 사제들에 대해서는 모조리 벌할 수 있게 되었다. 그러나 교황 식스투스 4세(재위 1471-84)는 더욱 멋진 방책을 강구했다. 즉 그것은 첩을 데리고 있든 말든 모든 성직자들에게 일률적으로 모조리 매년 "축첩세"를 부과한다는 대단히 편리한 방법이었다. 확실히 이 방법은 교황청의 수입계산을 아주 간단하게 만들 수 있을 뿐만 아니라 어떠한 유죄자라도 빠짐없이 이 법망에서 벗어나지 못하도록 만들 수 있다는 장점이 있었다.

광신자들은 대개의 경우, "비록 신성하지는 않 지만, 그래도 역시 남몰래 첩실을 두는 편이 낫 다"라는 요구로 만족했다. 이러한 방식은 확실히 낮은 요구였기 때문에 즉시 비난이 쏟아졌다. 따 라서 이들은 공공연한 축첩행위에 대해서 즉시 비난의 화살을 퍼부었다. 교황 베네딕투스 8세는 1020년의 파비아 종교회의에서 성직자들의 은밀 한 태도를 벗어난 공공연하고도 노골적인 범죄행 위에 대하여 맹렬히 비난했다.

연옥의 문에 선 사제

또한 주교 다미아노도 동일한 생각에서 11세기 에 이렇게 기록했다. "사제들 사이에서 간음행위가 은밀히 행해지고 있다면, 그것 은 그런 대로 참고 견딜 수 있지만, 수도원에서 공공연한 축첩으로 말미암아 임신 부의 배가 부르고 결국에는 갓난아이의 울음소리가 들리게 된다면, 그것은 참으로 교회의 수치라고 아니할 수 없다." 역대 교황들도 때때로 자신의 지나친 관대함에 대해서 양심의 가책을 따갑게 느껴야 했다. 그래서 교황들은 신성한 분노로서 첩을 거느린 성직자들에게 혹독한 벌금을 부과했다. 이러한 신성한 분노는 두 가지 점에 서 좋은 효과를 거둘 수 있었다. 즉 교황은 그러한 벌금징수를 통하여 죄인을 엄하 게 다스림과 동시에 교회의 금고를 살찌울 수 있었던 것이다.

사제의 축첩행위가 어느 정도로 확산, 지속되었는가 하는 문제는 더 이상 거론할 필요가 없다. 왜냐하면 그것은 천하주지의 사실이었기 때문에, 그 증명을 위해서는 이 경우 다음의 두 인용문만으로도 충분할 것이다. 이에 대해서 타이너 형제는 이렇 게 서술하고 있다.

1563년 오스트리아 남부 세습령의 수도원 다섯 군데를 임검했을 때, 관리는 그곳의 모 든 수도원에서 사제들이 첩, 본처, 자식들과 함께 거주하고 있다는 사실을 확인할 수 있었 다. 예를 들면, 베네딕트파 소속 쇼텐 수도원에서는 9명의 수도사가 7명의 첩, 2명의 본 처, 8명의 자식을 데리고 있었으며, 역시 베네딕트파 소속 가르스텐 수도원에서는 18명의 수도사가 12명의 첩, 12명의 본처(즉 남자 18명에 대하여 24명의 여자가 있었던 것이다. 이 얼마나 알쏭달쏭한 비율인가!), 19명의 자식을 데리고 있었다. 또한 글로스터노이부르 크의 수도원에서는 7명의 정규 성직자가 7명의 첩, 3명의 본처(이 역시 복잡하다!), 14명

교황청에 대한 풍자화(독일의 동판화, 16세기)

의 자식을 데리고 있었으며, 아글라르의 수녀원에서는 40명의 수녀가 19명의 자식을 키우고 있었다.……

바이에른 지방의 경우에 대해서도 동시대의 다음과 같은 보고서가 남아 있다. "최근 바이에른 지방을 방문했을 때, 수도원에서 축첩행위가 성행되고 있다는 사실을 직접 눈으로 확인할 수 있었다. 예를 들면 성직자 가운데 첩을 데리고 있거나 몰래 가정을 거느리고 있는 자가 서너 명이나 되었던 것이다."

교회의 수입은 수도원 사람들의 고된 노동을 통해서가 아니라 외부인의 노동에 의해서 철저하게 확보되었기 때문에, 축첩이라는 행위 역시 인간 본래의 생리적 성욕의 만족을 위한 수준에서 그친 것이 아니었다. 만약 축첩의 목적이 자연적인 성적 만족을 하는 정도에 그쳤다면, 그들의 부부생활은 인습에 속박된 대부분의 부부생활보다도 훨씬 더 순수한 남녀관계의 형태를 취했을 것이다. 그러나 사제의 축첩관계는 조직적인 관능적 향락으로 타락하지 않을 수 없었다. 그리고 이러한 타락은 자기 발전적인 논리를 가지고 있기 때문에, 이 향락의 농도는 대단히 빠른 속도로

306

방탕한 생활을 하는 수도사와 수녀(H. 울리히, 동판화, 1609)

짙어갔다. 이에 대해서 12세기 초반에 쾰른의 도이츠 수도원 원장 루페르트는 이미
이렇게 기록하고 있다.

교회법에 위반된다는 이유로 사제들이 결혼을 삼가고 있다고 해서, 특별히 그들이 금욕
생활을 하는 것은 아니다. 그들은 자기들의 향락이 부부의 정리(情理)에 속박되지 않아도
좋았기 때문에 더욱 서슴지 않고 성애를 즐길 수 있었다. 따라서 그들은 쾌락의 대상을 이
여자로부터 저 여자로 옮겨가는 경우가 더욱 빈번해졌다.

실제로 이러한 현상은 수세기에 걸쳐서 더욱 심화되어갔다. 1520년경에 발표된
유명한 뉘른베르크의 시 "진리의 승리"에서는 수도사들의 타락상을 이렇게 노래하
고 있다.

한 여자만으로는 만족할 수 없는 남자는
신분고하에 따라 두세 명의 여자도 가질 수 있다.
마음에 들지 않으면 차버리고

적그리스도의 수태(목판화, 1475)

능력껏 계속 다른 여자로 바꾸면 그만이기 때문.

이와 같이 관능적 향락의 형태는 역사적 단계에 따라서 변해갔다. 그러나 이들의 타락은 한도 끝도 없었다. 왜냐하면 향락의 본질 자체가 끝없는 변화의 추구였기 때문이다. 따라서 향락은 자연히 눈깜짝할 사이에 그 농도와 폭이 급속하게 짙어지고 확산되는 것이 보통이다. 이리하여 수천의 수도원이 거의 모두 "간음과 온갖 악덕의 교미장"으로 변질되었다. 아마 사랑의 남신 프리아포스와 사랑의 여신 비너스도 이렇게까지 농탕질친 적은 없을 것이다. 그리고 수녀 또한 창녀와 다름없는 존재로 변해갔다. 이에 대한 제1의 속담은 "수녀도 역시 계집일 뿐이다"라는 것이었다. 그리고 제2의 속담은 "하반신은 계집, 상반신은 성모", 뿐만 아니라 제3의 속담은 더욱 노골적으로 "수도사가 칭얼거리면 수녀는 빗장을 열어준다"라고 했다. 민중의 노골적인 표현에 따르면, 도대체 이 세상에는 청정무구한 수녀는 한 사람도 존재하지 않는다는 것이다. 그들은 그것을 이렇게 표현하고 있다. "이 세상에는 청정무구한 수녀가 단지 세 명 있었다. 제1의 수녀는 살해되고 말았다. 제2의 수녀는 목욕탕에서 익사해버렸다. 제3의 수녀는 이미 남자가 시험했다." 세상 사람들의 견해에 따르면 수도사는 간음을 어쩌다 하는 것이 아니라 기회만 생기면 했다는 것이다. 따라서 민중은 이렇게 입방아를 찧었다. "수도사의 손이 수녀원장의 식탁 아래

피리 부는 악마(목판화, 1525)

로 내려가 있을 때 거기에는 반드시 이유가 있다." 그 이유는 다음 속담으로 설명할
수 있다. "수도사가 술잔을 양손으로 들어올리는 이유는 식탁 아래로 수녀의 속곳
을 붙잡고 싶은 욕망을 자제하기 위함이다." 대부분의 수도원은 참으로 바쁜 유곽
이었다. 속담에 이렇게 전해진다. "아우구스티누스회의 수녀는 밤만 되면 항상 베
개 하나를 두 사람이 베기를 기다린다." "수도원에서는 보통 침대 아래에 슬리퍼가
두 켤레 놓여 있다." 어느 수도사가 아침에 수도원장의 침대 아래에 여자 구두가 놓

타락한 수도사(17세기)

여 있는 것을 발견했을 때, 원장은 그에게 이렇게 말했다. "잡초는 어떠한 정원에
도 서식하기 마련이지." 부르크하르트는 로마에 대하여 이렇게 기록한다. "시내에
있는 수도원은 말이 수도원이지, 사실은 유곽과 다를 바 없다."

　로마에 해당될 수 있는 지적은 모든 기독교 국가들의 경우에도 들어맞았다. 과장
해서 말한다면, 밤이면 밤마다 손님이 묵어가는 수도원이나 수녀원은 당시 거의 모
든 기독교 국가 —— 이탈리아는 물론 독일, 스페인, 프랑스 —— 에서 그 수를 헤
아리기 어려울 정도였다. 대개의 나라에서는 수녀원 하면 귀족들과 호색적인 융커
들이 특히 즐겨 찾는 숙소를 의미했다. 늠름한 기사가 여기에서만큼 인기가 좋은
곳도 없었으며, 여신 비너스가 그 기사를 여기에서만큼 즐겁게 해주는 곳도 없었
다. 실제로 수녀원에는 밤이 되면 종종 홍루(紅樓)와 같은 환락, 아니 홍루 이상의
한없는 환락이 기다리고 있었다. 게다가 그곳에 숙박한 손님들은 한푼의 돈도 들지
않았다. 손님은 오로지 자신의 정력만을 선사하면 그만이었다. 여러 소설이나 만담
에서 곧잘 등장하는 바와 같이, 이러한 손님한테 요구되는 것은 확실히 상대를 녹
여줄 수 있는 정력뿐이었다. 그 당시에는 그 어디에도 적당히 즐길 만한 환락가가
없었기 때문에, 융커들은 생각만 나면 몇 명씩 어울려서 수녀원으로 우르르 몰려갔
다. 그리고 종종 며칠 동안 계속 그곳에서 춤, 놀이, 음악, 향락을 만끽했다. 많은
기록들을 통해서 확인할 수 있는 바와 같이, 이 유쾌한 방문을 맞이하는 수녀들 중
적지않은 수가 그 방면의 솜씨라면 웬만한 계집 뺨칠 정도였다. 이러한 유흥은 거

의 언제나 갈 데까지 가기 마련이었는데, 종국에는 일체의 체면을 팽개치고 육욕만이 끝없이 난무하는 경우가 수두룩했다. 자신이 무지하다는 사실도 모르고 오로지 과거만을 찬미하는 사람들이라면, 아마 이러한 주장 은 중상모략에 불과하다고 주장할 것이다. 그러나 그들이 아무리 그 사실을 부정하고 서운하게 생각한다고 하더라도 아무런 소용도 없었다. 왜냐하면 고문서, 연

울타리 뒤의 수사와 창녀(달력 삽화)

대기, 보고서에 천착하는 사람들은 이러한 사실을 보여주는 역사적 자료들을 끊임없이 확인할 수 있기 때문이다. 예를 들면 뷔르템베르크의 에버하르트 백작의 다음과 같은 편지만 읽어보아도 지금까지 이야기한 사실들이 거짓이 아님을 알 수 있다. 이 편지에서 백작은 텍크 지배하의 키르히하임 수녀원에서 자기 아들이 친구들과 함께 자행한 문란한 행동에 대해서 야단을 치고 있다.

최근 너는 키르히하임에 가서 수녀원에서 한밤중에 두 시간 동안이나 요란한 춤판을 벌였다더구나. 또 한밤중에 하인들과 다른 자들까지 불러모았다며. 그것도 모자라서 동생까지 그 수녀원으로 꾀어내? 그리고 마치 유곽에서처럼 난잡한 행동을 벌였다며.

울름에 있는 죄플링겐 수녀원에서도 사정은 매우 비슷했다. 이 수녀원의 타락상은 이미 갈 데까지 간 상태라 부근 주민들이 격분한 나머지 소동을 일으켰을 정도였기 때문에, 교회당국도 싫든 좋든 어쩔 수 없이 간섭할 수밖에 없었다. 카스텔의 주교 가임부스가 이 수녀원을 검열했을 때, 수녀들의 방에서는 놀랍게도 외설스러운 내용으로 가득 찬 많은 편지, 여벌의 열쇠, 세속의 인간들도 깜짝 놀랄 만한 대담한 의상들이 발견되었을 뿐만 아니라, 대개의 수녀들이 거의 임신한 상태였다. 침메른 연대기에서도 뷔르템베르크의 수녀원에 관한 다음과 같은 기록이 발견되고 있다.

수년 전까지만 해도 수도원은 해마다 거두어들이는 지대와 기타 수입으로 매우 풍족한 생활을 하고 있었다. 독일의 거의 전역에서, 특히 넥카르 지방에서는 물가가 대단히 싸서 오베른도르프의 경우 그곳 돈으로 단지 3크로이처면 귀족의 연회가 개최될 수 있을 정도였기 때문에, 그곳의 수녀 스물네 명이 귀족들의 자식을 낳고 아무 부족함 없이 세인들이

적그리스도의 출생(목판화, 1475)

말하는 안락한 생활을 하고 있었다. 세상 사람들의 눈에도 만족스러운 생활로 비쳤다고 하니까, 아마 상당히 풍족한 생활을 영위했던 모양이다. 그리고 그들이 풍족하게 지냈다는 사실은 많은 귀족들이 멀리 슈바르츠발트에서까지 오는 경우가 있었기 때문에, 당시의 사람들이 그 수도원을 귀족의 영혼을 치료하기 위한 병원이라고 생각하기보다는 오히려 정직하게 말해서 귀족의 홍루라고 불렀다는 사실에서도 미루어 짐작할 수 있을 것이다.

슈트라스부르크(스트라스부르)의 수도원에서 발생한 화재사건에 대한 보고서를 읽어보아도 사정이 비슷했음을 알 수 있다. 아무튼 수도원은 대단히 일찍부터 "귀족의 홍루"로 변하지 않을 수 없었다. 따라서 수도사들 역시 대단히 일찍부터 속인들과 불쾌한 경쟁을 벌이지 않으면 안 되었다. 우리는 이러한 사실에서 만약 수녀들이 성직자들하고만 죄를 범했다면 그것이 일종의 프리미엄처럼 여겨져 그런 죄는 형식상으로 그렇게 나쁜 것으로 생각되지는 않았음을 알 수 있다. 1261년 슈트라스부르크 탁발수도단의 단장 하인리히의 다음과 같은 설명이 있다.

수녀가 육욕의 유혹과 인간적인 약점 사이에서 도저히 순결을 지키지 못할 정도로 몸이 타오를 때에는, 속인에게 몸을 맡기기보다는 성직자에게 몸을 맡기는 편이 훨씬 죄가 가볍고 또한 처벌도 관대하기 때문이다.

방탕에 빠진 적그리스도의 사도(1475)

　역시 12세기에 쓰인 라틴어로 된 풍자시 "연애회의"에서도 이와 비슷한 견해를 공박하고 있다. 아무튼 성직자들은 색사에 관한 한 비너스로부터 특별한 은총을 받고 있다는 소문이 세간에 파다하게 유포됨으로써 더욱더 기고만장해졌다. 그 결과

"대장장이가 일하는 동안 수도사는 그의 아내와 농탕치네!"(네덜란드의 동판화)

이 시대의 풍자시들은 수도사들의 놀라운 정력을 즐겨 노래했다. 특히 아레티노라든가 라블레 같은 풍자시인들은 이 주제에 대단히 열성적이었다. 속담의 경우도 역시 마찬가지였다. 이 시대의 속담들은 색사에 특히 강한 남자에 대해서 이렇게 빈정댔다. "저 남자는 카르멜 수도사처럼 정력이 넘쳐흐른다." "저 남자의 호색은 성당 수도사 못지 않다." 그리고 더욱 노골적으로 표현하여 "색골이라면 옷만 봐도 카르멜 수도사인지 아닌지를 알아낸다"라고 비유했다. 뿐만 아니라 수도원의 도에 넘친 타락의 결과는 우선 다음과 같이 나타났다. "수도원 담장 안에서는 찬송가 소리보다도 갓난아이의 울음소리가 더 크게 들린다." 그렇게 되는 것이 당연했고, 그것은 자연히 속담에 반영되었다. 왜냐하면 "자기가 낳은 아이가 거무튀튀한 베네딕트 수도사의 자식이 아닌 것을 알고 깜짝 놀란 수녀는 검은 암탉도 흰 알을 낳는다고 말했다"는 것은 흔해빠진 속담이었기 때문이다. "수녀는 이렇게 불행한 지경을 당하면 누구나 그렇다고 하면서 이후로도 아기를 둘이나 더 낳았다." 이러한 속담이 있었던 것은 "분만대 없는 수녀원은 마구간 없는 농가와 다름없다"는 것에 의해서 증명된다. 그러나 그러한 타락상이 낳은 가장 전율할 결과는 다음의 사실이다. 수도원에서도 "죄"를 범했는가 않았는가의 여부는 대개 결과만으로 판단되었기 때문

Hye spyzet des Endcrist vatter vnd würbt vmb syn lyplich tochter in üppigkeit·die im der werck verwylliget Vnnd empfachet von irem eygen vatter Denanthycrist·

어린 소녀와 농탕치는 적그리스도(1475)

뚱쟁이 수도사와 농부(독일의 목판화, 1523)

에, 자신의 죄가 발각되는 것을 우려한 사람들은 보다 큰 범죄를 저질렀다. 물론 갓난아이를 기르는 번거로움을 피하기 위해서도 그러한 범죄를 저질렀다. 즉 영아 살해와 낙태라는 두 가지 범죄가 비일비재했던 것이다. 침메른 연대기는 그러한 실상을 이렇게 보고하고 있다.

그런데 멀리 떨어져 있는 이러한 수도원에 대하여 어떤 이야기가 나돌고 있는가. 일반 농가와 마찬가지로 수녀원에도 분만대가 있다는 사실은 널리 알려져 있기 때문이다. 신은 잉태된 생명이 자연의 순리에 따라 세상의 햇빛을 보고 신의 찬미를 받으며 양육되기를 원하며, 쥐도 새도 모르게 매장되지 않는 것을 기쁘게 생각하기 때문에 비밀의 아기에게는 이런저런 소문이 따르게 마련이다. 그래서 이런 수도원에서는 고기 기르는 연못에서 갓난 아이가 발견되어 수도원에 나쁜 평판이 생기는 것은 곤란했기 때문에 양어장에서는 함부로 고기를 잡아서는 안 된다든가 또는 수도원 부근의 연못 물은 함부로 퍼내서는 안 된다는 이상한 소문이 퍼졌던 것이다.

다른 연대기 작가인 님의 디트리히는 주교관구인 브레멘, 위트레흐트, 뮌스터 지방에 대하여 이렇게 보고하고 있다.

탁발수도사(프란츠 브룬, 동판화, 1500)

수도사와 수녀가 수도원에서 함께 살기 때문에, 사람들은 수도원을 세상에서 가장 무서운 범죄가 벌어지는 유곽으로 생각하게 되었다. 수녀들은 자신의 배를 괴롭힌 갓난아이들을 죽여버렸다.

그런데 세간에서는 청정무구해야 할 수녀가 해산한다는 것은 죄악이라고 생각했기 때문에, 결국 영아살해보다는 낙태가 더 성행했다. 타이너 형제는 사제의 독신에 관한 풍부한 자료집에서 "분만할 때까지 손을 쓰지 않고 방치해둔 수녀들은 가장 음탕한 수녀원에서 동료 수녀들의 손에 의해서 참으로 부끄러운 처치를 받는 것을 참지 않으면 안 되었다"는 소름끼치는 실례를 자세하게 설명한다. 이것은 참으로 논리적인 것이었고 따라서 이후로도 줄곧 논리적인 것이 되었다. 수녀란 하느님을 위해서 남모르는 고통을 인내하는 성녀라는 평판보다 오히려 닳고 닳은 계집이라는 평판이 점점 더 우세해졌다. 교회는 어머니에 대해서는 최대의 동정을 아끼지 않았기 때문에, 교회 사람들은 처음에는 수녀의 임신에 대해서 상당히 인간적인 동정을 보냈다. 따라서 아비뇽 종교회의에서는 사제들에게 "임신한 수녀들에게 낙태를 위해서 독물이나 독초를 강제로 복용케 하는 살인적 행위"를 단호하게 금지시켰다. 그러나 그후 사정은 다시 변했다. 즉 "수도원의 간음이 참으로 하늘을 향해서 비명을 울리는" 사태가 늘어남에 따라서, 또한 사제들의 결혼요구가 특히 자신의 간음행위에서 비롯된 경우에 교회의 남녀 소속원들이 이러한 방법으로 신의 섭리에 따라서 열심히 도와주었던 것은 역시 교회의 본질에 더욱 들어맞는 것이었다. 바로

길에서 분만하는 여교황(독일의 목판화)

이러한 사정 때문에 피샤르트는 「신성 로마 제국의 꿀벌통 임멘쉬바름」에 이렇게 쓸 수 있었다.

우리는 일상의 경험으로부터 신성 로마 교회가 자신의 사랑하는 신성한 자매들이 수녀 및 베긴 교단(Béguine : 13세기의 수도사 일파/역주)의 몸으로 아이를 낳기 전에 탕약이나 약물로 태아를 지우거나 혹은 태어나는 즉시 불법적으로 목 졸라 죽이는 것을 못 본 체하고자 한다는 사실을 잘 알 수 있다.

지금까지 설명한 교황청 산하의 거의 모든 교회의 풍기상태가 이 지경이었기 때문에, 이 거대한 건축물의 정상에 위치한 집단도 이와 다를 바 없는 음란과 악덕으로 가득 차 있었다고 해도 놀랄 까닭이 없을 것이다. 역대 교황들 자신이 바로 하위 성직자들에게 풍기문란의 훌륭한 본보기였다. 민중은 어떤 교황을 "로마 교황 성하" 대신 "음란 성하"라고 칭하기도 했으며, 추기경을 "음란한 수캐"라고 불렀다. 민중은 이러한 비유로써 상대방의 아픈 곳을 야유했던 것이다. 이러한 호칭이 나타나게 된 이유에 대한 설명은 교황사의 추잡한 페이지를 들추는 의미만이 아니라, 오히려 여러 가지 사실을 밝혀내는 데에 커다란 도움이 될 것이다. 님의 디트리히는 요한네스 23세에 대하여 이렇게 서술하고 있다.

탁발수도사(H. S. 베함, 목판화)

세상 사람들의 소문에 의하면, 요한네스는 볼로냐의 추기경으로 있을 때 남의 아내와 첩과 딸들을 이백 명 이상이나 능욕했으며, 그에게 능욕당한 소녀도 상당수에 달했다고 한다.

파울루스 3세는 안코나의 교황사절로 일하던 시절, 명문 귀족의 젊은 아내를 능욕한 죄로 도망치지 않으면 안 되었다. 또한 그는 추기경 자리가 탐이 나서 누이 율리아를 교황 알렉산데르 6세에게 바쳤다. 게다가 자신은 둘째 누이와 불륜의 관계를 맺기도 했다. 보니파키우스 8세는 자신의 친조카딸을 두 명이나 첩으로 삼았다. 후에 교황 알렉산데르 6세 덕분으로 출세하게 된 이 시에나의 추기경은 또한 "동료 사제나 고위 성직자들과 공모하여 자기 교구에 사는 상층계급의 부인과 딸들을 밤중에 초청하여 음란한 밤모임과 무도회를 개최하면서 그 남편, 아버지, 남자친척들은 한 사람도 참석시키지 않았다"는 사실로 특히 유명하다. 또한 피우스 3세는 여러 명의 첩으로부터 거의 열두 명에 가까운 자식을 낳았다. 르네상스의 가장 유명한 교황이었던 알렉산데르 6세, 율리우스 2세, 레오 10세는 끝없는 음란생활로 말미암아 매독에 걸린 것으로도 역시 유명하다. 예를 들면 율리우스 2세에 대해서 그의 시의(侍醫)는 다음과 같이 보고하고 있다. "한심스러운 이야기이지만, 교황의 온몸은 심지어 털조차도 소름끼치는 두려운 음탕의 증거로 뒤덮여 있었다." 그의

음탕한 수도사(독일의 목판화)

의전관 그라시스의 보고에 따르면, 발이 매독으로 아주 엉망인 상태였기 때문에, 교황은 그리스도 수난일에 관례에 따라서 발에 하는 키스를 아무에게도 허락할 수 없었다. 매독으로 코가 찌부러져 그 때문에 코를 잘라내지 않으면 안 되었던 고위 성직자를 조롱한 풍자시 또한 종교개혁 시대의 산물이었다. 이 시에 나오는 장본인은 이때에야 그 코에 대하여 통렬한 공격을 받았던 것이다. 민중은 다음과 같이 그 코를 조롱했다. "코야, 추기경의 진짜 코야, 나의 강의와 나의 교의는 소르본의 거울, 소르본은 결코 이단의 패거리가 아니라네, 나의 코는 우리 교회의 초석, 성도의 대열에 낄 수 있는 자격의 조건이네.……아무쪼록 바라옵건대 내가 죽은 뒤에 이 현자의 코가 로마 교황에게 내려지기를." 페트라르카가 그 유명한 "수신인 없는 편지" —— 이 편지는 전세계를 향하여 쓰여진 것이기 때문에, 특정한 수신인이 필요하지 않았다 —— 가운데 하나에서 다음과 같이 썼을 때, 그는 이러한 사정하에서 자신의 시대와 장래를 위해서 과감하게 진실을 밝히려고 했다.

강도, 강간, 간통 등이 호색적인 교황님이 스스로 즐기는 일들입니다. 그 남편들의 투덜거리는 불평을 막기 위해서 교황은 그들을 국외로 추방합니다. 부인들은 능욕을 당하고 급기야 자식까지 가지게 되는데, 그제서야 그 남편들이 되돌아올 수 있습니다. 아이를 낳은 뒤에는 기독교의 거대한 육욕의 갈증을 풀기 위해서 또다시 부인들을 남편들로부터 채간답니다.

그러나 이른바 이러한 "자연적인" 악덕으로 그친 것이 아니라, 대단히 반자연적인 악덕, 자연에 반하는 범죄까지 등장하게 되었다. 왜냐하면 교황청과 추기경의 저택에서 남색이 성행했기 때문이다.

율리우스 2세는 프랑스의 안나 여왕이 이탈리아로 유학 보낸 소년 두 명을 능욕했다. 율리우스 3세는 자기 마음에 드는 16세의 미소년 인노첸조를 추기경으로 등용했었는데, 이 때문에 가니메데와 놀아난 유피테르는 로마 사람들에 의해서 이리저리 끌려다녔다 —— 식스투스 5세 이후 민중은 주님의 소년을 칭송하라고 떠들어댔다. 파울루스 3세의

아들인 루도비코는 파엔자의 잘생긴 젊은 주교를 능
욕했는데, 그 주교는 그 때문에 수치심과 분노감을
이기지 못하여 끝내 죽고 말았다. 그러나 교황은 남
색이란 청년의 무절제에서 비롯되었다고 해석하고는
아들을 용서했다.

만약 그들이 이러한 죄악에 대해서도 교회의 착
취를 위하여 이용하지 않고 묵인했다면, 그것은
확실히 교회의 가장 신성한 전통에 반한 처사임에
틀림없다. 그러나 교황들은 모두 자신의 직무를
대단히 양심적으로 충실히 이행했다! 식스투스 4

자식의 유형들(목판화)

세는 남색을 좋아하는 추기경들에게 —— 오랜 로마 체재기간 동안 교황의 친구가
된 네덜란드의 신학자 베셀의 충고에 따라서 —— 일정한 세금을 지불하도록 함으
로써 미소년들과의 남색관계를 허용했다.

이러한 남색관계는 고위 성직자 사이에서 널리 성행했기 때문에 민중은 도처에서
"로마식의 결혼식을 올린다"는 말로써 남색 허용을 야유했다. 남색 역시 대단히 오
래 전부터 나타난 것이었다. 일찍이 11세기에 이미 주교 다미아니는 자신의 「고모
라의 서」에서 자연에 반하는 이러한 성적 향락의 여러 방법을 훌륭하게 체계화했
다. 세상사는 아무리 악덕이라고 할지라도 체계화되지 않으면 안 되었던 것이다.

교황청의 향락은 그 성격이 대단히 독특했다. 그 당시 이탈리아에서는 교황의 궁
정이나 추기경의 저택에서 연회가 벌어질 때면 고급창녀들이 단골손님으로 항상 참
석했는데, 그들이야말로 그 자리를 빛내는 가장 찬란한 스타였다. 르네상스 시대의
어떤 편지에서는 추기경이 개최한 한 연회에 대하여 이렇게 기록하고 있다. "스페
인 출신의 많은 창녀들이 로마인들과 당당히 자리를 함께하고 있다." 아마 이 점에
대하여는 이미 앞에서 설명한 내용을 지적하는 것만으로도 충분할 것이다. 추기경
포조의 만담, 특히 추기경 비비에나의 "칼란드라"뿐만 아니라 마키아벨리의 대담한
"만드라골라"와 같은 극은 이러한 사회에서 성행했던 대화의 음색을 우리들에게 잘
전달하고 있다.

그러나 이토록 악덕이 난무하던 로마 교황청에 대해서 우리가 무엇보다도 먼저
지적하지 않으면 안 될 사실은 교회가 고위 성직자들에게만 이러한 도깨비 같은 도

덕적 이탈을 특별히 허용한 것이 아니라, 오히려 이러한 상태가 당시 교회 일반의 전형적인 모습이었다고 하는 점이다. 이러한 상태는 논리적이었기 때문에 따라서 전형적이다. 모든 것은 여기를 향해서 집중되지 않으면 안 되었다. 하급 성직자들 이라는 대중이 서로 저지른 전형적인 악덕도 여기에 집중되었으며 그것은 자욱하게 연기를 올리며 낮은 곳을 골고루 비추어주는 또 하나의 커다란 등대가 있었기 때문 에 가능했던 것이다.

교황의 정치조직으로서의 교회는 세속을 멀리한 수도단체로서 처신한 것이 아니 라, 역사의 단계에 따라 정신적으로나 정치적으로 모든 기독교도 위에 군림한 최고 권력자였다. 이 때문에 교회의 도덕적 타락은 자체 내부에만 한정되지 않고, 그 파 괴적인 독기로 인해서 모든 기독교도들이 오욕을 함께 뒤집어쓰지 않을 수 없었다. 그리고 내가 이미 이 장의 첫 부분에서 서술한 바와 같이, 성직계급의 이러한 퇴폐 적 풍조는 대중의 풍기상태, 시민세계의 모든 풍기상태에도 대단히 강한 영향을 미 치지 않을 수 없었다. 이러한 사실은 종교개혁 때에 발표된 교황권에 대한 탄핵문 서를 살펴보면 쉽게 증명할 수 있다. "이러한 상거래에 의하여 기도와 기독교적 신 앙심은 둘 다 독일에서 사라져버렸다. 매음, 근친상간, 간통, 거짓 서약, 살인, 절 도, 강도, 고리대, 기타 악덕의 온상은 모두 그 결과이다."

그러나 이러한 악영향은 교회가 민중에게 끊임없이 보여준 악덕 때문만은 아니었 다. 사제와 수도사들이 민중계급을 경제적으로 지배했을 뿐만 아니라, 자신들의 개 인적 욕망, 방자한 관능적 향락생활을 뒤따르도록 하기 위해서도 임의의 사적 권 력을 조직적으로 남용했던 것은 자연스러운 이치였다. 호색적인 사제는 수녀의 몸 만을 탐낸 것이 아니라 교구에 거주하는 부인들의 탄력 있는 아랫배와 처녀들의 보드라운 젖가슴을 보기만 해도 격정을 자제하기 어려웠던 것이다. "교부께서 가 라사대 —— 부인네의 아랫배를 만져보니 수녀들의 육체만이 좋다는 생각이 사라 졌다네." 사제들의 호색은 처음에는 만만한 서민층 부인들을 겨냥하게 되었다. 왜 냐하면 수도사들은 종교상의 직무로 인해서 수녀보다도 오히려 서민여자들을 더 가 깝게 접촉할 수 있었기 때문이다. 유혹의 자연적 결과만 따져본다고 하더라도 서민 여자의 경우가 수녀에 비해서 훨씬 위험도가 낮았으며, 설령 일이 잘못된다고 하더 라도 그리 크게 걱정할 필요가 없었다. 왜냐하면 고해성사 때 들은 비밀을 이용하 여 임신의 책임을 남편이나 정부에게 전가시키면 그만이기 때문이었다. 따라서 수

고백의 남용(네덜란드의 풍자화)

도사들은 종교상의 이유를 핑계삼아 서민여자들과 얼마든지 즐길 수 있었다. 난봉꾼인 수도사들은 자신의 욕망 충족을 위해서 수십 명, 아니 수백 명의 여자들과 동시에 놀아날 수 있었던 것이다.

5) 고백의 남용

교회의 종들이 교회세력이 신장함에 따라서 향락적 인간으로 변하게 되자, 그들은 자신들의 개인적인 관능적 향락을 위해서 교회의 권력수단을 조직적으로 이용했다. 그 가운데 가장 좋은 수단이 바로 고백성사였다. 왜냐하면 고백석은 여자를 유혹하는 데 다시없는 안성맞춤의 자리였기 때문이다. 신도들이 자신의 죄를 고백할 때, 신부는 내밀한 질문까지도 던질 수 있는 권리를 가졌을 뿐만 아니라 또한 그러한 질문 자체를 하늘로부터 부여받은 자신의 직무라고 굳게 믿고 있었다. 고백은 그 덕분으로 교회의 가장 강대한 정치적 지배수단이 되었으며 따라서 호색적인 신부는 교회와 자기 자신을 위해서 그것을 교묘하게 이용할 수 있었다. 이러한 전통은 오늘날에도 계속되고 있다. 많은 사제들은 자기가 관할하는 교구에 사는 무구한 처녀들을 닥치는 대로 유혹하는 음란한 공상을 즐기기 일쑤였다. 그들은 고백성사

악마에게 유혹당하는 이브(W. 킬리안, 동판화)

를 이용하여 교활하게도 아리따운 "죄인"의 성생활을 꼬치꼬치 캐물으면서 그 내밀한 자백을 듣는 재미에 탐닉했다. 더욱이 그들은 그러한 교활한 질문을 통해서 무구한 처녀나 혼인날을 학수고대하고 있는 신부, 그리고 또 남의 젊은 아내를 관능적 흥분의 절정으로 몰아가기도 했다. 그러나 고백석에서 즐긴 것은 단지 끝없는 공상을 통한 갈증해결만이 아니었다. 수백만 여자들이 고백성사 때 정서를 압도하는 교회의 권력에 기가 꺾여 정신적 정조뿐만 아니라 육체적 정조까지도 상실했다. 왜냐하면 양심이 이렇게까지 아무런 주저도 없이 포기된 적은 없었기 때문이다. 사제들은 자신의 육욕의 희생자들에게는 죄악도 미덕이 될 수 있다고 선전했다. 그래서 수십만의 무지한 여자들은 고백신부의 야비한 공상에 자발적으로 귀를 기울이면서 자기들이야말로 신의 뜻에 따르는 사람이라고까지 믿게 되었다. 보카치오의 대담한 소설 「테바이드의 알리베크」는 교회의 이러한 타락에 대한 고전적 풍자라고 할 수 있다. 이 때문에 많은 교회의 고백석은 프리아포스와 비너스가 가장 즐겨 이용한 제단임과 동시에, 인간이라는 신을 위해서 마련된 제단이기도 했다. 그러나 교회 자체에서조차 참기 어려울 만큼 그 타락의 정도가 심해졌기 때문에, 교황청 당국은 훈령으로써 간섭하지 않을 수 없었다. 아마 이 사실 하나만으로도 사제의 욕망을 위해서 고백성사가 어떻게 이용되었는가를 충분히 짐작하고도 남음이 있을 것이다. 1322년 옥스퍼드 종교회의에서는 사제들이 "어두운 곳에서 여신도의 고백을 듣는" 행위를 금지시켰다. 또한 그로부터 약 300년 후인 1617년에 캄브라이의 대주교는 관할 신부들에게 다음과 같은 훈령을 내렸다. "여신도의 고백성사는 사제실에서 행해질 것이 아니라 교회의 넓은 방을 이용해야 하며, 어두운 경우에는 촛불을 켜야 한다." 우리는 이러한 구체적인 사실로부터 교회당국이 다른 곳도 아닌 바로 교회 안에서 사제들에 의해서 즐겨 행해졌던 너무나도 노골적인 "면죄와 축복" 행위를 제한하고자 했다는 것을 분명히 알 수 있다.

그러나 이러한 훈령도 이렇다할 성과를 거두지 못했다. 왜냐하면 고백을 담당하는 신부들에게는 고백자를 자신의 주거지로 부를 수 있는 권리와 몸소 방문하여 고백자의 집에서 고백을 들을 수 있는 권리가 부여되어 있었기 때문이다. 사제들의 이러한 행차를 여신도들은 커다란 영광으로 생각했다. 그리고 이미 만반의 태세가 갖추어져, 바야흐로 막이 오르기 시작한 이 고백성사라는 연극은 장소에 따라서 어떤 때는 거침없이, 어떤 때는 쑥스럽게, 앞에서 말한 두 장소에서 끝까지 진행되었다. 그리고 거의 모든 경우, 사제들은 훌륭한 성공을 거두었다. 우리는 이러한 실례를 다음에 인용한 침메른 연대기에서 확인할 수 있다.

같은 무렵, 쾰른 수도원의 수도사 디트리히는 부유한 상인의 미망인의 고백을 듣고 면죄하고 있었다. 바로 이때 몇 명의 사람들이 바깥에서 고백석을 엿보았다. 그런데 그 과부가 갑자기 도발적으로 이 수도사 앞에서 알몸이 되었다. 그녀의 나체에 신부는 물론, 밖에서 엿보고 있던 주민들까지도 숨을 죽였는데, 그러나 주민들은 두 사람의 이러한 기분전환을 방관했다.

그러나 흥청거리는 유곽에서보다도 프리아포스와 비너스가 훨씬 더 대담하게 농탕질하는 고백석이 계속 늘어남으로써 어떤 교구에서는 묘령의 처녀뿐만 아니라 아직 육체의 아름다움을 간직하고 있는 여자는 모두 흔히 교구사제의 하렘에 추가되기도 했다. 이러한 지방에서는 교구여자들의 행복을 위하여 성직자들이 이토록 적극적으로 봉사한 결과, 갓난아이들이 많이 태어나게 되었다. 사육제 연극인 "백성들 이야기"에서는 이러한 세태를 다음과 같이 풍자하고 있다.

30년전쟁 시기의 음탕함에 대한 풍자

저런 어쩌나, 거기 가만 있었는데도 당신에게 마구 우박이 쏟아졌다며.
당신은 그런 뻔뻔스러운 거짓말을 잘도 하는군!
그러나 나는 그런 일로 당신에게 창피를 줄 생각은 별로 없다네.
다만 당신 친구들에게 말할 수 있는 사실은

당신의 누이가 신부님 때문에 개구쟁이를 세 명이나 낳았다는 것.

케텐바흐는 자신의 "1523년 마르틴 루터가 밝힌 새로운 변명과 답변"에서 고백의 결과를 이렇게 설명하고 있다.

고백의 첫 결과는 육체의 과실이다. 고백으로 인해서 세상 사람들이 말하는 방케르트(Banckert), 즉 불륜의 자식이 많이 태어나기 때문이다. 이 아름다운 갓난아이는 성스러운 고백사제와 고백녀와의 밀접한 관계를 잘 말해준다. 또한 어떤 여편네들은 색이라면 사족을 못쓰기 때문에 남편이 자기를 제대로 만족시키지 못할 때에는, 고백사제가 구원의 손길을 뻗치지 않으면 안 되었다. 이리하여 고백사제들은 무려 서른 명이나 되는 여자들을 동시에 농락하여, 그들은 한 마리의 종마처럼 암말 무리 속에서 천방지축 마구 날뛰었다. 아, 멍청한 사내들이여, 당신의 아내와 딸들이 그놈들과 밀통하고 있다네.

앞에서 소개한 타이너 형제의 자료집에는 특히 이렇게 서술되어 있다.

파도바의 아우구스티누스회 은자 안시미로라는 자는 자기에게 고백하러 온 처녀들을 닥치는 대로 능욕했다. 그가 저지른 죄로 고소를 당해서 피해자들을 밝히지 않을 수 없을 때, 그 가운데에는 그 도시 명문가의 많은 처녀들과 아내들의 이름이 포함되어 있었다. 심지어 그를 심문한 서기의 마누라까지 끼어 있었다. 당시 브레시아에서는 성직자들이 고백하러 온 여자들에게 당신은 나에게도 부부관계에 대한 십일조를 바치지 않으면 안 된다고 가르쳤다.

은근한 말이나 몸짓 정도로 유혹이 성공하기 어려운 경우에는 책략이 이용되었다. 그리고 책략도 별 도움이 되지 못할 경우에는 폭력이 동원되었다. 자진해서 "신부의 옷자락 안에서 고백하려고" 하지 않는 여자들은 교회의 사제실이나 사제의 저택, 또는 자기들 집에서, 아니 때로는 바로 고백실에서 호색적인 사제나 수도사에게 능욕당하고 강간당했다. 카이저스베르크의 가일러는 동료신부들을 다음과 같이 매도한 바 있다.

네놈들은 계집을 범하고 처녀를 후리고 남의 마누라를 호리고 과부를 욕보였을 뿐 아니라……네놈들의 동료와 들어붙고 네놈들의 수도사와 붙어먹고 네놈들의 고백사제와 뒹굴고 네놈들에게 고백하러 온 처녀들과 노닥거렸다. 네놈들이 남의 부부 사이를 파탄지경에 빠뜨린 그 간음행위, 세상 사람들이 네놈들을 화형대에 올려놓겠다고 마음먹게 한 그 간음행위는 나로서는 차마 입에 담고 싶지 않다.

기독교 국가의 각 도시의 역사로부터 이러한 자료를 긁어모은다면, 아마 틀림없이 한 권의 책이 되고도 남을 것이다. 이렇게 교회의 성직자들은 자신의 신분에 걸맞는 계층의 여자들과 이 끝없는 악덕의 행렬에 뛰어들었다. 사랑을 애타게 그리는 귀부인들은 주교관의 포근한 침대에서, 어떤 여자는 자진해서, 어떤 여자는 마지못해서, 마치 서민계층의 처녀들이 은자가 사는 좁은 암자의 널빤지 침대에서 그러했듯이, 음란한 방법으로 그들의 검열을 받았다.

따라서 "신부를 집에 들여놓으면 그는 거실을 찾으며, 거실에 들여놓으면 침대를 찾는다"라는 민중의 속담은 그러한 사실이 너무나도 빈번하게 입증되었기 때문에, 마치 수학에서 말하는 10의 정리(定理)처럼 도저히 반박할 수 없는 자명한 정리와 같았다.

어떠한 국가를 막론하고 수도원과 가까운 곳에 거주한 민중은 유사한 경험을 했다. "신부님 말씀, 나는 가엾은 양떼를 모두 사랑하지만 숫양보다는 역시 암양 쪽이 더 사랑스럽다." 물론 수도사들 역시 그렇게 생각하고 그것을 열성적으로 실천했다. 왜냐하면 "남편이 자기 마누라를 수도원에 보낸다는 것은 모든 것을 묵인하겠다는, 나중에 아이가 생기는 것까지도 묵인하겠다는 의미와 다를 바 없기" 때문이었다. 수도원에서 일하는 하녀들의 운명도 다른 여자들과 비슷했다. "어떤 사정 때문에 휴가를 받아서 집에 돌아온 수녀원의 하녀들은 이렇게 말했다 —— 수도원에서는 축복의 고기를 많이 먹어야 된답니다." 시골이나 도시에서 살다가 수도사의 꾐에 빠져 수녀원에 들어오게 된 여자들은 종종 상대를 가리지 않고 여러 남자들에게 몸을 맡겨야 했다. 이 점에 대해서는 내가 이미 앞에서 아주 간략하게 실례를 든 바 있다.

숫양과 암양(독일의 목판화)

그리고 침메른 연대기는 이렇게 적나라하게 기록하고 있다. "이성적인 사람이라면 아내나 딸이 아무리 신앙심이 깊다고 할지라도 절대로 수녀원에 보내려고 하지 않았다. 수녀원에는 종종 나쁜 교사들이 있기 때문이다"라고 정확하게(바로 이 실례에 대해서는) 기록하고 있다.

중세 말기와 르네상스 시대의 많은 수도원들은 결코 정진과 금욕과 기도로 충만한 신성한 장소가 아니었다. 수도원이란 마음껏 인생을 즐기는 곳이었다. 결핍상태에서 벗어난 이러한 수도원의 생활은 이미 풍족했기 때문에 새삼스럽게 금식일 같은 것에 신경 쓸 까닭이 없었다. 오히려 수도원에는 축연을 베풀 많은 구실만이 수두룩했을 뿐이다. 어느 국가를 막론하고 그러한 축연의 첫째는 교회헌당축제였다 (아직도 농촌에서는 그것을 축하하고 있다). 헌당축제 때에는 술과 요리, 노래와 춤이 등장했다. 수도사들은 상례적인 수도원 춤을 추면서 딱딱한 마룻바닥을 꽝꽝 밟았다. 그리고 춤이란 남자와 여자가 함께 추어야 비로소 —— 남자들끼리의 춤은 익살일 따름이다 —— 의미가 있는 것이기 때문에, 부인네들과 처녀들도 결코 춤을 피하지 않았다. 그리고 이런 기회에는 또다른 일이 벌어지기 마련이었다. 왜냐하면 야간 무도회에 참가한 여자들이 수도사의 축복도 받지 않은 채 그냥 집으로 돌아가는 경우는 드물었기 때문이다. "수도사들은 결코 고기를 썩히지 않는다!" 즉 은밀한 수도방에서는 고기가 잘도 만들어진다는 사실을 모든 여자들이 잘 알고 있었다. 그러한 정황을 잘 알고 있던 카이저베르크의 가일러가 자신의 관찰을 다음과 같이 기록했을 때, 그것은 바로 그 자신의 체험과도 같은 것이다.

수도원에서 제1의 미사(헌당식)의 경우, 또는 다른 연회가 열릴 경우, 여자들은 수도원으로 몰려간다. 그리고 거기에서 수도사들과 함께 뛰어다니며 춤을 춘다. 그리하여 그들은 수도사의 방이나 보이지 않는 곳으로 몸을 감춘다. 따라서 이러한 축제는 쓸데없는 낭비이며 결코 허락할 만한 자리가 아니다. 진정 자신을 요조숙녀로 생각하는 여자라면 남자들이 사는 수도원 같은 곳에 가서는 안 된다. 한마디로 수도원은 흥청거리는 연회가 벌어지는 장소라고 할 수 있다. 아무리 신앙심이 깊은 여자라고 할지라도 수도원에 갔다오면 그 대부분이 음란한 여인이 되기 마련이다.

그러나 그 정도라면 아직도 예의범절이 살아 있는 편이라고 할 수 있다. 아니 참으로 예의범절이 괜찮은 편일 것이다. 왜냐하면 훨씬 유별난 일이 여기저기에서 계속 일어났기 때문이다. 우연히, 즉 친절한 동료가 바라기만 한다면 적당한 순간에 모든 횃불이 꺼지고 말았던 것이다. 기다리고 기다리던 칠흑 같은 어둠이 오면, 축연에 참가한 사람들은 "즐거운 주기도"를 하기 위하여, 특별히 떨어져 있는 수도방이나 보이지 않는 곳으로 가지 않고서도 상대방 여자 혹은 남자와 함께 그냥 그 자리에서 곧바로 즐길 수 있었다. 침메른 연대기에는 융커들이 그러한 경우에 수녀원에서 호색적인 수녀들과 어떻게 행동했는가가 자세히 설명되어 있다.

"수도원 종루의 뒤편 어둠 속에서는 아이들이 생기기 쉽다." 혹은 더욱 신랄하게 꼬집고 있었다. "수도원의 어둠 속에서는 모든 것이 부패하기 마련이지만 여자들만은 새로운 생명을 잉태한다." 이와 같이 도처에서 민중이 복음서 못지않게 믿게 된 속담들은 실제로 경험을 토대로 하여 현실을 노골적이고도 그로테스크하게 풍자한 것에 불과할 따름이다. 만약 이러한 성직자들의 뿌리 깊은 타락에 대해서 민중 스스로가 힘을 합쳐서 대항한 여러 봉기들이 거의 항상 실패했다면, 혹은 성공한 사례가 별로 없었다면, 그것은 민중의 분노가 미약했기 때문이 아니라 교회가 점점 지배계급의 강력한 동맹자로 성장했거나 아니면 이탈리아에서와 같이 서민생활의 모든 경제적 토대가 교회에 의해서 광범위하게 지배되었기 때문이다. 바로 이러한 이유들 때문에 민중의 터질 듯한 도덕적 분노가 투쟁의 보람도 없이 사그러들었던 것이다. 그러나 도덕적 분노에 의해서 부채질된 민중의 봉기가 실제로 대사건으로 발전된 경우에도 역시 경제적 원인이 보다 중요하게 작용했던 것을 발견할 수 있다. 그 결과 교회세력을 타도한 곳에서 그것은 무엇보다도 우선적으로 경제적 이익에 기여했다. 독일의 경우가 특히 그러했다. 바로 이 이유 때문에 교회가 실제로 보인 모럴은 16세기 중엽 이후의 각국의 공공 모럴, 특히 독일의 공공 모럴에 대해서 결정적인 영향력을 행사했던 것이다.

4. 유곽

1) 보호수단으로서의 매춘의 승인

매춘제도는 우선 사유재산제를 기반으로 하는 일부일처제와는 불가분의 관계에 놓여 있다. 일부일처제에서는 보통 결혼관계가 사회적 인습에 의해서 지탱되기 때문에 부부간의 애정이 주관적인 애정에 의해서 지속되기보다는 오히려 객관적인 의무가 되는 수가 많다. 매춘제도는 이러한 객관적인 의무로 변화된 결혼형태와 뗄래야 뗄 수 없는 관계이다. 다시 말해서 매춘제도란 일부일처제에서 필연적으로 나타나는 필요악이라고 할 수 있다. 따라서 매춘부 역시 정부와 마찬가지로 이러한 사회에서는 항상 생기기 마련이다. 앞에서도 서술한 바와 같이 연애가 발전함에 따라서, 연애도 사슴 가죽이나 구두의 징과 마찬가지로 상품적 속성을 지니게 되었다. 그리고 연애의 상품성은 매춘제도 속에서 가장 분명하게 나타난다. 더욱이 매춘의 역사에서는 모든 상품을 지배하는 법칙과 동일한 법칙이 연애라는 상품까지도 지배한다는 것을 증명해준다.

중세 말기와 르네상스 시대에는 사람들이 부르주아적 결혼의 본질과 조건을 이론적으로까지는 분명히 납득하지 못했으나, 그 대신에 또다른 하나의 문제, 즉 사실의 논리에 보다 현실적으로 직면하지 않을 수 없었다. 당시는 에로틱한 행위가 만연하던 시대였기 때문에, 사람들은 그 시대의 실제적인 욕구를 받아들이고 있었음이 분명하다. 그리고 이러한 실제적인 욕구가 또다시 그 시대의 에로틱한 분위기를 더욱 고조시켰다. 사람들은 결혼의 목적, 즉 자신의 피를 이어받은 상속인을 확보

그림을 보고 매춘부를 고르는 손님들(네덜란드의 동판화)

하기를 원했지만 그래도 매춘부 없이는 인생의 즐거움이 격감될 것이라는 사실 또
한 분명히 알고 있었다.

이와 같이 매춘을 운명적인 것으로 받아들이는 견해가 도처에서 옹호되면서 여론
으로까지 발전했다는 사실은 르네상스 시대에 세상 사람들이 매춘부에게 부여한 저
근사한, 무엇보다도 우선 특수한 지위에 의해서 증명되고도 남음이 있을 것이다.

시대는 혈관 속에서 피가 고동치고 있음을 철저히 인식하고 있었으며 이 피가 거
세게 들끓으면서 노소를 불문하고 사람들을 욕망으로 가득 채운다는 것을 인식하고
있었다. 연애의 실현, 즉 아름다운 여자를 품에 안는다든가, 양기가 좋은 친구와
농탕질치는 것이 인생의 가장 커다란 즐거움이라는 견해에 모든 사람들이 동의하고
있었다. 따라서 무수한 사람들 사이에서 "죄악에의" 탐닉이 판을 치게 되었다. 육
욕이라는 악마는 어느 집 지붕 위에도 도사리고 앉아 날이면 날마다 상대방의 욕망
을 충동질했다. 또한 수많은 실례가 눈을 뜨고 있는 사람이라면 누구에게나 인간은
이미 속일 수 없다는 증명을 하고 있었다. 사람들은 후미진 곳에 숨어서 처녀를 기
다리고 있는 젊은이들을 도처에서 발견했고 하녀의 가슴을 더듬는 이웃사람들의 모
습을 어디에서든지 볼 수 있었고 주인이 없는 틈을 타서 주인 마누라와 함께 노닥

거리는 고용인들을 얼마든지 발견할 수 있었으며, 또한 젊은 수도사가 집을 나설 때 구겨진 앞치마의 주름을 펴는 이웃 여자들의 모습을 무수히 볼 수 있었다. 한마디로 말해서 세상 사람들은 이런저런 모든 꼴을 볼 수 있었다. 그러나 그렇다고 해서 자기 집안에서 그런 꼴을 보는 경우는 거의 없었다. 따라서 사람들이 자기 가족들의 풍기에 대해서 아무리 신용할 수 있다고 할지라도 그 당시까지만 해도 아직 무서운 일들은 계속 벌어지고 있었다. 이 경우에는 집안 사람들의 기품 있는 심성도 아무런 도움이 되지 못했다. 무서운 일이란, 즉 폭력이었다. 말로만 유혹하는 것이 아니라 적당한 기회를 엿보아서 야만적인 폭력에 호소하려는 "소박한" 발정에 기인한 불의의 습격을 당하면 아무리 정숙한 처녀라고 해도, 아무리 기품 있는 아내라고 해도 자신의 몸을 지킬 수 없었다. 여자들에게 가해지는 이러한 절박한 위험은 도처에 도사리고 있었다. 돈으로 고용된 경비병들과 유랑걸식하는 무뢰한들이 각 지방마다 떼를 지어 헤매고 있었으며, 도시의 경우에도 그 수가 수백 또는 수천에까지 이르렀다. 그래서 신문에서는 날이면

관능적 쾌락(마르틴 데 보스의 그림에 의한 크리스팽 드 파스의 동판화)

주연을 벌인 신학생들(독일의 목판화)

날마다 국도나 호젓한 농촌은 물론, 도시의 변두리나 뒷골목에 강간의 위험이 끊임없이 도사리고 있다는 사실을 알렸다.

그래서 세상 사람들은 단순히 집 부근에 살며시 다가와서 치마끈이나 치맛자락을 만지작거리는 것과는 전혀 다른 이러한 강간의 위험을 몹시 두려워하지 않을 수 없었다. 따라서 언제 폭발할지 모르는 이러한 발정의 배출구에 대한 어떤 안전장치가 절실하게 요구되었다. 우리는 단지 이러한 사정만을 감안한다고 할지라도 왜 르네상스 시대에 거의 모든 국가가 매춘에 대해서 그토록 관대한 태도를 취했는가를 이해할 수 있을 것이다.

납치(제로니무스 호퍼, 동판화, 16세기)

그러나 많은 국가에서 매춘에 대해서 관대한 태도를 취하게 된 이유는 단지 이러한 사정 때문만은 아니었다. 오히려 제3의 이유, 아마 모든 이유들 가운데 가장 중요할지도 모르는 또다른 이유가 존재하고 있었다. 즉 사회구조 때문에 발생한 대단히 강력한 사회적 이유가 있었던 것이다. 나는 이미 당시에는 거의 모든 국가에서 도제의 결혼이 금지되고 있었다는 사실을 설명한 바 있다. 따라서 도시인구의 상당

베네치아의 유행복(동판화, 16세기)

수를 차지하고 있던 도제들은 거의 평생 동안 자신의 끓어오르는 성욕을 결혼 이외의 방법으로밖에 충족시킬 수 없었다. 한동네 사람들이 모두 서로 얼굴을 알고 있고 매일 얼굴을 맞댈 수밖에 없을 정도로 아직 교통의 범위가 넓지 않았기 때문에 환경이나 지역적인 연관도 협소했고 약했다. 따라서 유혹의 위험도 현대인이 상상할 수 없을 정도로 높았다.

이러한 위험에 직면하여 시민들은 그들의 결혼생활을 지키기 위해서 모종의 조치를 취하지 않을 수 없다고 생각했다. 이러한 주장에 대해서는 그 누구도 반대할 수 없었다. 그 결과 연애도 다른 상품과 마찬가지로 소매상이나 도매상에서 매매될 수 있도록 하는 연애제도야말로 이 위험에 대한 유일한 보호책이라는 생각이 번져갔다. 이러한 여러 가지 사정으로 말미암아 르네상스 시대에 접어들면 세상 사람들은 매춘의 합법화는 물론, 아니 그 이상으로 매춘부들에 대하여 놀라울 정도로 관대한 태도를 취하게 되었다. 따라서 이 시대의 사회생활에 매춘부의 역할은 실제로 대단히 훌륭한 하나의 특징을 부여했다.

당대의 사람들은 또한 매춘부나 유곽은 시민의 결혼생활을 지키기 위해서 무슨 일이 있어도 없어져서는 안 된다고 서슴지 않고 공언했다. 유곽은 르네상스 시대

전기간을 통하여 어떤 나라에서나 "결혼생활과 처녀의 명예를 지키기 위한 최선의 방법"이라고 옹호되었다. 우리는 이러한 사실을 연대기나 문학작품들 속에서 확인할 수 있을 뿐만 아니라, 바로 이러한 이유 때문에 당국은 도처에서 유곽의 경영을 허가하고 그 영업을 합법화시켰다. 이것은 또한 도처에서 자연발생적으로 일어나는 매춘제도에 대한 반대를 억누르기 위한 이유로도 상투적으로 이용되었다. 물론 매춘제도에 반대하여 어떤 도시나 지역에서 사람들이 유곽을 때려부수고 매춘부들을 추방한 적이 없었던 것은 아니지만 그러한 경우에도 앞에서 말한 이유 때문에 또다시 개업이 가능했다. 예를 들면 16세기의 바젤 시 연대기에서는 이러한 사정들이 모두 증명되어 있다.

로이스에서는 앞에서 말한 유곽에 반대하여 지금까지 계속 설교 등을 통해서 비난해왔지만, 유곽은 역시 없어지지 않았다. 공공연한 추문과 불경, 즉 청년의 타락과 신의 율법에 대한 명백한 침범이 복음서에서 완전히 자취를 감추었던 것은 이 시대부터이다. 그 무렵 다른 지방에서는 교회개혁을 통해서 이 불명예스러운 제도가 폐지되었음에도 불구하고, 비열한 남자들은 이 제도를 옹호하면서 간통, 처녀겁탈 그리고 차마 입에 담을 수조차도 없는 죄악을 방지하기 위해서는 무슨 일이 있어도 유곽이 없어져서는 안 된다고 주장하고 있다. 아니, 유곽이 없으면 경건한 처녀나 부인네들이 모조리 사라져버릴 것이라고 떠들어댔기 때문에, 결국 이런 추잡한 집이 없어지지 않고 계속 남아 있게 되었다.

베네치아의 매춘부(이탈리아의 목판화)

세상 사람들이 매춘도 간음이라는 견해를 부인하고 게다가 모든 방법을 동원하면서까지 매춘제도를 장려했을 때, 그들도 처음에는 결혼의 순결과 여자의 정절이라는 가장 신성한 사회제도를 중시해야 한다고 주장했을 뿐만 아니라 어디까지나 그렇게 믿었던 것이 사실이다. 그러나 이러한 주장의 상당 부분은 비록 경건해 보일지라도 거대한 자기기만에 지나지 않았다. 또한 이들뿐만이 아니라 르네상스 시대의 많은 작가들까지도 이러한 자기기만에서 벗어나지 못했다.

물론 결혼생활을 보호하려는 목적이 매춘부들

을 특별히 관대하게 대하게 된 대단히 중요한 이
유였다. 그러나 그것은 결코 가장 중요한 이유는
아니었다. 그들이 커다란 재앙을 피하기 위해서는
작은 희생은 감수하지 않으면 안 된다고 주장했을
때, 설령 그것이 의식적인 발상은 아닐지 모르지
만, 그 일차적 목적은 남편의 권리를 확고히 유지
하기 위해서였다. 남편되는 사람들은 방해를 받지
않고 자유롭게 자기의 욕망을 즐기고 싶다고 생각
했다. 그러나 남편에 대해서도 정조나 순결의 요
구가 문자 그대로 법률적으로 규정된다면 이야말
로 큰 일이 아닐 수 없었다. 따라서 그들은 매춘
을 합법화시킴으로써 순결의 요구로부터 도피할
수 있는 길을 열어놓았던 것이다. 왜냐하면 매춘
이야말로 남성들에게 변화 있는 관능적인 향락을
어느 때나 손쉽게 그리고 마음껏 즐길 수 있는 기

베네치아 매춘부의 속옷(동판화, 16세기)

회를 가져다주는 수단이었기 때문이다. 그리고 실
제로 남성들은 그 기회를 마음껏 이용했다. 물론
이 제도는 남성들의 성적 만족을 고려한 것으로서
남자 못지않은 여성의 성적 욕구에 대해서는 전혀
고려하지 않은 것이었다. 그런데 이 이유에서 보
더라도, 또한 무엇보다 매춘부를 그 당시의 사회

외출복을 입은 베네치아 여인(동판화, 16세기)

적 테두리 가운데서 어떻게 양립시킬 것인가 하는 관점에서 보더라도 매춘제도의
이러한 당연한 합법화는 남성권리의 최대의 승리이기도 했다. 그 시대에 당연시되
었던 매춘부에 대한 한없이 관대한 태도에 대해서 순진한 사람은 그것은 아직 사회
적인 대립이 크게 대두되지 않았던 당시에 모든 것을 관대하게 대한 그 시대 특유
의 특징에 불과하다고 주장할지도 모른다. 그러나 만약 그외의 여러 사정들을 인식
하고 있는 사람이라면 그러한 주장을 충분한 설명으로 받아들이지는 않을 것이다.
실제로 13세기로부터 15세기에 걸쳐서 발생되었던, 자연경제로부터 자본주의에의
발전으로 말미암아 야기된 거대한 사회적 투쟁은 15세기 후반에 들어서야 비로소

피렌체의 매춘부(목판화)　　　　　　　　　　로마의 매춘부(티치아노의 그림에 의한 목판화)

일반 민중도 인식하게 된다. 이 대립은 대단히 오랜 기간 동안 계속된 것으로서, 급기야는 의식적인 사회적 증오로까지 발전하고 그 결과 아직까지는 서로 이렇다할 악의 없이 지속되었던 계급간의 평화적인 관계는 완전히 사라지게 된다. 바로 여기서 그러한 평화로운 관계에 대해서 많은 선량한 사람들이 놓쳐버렸던 상당히 중요한 요소가 나타난다. 즉 모든 사람이 그 당시 살고 있었던, 지금까지 한번도 극복하지 못했던 소시민적 환경 때문에 상당히 좁은 범위의 사람들만이 참으로 자유로운 의견을 주장했지만 대중 사이에서는 소시민적 도덕이 당시의 지배적인 사고였다. 이들 선량한 소시민들은 매춘부를 세상에서 가장 유해한 존재, 죄악의 정수로 보았다. 즉 가장 비열하고 야비하고 경멸스러운 존재로 생각했던 것이다. 그것도 그럴 만했다. 왜냐하면 그러한 의견은 소시민의 생활에 뿌리를 두고 있었기 때문이다. 르네상스 시대의 사람들도 역시 그렇게 느꼈는데 그것 역시 소시민적 사상이란 언제나 같은 전제에서 생기기 때문이다. 그런데 그러한 도덕률이 확산되고 있었음에도 불구하고 매춘부들은 여전히 사교계의 스타로서 세상을 주름잡았다. 실제가 이렇다면, 다음의 사실이 분명해진다. 즉 지배계급으로서의 남성들은 자기들의 특수한 이익을 그럴듯한 기치 아래 옹호했다. 이것은 모든 것에 대하여 관대했다는 당시의 정신적 증거가 아니라, 남성지배의 공공연한 승리에 지나지 않았다.

2) 매춘의 범위

유혹하는 매춘부(살바토르 로사의 부식 동판화)

르네상스 시대에 매춘부의 지위가 다른 어느 시대보다도 두드러졌던 까닭은 주로 다음의 두 가지 사실 때문이다. 첫째는 매춘의 범위, 즉 매춘부의 수가 상당히 많았다는 사실이며, 둘째는 매춘부들이 당시의 공공생활에서 특수한 역할을 허용받았다는 사실이다. 매춘부들의 수가 당시에 얼마나 되었는가에 대하여는 절대적으로도 상대적으로도 정확히 헤아릴 수 없다. 왜냐하면 당시에는 아직 통계국 같은 것이 없었기 때문이다. 특별한 이유 때문에 당국에서 인구조사를 실시하지 않았던 것은 아니지만, 그러나 그것은 아주 유치한 방법에 의거했으므로 그러한 숫자는 정밀도를 요구하는 과학적 수치로서는 신용할 만한 것이 못 된다. 또한 매춘이라는 분야만큼 과장되기 쉬운 분야도 없다는 사실을 우리는 간과해서는 안 될 것이다. 그럼에도 불구하고 우리는 매춘의 범위를 추정하는 데 커다란 도움이 되는 많은 단서들을 가지고 있다. 이 단서들을 잘 검토해보면 우리는 르네상스 시대에는 매춘부의 수가 상당히 많았다는 사실뿐만 아니라, 프리 섹스가 범람하고 있는 현대조차도 르네상스 시대에 비하면 무색할 정도라는 사실을 알 수 있다. 이를 뒷받침하는 가장 분명한 사실들 가운데 하나는 당시에는 아무리 작은 도시라고 해도 공창이 적어도 한 군데씩은 존재했다는 사실이다. 그리고 중소도시에도 많은 유흥가들이 흥청거리고 있었다. 또한 대도시라든가 항구도시와 같은 곳에서는 매춘부들만이 살고 있는 윤락지구까지 형성되어 있었다. 이러한 윤락녀 밀집지구에서는 "몸 파는 여자들"이 일부는 한 건물에 상당히 많이 모여 살고, 일부는 단지 몇 명씩만 작은 집에 모여 살고 있었다. 윤락녀들은 유곽 주위를 서성거리면서 손님을 끌어들였을 뿐만 아니라, 다른 지방으로 원정을 가기도 했다. 이를테면 여관은 옛날부터 유곽과 같은 의미였다. 이것은 목욕탕

유곽(목판화)

에도 적용되었다. 목욕탕은 도시에서 매춘부가 가장 자주 출입하는 곳이었다. 그리고 목욕탕에 드나드는 여자들 중에 매춘부가 없는 경우에는 목욕탕 하녀들이 매춘부의 역할을 대신했다. 왜냐하면 손님이 탕에서 나와 휴식을 취할 때, 목욕탕에서 일하는 하녀들이 손님의 침대에 따라들어가서 "접대"도 했기 때문이다.

구체적으로 두세 개 도시에서의 매춘의 범위를 비교적 자세히 밝히기 위해서, 나는 연대기 및 기타 동시대의 기록에서 이와 관련된 기사를 인용하고자 한다.

런던에서는 "믿을 수 없을 만큼 많은 홍루"가 있었다는 기록이 남아 있다.

리처드 2세의 시대(1377–1400)에는 시장이 여러 채나 되는 유곽을 소유하고 있었다. 음란한 신사들은 그 유곽에서 시장의 손을 거쳐 들어온 플랑드르 지방의 미인들과 거래할 수 있었다. 헨리 6세는 열두 군데나 되는 유곽에 영업면허를 내주었다. 이 유곽들은 담에다 간판을 그려 보통 민가와 구별시켜 행인을 유인했다.

이 보고서의 진위는 영국에서는 이미 12세기에 유곽 단속령이 내려졌다는 사실에 의해서도 증명이 되고도 남음이 있다. 다른 저자는 영국의 사우스워크 지역에

340

유곽에서 서로 다투는 매춘부들(H. 프랑크, 부식 동판화, 1656)

대해서 또 이렇게 보고하고 있다.

시어헤츠로부터 그다지 멀지 않은 곳에 유곽과 (매춘) 목욕탕이 몰려 있었다. 이들은 당국의 묵시적 허가를 받고 있었으며, 아니 모종의 조건하에서 공공연하게 허용되고 있었다. 그리고 유곽은 일반적으로 임대되었다. 시장인 대(大)윌리엄 월워스 경까지도 자신이 유곽을 소유하고 있다는 사실에 대해서 그다지 수치스럽게 생각하지 않았으며, 그 건물들을 플랑드르의 포주에게 임대해주었다.

역시 파리에 대해서도 이와 동일한 보고서 및 기록들이 보존되어 있었다. 파리에는 이미 13세기에 유곽의 수가 놀랄 정도로 많았다는 사실이 상당한 분량의 어떤 「읍지(邑誌)」에 증명되어 있다. 그것은 파리 거리를 운(韻)을 맞추어 기록한 것으로서, 그 저자는 기요라는 사람으로 알려져 있다. 이 기록은 파리를 묘사한 기록 가운데 가장 오래된 것으로서 상당히 중요하게 취급되고 있다. 이 기록의 가치는 높이 평가되고 있으며 특히 중요한 것은 기요가 이 300행의 시 속에서 노래한 많은 지역 이름들은 일반 지역의 이름들이 아니라 그 모두가 홍등가의 이름들이었다는

유곽에서 쫓겨나는 손님

사실이다. 다시 말해서 우리는 이 시 속에서 매춘에 대한 다시없는 기록, 즉 13세기 향락지대의 지역목록을 발견하게 된 것이다. 수세기 동안 유곽지대의 수는 계속 불어났다. 그러나 당시 공창이 한 군데만 있었다고 기록되어 있다. 이 유곽은 어떤 뚜쟁이에 의해서 운영되고 있었다. 휘겔은 자신의 저서 「매춘의 역사」에서 "14세기에 베를린에 있었던 많은 목욕탕들도 유곽이나 다를 바 없었으며, 그래서 사람들은 그곳의 매춘부들을 도시 아가씨라고 불렀다"라고 쓰고 있다. 그 근처에 있는 슈프레 강안의 쾰른에서는 1400년에 최초의 유곽이 출현했다.

그러나 뭐니뭐니해도 매춘부들이 가장 득실거리는 곳은 바로 로마였다. 로마에서는 매춘부들의 수가 항상 수천 명에 달하고 있었다. 더욱이 이들은 자기의 직업을 억지로 감추려고 하지 않는 "명예로운 창녀들"이었다. 그리고 독일에서와 같이 밀매음을 하는 수치스러운 매춘부, 또는 무허가 매춘부들의 수도 이 이상은 아니었지만 적어도 이와 비슷한 정도였다는 것은 분명하다. 왜냐하면 앞의 장에서 이미 얘기한 바와 같이 특히 수녀원들이 지상의 연애를 위한 홍루의 역할을 했기 때문이다. 물론 우리들이 "거룩한 아레티노"

매춘부와의 교제(비르길 솔리스, 동판화, 16세기)

의 추잡스러운 에로틱한 탐닉, 특히 그의 로마 수도원 생활에 대한 풍자적인 묘사를 그대로 받아들일 필요는 없지만, 그러나 그의 모든 대화는 현실에 대한 그로테스크한 묘사였다고 할 수 있을 것이다. 그리고 바로 그 사실만을 보더라도 "모든 길은 로마로 통하며, 그리고 로마의 모든 길은 간음으로 통한다"는 속담을 이해할 수 있을 것이다.

이러한 사정은 로마의 특수한 역사적 조건에 의하여 분명히 설명될 수 있다. 그리고 아무튼 우리는 다음의 사실만은 우선적으로 인정하지 않으면 안 된다. 즉 지구상의 그 어디를 조사해보아도 끊임없이 매춘이 행해지지 않으면 안 되는 조건이 이렇게까지 형성되어 있었던 곳은 그 어디에도 존재하지 않았으며, 이러한 조건의 형성은 로마가 세계에서 첫째로 꼽힐 수 있었을 뿐만 아니라 훨씬 후세에까지도 세계에서 첫째였다는 것이다. 당시의 로마와 같은 조건은 유럽 문명사에서 전무후무한 것이었다. 왜냐하면 당시의 로마는 수세기에 걸쳐서 남녀 독신자들이 가장 많았던 곳이기 때문이다. 수만 명에 달하는 가톨릭 성직자가 해마다 로마로 흘러들어왔다. 그들은 수주일, 아니 수개월 동안 가톨릭의 본산, 로마에 체재했다. 그러나 이 독신 성직자 집단의 규모가 아무리 컸다고 하더라도, 그것은 각국의 탁발수도사의 무리로 이루어진 끊임없는 순례행렬에 비교하면 약과이다. 그들 무리들은 날이면 날마다 로마로 흘러들어왔다. 그리고 분명히 적어도 그 절반은 일시적으로나마 "아내나 남편을 데리고 있지 않은 사람들"이었다. 로마는 실로 수많은 외국인 독신자

유곽의 입구(동판화, 15세기)

들을 잠재웠다. 도리어 로마 본토박이가 외국인처럼 느껴질 정도였다. 동서고금을 막론하고 외국인촌에서 가장 경기가 좋고 환영받는 상품은 항상 연애였다. 여기서 우리는 뜻밖의 현상, 즉 당시 여자 순례자들조차 많은 수가 매춘을 행했다는 사실을 간과해서는 안 될 것이다. 여행에 나섰던 여자 순례자들은 지상에서의 연애라는 영업을 하나의 생계수단으로 삼고 있었다. 그리고 이 여자 순례자들은 로마에서 기도에 못지않게 연애에 열성적이었다. 이것은 당연했다. 왜냐하면 로마에서는

344

여자 순례자들이 귀국여비를 이런 방법으로 아주 손쉽게 벌었기 때문이다. 사랑을 파는 여자 순례자들이 너무나 많았기 때문에, 그들은 종종 캐리커처의 소재로도 등장할 정도였다. 물론 이러한 캐리커처의 수준은 상당히 유치했지만, 그들이 제시하려고 한 의미는 대단히 분명했다. 즉 여자 순례자들이란 움직이는 연애도구에 지나지 않았다.

또한 국회나 종교회의 등에 관한 연대기 속에서도 르네상스 시대의 매춘부들이 매우 분명하게

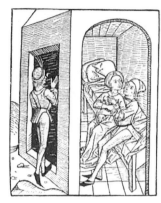

유곽(독일의 목판화, 15세기)

묘사되어 있다. 매춘부들은 항상 고기를 보고 몰려드는 파리떼와 같은 존재들이었다. 파리는 부패한 고기가 있는 곳으로 날아드는 법이다. 매춘부들도 항상 무리를 지어서 종교회의나 국회라는 먹이에 몰려들었다. 우리는 1414년의 콘스탄츠 종교회의에 관하여 대단히 많은 보고서를 가지고 있는데 이중 가장 중요한 부분은 작센 지방의 루돌프 공작의 병참부장인 에버하르트 다허의 보고서이다. 그는 주군으로부터 종교회의에 몰려든 매춘부들의 수를 조사하라는 명령을 받았다. 다허의 보고는 다음과 같다.

그래서 우리는 그런 여자들이 거처하는 유곽들을 말을 타고 빙 둘러보았는데, 어떤 집에는 30명 정도, 또 어떤 집에는 그 이하, 어떤 집에는 그 이상이 있다는 사실을 알게 되었다. 조사 당시 침실이나 욕실에 숨어 있었던 여자들은 제외되었다. 그 결과 매춘부들의 수는 700명을 넘었다. 그래서 우리는 혀를 차면서 조사작업을 중단했다. 이 숫자를 주군에게 보고했을 때, 주군은 숨어 있는 매춘부들까지 정확히 조사하라고 명령을 내렸다. 어쩔 수 없어 주군에게 이렇게 아뢰었다. "전하가 직접 행차해보시는 것이 좋으리라 사료됩니다. 신으로서는 그럴 만한 힘이 없습니다. 만약 신이 조사작업을 계속한다면 아마 신은 살해당할지도 모릅니다." 이 말을 들은 주군은 그대들의 말이 옳다고 시인하셨다. 우리의 조사임무는 그것으로 끝났다.

이 종교회의에 참여한 하르츠 출신의 어떤 사람은 콘스탄츠에 모여든 매춘부들의 수를 1,500명으로 추산했다. 트리엔트 종교회의에는 공창들만 해도 300명이나 몰

베네치아의 "그란데 푸타나"의 초상(리히텐슈타인 유화미술관)

려들었다. 그러나 사창들의 수가 얼마나 많았는가에 대해서는 이렇다할 기록이 없다. 틀림없이 사창들 가운데는 시민계급 출신의 여염집 아내와 딸들도 있었을 것이다. 그녀들은 교회의 고위 성직자들의 구애를 겉으로는 결코 받아들이지 않는 척했지만 내심으로는 은근히 기대했을 것이다. 아무튼 풋내기 여자들의 수도 상당히 많았다. 이러한 여자들은 신앙심 깊은 손님의 호색적인 호기심을 자극하면서 은밀한 침대에서 손님에게 당신은 하느님을 위해서, 교회를 위해서, 또한 당신 자신의 호색을 위해서 나의 품을 찾아들었겠지만 풋내기인 나의 품속에도 값비싼 고급창녀 못지않은 훌륭한 기교가 숨어 있다는 것을 은근히 과시했다. 고위 성직자들이 때때로 이러한 기회에 시민의 침대에서 자기들의 세속적 연애를 얼마나 잘 이해하고 있었는가에 대해서는 성 우아로 성당의 추기경 위고의 풍자적인 이야기가 증명하고 있다. 1241~51년에 리옹 궁정에서 살았던 교황 인노켄티우스 4세가 리옹을 떠날 때, 교황은 리옹 시민들에게 이렇게 말했다.

형제들이여, 여러분은 우리들에게 크게 감사하지 않으면 안 됩니다. 왜냐하면 우리는 여러분에게 좋은 일을 베풀었기 때문입니다. 우리가 이 도시에 처음 왔을 때만 해도, 이 도시에는 유곽이 아직도 서너 채밖에 없었습니다. 그러나 도시를 떠나는 이 마당에는 동문으로부터 서문까지 근사한 유곽들이 줄을 잇고 있습니다.

종교회의에 우르르 몰려와서 국제적인 밀회에 몸을 바친 매춘부들 가운데에는 세계에서 가장 아름답고 유명한 매춘부들도 끼어 있었다. 왜냐하면 이 당시에는 연애업만큼 손쉽고 큰 돈벌이가 없었기 때문이다. 예를 들면 콘스탄츠 종교회의에서 뛰어난 노래솜씨로 주교와 추기경들을 자신의 단골손님으로 삼을 수 있었던 유명한 매춘부들은 단숨에 거부가 될 수 있었다고 한다.

3) 낭자군

오늘날의 우리들이 생각하면 대단히 기괴하게 느껴질지 모르지만, 그로부터 훨씬 후인 18세기에 들어와서도 여전히 큰 역할을 했던 직업매춘부들이 큰 무리를 지어서 군대를 따라다녔는데 그들을 낭자군(娘子軍: Marketenderin)이라고 불렀다. 그것은 1215년경의 독일의 기사문학 파르치팔에서도 이미 노골적으로 노래된다.

이 속에는 여자들도 많이 있는데
그들은 대개 쾌락에 대한 외상값으로
칼을 열두 자루나 차고 있다네.
그들 앞에서는 여왕님도 무색해질 정도,
이들은 마르케텐데린(낭자군)이라고
불리고 있다오.

앞에서 이야기한 바 있는 부르고뉴의 용맹공 샤를의 군대가 노이스를 포위했을 때, 그 군대에는 "천한 여자들이 4,000명"이나 있었다고 한다.

용병과 매춘부(알데그레버, 동판화, 1529)

용병과 매춘부(동판화)

1342년의 어떤 기록에 의하면, 독일 우르슬링거의 베르너 장군의 군대는 총 3,500
명이었는데 그중에는 천 명이나 되는 하녀, 하인, 무뢰한이 고용되어 있었다. 1570
년 프랑스의 스트로치 장군의 이탈리아 파견군 속에는 너무나 많은 요염한 여자들
이 동행했기 때문에, 행군의 속도가 매우 느려졌다. 그래서 장군은 생각 끝에 참으
로 무지막지한 방법을 고안했다. 즉 브랑톰이 기록한 바와 같이 장군은 기회를 엿
보아 800명의 매춘부들을 익사시켜버렸다. 그리고 흡혈귀 알바가 네덜란드에 진군
했을 때에는 말을 타고 동행한 고급 매춘부들의 수가 800명에 달했다.

　이러한 낭자군은 처음부터 빈둥대면서 몸을 파는 기생충은 아니었다. 그들은 본
래 장기간 계속되는 교전이 벌어질 때 없어서는 안 되는 전투 보조자였다. 왜냐하
면 군인들에게는 보조자가 필요했기 때문이다. 이들 보조자의 역할은 취사는 물론
전황에 따라서 필요한 무기를 전선에 운반한다든가 병사가 탈취한 약탈물을 후방으
로 운반한다든가 하는 것이었다. 특히 병사가 병에 걸리거나 부상을 당했을 경우,
전선에 혼자 낙오되거나 죽어가지 않도록 간호하고 치료해주었다. 이러한 본래의
목적에 비하면 성욕을 해결시켜주는 역할 같은 것은 그야말로 부차적인 역할이었
다. 이러한 주장을 증명하는 데에는 군대에 종군한 하인과 하녀의 생활을 묘사한
민요만큼 훌륭한 증언은 없다. 15세기와 16세기의 낭자군에 의하여 즐겨 불렸던

춤추는 병사와 창녀(칼로, 펜화 스케치)

"하인과 하녀의 노래"는 다음과 같이 노래한다.

우리 하녀와 하인들은 전쟁터에서
기쁜 마음으로 주인을 시중든다네.
우리 하인들은 이리저리 뛰어다니면서
사들인 물건을 본국으로 운반한다네.

민첩한 동작으로 말에게 여물과 물을 먹이지.
우리는 또한 식량도 운반하지.
우리 하녀들은 거의 모두 플랑드르 출신,
용병뿐만 아니라 그외의 사람들에게도 그것을 제공한다네.

또한 우리는 군대에서 여러 모로 도움이 된다네.
요리도 하고 청소도 하고 세탁도 하며,
병자가 생기면 그 시중도 들어주지.
그리고 잠깐씩 쉴 때에는 우리도 배를 가득 채우지.
베틀만 가지고는 큰 돈을 벌 수 없다네.

용병대의 병참감독과 낭자군(독일의 목판화)

우리 하녀와 하인들은 직업인이다.
아무리 매를 맞아도
용병들과 함께 전쟁터로 나간다네.

정돈을 한다든가 땅을 팔 때에는
조심스럽게 잘 처리하지 않으면 안 되지.
우리는 또 재목도 운반하지.
그러나 제대로 하지 못하면 우리는 호된 매를 맞는다네.

　이 민요에는 그들의 일상생활 거의 모두가 노래되어 있지만, 연애에 대한 것만은 노래되어 있지 않다. 만약 연애가 그들의 주요 임무였다면 그들은 그것을 거침없이 노래했을 것이다.
　전쟁의 강도적인 성격이 점차 노골화되어감에 따라서 약탈의 기회가 많아졌기 때문에 그러한 하녀들의 수도 점차 증가되기 시작했다. 하녀들은 전장의 위험에 위축되기보다는 오히려 돈벌이에 대한 유혹에 이끌려 점점 더 많이 군대로 몰려들었다.

이들의 고생은 말할 수 없이 심했지만 그럼에도 불구하고 모험이라는 프리미엄 쪽이 더욱 유혹적이었다. 베틀 앞에서 손가락이 떨어져나가도록 열심히 일을 해도, 그 대가는 싸구려 그릇값에도 못 미쳤기 때문이다. 따라서 이들은 오히려 "용병들과 함께 전쟁터에 나가는" 쪽을 택했던 것이다.

이러한 종군하녀들의 수가 급증하자, 그 당연한 결과로서 군대에서는 이들을 유기적으로 조직함으로써 교전의 목적에 널리 이용하고자 생각했다. 낭자군의 지휘자는 용병대의 병참감독이 되었다. 군대를 수행한 하인과 하녀들은 병참병이 되었으며 이 지휘자의 명령에 절대 복종하지 않으면 안 되었다. 프론츠베르크 장군의 규율을 보면 그 임무를 아주 상세하게 빈틈없이 분류해놓고 있는데 그 가운데에는 특별히 "낭자군 지휘관의 임무와 권한"이라는 장이 따로이 규정되어 있다. 군율의 목적은 하인과 하녀의 노동을 조직적으로 규정하기 위한 것이었다. 그들은 주인에게 충실하게 시중을 들지 않으면 안 되었다. 행군시 짐을 운반하고, 야영시에는 취사 및 세탁을 하고, 병자를 간호했으며, 전투가 벌어지면 기민한 동작으로 말을 몰고, 물과 여물을 주고 음식을 조달하는 등 주인의 명령에 무조건 복종했다.

앞에서 서술한 바와 같이 군무의 측면에서 말한다면, 당시의 하녀란 무엇보다도 우선 여자 노동자를 의미했으며, 그것도 대단히 중요한 역할을 수행하는 여자노동자였다. 그럼에도 불구하고 이 하녀들은 매춘이라는 그들의 본래의 직업에도 끊임없이 열중했다. 왜냐하면 이들은 매춘부라는 직업을 통하여 용병들의 호주머니를 계속 우려냈기 때문이다. 다시 말해서 이들이 노렸던 일차적인 목표는 용병들의 약탈한 돈지갑이었던 것이다.

르네상스 시대에 매춘이 얼마나 광범위하게 횡행했는가에 대해서 살펴보자. 우리는 거대한 세원으로서 각국에서 그 알량한 매춘부의 수입을 거두어들였다는 사실을 증명해주는 충분한 증거를 가지고 있다. 각 도시의 징세대장에는 이와 같은 사실을 입증해주는 재미있는 자료들이 너무나 많이 남아 있다. 우리는 이러한 자료를 통해서 시청, 교회, 군주의 금고 모두가 매춘부들에 대한 착취 덕분으로 두둑해질 수 있었다는 사실을 확인하게 된다. 그리고 그들은 자신들의 축재를 위해서 가능한 모든 재정기술을 동원하여 매춘부들의 돈을 우려냈다. 즉 매월 정해진 세금 외에도 터무니없이 높은 벌금을 부과함으로써 상당한 돈을 우려냈던 것이다. 이 벌금은 매

선원의 귀향(네덜란드의 메조틴트 판화, 17세기)

춘이라는 영업과는 뗄래야 뗄 수 없는 모든 범법행위에 대해서 부과되었다. 대다수의 포주는 많은 돈을 먼저 지불하고 면허를 얻었다. 뿐만 아니라 그들은 그외에도 매년 지방단체, 교회, 궁정에 일정한 세금을 바치지 않으면 안 되었다. 교회금고의 적지않은 부분이 유곽으로부터 거두어들인 세금으로 충당되었으며, 고귀한 고위 성직자의 대부분의 수입도 유곽으로부터 우려낸 것이었다. 즉 교황은 이렇게 징수된 세금을 그대로 봉록으로서 충성스러운 성직자들에게 전달했던 것이다.

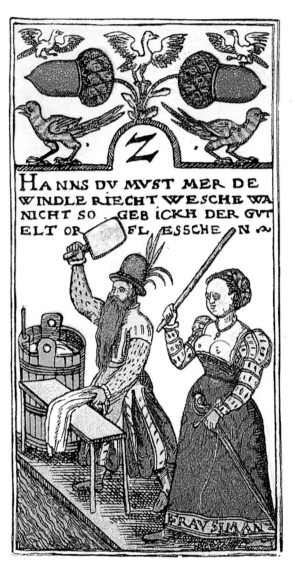

빈의 도장인(카드 그림, 16세기)

간부(한스 바이디츠, 목판화, 「규범집」에서)

사통의 위로(한스 바이디츠, 목판화, 「규범집」에서)

간부(姦婦)와 간부(姦夫)(뉘른베르크의 목판화, 16세기)

간통의 대가(뉘른베르크의 목판화, 16세기)

처녀의 18가지 미(한스 작슈의 시집 삽화, 아우크스부르크의 팸플릿에서, 16세기)

사랑의 위험(페터 플뢰트너, 목판화, 16세기)

사랑의 희롱(H. S. 베함, 목판화)

사육제 극(P. 브뢰겔, 목판화, 16세기)

농부들의 축제(니콜라우스 멜데만, 목판화)

카드 그림(페터 플뢰트너, 16세기)

유곽에서(15세기)

매춘에 대한 과세가 얼마나 일찍부터 시작되었
는가에 대한 예로서 오늘날까지 남아 있는 파리
시의 징세대장을 확인할 수 있다. 이 고문서에 의
하면, 매춘에 대한 과세는 이미 13세기에 각 도시
의 징세금고에 실로 막대한 돈을 옮겨놓았음이 분
명하다. 로마 교황 식스투스 4세의 경우 단 한 채
의 유곽으로부터 1년에 2만 두카텐(유럽의 옛 금
화/역주)을 우려먹었다고 한다. 매춘부들로부터
거둔 세금은 그대로 봉록으로서 성직자들에게 할
당되는 것이 상례였다. 네테스하임의 아그리파는

매매춘(J. 바라, 동판화, 17세기)

이에 대해서 고위 성직자의 수입은 대체로 "두 개의 교회로부터 나오는 봉록, 교구
장직 월급 20두카텐, 수도원장직 월급 40두카텐, 유곽매춘부 3인에 대한 세금"으
로 이루어져 있다고 보고하고 있다. 우리는 또한 15세기 말경 함부르크의 재미있는
수치에 의해서도 매춘에 대한 과세상황을 알 수 있다. 즉 이 보고에 의하면 함부르
크 시청은 "금년 두 명의 포주와 어떤 계약을 맺었는데, 그 계약에 의하면 포주는
매춘부 한 명에 대하여 1년에 5-9탈렌트의 세금을 바치지 않으면 안 되었다"라는
것이다. 뉘른베르크의 경우에도 사정은 마찬가지였다. 이 경우에는 금액이 어느 정
도였는지는 분명하지 않지만, 포주는 1487년 시의회의 결의에 의해서 집세 및 면
허세로서 일정한 금액을 시청에 바치겠다고 서약해야 했다.

유곽에 대한 세금징수가 또한 대부분의 군주에게도 커다란 재원이었다는 사실은
유곽에 대한 시민들의 반대 때문에 몇몇 군주가 재정난에 빠지게 되었다는 사례에
서 분명히 확인될 수 있다. 이러한 경우 구체적인 예를 하나 든다면, 1442년 마인
츠의 선제후인 디트리히는 "시민들이 천한 계집들에 대한 과인의 권리에 막대한 손
해를 끼쳤다"라고 불평한 사실이 있다. 이 경우 "권리"란 바로 "수입"을 의미했
다.……멋없는 군주들은 신민의 풍기문란을 염려할지 모르지만 그러나 그럴수록 자
신의 금고에는 문제가 생겼다. 이렇게 수입을 감소시키는 풍기숙정 운동 같은 것은
확실히 군주의 이해관계를 해치는 것이었다. 이 실례에서 알 수 있듯이 당시의 군
주는 말하자면 악마의 편일 따름이었다.

CHI GLI VEDE.

CHI NON GLI VEDE.

Quello Specchio, in cui ti miri
Donna altera ognhor ti dice,
G.M.º Mitelli inu. Che sei ombra, e frà l'ombre ognhor ti aggiri.

Non gli uedi, o che tormento
Per sua guida hauer Fortuna
Ch' è pur cieca, e conduce à s

요염한 매춘부들(G. M. 미텔리, 이탈리아의 동판화, 17세기)

Piglia manto mio, e non
guardar di piu

Tanta gioia l'oro arreca,
Che à l'honor chiude la bocca.
E il suo raggio ogni cor piu rasto'accieca.

뚜쟁이와 창녀(네덜란드의 동판화, 17세기)

4) 포주, 여자 뚜쟁이, 남자 뚜쟁이

이리하여 마침내 매춘에서 또다른 부류의 인간들이 출현한다. 즉 연애라는 것이 직업화함에 따라서 매춘부들에게 들러붙어 기생하면서 매춘부들과는 뗄래야 뗄 수 없는 관계를 지닌 무리들이 나타났다. 포주, 즉 마크로(macquereau), 남자 뚜쟁이와 여자 뚜쟁이로서 그들은 매춘부에게 기생했던 존재들이다.

매춘부들이 나이가 들어 자신의 용모나 몸매로는 더 이상 돈 있는 남자를 유혹할 수 없게 되면, 거지가 되거나 양노원에게 가지 않는 한, 대개의 경우 돈벌이가 더 좋은 뚜쟁이라는 직업으로 전업했다. 즉 "젊을 때에는 매춘부, 나이가 들면 뚜쟁이"가 되었던 것이다. 베른의 위대한 화가이자 시인이었던 니콜라우스 마누엘의 사육제 연극인 "교황과 수도사 근성"에서 나이 든 매춘부들은 이렇게 노래한다.

> 내 팔자에는 뚜쟁이도 과분한 것.
> 그것도 못 되면 내 신세는 어찌 되었을꼬.
> 나는 이 방면의 대가로 단련되었다.
> 장대에 축 늘어진 텅 빈 보릿자루처럼
> 젖가슴이 시들고부턴
> 나는 뚜쟁이로서 계속 먹고 살았다오.

그러나 나이 든 뚜쟁이들은 항상 옛날의 자신과 같은 운명에 놓여 있는 어린 자
매들을 무자비하게 울려먹었다. 어떤 사육제 연극에서 작자는 나이 든 뚜쟁이의 입
을 통해서 이렇게 노래한다.

내 올가미에 걸려들어라,
내 미끼야 사랑스런 미끼야.
내 미끼는 올빼미나 들기러기를 유인한다.
새들은 일단 내 올가미에 걸려들면
올빼미도 들기러기도 이젠 그만.
그리고 나는 새들에게 행복의 여신이 부르는 노래를 가르치고
함께 요리를 사먹고 스커트와 블라우스를 사 입힌다.
그리고는 채찍질을 하며 함께 달려야 한다.
그러나 이들은 앙상하게 말라빠지면
여기에서 쫓겨난다.
그 대신 살찐 아마추어로 바꾼다.
우리가 처음 플랑드르에서 왔을 때처럼
새로운 들기러기들이 계속 보충된다.

이러한 뚜쟁이 여자들의 무리는 주로 퇴물 매춘부들로부터 충원되었지만, 그 일
부 가운데 어떤 사람은 공공연하게, 또 어떤 사람은 은밀하게 남자들에게 상습적으
로 매춘부를 알선해주는 여자들로부터도 충원
되었다. 그리고 이러한 여자들은 여러 계층에
두루 퍼져 있었다. 뚜쟁이 여자들이 남자에게
여자를 알선할 때 쓰는 가장 흔한 가면은 시녀
라는 명목이었다. 스페인에는 두에냐(Duegna)
라는 부류의 여자들이 있었는데, 그들은 상류가
정의 부인이나 딸에게 딸려 있는 이른바 "호위
녀"였지만, 그 대부분이 사실은 스페인의 풍습
에 따라 은거하고 있는 여주인에게 은밀히 정부
를 알선해주는 뚜쟁이 역할을 했다. 프랑스 궁
정귀족 사회에서도 사정은 비슷했는데 여기서

장님인 척하는 포주, 마크로(프랑스의 목판화)

관리의 부인과 남자 뚜쟁이(프랑스의 동판화)

도 보통 뚜쟁이 여자들은 시녀라는 가면을 쓰고 있었다. 아레티노에 의하면, 뚜쟁이 여자들은 때로는 너무도 바쁜 나머지 특히 밤이면 쉴 틈조차 없었다고 한다. 뚜쟁이 여자들에 대한 한 설명을 들어보자.

뚜쟁이 여자들은 밤만 되면 잠 한숨 자지 않고 마치 박쥐와 같은 생활을 하고 있다. 크고 작은 부엉이와 올빼미들이 자기의 동굴로부터 기어나오면, 뚜쟁이 여자들의 발걸음은 바빠지기 시작한다. 이들은 부지런히 수녀원, 수도원, 저택, 유곽 그리고 도처의 술집 문들을 두드려댄다. 뚜쟁이 여자들은 여기에서는 수녀를, 저기에서는 신부를 데리고 나온다. 그리고 여기에는 매춘부를, 저기에는 과부를, 어떤 남자에게는 남의 마누라를, 또 어떤 남자에게는 처녀를 알선해준다. 뿐만 아니라 마부의 소원을 주인의 시녀로 충족시켜주고, 마름을 위안하는 데 마나님을 데려다준다. 뚜쟁이 여자들은 주문(呪文)으로 상처를 치료하고 악마를 불러내고 약초를 수집하고 죽은 사람의 이를 뽑아내고 사형수의 장화를 벗겨내고 종이 위에 주문을 쓰고 별로 점을 치고 때로는 몹시 얻어맞기도 한다.

아레티노의 시대 이전에는 포주업은 매우 축복받은 나날을 보냈다. 보다 정확히 말해서 직업적인 뚜쟁이 여자들이 나타나 상류계급에서조차 열띤 경쟁을 하게 되었다. 이에 대하여, 앞에서 말한 뚜쟁이 여자는 다음과 같이 말하고 있다.

이제 우리의 화려한 생활을 마나님이나 아씨, 영감님이나 신사, 궁정의 기사나 여관(女官), 고백신부나 수녀에게 빼앗겨버렸다는 사실을 생각하면, 나는 손가락을 물어뜯고 싶은

시민계급의 부인과 여자 뚜쟁이(프랑스의 동판화)

심정입니다. 유모, 요즈음은 상류사회의 인사들까지 우리의 사업을 방해하는데, 어떤 사람은 공작, 어떤 사람은 변경백(邊境伯 : 신성 로마 제국의 변경 수령), 어떤 사람은 백작, 또 어떤 사람은 기사라는군요. 아니 당신은 아마 이렇게 말할 것입니다. 그들 가운데에는 국왕, 교황, 황제, 술탄, 주교, 추기경, 족장, 현인들까지도 끼어 있다고요. 이러한 판국에 우리가 어떻게 활개를 펼 수 있겠어요. 이제 우리의 전성시대는 완전히 끝장이 나버렸어요. 옛날을 돌이켜보면, 우리들의 전성시대의 솜씨는 도대체 어디로 갔는지요.

유모, 지금 말한 마님들이 우리 상거래에 끼어든다면 당신의 상거래는 이미 망친 거예요.

유모, 이젠 이 영업도 저 사람들의 전성시대예요. 우리들에게 지금 남아 있는 것이라곤 단지 뚜쟁이 여자라는 천한 이름뿐입니다 —— 저들은 지금 콧대를 높이며 뽐내고 있어요. 그 지위와 명성까지 앞세우고 말입니다. 그러나 당신도 저들의 저런 행동이 그들의 솜씨 덕분이라고 생각하지 않을 것입니다. 이 더러운 로마에서는 다른 도시에서와 마찬가지로 솜씨 같은 것은 아무런 소용이 없어요. 저 상류사회의 여편네들은 지금 값비싼 옷이 남아나고 지갑에는 금화가 가득합니다. 또 모든 사람에게서 공손한 인사까지 받고 있어요. 그 한심한 꼴이라니, 나도 기가 센 여자지만, 유모도 한번 보시구려.

향락이 난무하는 르네상스 시대에는 뚜쟁이 여자 무리가 헤아릴 수 없을 정도로 많았다. 그러나 매춘부들을 뜯어먹고 사는 남자 기생충의 무리, 즉 뚜쟁이 남자들의 수는 그녀들보다도 훨씬 방대했다.

뚜쟁이 남자들이 하는 일은 뚜쟁이 여자들의 일과 다를 바 없었다. 예를 들면 명

비밀 주신제(마르틴 데 보스)

문가의 귀부인이 시녀를 전용 뚜쟁이로 데리고 있었던 것과 마찬가지로 남자 귀족들 또한 종종 하인을 전용 뚜쟁이로 이용했던 것이다. 그러나 위험을 무릅쓰면서 이러한 알선을 자기 본업으로 한 인간, 즉 전문적인 뚜쟁이 남자의 수는 그보다 훨씬 더 많았다. 루피앙(ruffian)은 본래 이러한 부류의 인간을 지칭하는 법률용어였다. 매춘부들에게 기생하면서 그들을 보호해주기도 하는 요즘의 포주란 바로 루피앙으로부터 발전한 것이다. 왜냐하면 매춘부들에게는 그 당시에도 오늘날과 마찬가지로 난폭한 침입자로부터 보호받기 위하여 또는 경찰의 단속에 대한 신속한 정보를 얻기 위하여 주위에서 계속 돌봐주는 보호자가 필요했기 때문이다. 그 대신이 루피앙들의 생활은 대개의 경우 매춘부들에게서 뜯어낸 돈으로 지탱되었다. 따라서 매춘부들은 두려운 눈으로 이들 루피앙을 경계하지 않을 수 없었다. 바로 이러한 이유 때문에 13세기와 14세기에는 이들 루피앙의 존재는 법률상으로도 큰 문제가 되었다.

르네상스 시대에 매춘이 얼마나 광범위하게 횡행했었는가에 대해서 많은 증거들이 있다. 그리고 이상의 설명으로부터 자연히 끌어낼 수 있는 결론의 일부는 그대로 르네상스 시대의 사회구조 속에서 매춘부들이 어떠한 역할을 수행했었는가라는 의문에 대한 해답이 될 것이다. 또한 우리는 매춘부들이 당시의 사회에서 얼마나 근사한 스타로서 생활했는가를 그것을 통해서 분명히 확인하게 될 것이다.

5) 사회생활에서의 매춘부의 역할

이에 대한 가장 단적인 증거는 르네상스 시대의 축제일 것이다. 축제 때에 매춘부들의 역할은 경기를 부양시키는 것이었다. 왜냐하면 매춘부들은 축제가 개최되면, 일체의 생활을 축제에 바쳤기 때문이었다. 이것은 결코 우연한 현상이 아니었다. 아니, 축제의 목적은 바로 이러한 경기부양에 있었다. 매춘부들은 축제가 열릴 때마다 경기부양을 위해서 주최자, 즉 도시의 장로들이 공공연하게 초대하는 손님이었다. 축제 때에 매춘부들에게 맡겨진 의례적인 역할만을 검토해보아도, 이 사실은 충분히 입증될 것이다. 르네상스 시대의 축제는 대개 따뜻한 계절에 행해졌는데, 이때에는 꽃다발을 바친다든가 가두의 축제행렬 위로 꽃을 뿌린다든가 거리 양쪽에 늘어서 있는 구경꾼들에게 꽃을 던진다든가 하는 풍습이 있었다. 이러한 역할

을 담당한 것이 바로 매춘부들이었다. 그러나 경기부
양을 위한 매춘부의 역할은 이 정도로 끝난 것이 아니
었다. 일이 끝났다고 해서 자비롭게도 매춘부들을 그
대로 둔 것은 아니었다. 매춘부들은 다시 눈부신 활약
을 시작했던 것이다. 축제의 시작부터 끝까지 활동을
계속하고 약속된 사교장에서도 제1의 스타 역할을 행
한 것이 매춘부들이었다. 매춘부들의 이러한 역할에
대해서는 이미 제1장에서 자세히 서술한 바 있으므로
여기서는 이 정도로 넘어가기로 한다. 당시에는 축제
때에 몇 명의 반나의 아름다운 매춘부들로 하여금 고
귀한 손님들을 다시 입구에서 맞이하고 안내하도록 하

창녀들에게 속옷까지 **빼앗긴** 채 쫓
겨난 사내(네덜란드의 동판화)

는 관습이 있었다. 이 프로그램은 축제에서 가장 인기가 높은 것이었다. 그리고 마
침내 춤추는 차례가 되면, 매춘부들은 자기들을 위해서 마련된 원형무대에서 마음
껏 솜씨를 자랑했다. 이때 종종 귀족과 융커 그리고 궁중의 멋쟁이 사내들은 그 무
희들과 함께 원형을 그리며 춤추며 돌아갔다. 명문귀족의 콧대 높은 마나님들은 그
주위에서 흥에 겨워 구경했다. 또한 축제 때에는 곡예, 마상시합, 경주 등이 개최
되었으며, 도시의 "자유로운 처녀들", 즉 매춘부들을 중심으로 하는 여러 가지 여
흥도 행해졌다. 예를 들면 미모에 자신이 있는 일부 매춘부들은, 어떤 여자는 신화
적인 모습으로, 어떤 여자는 상징적인 모습으로 유혹적인 교태를 연출했으며, 또한
일부는 바쿠스 무용으로 한바탕 좌중을 흥겹게 했다. 뿐만 아니라 매춘부들은 미인
대회에 출전하여 갖가지 상을 휩쓸기도 했다. 이른바 "여자 경주"도 인기가 있었던
프로그램이었다. 왜냐하면 출전자들이 치마를 펄럭이면서 구경꾼들의 관능적 욕구
를 부채질했기 때문이다. 그리고 즐거운 축제의 하루가 저물었다고 할지라도 그것
으로 매춘부들의 역할이 끝난 것이 아니었다. 오히려 이제부터가 그들의 진짜 솜씨
가 발휘되는 무대였다. 이 역시 무대만이 유흥가나 유곽으로 옮겨졌을 뿐 축제의
공식 프로그램이나 다를 바 없었다. 이때 시에서는 유흥가로 통하는 거리에 시의
비용으로 등불을 달았다. 그리고 손님들은 시의 비용으로 성 안에 체재하면서 매춘
부들과의 관능적인 향락을 마음껏 즐길 수 있었다. 또한 미모가 뛰어난 일부 매춘
부들은 귀빈의 시중을 들기 위해서 대기했다. "당신의 모든 솜씨를 다 발휘하여 소

손님 접대하는 여관주인(하인리히 울리히, 동판화, 17세기)

중한 손님들을 잘 위로하라"는 명령을 시당국으로부터 받았던 것이다. 이 매춘부들은 시당국의 명령을 받들어 도시의 명성을 크게 높이는 데 태만하지 않았다. 군주들이 방문했을 경우에는 매춘부들을 미끼로 삼아 그들에게 돈을 물쓰듯 쓰게 하여 대단한 폭리를 취하기도 했다. 그리고 이렇게 매춘부들의 아름다움을 높이 치켜세웠다는 사실은 또다른 한편으로는 당시의 사람들이 인생을 즐기기 위해서 매춘부를 없어서는 안 되는 필수품으로 생각했음을 반영하는 것이기도 하다. 외부의 사절이 어떤 임무를 띠고 방문하면 시장이나 시의회가 시의 비용으로 그 사절들을 환대했는데, 이때에는 특히 그 도시의 매춘부 조합에 의뢰하여 가장 아름다운 여자들이나 특출한 재능이 있는 여자들을 선발시켜 그들 사절의 시중을 들게 했다. 선발된 매춘부들은 즐거워하면서 손님의 어떠한 변덕도 모두 즐거운 마음으로 받아들였으며, 그들이 객기를 부려 대단히 외설적인 장난을 요구하더라도 항상 이해심을 가지고 호의적으로 받아들였다.

시민들도 서민적인 오락이나 모임, 도시의 민간축제, 도시귀족의 결혼식, 기타 공공의 축제일에 경기부양을 위해서 매춘부들에게 스타의 역할을 부탁했다. 또한 이러한 축제를 위하여 특별히 벌어진 여흥에서는 매춘부들은 군주가 방문했을 때와 같은 곡예까지 연출했다. 이밖에도 막달레나 무용처럼 매춘부들만으로 구성되는 프로그램이 있었는데, 이때 매춘부들이 행하는 연극은 상당한 인기를 집중시켰다

유혹(크리스팽 드 파스, 동판화, 16세기)

고 한다. 그 좋은 예로서, 스위스의 추르차흐의 세시(歲時)에 벌어졌던 미인대회는
"창부 춤"으로 유명했다.

이때 대개의 경우 시의 자치단체에서 매춘부들에게 일정한 사례를 했다는 사실
도 한마디 지적해두지 않을 수 없다. 포도주와 짐승고기와 같은 것들이 바로 그것
이다.

도시귀족의 결혼식 때에는 매춘부들에게 특별한 요리를 대접하는 경우도 있었다.
이 비용은 신랑이 부담했는데 결혼식에 이어서 벌어지는 이른바 야간무도회에서는
매춘부들이 남자 손님들과 짝이 되어 춤을 추었다.

이상은 유곽에 사는 매춘부들이 축제경기를 부양시키기 위하여 시당국에 협력
한 여러 가지 형태 가운데에서 대표적인 것일 뿐이다. 그리고 우리들은 이와 같은
사실들을 그 도시의 시의회 의사록이나 회계장부를 검토해보면 확인할 수 있을 것
이다.

요한네스 뮐러의 「스위스 역사」에 의하면 베른 시의회 의사록은 지기스문트 황제
가 1414년 콘스탄츠 종교회의에 참석하기 위해서 여행하는 도중에 베른 시를 방문
했던 사실에 대하여 다음과 같이 생생하게 기록하고 있다.

비너스 축제 풍자(제바스티안 브란트의 우화 「바보들의 배」에 의한 목판화)

술집은 항상 문을 열어두었으며, 어디서나 포도주를 대접하도록 시의회로부터 명령을 받고 있었다 (실제로 일행 전원이 배가 터지도록 향응을 받았다). 뿐만 아니라 시의회는 아름다운 여체가 득실거리는 유곽에 대해서도 황제의 신하들을 무료로 대접하라고 명령하고 있었다.

황제는 800필의 말로 여행을 떠났다. 따라서 수행원만 해도 결코 적은 수가 아니었다. 그리고 황제는 시당국의 향응, 특히 시중을 들어준 여자들에 대해서 대단히 만족했을 것임에 틀림없다. 왜냐하면 다음과 같은 대목이 있기 때문이다.

황제는 제후나 귀족의 저택으로 돌아와서도 이 두 가지 대접, 즉 포도주와 유곽에 대해서 입에 침이 마를 정도로 극구 칭찬했다. 그때도 물론 "유곽의 여자들에 대한" 계산은 시당국이 지불하기로 되어 있었다.

1355년 또다른 황제가 레겐스부르크에 체재한 사실에 대해서 레겐스부르크의 연대기에는 다음과 같이 서술되어 있다.

황제가 체재하는 동안 유곽에서는 매일 밤마다 시끌벅적한 술잔치가 벌어졌다. 이 유곽은 부주교의 저택이 마주 보이는 라트론에 있었는데, 시의회가 어떤 포주에게 공식적으로 허가해준 유곽이다.

1438년 빈 시의 회계장부에는 알브레히트 2세가 즉위식을 마치고 나서 프라하로 행차하는 도중 빈 시 당국이 유곽의 여자들에게 한 지출에 대하여 다음과 같은 기록이 있다. "창녀들에게 술값으로 12아흐테린(금화), 황제를 출영한 창녀들에게도 12아흐테린." 오스트리아 황실문고의 기록에 의하면, 1452년 국왕 라디슬라우가 빈에 행차했을 때, 시장 및 시의회는 국왕을 비너베르크에서 봉영하게 되었으며, 또 국왕이 브레슬라우로부터 빈으로 돌아올 때에는 "베르트(오늘날의 제2구)"에서 봉영하면서 "자유로운 처녀들"을 파견했다는 것이다. 1450년 프리드리히 4세의 신

호색한 연애와 그 추종자들(네덜란드의 동판화)

부를 맞이하기 위하여 오스트리아의 사절을 포르투갈에 파견하는 과정에서도 나폴
리 시장은 역시 이와 같은 향응을 베풀었다.

유곽의 모든 매춘부들은 손님에게 돈을 한푼이라도 받아서는 안 된다. 계산은 일체 라
비쉬(Rabisch：바이에른이나 오스트리아 지방의 방언으로 계산목(計算木)이라는 의미인
데, 당시에는 매춘부들의 근무 상황과 금전수수 상황을 가늘고 기다란 나뭇조각에 새기는
관습이 있었음/역주)에 새기도록 명령이 내려진 바 있었다. 오직 한 사람만이 무어인(서북
아프리카의 회교 원주민으로서 흑인/역주)의 여자였고, 나머지는 모두 미인이었다. 일행
은 이 여자에게 만족했다.

또한 15세기 빈 시의 회계장부에는 다음과 같이 기록되어 있다.

외국으로부터 귀한 분이 방문할 경우에는 시장이나 시의회가 커다란 저택에서 무도회
를 개최하는데, 이때에는 "아름다운 여자들"을 동원하여 손님을 크게 환대했다. "천한 여
자들"의 경우는 하지 무렵이 세례 요한제(6월 24일/역주) 때에 하지의 불, 즉 성 요한의
불을 중심으로 하여 원형을 그리며 춤추는 무도회 때에 동원되었다. 시장이나 시의회는

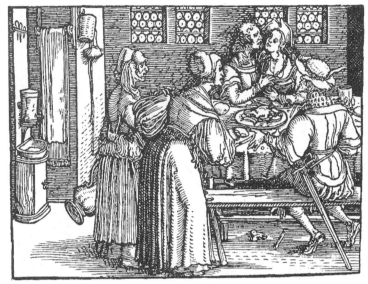

융커와 매춘부(목판화)

이때 여자들에게 음료수를 대접하도록 명령했다. 이들은 또한 매년 빈에서 개최되는 경마 시합에도 동원되었다.

　허버슈타인의 지기스문트가 1516년에 사절로서 취리히를 방문했을 때 "그곳에는 시장과 경찰 그리고 매춘부들이 사절들을 환대하는 관습이 있었다"라고 이야기하고 있다. 앞에서 언급한 바 있는 추르차흐의 창부 춤에 대하여 옛날 어떤 사육제 연극 은 다음과 같이 묘사하고 있다.

　　큰 명예에 싸인 당신의 모습을 나는 지켜본다.
　　금년의 축제는 실로 7년 만에 다시 열리는 축제.
　　추르차흐의 이 축제에서 당신은 창부 춤으로
　　화려한 월계관을 머리에 썼다.
　　함께 춤추는 계집의 수는
　　무려 백 명도 더 되었지만
　　가장 아름다운 여인은 바로 당신.
　　당신은 거기에서 바덴의 고위 관리가
　　가장 아름다운 여인에게 내리는

하얀 깔개 위에 받쳐진 굴덴 금화를
포상으로 받았었지.

유곽의 농부(동판화)

우리는 당시의 축제에는 여러 가지 관습이 존재했다는 사실, 그리고 이러한 관습이 어떻게 행해졌는가 등의 문제를 이에 대한 금지령으로부터 자세하게 살펴볼 수 있다. 또한 이러한 금지령으로부터 세상 사람들이 언제부터 사고방식이 그렇게 바뀌었는가 하는 문제도 분명히 확인할 수 있다. 예를 들면 페르디난트 1세 치하인 1524년, 수공업자들에 대한 포도청의 단속령으로 빈 축제에서 춤추는 행위가 금지되었다. 여기서 말하는 춤은 해마다 빈의 광장에서 열리는 성 요한제에 수공업 도제들이 요한의 성화를 중심으로 머리에 꽃을 단 매춘부들과 원형을 그리며 추는 춤이었다. 뮌헨의 "여자 경주"의 폐지에 대해서는 뮌헨 시의 1562년 7월 10일자 시의회 의사록에서 살펴볼 수 있다.

야콥 수난제 때에 행해지는 여자 경주의 건. 이미 설명한 바와 같은 이유 때문에 오늘 시의회에서는 지금부터는 천한 여자들에게 경주를 시키지 않기로 결의했다. 물론 시민들의 품위를 해칠 것을 우려해서이다. 매춘부들은 수치심도, 뒷소문도 잊고 넓적다리를 드러내고는 경주했기 때문에 젊은 청소년들에게 유곽에 가고 싶은 욕망을 자극할 가능성이 많다. 유곽 왕래는 어른들에게야 상관없지만 청소년들에게는 수치가 아닐 수 없다.

1534년 빈에서도 그 인기 프로그램인 "여자 경주"는 완전히 금지되었다. 다시 말해서 여자 경주는 이 해를 마지막으로 하여 전폐되었던 것이다.

그러나 우리는 여러 시의회 의사록이나 연대기로부터 매춘부들이 이러한 축제에 동원될 경우 세상 사람들이 그들에게 인간적인 태도를 취하지 않았음은 물론, 축제를 즐기는 그 짧은 시간 동안에조차도 그들을 자신들과 같이 권리가 있는 인간으로 취급하지 않았으며, 오히려 법률적 보호를 받을 수 없는, 즉 만약 어쩌다 그들의 가시에 찔린다면 자신의 분노를 거침없이 무자비하게 드러내어도 좋은 축제의 사냥감처럼 생각했을 뿐이라는 사실을 분명히 확인할 수 있다. 예를 들면 하인리히 다

유곽의 농부들(드 브리, 동판화)

이히슬러의 뉘른베르크 연대기에는 다음과 같은 기록이 나온다.

　　금년 바울제(1월 26일)가 끝난 후의 금요일에 한스 임호프는 자식인 루트비히의 결혼식
　　을 올려주었다. 그날 밤 시청에서의 축하 무도회에서 난폭한 패거리들이 파이로이터 아그
　　네스라는 얌전한 매춘부의 머리채를 쥐어당기고, 게다가 베일까지 찢어버렸다. 그래서 수
　　치심을 이기지 못한 이 여자는 단도를 뽑아서 뒤에서 그들 중 한 사람을 찔러버렸다.

　　앞의 연대기는 또한 자신의 몸을 지키기 위해서 정당방위를 한 아그네스는 이 불
량한 도시귀족의 목에 부상을 입혔다는 죄목으로 그 후 5년간 뉘른베르크에서 추방
되어야 하는 선고를 받았으나, 상대방 귀족에게는 아무런 제재도 가해지지 않았다
고 보고하고 있다. 이런 부류의 불량배들이 매우 난폭하게 날뛰었기 때문에, 법적
보호를 기대할 수 없는 매춘부들은 생명의 위협에서 벗어날 수 없었다. 이러한 사

정 때문에 축제에 동원되는 창녀의 수를 제한시키고자 하는 단속규칙이 여기저기서 나타났다. 따라서 그 후부터는 매춘부들(특히 사창)의 축제 참가는 비공식적으로만 이루어지게 되었다.

네덜란드의 매춘부의 의상(동판화, 17세기)

6) 계급과 매춘의 관계

당시의 사회에서 매춘부들이 어떠한 역할을 수행했는가에 대해서는 이미 서술한 바와 같지만, 우리는 여기에서 개인과 매춘과의 사적 관계도 살펴볼 필요가 있다.

공적인 사회생활에서 매춘부들이 수행했던 역할을 비판할 경우, 우리는 그것을 각 도시에 따라서 구별하여 살펴보아야 하며, 또한 상업이 번성한 대도시나 궁정이 자리잡고 있는 수도에서는 그들의 역할이 대단히 컸기 때문에 그 도시 내의 계급적 구별을 통해서 세분하여 살펴보지 않으면 안 된다.

춘프트 사회의 도제들 사이에서는 매춘부와의 관계가 어느 도시에서나 활발한 편이었다. 왜냐하면 앞에서도 설명한 바와 같이 매춘부들과의 교제는 대부분의 도제에게는 춘프트 규약에 의한 결혼금지에 따르는 자연스러운 대용품이었기 때문이다. 도제의 성격상 처음으로 결혼에 대해서 심각한 제한이 가해지지 않을 수 없었던 것은 확실하다. 따라서 결혼이 금지된 많은 도제들이 정부를 가진다든가 혹은 이른바 내연관계를 맺거나 그렇지 않으면 유곽을 자주 들락거렸다는 사실을 간과해서는 안 될 것이다. 또한 이들의 집에서 일하는 하녀들이 그들의 성욕을 상당 부분 충족시켜주었다는 사실도 간과해서는 안 될 것이다. 하녀들 자신도 남자와 같은 성적 욕망을 가지고 있었을 뿐만 아니라 또 그것을 달리 충족시킬 수 없었기 때문에 일부는 자발적으로 그리고 일부는 주인의 요구를 들어주어야 하는 하녀라는 사회적 위치 때문에 반강제적으로 주인에게 몸을 던졌던 것이다. 그러나 뭐니뭐니 해도 이들이 성욕해결을 위해서 가장 활발한 관계를 맺은 여자들은 역시 매춘부들이었다. 그것은 미혼인 마스터의 아들들뿐만 아니라 거의 모든 남성들의 경우에도 마찬가지였다. 이들 사이에서는 유곽에 가서 매춘부와 같이 자는 것이 극히 당연지사로 용인

선술집에서 술 마시는 농부들과 매춘부들(J. H. 프랑크, 네덜란드의 동판화, 1654)

되고 있었다. 그러한 행위 때문에 스스로를 타락한 인간이라고 수치스럽게 느끼는 미혼남자는 거의 없었다. 유곽을 드나드는 젊은이들은, 세상 사람들의 의견으로는, 그대로 "품행이 방정한 젊은이"였다.

당시의 인간들은 성적 충족 속에서 이른바 인생의 즐거움, 더 나아가서는 생명의 정수까지도 발견했기 때문에 독신자가 즐거운 하루를 보내고자 하는 경우, 그들이 가장 즐겨 찾는 곳은 유흥가였다. 유흥가라는 곳은 대부분의 사람들이 친구들과 가볍게 어울리는 데에는 가장 마음이 홀가분한 곳이었다. 또한 개인이 항상 가장 재미를 볼 수 있는 장소이기도 했다. 어쩌다 공돈이 수중에 굴러들어온 사람, 또한 돈을 물 쓰듯 하는 사람, 또 시간이 남아도는 임시 고용병, 부랑배, 사기꾼, 파산자 등이 이 유곽에 합류했다. 마치 요즈음 사람들이 사교장으로 몰려드는 것처럼 이러한 부류의 사람들은 유곽으로 몰려들었던 것이다. 그리고 오늘날의 사람들이 술을 마시면서 즐기는 것과 마찬가지로, 그들도 유곽에서 자신의 재력에 따라서 노래와 춤과 도박 그리고 특히 그곳의 매춘부들과 외설스러운 행위를 즐겼던 것이다.

그러나 유부남들의 경우는 사정이 완전히 달랐다. 유곽출입은 독신남자들에게는

목동(렘브란트)

사회적으로 용인되었지만 유부남들에게는 사회적인 불문율인 도덕관에 의해서뿐만
아니라 대부분의 도시의 경우 시의회의 분명한 결의에 의해서도 엄격히 금지되어
있었다. 시의회의 이러한 금령은 아직도 여러 곳에 남아 있는데, 이에 의하면 다른
여자와 동침함으로써 "결혼생활에서의 아내의 권리를 침해하는 남편" 혹은 "아내를
위한 야식을 밖으로 가지고 나가는 남편"은 즉시 처벌되어야 마땅하다는 것이다.
그러나 이러한 사실은 논리적으로 말하자면, 그 시대적 상황에 부합되었다. 즉 이
미 앞에서 설명한 바 있는 소부르주아지의 결혼조건과 부합되었던 것이었다. 유곽
에서 부르주아지 유부남을 발견하는 것이 그리 드문 일은 아니었지만 그들의 유곽
출입은 은밀하게 행해졌다. 이 역시 그들이 처한 역사적 단계의 소산이었다. 물론
역사적으로 부르주아지가 혁명적 계급으로 등장하여 역사를 결정하는 행동을 취한
것은 사실이지만, 그럼에도 불구하고 소부르주아지의 물질적 생활조건은 초라했기
때문에 항상 그들은 저 편협한 모럴에 빠져들었던 것이다. 따라서 소부르주아지 사
이에서는 인위적인 속박으로부터의 해방행위도 항상 은밀한 가운데 이루어졌다.
그러나 이러한 은밀함은 필시 가증스러운 위선이나 허식으로 변질될 것이었다. 즉

세명의 부인과 죽음의 신(H. S. 베함, 동판화)

소부르주아지의 정치적 입장이 새로운 혁명계급의 등장에 의해서 심각한 위협을 받음에 따라서 이러한 위선이나 허식이 점점 더 심각해졌다는 사실은 사물의 자연적 귀결이라고 할 수 있다. 르네상스 시대는 바로 그러한 시대였던 것이다.

포주들도 시의회로부터 유부남의 유곽출입을 거부하라는 엄한 요구를 받았다. 그럼에도 불구하고 포주들은 항상 소부르주아지의 비밀스러운 동맹자였다. 한술 더 떠서 유부남, 유대인, 수도사 —— 유대인과 수도사에 대해서도 당국은 유곽출입을 금지했다 —— 는 유곽에서 가장 환영받는 고객이었다. 그들은 대개 독신남자들보다 훨씬 씀씀이가 좋았을 뿐만 아니라, 뒤에서 호박씨를 까는 사람이 어떻다는 말처럼 더욱 대담하게 행동하는 대신 돈을 잘 뿌렸기 때문이다. 그들은 늦게 배운 도둑질에 날 새는 줄도 몰랐던 것이다. 한번 금단의 열매 맛을 보면 물불을 가리지 않는 것이 인지상정인지라 포주들은 금단의 장소로 통하는 비밀입구를 마련하여 그들이 안전하게 출입하면서 마음에 드는 풍염한 매춘부와 밤새도록 사랑의 회포를 풀 수 있도록 배려했다. 이들 세 부류의 사람들이 유곽의 단골손님이었다는 사실은 불심검문에 적발된 유부남, 수도사, 유대인들에 대한 처벌을 기록하고 있는 여러 문서를 통해서 확인할 수 있다.

홀아비들은 천한 여자들과의 교제가 정식으로 허용되었다. 그러나 홀아비와 관계를 맺는 여자들은 대개 이른바 "정부"의 성격을 띠고 있었다. 다시 말해서 가정을 꾸려나가기 위해서 고용한 가정부들은 대개 홀아비 주인의 첩일 경우가 많았다. 이러한 사례는 별로 드물지 않았으며 주위 사람들도 사정에 따라서 그럴 수도 있는 일이려니 했다. 이러한 사실은 가정부가 주인 홀아비의 아이를 낳았다는 내용의 여러 속담으로부터 분명히 알 수 있다.

첩도 시대와 상황에 따라서 여러 질이 있었는데, 주인이 첩을 본처와 본가에서 함께 살도록 하는 경우도 드물지 않았다. 그러나 이러한 경우는 소부르주아 계급에서가 아니라 대개는 신흥 부르주아 계급, 즉 부자상인들 사이에서 이루어졌다. 그들은 앞에서 설명한 바와 같이 진정한 혁명계급으로서 용감하고 대담하게 엄격한 가부장제적 결혼요구까지도 짓밟았는데, 성에서도 혁명적으로 행동한 사람들이었다.

독일의 풍자 동판화(1534)

매춘에 대한 입장에서 누구보다도 고상하고 세련되게 행동했던 사람들은 귀족계급, 즉 궁정귀족과 도시귀족들이었다. 이들 계급 사이에서는 미모의 창녀들과의 관계가 어떤 때는 공공연하게 또 어떤 때는 은밀하게 이루어지는 경우가 많았다. 쿠르티자네(Kurtisane), 즉 고급창녀는 귀족계급의 사교생활에서 최상의 기호품이었다. 따라서 이 계급에서는 고전적 헤타이리즘(hetairism : '헤타이라'는 고대 그리스의 첩을 의미함/역주)이 부활한 느낌을 줄 정도였으나 그 이상은 아니다.

고위 관리와 명사들은 공공연하게 마치 값비싼 애완동물을 키우듯 이러한 미모의 고급창녀들을 먹여 살렸다. 그들은 자신의 정부를 위해서 저택을 임대해주고 하인과 마차를 딸려주었다. 그리고 값비싼 옷과 보석으로 여자를 치장시켰으며, 그녀의 저택을 화려하게 장식했다. 그들은 공공연하게 정부의 집을 드나들면서 친구들을 초청하여 그곳에서 연회를 개최하기도 했다. 이러한 고급창녀와의 관계는 물론이고 그 집의 훌륭한 가구들은 부호나 권력자들이 자신의 부를 세상 사람들에게 자랑하는 사치의 일부였다. 교황이나 추기경과 같은 신분이 높은 사람들과 교제를 하는 이러한 여자들은 이탈리아에서는 메레트리체(meretrice), 즉 보통 매춘부들과 구별하여 코르테사나 오네스타(cortesana honesta : 존경스러운 창녀)라고 불렀다.

특히 돈 많은 방탕자들은 아예 두세 명 혹은 그 이상의 매춘부들이 있는 하렘을 소유하면서 생각이 있을 때마다 그들과 즐겼다. 이러한 사례는 주로 이탈리아나 프랑스의 돈 많은 귀족들 사이에서 많이 발견되었는데, 이탈리아의 유명한 쿠르티자네는 피렌체, 베네치아, 로마 등 세계에서 상업이 가장 발달한 곳에 많이 몰려 있었다. 피렌체에서는 가장 화려한 아름다움이, 베네치아에서는 가장 큰 부가 지배적이었지만 로마에서는 엉망진창의 향락생활에 대한 탐닉이 지배적이었다.

또한 여럿이서 공동으로 이러한 매춘부들을 먹여살리는 사례도 종종 있었다. 피렌체에서는 메디치가의 클라리체의 남편 필리포 스트로치가 이러한 하렘을 소유하

절제 없음에 대한 풍자(게오르크 펜츠, 동
판화)

고 있었다. 이 루파나르(Lupanar : 유곽)의 이용자
는 스트로치와 그 친구들이었다. 이 친구들 가운
데에는 메디치의 로렌초, 우르비노 공, 프란체스
코 데글리 알비치, 프란체스코 델 네로 등이 포함
되어 있었다. 그들은 매춘부들의 생활비를 공동으
로 부담했다. 로타르 슈미트의 「문화」의 부록으로
편찬된 서간집을 통해서 우리는 이 비밀스러운 연
애업을 둘러싼 여러 정황들을 자세히 살펴볼 수
있다. 이 연애업에는 카밀라 데 피사, 알레산드
라, 베아트리체, 브리지다라는 이름의 네 명의 미
모의 창녀들이 관계하고 있었다는 사실, 또한 이
들 미모의 창녀들은 이 서클의 남자들과 돌아가면
서 즐겼다는 사실이 분명했다. 즉 이 미모의 창녀
들과 그 서클의 남자들은 각기 서로 한 사람씩 짝을 지어 특별한 연인관계를 맺었
으며 또한 그 짝과 서로 연애를 즐겼다. 그러나 거기에는 분명히 사각 관계, 오각
관계, 아니 그 이상의 다각 관계가 맺어지고 있었다. 뿐만 아니라 이 여자들은 때
때로 자기의 정부에게 마음에 들 만한 여자친구들을 소개해주기도 했다. 예를 들면
앞에서 말한 카밀라라는 여자는 필리포 스트로치에게 다음과 같은 문구가 들어 있
는 편지를 보냈다.

　나의 연인이여, 만약 알레산드라 양이 당신 이외의 다른 남자와 관계하는 것을 내가 용
서하리라고 생각한다면, 당신은 정말 천치바보입니다. 왜냐하면 그 여자를 당신에게 소개
하여 그녀의 육체와 영혼 모두를 바치도록 한 사람은 다른 사람이 아닌 바로 나이기 때문
입니다. 따라서 나는 당신이 그녀를 따뜻하게 해주기를 바랍니다. 나로서는 당신과 그녀
사이를 갈라놓기 위해서 나와 당신의 관계까지도 파국에 빠지도록 할 생각이 전혀 없기
때문입니다. 그러나 우리가 그 귀족을 이 서클에 정말 받아들이지 않으면 안 된다면 그 사
람에게는 브리지다 양을 맡기면 어떨지. 다시 한번 분명히 약속하지만, 당신의 허락 없
이는 나는 절대로 아무 일도 하지 않을 생각입니다.

그러나 이렇게 쓰고 있는 카밀라도 자신의 몸을 한 남자에게만 맡길 정도로 정숙

향연(N. 드 브륀, 동판화, 17세기)

한 여자는 못 되었다. 아니, 그녀는 그 편지를 쓴 바로 그날, 자기 침대에 다른 남자
들을 계속 불러들여서 그들에게 자신의 아름다움과 연애기술을 상대방이 바라는 대
로 시범해 보였다. 또한 카밀라는 바로 그날 밤 서클에 속해 있는 다른 남자에게 은
밀한 전갈을 보내어 자기 침대의 손님이 되어달라고 부탁했다. "당신이 우리 집에
오셔서 나의 침실 근처에서 신호를 하세요. 그러면 바로 당신을 맞이할 테니까요."

한마디로 말해서 그들은 서로 이중, 삼중의 관계를 맺으면서 연애를 즐겼던 것이
다. 그리고 이러한 행위는 상호간의 암묵적 양해사항이었다. 물론 그것은 절친한
친구관계에서만 그러했다.

그럼에도 불구하고 이러한 매춘부들은 결국 사내들의 향락도구에 불과했다. 왜
냐하면 남자들은 자기 짝에게 신물이 난 경우에 상투적인 방법을 사용하여 헌신짝
버리듯 관계를 청산했기 때문이다. 자기와 함께 즐기던 여자에게 싫증이 나면 사내
들은 여자를 다른 친구에게 선심쓰듯이 넘겨주었다. 여자는 한갓 향락도구일 뿐,
다시는 그 남자를 방문할 수 없었다. 이렇게 여자를 장난감으로 삼았던 르네상스
시대에 당대 최고의 정신문화를 담당했던 명사들까지도 여자를 떼버리기 위해서 얼

에로스에게 평생 채찍질당하는 여성(로마의 상징파 시인 폴리필로의 작품에 의한 목판화)

마나 추잡한 수법을 사용했는가에 대해서는 앞에서 말한 매춘부의 제3의 편지를 살펴보면 분명히 알 수 있다. 즉 남자가 여자에게 싫증을 느껴 다른 친구를 끌어들여 그녀에게 그 친구의 모든 요구를 들어달라고 하자, 그녀는 한 편지에서 상대방 남자의 태도를 다음과 같이 비난하고 있다.

그 남자는 나의 불행을 모르는 척 무심한 표정을 짓고는 나를 다른 남자에게 완전히 넘기려고도 하지 않습니다. 이것은 내가 하녀도 노예도 아닌 자유인으로 태어났기 때문이라고 생각합니다. 나는 그 사람에게 다른 남자를 끌어들여 나를 그 남자의 장난감으로 삼지 않도록 몇번이나 부탁했는지 모릅니다. 그 사람도 이것을 잘 알 것입니다.……짐승 같은 놈! 그놈 주위에는 정말로 많은 여자들이 있습니다. 젊은 처녀와 이러저러한 여자의 자식들까지도 여럿 두고 있으니까요. 그래서 나 같은 여자는 이미 아주 옛날에 마음에서 사라져버린 것입니다.

이러한 사례는 금력과 권력이 멋대로 휘둘러지는 곳에서는 비일비재했다. 따라서 우리는 색(色)의 시대에서도, 부르주아 시대에서도 이런 야비한 수법을 계속 발견할 수 있다.

7) 르네상스 시대의 대형 창녀들

어떤 남자 혹은 어떤 서클에 고용된, 앞에서 이야기한 고급창녀들 외에도 르네상
스 시대에는 고대와 비슷한 역사적, 경제적 조건으로 인해서 고대와 같은 부수적
현상이 나타났다. 재차 그랑드 코코트(grande cocotte), 일 그란데 푸타나(il grande
puttana)가 나타났다. 이 대형 헤타이라들은 자신의 세련됨과 미를 앞세워서 거대
한 부를 축적할 수 있었는데, 그 덕분으로 남자의 지배에 복종할 필요도 없게 되었
다. 이들은 노예와 같은 신분에서 스타 중의 스타로 출세한 여자들이었기 때문에,
권력자나 대부호까지도 이들의 환심을 사려고 다툴 정도였다.

르네상스 시대에 이러한 대형 창녀들이 가장 처음으로 또한 가장 많이 나타난 곳
은 이탈리아였다. 그 이유는 이 헤타이리즘의 꽃을 만개시킬 수 있는 여러 역사적
조건이 처음으로 형성된 것이 이탈리아였기 때문이다. 첫째, 일찍부터 거대한 부가
사방에서 이탈리아로 몰려들었다. 둘째, 이탈리아는 처음으로 대도시가 발전한 나
라였다. 이 대도시야말로 대궐 같은 저택에서 생활하는 창녀가 나타날 수 있는 가
장 중요한 전제였다. 셋째, 당시 세계를 지배하는 위치에 있었던 곳이 로마였기 때
문에 해마다 많은 군주와 귀족 그리고 부자상인들이 이탈리아로 몰려들었다. 따라
서 이탈리아 —— 이 가운데에서도 특히 베네치아, 피렌체, 로마 —— 는 새로운
시대에 교통의 요지였다. 이상의 세 가지 요인이 갖추어지지 않았다면, 이탈리아는
대형 창녀를 배양시키고 그들의 존재를 당시의 특유한 사회현상으로까지 만들 수는
없었을 것이다. 이 세 가지 요인 가운데 어느 한 가지 조건만 갖추지 못해도 이러한
현상은 쉽게 발생하지 않았을 것이다. 따라서 대형 창녀들이 가장 현저하게 눈에
띈 곳은 앞의 세 도시였다. 몽테뉴에 의하면, 현란한 호사와 강대한 권력으로 각국
의 왕비와도 그 미모를 경쟁할 만한 특급 매춘부들의 수가 베네치아에서만도 150
명이나 되었다. 그 대표적 인물은 베네치아의 미인 베로니카 프랑코로서, 그녀는
세계적인 명성을 휘날렸다. 연애의 도사인 이 부인은 16세기 후반에 자기의 후원자
인 최고의 세습귀족들은 물론 최고의 정신귀족들을 모조리 호리고 있었다. 그들 얼
간이에게 그녀의 침대란 로마나 동양으로 통하는, 유럽에서 가장 번화한 네거리에
위치한 그랜드 호텔과 같은 것이었다. 각국의 군주들은 이 궁전으로 찾아들었으며,

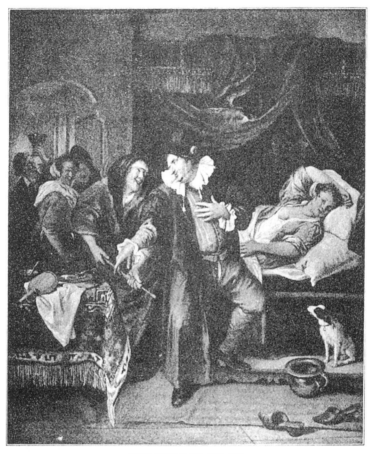
의사와 상사병 환자(얀 스텐, 유화)

그녀와의 즐거운 하룻밤 연애를 위하여 일국의 재산을 모두 탕진하는 군주까지 생길 정도였다. 그녀는 오랜 기간 대(大)틴토레토의 애인이었고 이탈리아의 유명한 작가들과 화가들을 자기의 살롱으로 맞아들였다. "이러한 아스파시아(그리스의 고급 매춘부로 소크라테스, 페리클레스 등과 교제한 여인/역주)가 저택 밖으로 한 걸음만 옮겨놓아도 마치 여왕의 행차처럼 주위의 일꾼들이 그녀의 출발과 도착을 예고할 정도였다."

뿐만 아니라 이렇게 자존심이 세기로 유명한 특급 매춘부들과 하룻밤을 함께 보내는 영광을 누리려고 전재산을 탕진하고 파산에 이른 귀족의 수도 적지 않았다.

예를 들면 17세기의 이러한 특급 매춘부들의 추방에 관한 로마의 보고는 이에 대한 분명한 증거가 될 것이다. 이 보고서에는 다음과 같이 기록되어 있다.

　이와 같이 레오노라 콘타리나라는 고귀한 매춘부는 너무나 많은 귀족들의 청을 받고 있었기 때문에, 교황의 명령으로 이 도시에서 추방당하게 되었다. 왜냐하면 같은 영업을 하는 어느 여자들보다도 귀족 손님들이 이 여자만을 찾았을 뿐만 아니라 많은 귀족들이 터무니없는 선물을 바쳐가며 물불을 가리지 않고 그녀를 차지하려고 재산을 탕진하는 사례가 많았기 때문이다.

다만 이러한 탄압처분이 결코 풍기문란이라는 이유 때문에 내려진 것은 아니었다. 아니, 이러한 사건의 배후에는 여자에게 미쳐 전재산을 송두리째 탕진하는 한 집안의 가장을 염려하는 친척이 개입되어 있는 것이 보통이었다. 대형 매춘부에게 접근하는 데에는 전재산의 탕진 못지않게 또다른 커다란 위험이 따랐다. 메디치 가문의 조바니 장군의 경우, 조바니 델라 스투파가 레카나티의 연회에 데리고 온 루크레티아라는 매춘부를 폭력으로 유괴했다고 한다. 1531년 피렌체에서는 여섯 명의 기사가 어떤 남자에게 결투를 신청하는 사건이 있었는데, 그 이유는 이 남자가 툴리아 다라고나라는 매춘부를 "세계에서 가장 아름답고 훌륭한 귀부인으로 인정하지 않았기" 때문이었다. 이렇게 미모의 매춘부의 환심을 사기 위하여 비이성적인 행동을 취하는 것은 당시 유한계급들 사이에서는 흔한 일이었다.

8) 매춘부의 유혹방법

우리는 또한 르네상스 시대의 매춘부들의 유혹과 농간, 즉 어떻게 해서 남자들을 유혹하여 그들을 사랑의 기술에 무릎꿇렸던가 하는 방법까지도 살펴볼 필요가 있다.

물론 이러한 방법은 오늘날과 마찬가지로 그 매춘부의 사회적 지위에 따라서 커다란 차이가 있었다. 어떤 매춘부들은 거리를 어정거리면서 요염한 자태로 유혹하고 또 어떤 매춘부들은 유곽의 입구에 걸터앉아서 노출이 심한 옷차림으로 남자들을 유혹했다. 미모의 매춘부들은 훤히 들여다보이는 창가에서 길 가는 남자들에게 자신의 가장 비밀스러운 곳을 살짝 보여주는 방법을 이용했다. 혹은 앞에서 서술한

간음하는 여자에 대한 상징적 묘사

바와 같이 공중 목욕탕에서 알몸으로 유혹하는 매춘부들도 있었다. 마지막으로 가장 고급스러운 매춘부들은 귀부인 이상으로 호화로운 생활을 하면서 세련된 솜씨로 군주들까지 유혹했다.

연대기나 풍속화 가운데에는 이러한 세태를 다룬 것이 많이 있는데, 토마스 무르너는 「고이히마트」에서 이렇게 서술하고 있다.

매춘부들은 제1의 남자에게는 휘파람으로, 제2의 남자에게는 얼굴을 빤히 쳐다보면서 상대를 끌어당김으로써, 제3의 남자에게는 손수건으로, 제4의 남자에게는 흰 구두와 하얀 다리로, 제5의 남자에게는 반지, 십자가, 꽃다발 등으로 유혹했다.

그리고 매춘부들이 얼마나 떼거리로 길을 누볐는가, 또한 그 경우 얼마나 대담하게 남자들을 유혹했는가에 대해서는 바젤의 비난을 통해서 살펴볼 수 있다.

처녀는 물론이고 나이 지긋한 여자들까지도 길을 누비면서 여왕처럼 행동했다. 여자들은 사내의 호주머니를 우려먹으려고 설쳐댔기 때문에 건실한 남자들은 아예 뒷골목을 피해갈 정도였다.

뉘른베르크에서도 매춘부들이 길거리에 너무 설쳐댔기 때문에 당국은 이들의 그러한 행동을 단속하게 되었다. 무르는 「뉘른베르크의 역사」의 집 필자료에서 다음과 같은 시의회의 훈령을 기록하고 있다.

매춘부(렘브란트, 부식 동판화)

1508년 당국은 포주들에게 그들이 고용하고 있는 여자들이 지금까지와 같이 창녀의 옷차림 그대로 뒷골목을 멋대로 돌아다니지 못하도록 그들을 가급적 금족시킬 것을 명령했다. 그래서 매춘부들은 교회 같은 곳을 가려고 할 때에는 외투와 베일을 착용하지 않으면 안 되었다. 1546년에는 이러한 당국의 명령을 준수하지 않을 경우 구속하겠다는 법률에 의해서 그 규제는 더욱 엄격해졌다. 1554년 매춘부들이 이열종대로 거리를 행진하면서 예배에 참석하려고 했을 때에도, 당국은 즉시 구속방침을 환기시킴으로써 그러한 행동을 금지시켜버렸다.

여인숙이나 호텔에서 매춘부들이 취한 행동에 대해서는 로테르담의 에라스무스의 다음과 같은 기록이 남아 있다.

그런 숙박업소에 가면 거의 항상 매춘부들이 실실 치근덕거리면서 손님들에게 접근했다. 이들은 아무런 부탁도 하지 않았음에도 불구하고 우리들에게 다가와서 세탁할 옷가지가 없느냐고 물었으며, 세탁한 옷가지는 정성을 다해서 손을 보아 부탁한 사람들에게 돌려주었다. 또한 한 가지 덧붙여두고 싶은 것은 마구간 주위에는 여자들만 서성거렸다는 사실이다. 여자들은 종종 마구간 안으로도 우르르 몰려들었는데, 손님이 떠날 때면 그들은 손님을 끌어안으면서 상대방이 마치 자신의 가까운 친척이나 되는 것처럼 석별을 아쉬워했다.

축제나 행사 때에 매춘부들이 취한 행동, 즉 무도회에서 매춘부들이 춤추는 방식, 경주에서 달리는 방식도 매춘부들의 일종의 유혹방식이었다. 왜냐하면 이때 그

Zu mumerei vnd schlitten fart/
Auch wo man sonst güt sitten spart.
Rath ich gesell dein weib nit ley/
Vnd müß es sein biß nach dabey.
Denck sein die schaf vnd lerner dein/
So laß den wolf kein hüter sein.
Glaub wo der bock ein gartner wirt/
Die jungen beum er selten ziert.
Vnd wer sein schmer für katzen setzt/
Wirt offt genaschet vnd verletzt.
Also wer weiß vnd pferd leicht hin/
Ist auch ein kauffman on gewin.

어느 팸플릿에서

들이 취한 행동은 항상 과장된 선전광고와 다를 바가 없었기 때문이다. 경주할 때에는 스커트를 높이 걷어붙이고 달렸기 때문에, 구경꾼들이 "여자들의 허옇게 드러난 허벅다리를 야비한 눈으로 바라볼 수 있도록", "호색적인 대중들을 유혹하기 위해서 깊이 파인 상의 밖으로 둥근 유방이 불거져나오도록" 춤추었다면 그것은 분명

일종의 선전광고였다. 앞에서 설명한 바와 같이 이러한 행동방식은 결국 유곽 구경을 못 해본 순진한 남자들을 유혹하기 위한 것이었기 때문에, 당국은 이러한 창부 춤이나 나들이를 금지시켰던 것이다.

세련된 옷을 입음으로써 매춘부들은 거의 모두가 길거리와 숙소를 가리지 않고 자신을 광고했다. 조금이라도 자신의 육체미에 자신이 있는 매춘부들이라면 거의 모두가 당국의 금지명령 같은 것에는 아랑곳하지 않고 가장 값비싼 재료를 골라, 아직 아름다움이 남아 있는 경우에는, 모두 데콜타주의 음란한 자태를 연출했다.

이러한 선전광고의 가장 세련된 형태는 이탈리아의 그란데 푸타나, 즉 대형 매춘부들에 의해서 크게 발전되었다. 이들은 복장 외에도 자기를 뮤즈(고대 그리스의 학예의 아홉 여신/역주)와 결부시키는 고급스러운 정신적 방법으로써 사내들을 유혹했다. 그리고 고전적 실례는 앞에서 이야기한 베네치아의 미인 베로니카 프랑코였다. 이 귀부인은 어느날 자기의 사내에게 다음과 같은 편지를 보냈다. 이 사내는 「마드리갈 목가」를 지어바쳐 몽매에도 그리던 베로니카 프랑코의 호감을 산 인물이었다.

잘 알고 계시리라 생각합니다만, 저에게 가장 귀한 손님은 필수과목과 자유과목(문법, 수사학, 변증법, 산술, 음악, 기하학, 천문학/역주)에 힘쓰는 분입니다. 저는 물론 공부를 못한 계집에 불과하지만 학문을 좋아하는 것이 저의 천성인지라 요즈음 필수과목과 자유과목의 연마에 열중하는 중입니다. 더욱이 학문을 할 수 있는 기회가 주어진다면 저도 일생을 학문에 뜻을 두고 싶습니다. 아니, 이제라도 사정만 허락한다면 남자들의 학교에서 일생을 보내고 싶을 정도랍니다. 이런 저의 마음을 잘 아시는 분과 대화하는 것은 저에게는 정말 즐거운 일이 아닐 수 없습니다.

그러나 자신을 뮤즈와 결부시킨 매춘부는 이 베네치아의 미인만이 아니었다. 당시의 사교계에서 대단한 인기를 누렸던 임페리아라는 매춘부의 경우에는 스트라시노라는 필명으로 활동하고 있었던 니콜로 캄피노에게서 이탈리아어로 시를 쓰는 법을 공부하는 한편, 라틴어 작품들까지 읽어젖힐 정도였다. "마드레나 논 부올레(Madrenna non vuole : 마드레나는 아무것도 바라지 않는다)"라고 불린 제3의 루크레티아는 아레티노에 의하여 다음과 같이 칭송되었다. "그 여자는 키케로 못지않게 영민하다. 그녀는 페트라르카와 보카치오의 모든 작품, 그리고 베르길리우스, 호라티우스, 오비디우스 등 많은 라틴 시인들의 아름다운 시들을 술술 암송할 수 있다."(아마 이 찬사는 바라고 바라던 둘만의 밀회를 마침내 승락해준 그녀에 대한 아레티노의 사례일 것이다!) 또한 제4의 루크레티아인 스콰르치아의 경우에는 이탈리아어의 순수성 문제 그리고 그밖의 많은 문제에 대해서 무리 없이 대화할 수 있다고 칭송되었다.

그러나 이탈리아에서 상류인사들을 상대하던 매춘부들이 자기를 뮤즈와 결부시키면서 스스로를 선전했다고 하는 이러한 여러 사례들은 한마디로 말해서 르네상스 시대의 많은 작가들의 태도가 얼마나 우스꽝스러웠는가를 대변해준다. 왜냐하면 그들은 르네상스 시대의 대형 매춘부들을 르네상스 정신의 가장 대담한 대표자로 보았으며, 또 그렇게 과장하여 세인들에게 선전했기 때문이다. 그들은 이 고급 매춘부들에게 현혹되어 마치 그리스의 화성(畵聖) 아펠레스의 정신을 사로잡는 매춘부 라이스의 시대가 다시 온 것처럼 흥분했다. 어리석기 짝이 없는 이 무리들은 단지 포즈에 지나지 않는 고급 매춘부의 그러한 자세를 대단히 진지하고 심각하게 받아들였던 것이다. 그러나 이 문제는 그 실체를 시초부터 검토하여 진지하게 생각하면 간단히 해결될 수 있다. 확실히 이것은 어떠한 영업을 하더라도 없어서는 안 되는 포즈였다. 상류인사들을 상대하는 연애업자들은 시대의 풍조를 이용하여 스스로를 가장 값비싼 사치품, 남자가 가장 탐내는 향락품으로 비싸게 선전할 필요가 있었다. 따라서 그러한 여자들은 시대가 인간의 가치를 높이는 진정한 힘으로서 인정되었기 때문에 자신을 치장하지 않으면 안 되었다. 그것은 바로 예술과 과학이었다. 그러나 고급 매춘부들이 시대가 요구하는 역할을 아무리 진지하게 흉내냈다고 하더라도, 그 어떠한 행동도 결국 허식일 뿐이었다. 왜냐하면 세상 사람들 모두가 사내라는 것들은 아름다운 여자라면 황금을 바쳐서라도 차지하고 싶어하는 존재라는 것을 잘 알고 있었기 때문이다. 결혼의 의미가 점차 변해갔기 때문에 고급 매춘부들이라고 해도 다시 고대의 헤타이라처럼 될 수는 없었다. 유산 지배계급 사이에서는 본처란 고대 그리스 시대와 마찬가지로 순수한 혈통을 잇는 상속인을 낳는 여자일 뿐만 아니라, 오히려 장식품적인 의미까지 띠게 되었다. 이러한 시속의 변화로 말미암아, 고대 그리스에서와 같이 고급 매춘부라는 우회적인 방법을 통해서 비로소 여성해방에 도달하는 것이 불필요해진 순간부터 고급 매춘부라는 것도 사실은 향락을 위한 단순한 대용품이었던 것이다. 사물이란 어차피 안과 밖이 있는 법! 그러나 대용품의 정체는 항상 가짜 금일 뿐이었다.

매춘부의 초상(프란스 할스)

9) 미술의 대상으로서의 매춘부

자, 그러면 이제 르네상스 시대에 매춘부들을 소재로 한 미술들에 대해서 살펴보기로 하자. 왜냐하면 그것은 우리들에게 지금까지 설명한 매춘부들의 역할을 입증하는 데에 지엽적인 증거로서가 아니라 오히려 결정적인 증거로서 도움이 되기 때문이다. 또한 그 미술들을 잘 살펴보면 우리들은 매춘의 범위에 대하여 여러 가지사실을 시사받을 수 있다. 매춘부는 당시 모든 미술 전문가들이 열중했던 소재였다. 미술가라면 너나없이 이 소재에 철저하게 빠져들었던 것이 당시의 풍조였다.

에로틱한 일화에 대한 삽화(17세기)

매춘부들은 거대한 유화의 소재로만 다루어진 것이 아니라 작은 동판화와 광고 전단의 목판화, 심지어 책의 삽화에서조차도 소재로 이용되었다. 매춘부들은 하찮은 화가에서부터 대가에 이르기까지 그 모두가 흥미 있게 다룬 소재였다.

독일 미술사에 최초로 나타난 매춘부 그림은 대(大)홀바인이 그렸던 "오펜부르크의 여인"이었다. 그리고 스페인의 무릴로가 그린 "갈레가스"도 역시 매춘부였다. 이탈리아에서는 티치아노와 카르파치오 등의 대가들이 훌륭한 매춘부의 그림을 그렸으며, 네덜란드에서는 마시, 루카스 반 레이덴, 베르메르, 할스, 렘브란트 등 대가들이 모두 매춘부를 그렸다. 이렇게 당시에는 이 방면에서 아무도 남보다 뒤떨어지지 않으려고 했던 것이다. 당시의 화가들이 너나 할 것 없이 모두 매춘부 그림에 몰두하게 된 가장 중요한 이유는 역시 당대의 역사를 충실히 묘사해두겠다는 이유 때문이었을 것이다. 따라서 우리는 지금까지의 설명을 이러한 그림을 통해서 충분히 입증할 수 있으며, 매춘부들의 생활과 행실을 모든 각도로부터 묘사해놓은 수백 점에 달하는 이들 회화가 그 시대의 사회생활에서 매춘부들이 얼마나 커다란 역할을 담당했는가에 대한 대단히 충실한 증거라는 것을 알 수 있다. 뿐만 아니라 미술은 부조처럼 사물을 확연히 드러나게 해서 공상 속에서 막연하게 그려보는 모습을 바로 고쳐주는 특유한 장점을 가지고 있다. 이것은 현재 우리의 연구에서뿐만 아니라 기타 모든 분야에서도 타당하다. 따라서 우리는 과거를 정확하게 재구성하기 위한 첫째 수단으로서 항상 미술에 관심을 가지지 않으면 안 될 것이다.

아름답고 우아한 귀부인의 초상(파울루스 퓌르스트, 동판화, 16세기 말)

10) 매춘의 단속

르네상스 시대에는 매춘부들에 대한 사람들의 태도가 대단히 관대했기 때문에, 각국에서는 일찍부터 매춘행위를 법률로써 단속하지 않으면 안 되었다. 그것은 어떤 경우에는 이런저런 욕망을 일반 법률로 단속하기 위해서, 또 어떤 경우 —— 이것이 단속의 주된 이유였다 —— 에는 매춘 때문에 모든 방면에서 끊임없이 발생하는 마찰을 피하고 조정하기 위한 것이었다. 왜냐하면 매춘의 방치는 극단적인 사건을 야기시킬 가능성이 높기 때문이었다. 이 방면에서의 최초의 노력은 먼저 연애시장에 지역적 제한을 가하는 것이었다. 미인, 도시 계집, 이쁜이, 팜 폴(femmes folles : 바보 여자), 그밖의 이런저런 명칭으로 불렸던 매춘부들은 각기 일정한 지역에서만

펜싱 경기장과 유곽(15세기)

에로틱 삽화집에서(1648)

영업을 할 수 있었고 거주할 수 있었다. 교회 부근에 사는 매춘부들을 다른 곳으로 옮겨달라는 것이 교회당국의 끊임없는 요구였기 때문에 1483년 함부르크에서는 "매춘부들은 교회 근처 또는 교회로 통하는 뒷골목에서 살아서는 안 된다"는 규정이 생겼다. 교회 부근에서 간음이 "시장을 열고" 있다면 그것은 신자들의 경건한 마음을 모독하는 행위임에 틀림없다고 분개했기 때문이다. 이 경우 부근에 살고 있던 주민들의 일부는 매일같이 벌어지는 유난스러운 소동에 못 이겨 그곳을 떠나기도 했으며, 그 대다수는 땅값이 떨어지는 것을 우려하여 교회의 요구를 쌍수를 들어 환영했지만, 또 한편으로는 이러한 당국의 단속에 열성적으로 반대하는 주민들도 있었다. 왜냐하면 매춘부들은 임차인치고는 지불이 가장 확실했을 뿐만 아니라, 법률적 보호권 밖에 있어 집주인은 언제나 임차인으로서의 매춘부에게 집세를 터무니없이 올려도 괜찮았기 때문이다.

또한 매춘부들은 거주제한 명령도 받았다. 따라서 그들은 정해진 지역 밖에서는 거주할 수 없었다. 그리고 그들의 거주지는 보통 큰 거리로부터 갈라져나간 막다른 골목길 끝 부분, 즉 시벽(市壁)이나 외호(外濠) 곁에 위치해 있었다. 1471년 슈트라스부르크의 단속령에 의하면 이렇게 규정되어 있다.

여관주인, 매춘부(Sponzierinen : 중세 고지 독일어임/역주), 공공연하게 밀통하는 여자,

392

에로틱 삽화집에서(1648)

뚜쟁이 여자가 이 도시에 사는 경우 모두 시의 성벽 근처에 있는 빅커가세(Bickergasse : 비커는 새가 주둥이로 쪼는 것, 가세는 뒷골목, 즉 여기에서는 매음해서 살아가는 여자들이 사는 곳을 의미함/역주), 핑켄가세(Vinkengasse : 핑켄은 피리새를 말하는데 보통 음란한 인간이나 비열한 인간을 가리킴. 곧 창가를 말함/역주), 그뢰이벤가세(Gröybengasse : 외호의 소로/역주), 기타 당국이 지정한 변두리로 이전하지 않으면 안 된다.

또한 1477년 프랑크푸르트의 법규는 이렇게 되어 있다.

스스로의 힘으로 살림을 꾸려나가고 있는 매춘부들은 로젠탈 유곽으로 이전하지 않으면 안 된다. 그러나 이 경우 매춘부를 고용하고 있으면서도 돈 한푼 벌지 못하는 포주, 그리고 인적이 드문 변두리에서 어렵게 살고 있는 매춘부들도 함께 이주해야만 했다.

또한 당국은 매춘부들의 거주지를 법률로써 강제로 일반 시민들의 거주지와 분리시켰을 뿐만 아니라, 일반 여성들과 구분하기 위해서 매춘부들에게 복장에 눈에 띄는 표지를 달도록 명령했다. 억울한 것은 매춘부들뿐이었다. 매춘부의 연애업을 열성적으로 이용하는 남자들은 단 하루라도 그러한 즐거움 없이 지내려고 하지 않았다. 즉 매춘부들이란 기회가 있을 때마다 그들을 즐겁게 하지 않으면 안 되는 존재였다. 그러나 남자들은 항상 매춘부들을 쾌락의 도구로만 보아왔을 뿐이기 때문에 일반 여자들과 매춘부들을 한눈에 구별할 필요가 있었다. 즉 그들은 언제 어느 때라도 —— 손쉽게 —— 매춘부들을 구별할 수 있는 어떤 조치를 취했던 것이다. 이렇게 복장을 통하여 여염집 여자와 매춘부들 사이에 확실한 구분이 행해진 결과, 일반 가정주부들이 매춘부로 착각되어 희롱당하는 위험으로부터 벗어날 수 있게 되었다. 공공연하게 낙인을 찍는 것과 다를 바 없는, 매춘부들에 대한 이 잔혹한 복장단속령은 도처에서 시행되었다. 공창(제도적 보장을 받는 현대적 의미의 공창은 아님/역주)은 모두 자신의 옷에 뭔가 눈에 띄는 표지를 달아야 했다. 취리히에서는 1313년부터 복장단속령이 시행되었는데, 그 세부규정을 보자.

> 유곽에 있는 모든 매춘부와 여자 뚜쟁이들은 여인숙 앞을 지날 때에 머리에 빨간 두건을 비스듬하게 쓰지 않으면 안 된다. 그 두건은 좌우 한복판에서 꿰맨 것이어야만 한다. 또한 교회에서 예배를 드리기 위해서 두건을 벗었을 때에는 그것을 반드시 겨드랑이 밑에 끼고 있지 않으면 안 된다. 이를 어긴 매춘부들은 위반할 때마다 시의회에 5즈카트(금화)의 벌금을 바쳐야 하며, 시의회의 노예는 선서와 함께 벌금을 징수하지 않으면 안 된다. 벌금을 물지 못한 매춘부는 그것을 시의회에 바칠 때까지 시에서 사는 것이 금지된다.

또한 1400년에 제정된 메란 시의 법규는 다음과 같다.

> 매춘부들은 외투나 모피를 걸쳐서는 안 되며 일반 여성 또는 상류여성들이 참가하는 무도회에 끼어들어서도 안 된다. 또한 여염집 여인들과 구별될 수 있도록 매춘부들은 신발에 노란색 리본을 달아야 하며, 옷에 모피로 된 안감 또는 은으로 된 장식품을 달아서는 안 된다.

그리고 1440년에 아우크스부르크의 포주들은 시장으로부터 다음과 같은 엄중한 명령을 받았다.

> 공인된 유곽에 살지 않으면서 이 도시를 어슬렁거리는 수상한 여자들은 베일, 비단, 산호 묵주 등을 착용할 수 없으며 그 일시적인 착용도 금지한다. 또한 이들이 부득이 베일을 착용할 경우에는 그것에 반드시 손가락 두 개 폭의 녹색 띠를 달아야 하며 하녀를 데리고 왕래해서는 안 된다.

에로틱 판화집에서(17세기)

그보다 앞서 14세기 중엽 프랑스에서는 매춘부들이 시가지를 왕래할 때에는 반드시 어깨 위에 핀을 꽂아야 한다는 규정이 있었다. 베를린의 시의회에서도 1486년에 다음과 같은 포고를 발표했다.

사통(私通)을 행하거나 무례하고 죄 많은 행동을 행하는 비천한 여자들은 신앙심이 깊은 여인들과 구별될 수 있도록 그 표지로 두건이 달린 외투나 짧은 외투를 걸치지 않으면 안 된다.

이와 같이 우리는 다섯 개의 복장단속령을 연대에 따라서 원문 그대로 살펴보았다. 어렵기 짝이 없는 고문서 연구에 정통해 있지 않은 사람이라도 우리는 이러한 예를 얼마든지 볼 수 있으며 여기에서 다음 사실을 분명히 할 수 있다. 즉 매춘부들에 대한 이 확실한 낙인행위가 잔인성의 발로는 아니라는 사실이다. 매춘부들에 대한 당시의 이러한 잔혹행위는 오히려 보편적인 현상이었다. 따라서 이러한 법령들 속에서 우리는 당시 세인들의 일반적인 관점을 엿볼 수 있다. 뿐만 아니라 이러한 차별행위는 도처에서 의식적으로 행해졌다. 그러나 대형 매춘부들의 경우에는 이 규칙이 적용되지 않았음이 물론이다.

여러 복장단속령에는 역시 어떤 공통점들이 있었다. 즉 이 단속령들의 목적은 모두 매춘부들을 겨냥한 것이었으며 매춘부들에게 사회적 모욕을 가하기 위해서 제정

에로틱 판화집에서

되었다는 것이다. 그리고 그 법령들은 한결같이 매춘부들에게 소정의 표지를 하도록 명령했을 뿐만 아니라, 그 외에도 특정 직물로 된 옷을 입는다든가 특정 장식품으로 치장한다든가 하는 행위를 금지시켰다. 이제 그러한 특정 직물이나 장식품으로 치장하는 것은 일반 여성 및 상류여성들의 커다란 특권이었다. 이러한 규칙은 매춘부들과 관계되는 모든 것, 즉 매춘부들이 선택하는 복장 및 장식품들이란 모두 수치스러운 물건이라고 간주하는 생각에서 비롯된 것이었다. 또한 이러한 사고방식이 세인들에게 얼마나 뿌리 깊게 박혀 있었는가는 이미 내가 다른 곳에서 강조한 바와 같이(제1장 제4절) 사치금지령에서도 매춘부들만이 예외로 취급되었다는, 이와는 정반대의 사실로부터도 분명히 확인할 수 있다. 매춘부들은 사치금지령에 의해서 일반 여성들에게는 금지되어 있는 값비싼 직품, 베일, 장식품 등으로 치장해도 좋았으며 때로는 그 착용이 의무화되었다. 1488년 제정된 취리히의 사치 및 풍기단속령에는 다음과 같은 예외규정이 발견된다.

그러나 상기의 모든 물품은 크라츠의 히페른가(街)나 외호에 거주하는 매춘부들에게는 유보되어 자유롭게 허용되지만 다른 여자에게는 금지된다.

당국은 이렇게 사치금지령의 효과적 시행을 위해서 그러한 물품을 착용하는 여자들을 천시하겠다는 교묘한 술수까지 동원했다. 즉 당국은 일반 여성들에게 매춘부로 오인되어 천시되지 않으려면 사치금지령을 준수하라고 강력히 촉구했다. 그리고 실제로 플뢰겔 에벨링에 의하면, 이러한 방법은 커다란 실효를 거두었다고 한다. 그는 방울 장식의 유행복이 바로 이러한 방법을 통해서 사라지게 된 사실에 대하여 다음과 같이 설명하고 있다.

라이프치히 시의회에서는 이 방울 장식의 유행에 대해서 매우 분개했다. 그래서 그들은 이런 식의 치장을 근절시키기 위하여 한 가지 묘안을 우연히 생각해냈다. 즉 시의회에서는 모든 매춘부들에게 금후로는 어떠한 옷에도 반드시 방울 장식을 달도록 명령했던 것이다. 그 결과 방울 장식은 물론 완전히 자취를 감추고 말았다. 왜냐하면 매춘부라고 오인되기를 바라지 않는 여자라면 구태여 계속 방울 장식으로 치장할 이유가 없었기 때문이다. 시의회에서도 자기들의 묘안이 이렇게까지 적중될 줄은 전혀 몰랐다. 그리고 공창의 너무나 뻔뻔스러운 행동에 대해서 거센 비난이 시의회에 압력을 가했을 때에 시당국은 똑같은 것을 매춘부에게 두 번, 세 번 강제하는 것만으로도 충분했다.

그러나 이러한 방법도 플뢰겔 에벨링의 지적처럼 특정의 경우에는 소기의 목적을 달성하기도 했지만, 그렇다고 해서 모든 경우에 효과를 거둔 것은 아니었다. 왜냐하면 상당히 많은 경우에 매우 정숙한 여자들조차도 매춘부로 오인될지도 모르는 위험을 대수롭지 않게 여기기도 했기 때문이다. 그 대표적인 예가 바로 가슴노출이다. 시의회에서 그것을 아무리 매춘부들만의 특권이라고 강조해도, 정숙한 여자들조차도 아주 천연덕스러운 태도로 그러한 노출을 삼가려고 하지 않았다. 내가 이미 다른 곳에서도 설명한 바와 같이 정숙한 여자들도 그 대부분은 이 경우에 진실을 산 뒤에 —— 정확하게 말하면 앞치마 뒤에! —— 두기보다는 오히려 매춘부로 착각되어도 좋다는 태도를 취했던 것이다. 왜냐하면 정숙한 여자라고 할지라도 가슴에 자신이 있는 여자라면 누구 못지않게 유방을 드러내려고 하는 것이 어쩔 수 없는 본능이기 때문이었다.

매춘부들의 주거지를 제한하게 된 것과 마찬가지 이유에서 당국은 또한 연애업을 법률로써 단속하고자 했다. 이 때문에 대단히 일찍부터 유곽단속령이라는 것이 나타나게 되었는데, 확실히 말할 수 있는 가장 오래된 유곽단속령은 12세기로 거슬러올라간다. 그리고 대단히 세부적인 사항까지 규정하고 있는 이 단속령은 매춘의 역사에서 가장 중요하고 배울 바가 많은 자료의 일부라고 할 수 있다. 왜냐하면 그것은 우리들에게 당시에 행해졌던 매춘의 실상에 대해서 대단히 귀중한 지식을

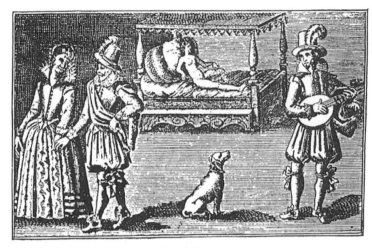
삽화집에서(1648)

소개해주기 때문이다. 또한 이 단속령은 여러 가지 기본적 사항 외에도 매춘 종
사자들에 대한 각 도시의 특수한 요구, 즉 과세와 유흥시간 그리고 당국으로서
특히 간섭하고 폐지하려고 한 노골적인 폐해의 종류를 우리들에게 낱낱이 알려주
고 있다.

　"울름의 유곽단속령"은 오늘날까지 보존되어 있는 것 가운데 가장 흥미 있고 또
한 가장 자세한 유곽단속령이다. 이 귀중한 문헌은 지나치게 너무나 길어서 그 전
문을 소개할 수 없는 것이 유감이지만, 일단 여기에서는 그 일부만을 아주 간단히
소개하는 것으로 만족하기로 한다. 그리고 특히 그중에서도 포주가 시장과 시의회
에 대하여 서약하지 않으면 안 되는 두번째 사항은 우리들에게 시사하는 바가 대단
히 많다.

　　포주는 특히 안락한 객실은 물론 울름 시민들의 주문과 체위에 어울리는 유능하고 청결
　하고 건강한 숙련된 여성들을 준비해야 하며 또한 그 인원을 항상 14명 이하가 되지 않도
　록 노력하지 않으면 안 된다. 한두 명의 매춘부가 질병 또는 기타의 이유로 일시적으로 그
　유곽을 비울 경우에는 14명이라는 인원수에 미달되지 않도록 포주는 늦어도 1, 2개월 내
　에 그 결원을 숙련되고 청결하고 건강한 다른 여성들로 보충할 책임과 의무가 있다.

　우리는 이 법령을 통해서 당시에 연애업이 얼마나 번창했는가를 분명히 알 수 있

독일의 삽화집에서

다. 아마 열네 명이라는 수는 사랑에 굶주린 남자시민들을 진정시키는 데에 반드시 필요한 수였을 것이다. 더욱이 매춘부들은 청결하고 건강하며 숙련된 여성이 아니면 안 되었다. 다시 말해서 울름 시민들은 그들의 투자에 손색이 없는 훌륭한 상품을 주문했던 것이다.

유능한 여성에 대한 요구는 끊임없이 제기되었다. 그리고 이들은 무엇보다도 먼저 적당한 연령을 그것의 척도로 삼았다. 나이가 너무 어린 소녀들은 이러한 단속령에 의하여 고용이 금지되었다. 구체적으로 몇 살부터 고용이 허가된다는 연령 제한은 명시되지 않았지만 이 경우 한 사람의 여자 구실을 할 만큼 발육상태가 제대로 되었는가가 그 기준이 되었다. 처음으로 연애를 하게 될 때 한 사람의 여자 구실을 제대로 하려면 "아가씨가 유방이나 사랑에 필요한 기타의 것을 가지고" 있어야 했다. 이러한 규칙은 반대로 생각해보면 대단히 흥미가 있다. 왜냐하면 이것은 연대기 속에서 발견되는 여러 가지 보고, 예를 들면 어떤 유곽에는 "아직 유방이 미성숙한, 온전한 남자의 마음에 드는 것을 아직 아래에 가지지 않은 매우 나이 어린 소녀들조차 있었다"는 사실을 역으로 증명하는 명백한 증거이기 때문이다. 다시 말해서 어떤 유곽에서는 유년기 소녀도 종종 간음행위에 응하지 않으면 안 되었다는 것이다. 그렇다고 해서 우리는 이러한 현상은 성인 매춘부들의 수가 부족했기 때문이라고 유추해서는 안 될 것이다. 오히려 이 경우 우리는 그러한 유곽에서는 손님의 모든 주문, 즉 변태적 방탕자의 주문에 대해서도 응하고자 했다고 생각할 필요가 있다. 1444년 뷔르츠부르크의 포주 마르틴 훔멜의 주문장에는 어떠한 매춘부가 유능하다고 평가받는가 하는 여러 가지 점이 참으로 자세하게 쓰여 있다.

> 또한 포주는 자신의 집에 임신한 여자, 현재 여자의 권리(월경)를 가지고 있는 여자 혹은 아직도 여자의 권리를 조금도 가지고 있지 않는 여자, 솜씨가 없는 여자, 죄업 때문에 금욕하려고 하는 여자를 고용해서는 안 된다. 이러한 여자들에게는 결코 남자에 대한 시중이 강요되어서는 안 된다.……연애라는 행위에 솜씨가 없을 뿐만 아니라 아직 너무 어린 탓으로 유방이나 기타 연애에 필요한 신체가 제대로 발육되지 못한 소녀가 유곽에 고용되어 있는 사실이 발각될 경우에 그 소녀는 태형에 처해짐과 동시에 적령기가 될 때까지 이 도시에서 추방되어야 한다.

다시 말해서 위반자에게는 태형까지 가해졌던 것이다.

포주가 너무 나이 어린 애를 고용한다든가 그런 어린 애를 손님의 호색에 내맡기는 행위를 당국은 이렇게 엄격하게 금지했다. 또한 당국은 유부녀를 고용하는 것도 이에 못지않게 엄격히 금지한다. 제한조치는 일반적으로 시행되어 영국, 프랑스, 독일 등 각국에서 발견된다. 우리들은 이러한 금지조치를 위반한 사실을 발견하는 데 특히 어떤 도시에 국회가 소집되었을 때에나 많은 군사들이 집결되었을 때에는 거의 항상 남편이 두 눈을 버젓이 뜨고 있는 유부녀들까지도 은밀하게 유곽에서 일했고 이 경우에도 발각될 위험은 그리 크지 않았다는 보고에 종종 마주치게 된다. 그러나 아주 작은 소도시에서는 유곽에 다른 지방의 여자들만을 고용해야 한다는 제한조치도 있었다. 도시가 너무 작아서 그곳에 사는 사람들 거의 모두가 친척관계에 있을 경우에 이러한 규칙은 충분히 이해할 수 있다.

연소자의 유곽출입에 대하여는 명백한 증거를 거의 확보하지 못하고 있다. 그러나 각 도시의 포주들이 당국에 서약해야만 하는 여러 가지 조항 가운데 연소자의 유곽출입 금지조항이 발견되는 사실로부터, 우리는 연소자의 유곽출입이 단순한 예외로서가 아니라 실제로 적잖게 행해졌다는 사실을 분명히 유추할 수 있다.

그리고 유곽단속령에서는 유흥시간에 대해서도 규제했다. 프랑스에서는 영업시간이 일출부터 일몰 전까지였다. 즉 해가 지면 유곽출입이 완전히 금지되었다. 따

교활한 매춘부(쿠엔틴 마시, 유화)

라서 해가 졌는데도 아직 유곽을 나오지 못한 남자들은 밤새도록 그곳에 계속 머물지 않으면 안 되었다. 또한 네덜란드와 영국의 경우, 일요일에는 영업이 금지되어 있었다. 영국의 어느 연대기에는 이 점에 대하여 이렇게 기록하고 있다.

유곽단속령에 따라서 이들 유곽에서는 유부녀 혹은 몸에 이상이 있는 병자나 불구자를 고용할 수 없었다. 또한 네덜란드의 신앙심 깊은 칼뱅 교도들 사이에서는 오늘날과 마찬가지로 일요일에는 유곽영업이 금지되어 있었다. 간판은 걸지 않았으나, 집 밖의 벽에다 표지를 해놓았으며 또 그 밑에는 주교 모자가 걸려 있었다.

당국의 이러한 법률적 단속에 대항하여 매춘부들 쪽에서는 춘프트 같은 조직을 짜서 자기들의 여러 가지 권리보호를 위해서 조직적으로 노력했다. 이들의 이러한 조직적인 노력은 매춘부들의 근로조건을 밝힘과 동시에 포주들의 권리와 요구를 제시하려고 한 여러 계약을 살펴보면 대단히 분명히 드러난다. 예를 들면 그들 스스로 어떤 기간 동안에는 손님접대를 강요할 수 없다는 계약조항 같은 것은 후자에 해당하는 것이다. 또한 매춘부들을 폭력으로써 유곽에 감금해서는 안 된다든가, 포주의 무자비한 착취로부터 보호해야 한다는 조항들도 이에 해당하는 것이다. 우리들이 앞에서 인용한 울름 시의 유곽단속령에서도 자세히 살펴본 그 모든 사회적 수단은 매춘부들의 자주적 조직, 즉 서로의 속사정을 가장 잘 알고 있는 매춘부들 스스로가 외부의 압제에 대항하기 위해서 단합한 자주적인 조직으로부터 출발했음이 분명하다.

뿐만 아니라 "공창들"은 어떤 의미에서는 도의를 위한 싸움이라고 할 수 있는, 즉 그들의 연애시장을 탐내는 불순한 경쟁자를 퇴치하기 위한 싸움을 위해서 조직적으로 노력했다. 이것은 은근짜들이 그들의 영업시장에 침투하여 가격을 내림으로써 단골을 끌어들이지 못하도록 하기 위한 싸움이었다. 그리고 이때 그들은 세금을 내는 것은 바로 자기들이라는 점을 강조했다. 따라서 공창들은 조직적으로 시당국에 은근짜들을 고발했을 뿐만 아니라, 은근짜들이 "공창"의 빵을 빼앗아가고 있다는 이유로 "신과 신의 긍휼"을 위해서라도 은근짜들을 처벌해달라고 탄원하기도 했다. 한스 로젠플뤼트는 자신의 사육제 연극 속에서 "공창"의 이러한 불평을 다음과 같이 노래하고 있다.

> 여자들은 자신의 조합도 원망하네.
> 그녀들의 목장에는 먹이가 점점 줄어가네.
> 변두리 여자들과 하녀까지도
> 날마다 그들의 목장을 망치기 때문이지.
> 창녀들은 수녀들까지도 원망하네.
> 수녀들이 태연하게 규칙을 위반하기 때문이지.
> 수녀가 사혈(瀉血)하러 가거나 목욕탕에 간다면
> 그것은 그녀가 융커 콘라트 씨를 불러냈기 때문.

은근짜나 하녀들에 대한 이러한 싸움은 대단히 노골적인 형태를 취할 때가 많았다. 왜냐하면 당시의 공창들로서는 입으로만 투덜거리는 정도로는 만족할 수 없었기 때문이다. 예를 들면 하인리히 다이히슬러의 뉘른베르크의 연대기 속에는 매춘부들의 이러한 단체행동에 대해서 서술되어 있다.

1500년 동월 동일(11월 26일), 유곽에 있는 매춘부 여덟 명이 시장 마르크하르트 멘델에게 우르르 몰려갔다. 그녀들은 콜벤하우스 성 밑의 은근짜들이 모여 있는 소굴에서는 뚜쟁이 여자가 이 방에는 유부남을, 저 방에는 젊은이를 주야를 가리지 않고 끌어들여 매춘을 행하고 있다고 고소했다. 또한 자기들이 그 은근짜들 소굴로 몰려가서 소굴을 때려부수고 싶으니 시장님도 허가해주시기 바란다고 호소했다. 그래서 시장의 허가를 받은 공창들은 그곳으로 몰려가 문을 부수고 난로를 뒤집고 유리창을 깨뜨렸다. 그리고 저마다 그곳의 집기를 이것저것 가지고 나왔다. 나이 든 뚜쟁이 여자를 묵사발로 만들었는데 이 와중에서 은근짜들은 도망쳐버리고 말았다.

그러나 이 사건은 일례에 지나지 않는다. 왜냐하면 매춘부들의 이와 같은 단체행동은 그로부터 5년 후에도 되풀이되었기 때문이다. 서로 단결된 "공창"과 이른바 은근짜들 사이의 이러한 비협조적 대결은 뉘른베르크에서만 일어난 것이 아니라 기타 여러 도시에서도 빈발했다.

11) 매춘의 퇴치

르네상스 시대에 세상 사람들이 매춘에 대해서 취한 행동은 대단히 관대하고 독특했지만, 일부에서는 이러한 관대한 태도에 대하여 항상 강경한 어조로 반대했던 것도 사실이다. 실제로 당시의 도덕군자들은 매춘을 비난하느라고 하루도 입을 다물 날이 없었다. 그들은 날이면 날마다 매춘이란 죄악 중의 죄악이며 인간으로서 빠질 수 있는 가장 깊은 지옥이라고 비난했다. 실천과 이론의 모순 —— 왜냐하면 그때까지는 실천에서 모든 사람이 영혼과 육체가 일치했던 것처럼 이론에서도 영혼과 육체의 떳떳한 일치가 행해지고 있었기 때문이다 —— 은 심각하기 짝이 없었다. 그러나 이 모순이 해결될 수 없는 것은 아니었다. 이 모순은 불가피하게 경제적 대변혁이 소부르주아적 사회구조 속에서 발생하지 않으면 안 된다는 필연적 과정을 예고하는 것이었다. 성질이 서로 다른 두 요소의 끊임없는 마찰은 어찌할 수 없는 이론과 실천의 모순 속에서 배태되었던 것이다.

따라서 도덕군자들이 매춘비판에 동원된 이유는 모두 소부르주아의 협소한 세계관에서 비롯된 것이었다. 도덕군자들이 상투적으로 매춘을 타도해야 마땅하다는 이유로서 든 것 가운데 가장 큰 이유는 직업적 계집들의 제1의 목적은 자기 품속으로 기어들어온 사내들의 돈을 우려내는 것이었다. 창녀와 매춘행위를 반대하는 도덕적인 철학을 반영하고 있는 수많은 속담들, 예를 들면 "계집을 밝히는 사내는 곧

알거지가 되기 마련이다", "계집은 사내를 보면 죽은 남편이 돌아온 듯이 반갑게 맞이하지만 정작 원하는 것은 돈일 뿐이다", "계집은 돈 냄새를 맡기 전까지는 키스도 기피한다", "돈만 있으면 계집은 사내에게 모든 것을 서비스한다", "계집과 술은 가장 훌륭한 호주머니 청소기이다", "계집이 진실로 사랑하는 것은 사내의 마음이 아니라 호주머니의 돈이다" 등과 같은 대부분의 속담들은 도덕적인 철학에서 비롯된 것이었다. 그들은 매춘부들의 이러한 점을 강조함으로써 세인들로 하여금 그들을 혐오하도록 만들었다.

그리고 이러한 철학이 실제로 그들의 본심을 그대로 드러낸 것이라는 사실은 당시의 회화 등을 살펴보면 더욱 분명해진다. 왜냐하면 매춘부들의 그러한 근성을 폭로하는 것이 당시의 도덕적 회화들이 표현하고자 하는 가장 중요한 목표였기 때문이다. 그러나 이 경우에 우리는 다음과 같은 사실을 간과해서는 안 될 것이다. 즉 그 회화들이 풍자하고자 했던 점은 매춘부란 돈을 받고 몸을 파는 존재라든가 매춘부의 가장 은밀한 행동은 이 세상에서 가장 냄새 나는 행동과 결부되어 있다는 사실이 아니라, 여자를 밝히는 사내의 주머니돈은 자신도 모르는 사이에 매춘부들에게 새어나간다는 사실만이었다. 곧 도덕군자의 철학의 본질은 재산의 침해, 바로 그것만이 가장 두려운 것이며 그것만이 가장 커다란 죄라는 것이었다. 이러한 기본적 생각을 슬쩍 변형시킨 회화들도 무수히 많았다. 예를 들면 그 그림들에서는 매춘부들이 풍만한 유방을 들이민다. "자, 희롱하든지 애무하든지 맘대로 하세요. 돈만 두둑히 지불한다면 이 유방은 한 시간도 두 시간도 당신 것이랍니다." 이렇게 말하고 매춘부는 이 유방을 주물러달라는 듯이 금화를 자랑스럽게 내보이고 있다. 또 우악스러운 사내가 요염하게 알랑대는 매춘부를 꽉 껴안기도 한다. 사내는 이쯤 되면 아예 뿌리칠 수 없다. 이 교활할 매춘부가 이미 상대방 사내에게 가불해준 것이 너무 많아져버렸기 때문이다. 따라서 그림에는 이들을 서로 소개해준 노파가 얼굴을 내밀면서 거래를 해치우고 그 대가로 자신의 몫까지 챙기는 모습이 있다. 또 어떤 그림에서는 오히려 매춘부 쪽이 어리둥절해하고 있는 모습이 보인다. 왜냐하면 금화로 가득 찬 사내의 주머니를 보고 놀랐기 때문이다. 또한 수개월에 걸친 오랜 항해로 여자에 너무나도 굶주린 나머지 매춘부에게 자신의 돈지갑을 통째로 내주는 뱃사람을 그린 그림도 있다. 그러나 이런 것은 단지 서막에 불과할 뿐이다. 이 따위 서막 정도만으로 매춘부들을 비난하는 것은 아직 너무 이르다. 도덕군자들의 의견에 의하면, 그것은 다음 세 단계를 밟으며 점차 절정을 향해서 달려간다. 그리고 이 장면에서의 중심은 우선 손님의 주머니가 아니라, 오히려 매춘부들의 철면피한 행동이다. 왜냐하면 매춘부라는 것은 손님이 자발적으로 지불하는 돈 정도로는 도저히 만족하려고 하지 않는 존재이기 때문이다. 그들은 항상 더 많은 돈을 탐낸다. 그래서 매춘부들은 상대방 사내의 주머니에까지 몰래 손을 들이민다.

즉 매춘부라는 존재는 도둑이라는 것이었다. 매춘부들의 달콤한 말, 키스 그리고 요염한 연애술의 과시에 의하여 사내가 성적으로 흥분된 상태에서 완전히 정신을 잃고 있을 때, 매춘부들은 다른 손으로 사내의 돈을 끄집어낸다. 이것이 제1막이다. 그러나 돈에 대한 탐욕은 이 정도에서 그치지 않고 모든 것을 바란다. 이어서 제2막이 계속된다. 이 제2막은 제1막으로부터 두세 시간 정도 후에, 즉 주색의 효력이 충분히 발휘되어 손님이 고주망태가 되어 깊은 잠에 빠졌을 때에 시작된다. 바로 이 순간, 사내는 완전히 빈털터리가 된다. 그리고 최후의 제3막은 보통 다음과 같이 진행된다. 즉 이러한 과정을 통해서 매춘부들의 희생양이 된 사내들은 급기야는 속옷까지 빼앗긴 뒤 호된 욕설과 함께 인정사정 없이 문 밖으로 쫓겨나고 만다. 다시 말해서 매춘부의 애정은 사내가 돈을 가지고 있는 동안만 계속된다는 것이다.

그런데 이러한 의견에 대한 반대견해는 나타나지 않았다. 물론 매춘부들이 돈에 탐욕스럽다는 의견은 어느 모로 보나 틀림없는 사실이지만 문제는 풍자를 좋아하는 당시의 도덕은 단지 이 점만을 보았다는 사실일 것이다. 다시 말해서 당시의 도덕은 시민생활에서 가장 그로테스크한 측면이라고 할 수 있는 이 끝이 없는 듯한 영원한 희비극 속에서 위험에 노출된 돈지갑만을 모든 공포의 절정, 도저히 용서할 수 없는 유일한 무례로 보았는데, 바로 여기에서 우리는 이 도덕이 소시민 정신에서 비롯되었음을 알 수 있다.

또한 매춘행위를 소탕하기 위해서 형벌에 의한 위협도 여러 차례 시도되었지만, 실제로 실행된 경우는 드물었다. 그리고 이와 함께 도덕적 분노라는 수단이 옛날부터 시도되었다. 그러나 세상 사람들은 매춘의 사회적 원인에는 눈을 돌리고 오히려 천성적인 불량, 즉 나태와 지나친 호색이 여자가 매춘부가 되는 유일한 원인이라고 못박았기 때문에, 그 시정을 위해서는 매춘부들을 회개시키는 것으로 충분하다고 생각했다. 그래서 세상 사람들은 이 목적을 위해서 회개녀, 고백녀 —— 프랑스에

독일의 삽화집에서

서 말하는 이른바 베긴(Beguine) —— 의 교단을 설치했다. 그리고 이러한 교단들이 도처에 뿌리를 내렸다. 슈파이어 시의 연대기에는 "1302년의 베긴 교단의 설립"에 대하여 다음과 같이 쓰여 있다.

회개녀란 금지된 육체적 교제와 간음에 탐닉했다가 그 후 자신의 죄많은 행동에 대하여 반성, 후회, 슬픔의 감정을 지니게 된 여자를 일컫는다. 이 경우 기혼녀냐 미혼녀냐 하는 것은 문제가 되지 않는다. 그래서 시민들은 이들이 일정 기간 동안 스스로 회개할 수 있도록 제국의 각 직속 도시에 특별한 집을 지어주었다. 이 회개의 집에서 그들은 그동안의 천박한 생활을 회개하고 다시는 죄에 빠지지 않도록 스스로를 훈련시키지 않으면 안 된다. 그리고 교회나 세속의 병자들을 간호한다든가 하여 스스로 생활비나 식량을 얻지 않으면 안 된다. 슈파이어 시당국에서는 회개녀의 교단을 1302년 또는 그보다 조금 전에 설립했지만, 어떤 돈 많은 시민은 이러한 회개녀들을 위하여 특별한 집을 기부하기도 했다. 회개녀들은 이곳에서 생활비를 기부받으면서 공동생활을 했는데, 희고 조잡한 아마로 된 옷을 입도록 했다.

빈에 설립된 이와 비슷한 시설에 대해서는 1450년의 에네아스 실비우스(곧 교황 피우스 2세/역주)의 기록에 다음과 같이 서술되어 있었다.

성 히에로니무스 수도원도 이 도시에 위치해 있다. 죄 많은 생활에서 벗어나 다시 하느님 곁에 돌아가려고 하는 여자들은 모두 이 수도원에 수용된다. 여자들은 독일어로 주야를 가리지 않고 찬송가를 부른다. 그리고 만약 그중 누구라도 이전의 소행을 되풀이하면 그녀는 도나우 강에 던져진다.

우리는 파리에 있었던 회개녀 교단의 규정으로부터는 여러 가지 자세한 사실을 알 수 있다. 그 내용은 다음과 같다.

교단은 본인의 의지에 반하여 억지로 수용하지는 않으며, 그리고 적어도 어떤 기간 동안 윤락생활을 하지 않았던 여자는 수용하지 않는다. 이를 위해서 교단은 스스로 출원한 여자들에게 속지 않기 위하여 수도원의 수녀들의 입회하에서 그 일에 임명된 나이든 여자들을 통해서 출원자들에 대한 검사를 실시한다. 이때 여자들은 성서에 선서를 하고 자신의 윤락생활에 대하여 거짓없고 진실한 고백을 하지 않으면 안 된다.

이 교단에 수용되어 나중에 일정한 지위를 얻으려고 나이 어린 여자가 일부러 윤락녀가 되는 것을 막기 위하여 교단은 한 번이라도 수용을 거절당한 여자에 대해서는 절대로 수용을 허락하지 않는다. 또한 스스로 들어오기 위해서 출원한 여자들 가운데서도 이 교단에 수용되기 위하여 일부러 윤락녀가 된 경우에는 그녀는 천국에 가는 것을 바라지 않는다고 고백신부 앞에서 선서해야 한다. 그리고 교단에 수용되기 위하여 일부러 타락했던 것이 발각되는 경우에는 비록 이 교단의 옷을 입고 선서를 끝낸 뒤라도 즉시 수도원에서 나가야 한다고 알려주었다. 또한 윤락생활을 하는 여자가 이 수용소가 항상 자기를 위해서 개방되어 있다고 생각하여 회개를 계속 미루는 행위를 방지하기 위하여 30세 이상 여자들의 수용은 불허한다.

그러나 매춘행위를 소탕하기 위하여 사회가 취한 방법은 회개만으로 끝나지 않았다. 매춘부는 끝까지 모욕당하지 않으면 안 되었다. 이러한 모욕은 일생 동안 따라다녀 매춘부들은 죽을 때까지 사회의 냉대 속에서 살지 않으면 안 되었다. 시민사회로의 복귀 같은 것은 매춘부들로서는 생각조차 할 수 없는 일이었다. 진실한 남자와 결혼했다고 할지라도 이들의 과거는 지워질 수 없었다. 이에 대한 하나의 기록으로서, 1483년 함부르크 시당국의 법령은 다음과 같이 규정하고 있다.

매춘부들에게는 장식품의 착용이 금지된다. 설사 진실한 남자와 결혼했다고 할지라도 과거가 있었던 여자는 여염집 주부들의 대열에 낄 수 없다. 이들은 두건을 쓸 수 없으며, 기타 머리 장식도 금지된다. 이러한 여자들은 일 년에 한 번은 구금된다.

이러한 실정 아래에서는 아무리 회개한다고 할지라도 과거에 매춘부였던 여자들은 평생 동안 고통을 겪지 않으면 안 되었다. 이에 대한 단적인 발언으로서 슈파이러 시의 기록에 다음과 같은 내용도 있다. "그뿐 아니라 회개를 했던 여자도 결국 다시 뚜쟁이로 되돌아갈 수밖에 없었다." 그러나 이 도덕개선을 위한 그 어떠한 노력도 일반적으로 별 효과를 거두지 못했다는 사실은 그리 놀랄 만한 일이 아니다. 왜냐하면 어떠한 도덕적 분노도 소 귀에 경 읽는 격으로 끝나버렸기 때문이다. 그 첫째 이유로서 연애에 탐닉하는 사내들이 많았기 때문에 여자의 육체에 대한 수요가 항상 컸다는 것은 이미 자세히 설명한 바 있다. 둘째 이유는 매춘부들의 수가 점점 더 많아졌다는 사실이다. 새로운 매춘부들이 끊임없이 충원되었기 때문에, 공급이 수요를 훨씬 앞질러, 도처에서 포주들이 영업을 개시했다. 이러한 사실들을 입증하기 위해서는 그리 긴 설명도 필요없다. 왜냐하면 수백 년에 걸쳐 진행된, 자본주의의 발전에 의하여 야기된 변혁과정 속에 그것의 열쇠가 숨겨져 있기 때문이다. 이 변혁과정 속에서 어떠한 국가를 막론하고 수십만의 사람들이 자신들의 위치에서 역사상 처음으로 대량으로 밀려났던 것이다. 그리하여 외국의 이익을 위하여 자신의 생명을 팔려고 대기하고 있는 병사들이 군대를 가득 채운 것과 마찬가지로 자신의 아름다움과 연애능력을 돈 잘 쓰는 외국남자들에게 팔기 위하여 대기하고 있는 여자들이 전세계의 유흥가와 유곽을 가득 채우게 되었다. 용병 수만큼이나 매춘부 수도 많았다. 나는 이미 앞에서 15세기와 16세기에 걸쳐서 대부분의 용병들이 왜 독일로부터 보충되었는가에 대한 원인을 설명한 바 있다.

이와 마찬가지의 조건은 그대로 왜 독일 여자들이, 특히 슈바벤 지방의 여자들이 세계의 모든 유흥가를 가득 메웠는가를 설명하고 있다. 바로 이러한 사회적 조건이 종교적 팸플릿이나 설교도 아무런 소용이 없게 만들었던 것이다.

그러나 아무튼 세상 사람들의 품행은 —— 특히 16세기 후반부터 —— 방정해지기 시작했다. 그러나 품행이 방정해진 현저한 결과를 지금까지의 일반적 평가처럼 종교개혁의 도덕적 영향이라든가 혹은 도덕군자들의 공적으로 생각한다면 그야말로 착각이다. 오히려 그것은 종교개혁의 도덕적 영향과 도덕군자의 힘이라는 두 가

합리적인 젊은 부인(독일의 동판화, 17세기)

지 요인에다가 또다른 두 가지 요인이 가세했기 때문에 가능했다. 즉 이 시대에 변증법은 역사에서 부정할 수 없는 것으로 드러난 것이다.

품행이 방정해진 제1의 원인은 앞에서 설명한 바 있는, 왜 그렇게도 판을 치던 관능적인 복장이 16세기 후반에 쇠퇴하게 되었는가 하는 참된 원인과 동일선상에 있다. 그것은 바로 자본주의의 노도와 같은 물결을 정면으로 가로막은 당시의 불경기 때문이었다. 이윤율이 곤두박질치는 심각한 경제불안 속에서 유산계급의 재산은 위험에 처하게 되었으며, 소부르주아 계급과 프롤레타리아 계급에서는 호구지책이 심각한 문제로 대두되기 시작했다. 이러한 위기의 시대에는 향락생활을 위한 모든 사회적 구조, 특히 무엇보다도 먼저 성적 측면에서의 행동이 제한될 수밖에 없었다. 다시 말해서 격심한 노동에도 불구하고 엄습해오는 불안과 빈궁이 관능적 향락을 퇴치하는 데에 가장 강력하고 효과적인 그 시대의 유일한 진정제였던 것이다. 따라서 사람들은 성적 금욕을 행하지 않을 수 없었다. 이렇게 16세기 후반의 유럽 경제사는 어느 국가를 막론하고 몰락의 역사였다. 스페인은 이미 50년 전에 파산했다. 독일은 파산 일보직전에 있었다. 이탈리아, 프랑스, 네덜란드도 참혹한 혼란 속에서 허둥거렸다. 그것은 새로운 시대가 부딪쳤던 최초의 가장 커다란 세계사적인 위기였다.

12) 매독의 등장

품행이 방정해진 제2의 원인은 매독이었다. 경제적 불안을 겪지 않은 계층에서도 매독이 인생의 즐거움을 날려버리고 말았다.

15세기 말 매독이라는 병이 처음으로 알려졌을 때, 그것은 당시 유럽인들이 들었던 소식 가운데 가장 무서운 것이었다. 그들에게 지금까지 인생의 지고한 바쿠스적 표현이던 것이 갑자기 세상에서 가장 추잡스러운 것으로 돌변했던 것이다. 매독은 콜럼버스의 모험에 가득 찬 대담한 항해를 통하여 자본주의가 신세계로부터 선사받은 불명예스러운 선물이었다. 매독은 바로 이 때문에 또한 세계사적인 희비극의 갈림길이기도 했다. 새로 발견된 신세계의 무력한 원주민들은 황금을 빼앗기 위하여 자기들을 유린한 유럽인들의 피 속에 부수적인 선물로서 하나의 불을 선사했는데, 그것이 바로 매독이었다. 그리고 바로 이 죄값으로서 오늘날까지도 해마다 수백만의 사람들이 치유할 길이 없는 이 질병 속에서 절망적으로 몸부림치고 있다.

이 무서운 질병의 채찍이 가해지자, 사람들은 참으로 기겁을 하지 않을 수 없었다. 그러나 그들은 이 질병의 온상이 어디에 도사리고 있는가를 모를 만큼 천치 바보는 아니었다. 즉 그들은 유곽으로부터 퍼뜨려지는 이 질병이 무서운 기세로 전 도시를 뒤덮을지도 모른다는 공포감에 휩싸였다. 따라서 근본적인 치유책으로서 강경한 조치들이 취해지기 시작했다. 시당국은 이 열병의 만연을 방지하기 위해서 유곽을 폐쇄하는 동시에 매춘부들을 도시로부터 추방하거나 역질이 없어질 때까지 일정한 곳에 강제로 수용시켰다. 이 방법은 특히 최초의 만연기, 즉 16세기 초의 25년 동안에 열성적으로 이용되었다. 그리고 역질이 그렇게까지 맹렬하게 기세를 떨치지 않거나 혹은 당국이 무엇인가 다른 이유에서 유곽을 폐쇄시키고 매춘부들을 추방하는 대담한 방법을 취하지 않는다고 하더라도 유곽은 저절로 쇠퇴했다. 왜냐하면 감염에 대한 기분 나쁜 공포가 불경기의 엄습과 결부되어 이제까지의 많은 단골손님의 유곽출입을 자제시켰기 때문이다. 그래서 대부분의 포주들은 이 시기에 어떤 때에는 당국과 협정한 세금의 지불을 유예받기 위하여 또 어떤 때에는 세금의 할인이나 면제를 위하여 시의회에 진정서를 제출했다. 이러한 진정서에는 손님의 수가 대폭 감소했기 때문에 현행과 같은 세금을 더 이상 납부할 능력이 없다

Aller heyligister vater vñ grofmechtiger nothelfer Dyonisi:ein eres
bischoff vñ loblicher marterer.O du himelischer lerer:der von franck-
reich apostel:vñ teutscher landt gewaltiger regierer.Wehuet mich vor der
erscherecklichen krancheit mala franzos genant: von welcher du ein grosse
schar des christenlichen volks in franckreich erledigt hast:So dy kosten
das wasser des lebendigen prunnen der vnder deine aller heiligisten korper
entsprang:Wehuet mich vor diser geuerlichen krankheit:O aller genedi
gister vater Dyonisi: bis ich mein sundt mit dem ich got meinen herrē be
laidiget hab: pussen muig:vñ nach dysem lebē erlangen:dy freud der ewigē
saligkeit:das verleih mir epis iesus der dich in bf aller vinstersten kercker
verschlossen trostlichen haym gesuechet:vñ mit seinē aller heiligisten leich
nam vnd pluet dich speiset sprach:dy lieb vñ guttikait dy du hast zu mir al
lezeit:bar umb wer wirt bitten der wirt gewert:Welcher sey gebenedeit in
ewigkait Amen.

매독을 고치려고 성 디오니시우스에게 드리는 기도(목판화)

는 이유가 첨부되었다. 그리고 여러 곳에서는 매춘부들의 수까지도 줄어들었다. 열두 명 이상의 매춘부들을 고용하던 유곽에서도 어느 사이엔가 서너 명으로 줄어들고 말았다.

만약 우리가 당시의 품행이 방정해지도록 만든 이 두 가지 요인을 관념적으로 표현한다면, 도덕이 개가를 올리게 되면서 인간은 점차 도덕적이 되어갔다고 할 수 있을 것이다. 그러나 이 잘못된 정의를 잘 검토해본다면, 독자는 앞에서 설명했던 의견, 즉 난폭한 악당들인 빈곤과 매독이 의형제를 맺고 현상금이 붙은 시합에 등장한 것만으로도 시민의 품행과 예의가 놀랍도록 좋아졌다는 의견에 찬성하지 않으면 안 된다. 품행이 방정해진 까닭은 매독과 불경기 때문이었고, 오직 그 때문이었던 것이다.

5. 사교생활

르네상스 시대의 사교생활은 성풍속의 역사를 대단히 풍부하게 만들었다. 그것은 그 가장 중요한 형태를 볼 때 오늘날과는 비교도 안 될 만큼 많은 연애, 그것도 육체적 연애의 기회만을 만들었기 때문이다. 당시의 대부분의 대중에게 인생의 즐거움이란 단지 먹고 마시고 연애하는 것만을 의미했다. 향락을 즐긴다는 것은 대체로 이 세 신을 섬기는 것을 의미했는데 이 셋 중에서도 연애, 즉 연애의 여신 "비너스"와 연애의 남신 "프리아포스"를 첫째로 섬겼다. 연애를 빼놓고는 이 세상에 어떠한 즐거움도 존재할 수 없었다. 만약 이 두 신이 없다면 식탁에 앉아 있어도 대지의 여신 테레스와 술의 신 바쿠스의 선물이 제맛을 잃었을 것이다. 바쿠스와 테레스는 단지 사랑의 신 비너스의 기분을 즐겁게 해주기 위하여 이 식탁에 초대된 손님들에 불과했다. 바로 이러한 설명은 르네상스 시대의 사교생활을 아주 훌륭히 대변한다. 르네상스 시대에는 열광적인 다양한 정치생활과 정신생활이 단지 유산 지배계급의 부업일 뿐만 아니라 대부분의 노동계급에게도 삶의 주요한 부분을 차지하고 있었기 때문이다.

나의 연구는 풍속사의 전분야가 아니라 성 모럴이라는 한 부분만을 취급하고 있기 때문에 르네상스 시대의 사교생활을 전체적으로 조망하는 것은 이 책의 목적이 아니다. 나는 오히려 성적인 것이 직접 반영되어 있는 형태와 분야, 즉 성적인 목적을 충족시키는 기회와 그 목적에 도달할 수 있는 수단들에 대해서만 얘기하려고 한다.

이 수단은 무엇보다도 놀이와 춤이었는데 비너스의 봉사를 받을 수 있는 가장 좋

춤추는 마을사람들

은 장소는 공적이거나 사적인 축제 외에는 두레길쌈놀이방과 목욕탕으로서 당시의 사교생활에서 가장 각광을 받았던 곳이다.

1) 두레길쌈놀이방*

두레길쌈놀이방을 찾는 일은 어느 나라의 도시나 농촌에서도 사교생활의 원형이라고 할 수 있다. 그 당시 도시나 농촌에서 공동으로 노동하는 것은 대개 연애의 여신과 남신에게 봉사하기 위한 단순한 눈가림에 지나지 않았다.

이러한 공동노동은 집안의 길쌈방보다는 두레길쌈놀이방에서 보통 이루어졌음은 물론이다. 겨울이 되면 근처 마을의 젊은 여자, 늙은 여자 가릴 것 없이 일주일에 한 번이나 두 번 정도는 두레길쌈놀이방에 모여들었다. 이 모임은 여러 가지 이름, 이를테면 물레방(Spinnstuben), 얼레방(Rockenstuben), 실패방(Kunkelstuben), 마실방(Heimgarten), 빛의 방(Lichtstuben) 등으로 불렸다. 긴 겨울 밤을 함께 실을 뽑기 위해서 여자들은 실 뽑는 장대와 실꾸러미를 가지고 모여들었는데, 그 지방의 젊은이들도 이 놀이방에 들어올 수 있었기 때문에 교제생활이 싹트기 시작했다.

---

* 두레길쌈놀이는 부락의 부녀자들이 일정한 장소에 모여 공동으로 길쌈하는 것을 말한다. 유럽의 경우 여러 이름이 있어, 약간의 무리가 있는 것 같으나, Spinn-Rockenstuben을 "두레길쌈놀이방"으로 번역했다.

젊은이들은 모두 마음에 드는 아가씨 뒤에 앉아
서 자신에게 맡겨진 역할을 충실히 해냈는데 그 역
할은 아마의 실부스러기를 아가씨의 무릎에서 계
속 치워주는 일이었다. 물론 아가씨도 누군가 한
사람쯤 자신에게 관심을 가지고 뒤에 와서 앉아주
기를 바랐다. 그런데 이러한 남자의 역할은 아가씨
에게 봉사하는 것과 아울러 경우에 따라서는 젊은
이의 명예는 물론 아가씨의 명예를 막다른 곳까지
실추시키는, 다소 음란스러운 접촉의 기회를 주게
되었다. 사육제의 연극 "두레길쌈놀이방" 가운데서
한 젊은이는 이렇게 노래하고 있다.

두레길쌈놀이방(목판화)

매일 저녁마다 나는 두레길쌈놀이방에 간다네,
여자들은 나를 사과로 유혹하기도 한다네,
나는 실부스러기를 치워주며 아가씨에게 추근거리기 시작했지.

두레길쌈놀이방(동판화)

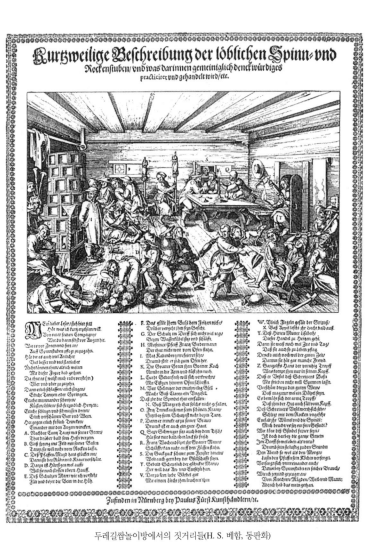

두레길쌈놀이방에서의 짓거리들(H. S. 베함, 동판화)

그리고 뒤에서 아가씨를 여러 번씩 흔들어주기도 했네.

나는 아래에서부터 아가씨의 몸에 수작을 부릴 수도 있었다네.

당시의 도덕군자들이 비난했던 것처럼 아가씨에게 대담하고 저돌적일수록 젊은 이의 평판은 높아졌고 그 아가씨는 친구들의 질투를 받았다. 이와 같이 그 시대 사람들이 증언하고 있는 것처럼 두레길쌈놀이방은 비너스와 프리아포스의 밀회장소였다. 대부분의 아가씨들은 오로지 젊은이와 농탕치는 즐거움 때문에 저녁이 되면 그곳으로 달려갔다.

노인들에게는 눈꼴 사나운 이러한 발정행위는 어슴푸레한 불빛 때문에 더욱 진해졌다. 길쌈하는 한가운데에는 보통 한 개의 횃불밖에 없었는데 문을 여닫는 때라든가 실수로 불이 갑자기 꺼지곤 했고 이런 일은 매일같이 자주 일어났다. 젊은이들은 이 순간을 절호의 기회로 이용할 수 있었고 아가씨들 역시 섭섭지 않은 답례에 망설이지 않았다. 그리고 이런 경우에는 언제나 그러하듯이 비명과 교섭으로 한바탕 소동이 일어났다. 그런데 이 일에 재미가 붙게 되자 방의 횃불은 하루 저녁에도 몇 번씩이나 꺼지곤 했다. 매우 음란하고 소란스러운 것을 "실패에 실 감는 놀이 같다"고 하는 민간의 비유도 바로 이 때문에 생겼다.

그런데 이 집에 모여들었던 여자들은 처녀들뿐 아니라 아낙네들도 있었다. 아낙네들은 딸을 젊은이들과 만나게 해주려고 온 김이기는 했지만 "자신도 딸과 똑같이 이웃 남자에게 말을 걸어보기" 위해서 또한 그 시대가 그렇듯이 "자신의 육체를 즐겁게 하기" 위해서 온 것이었다. 그러나 후자의 목적이 그렇게 드물지 않았던 것은 두레길쌈놀이방에 자주 가는 것이 남편들의 입버릇 같은 불평을 가져왔다는 사실로 증명된다. 사육제의 연극 "농민들의 놀이"에서는 한 농부가 자기 마누라를 욕한다.

우리 마누라는 너무 자주 두레길쌈놀이방에 가서
신부님이 미사를 드리는 소리가 들릴 때까지 머물다 오곤 한다.
마누라가 제 시간에 돌아오지 않기에
"당신은 도대체 어딜 쏘다니는 거요?" 하고 물었더니,
마누라는 톡 쏘듯이 "남이야"라고 큰소리치며,
쟁쟁거리고 달려든다.
그래서 나는 아무 말도 안 하고 집을 나와버렸고
마누라가 기분 내는 대로 내버려두기로 했다.

어느 지방에서나 일이 끝나면 반드시 신나는 춤판이 벌어졌다. 그래서 젊은이들은 춤 상대까지 데려올 정도였다. 남녀 모두 제각기 짝을 맞추어 춤추는 데에 신이 들렸고 이런 기회는 당연히 음란한 수작을 거는 데에 마음껏 이용되었다. "매우 아름다운 사육제의 연극"에서 한 젊은이는 그 마지막 춤에 대하여 이렇게 말한다.

사교 무도회(동판화)

자, 젊은 친구들, 내 멋진 얘기를 한번 들어보소.
나는 여러 마을을 돌아다니며 춤추어보았는데,
내가 춤출 때에는 아주 노골적으로 수작을 걸었기 때문에,
실 뽑는 아가씨들이 모두 나를 좋아하게 되었소.
휘파람 부는 남자가 춤을 추도록 휘파람을 불기도 전에
나는 한 아가씨를 밑으로부터 대담하게 끌어안았고
춤을 추면서 그 아가씨에게 두 번씩이나 키스를 해주었소.
그래도 누구 하나 아가씨를 찾으려 하지 않았소.
아무 아가씨에게나 노골적인 수작을 걸 수 있었소.
나는 어느 마을에서나 춤출 때는 이렇게 하기 마련.

　이러한 풍속과 관습에 대한 것은 앞에 인용한 문학작품에서만이 아니라 여러 종류의 회화에서도 볼 수 있다. 그중에 자주 인쇄되었던 베함의 "두레길쌈놀이방"이라는 목판화가 있다. 이 목판화 외에도 두레길쌈놀이방의 음란한 소동을 상상할 수 있는 그림들이 많이 있다. 게다가 이런저런 만화들도 이 관습을 묘사했다.
　그 증거들은 이밖에도 얼마든지 있다. 도시와 농촌의 두레길쌈놀이방에 대해서 수없이 내려진 많은 포고들이 이러한 음란한 소동이 매우 흔했던 사건임을 증명하고 있다. 이런 때에는 사태가 걷잡을 수 없었기 때문에 어쨌든 당국으로서도 간섭하지 않을 수 없었다. 만약 불이 꺼진 후에 누구도 다시 불을 붙이려고 하지 않았다

무면허 의사(독일의 목판화)

면 이미 사태는 갈 데까지 갔을 것이고, 설사 젊은이가 몸이 달 대로 단 아가씨와
자신의 욕심을 모두 채울 수 없었다고 할지라도 대개 귀가 길에 일이 마무리되었을
것이기 때문이다.

두레길쌈놀이방에서 행한 자신의 행동을 자랑했던 젊은이는 다시 그 결과까지 덧
붙여 이렇게 말하고 있다. "다리 사이의 종기는 마치 소금덩어리같이 딱딱하게 커
져서 아무리 훌륭한 의사라도 고칠 수 없게 되었소. 결국 마지막까지 가서 아가씨
의 그 깊은 곳까지 헤엄쳐 들어갔지요."

그런가 하면 질투 때문에 폭행, 살인사건이 빈번하게 일어났다. 이와 같이 두레
길쌈놀이 모임이 마침내 사람들이 이야기하듯이 "발정의 밤"으로까지 발전하자 당
국은 수없이 경고를 발하거나 형벌로써 간섭하지 않을 수 없었다. 1572년의 뉘른
베르크 포고문을 보자.

이런 장소에서 아가씨들이 어머니와 함께 수없이 유혹당하고 아버지의 눈을 속이고 밀
통하여 임신하게 됨으로써 세상 사람들의 조롱까지 받는다. 젊은이들은 그 때문에 싸우거
나 부상을 당하고 심지어 살인까지 저지르기도 한다.……

그러나 막판에는 어떠한 형벌도 별 효과가 없었다. 두레길쌈놀이방의 음탕한 소
동이 원인이 되어 때로는 커다란 사회적 물의가 발생했고, 누군가가 횃불을 난폭하

여탕(베함, 목판화)

게 휘둘러서 불난리가 일어났기 때문에 두레길쌈놀이방은 대부분의 지방에서 완전히 금지되었다. 그러나 이러한 금지도 효력이 별무했고 특히 오래 지속되지 못했다. 아가씨나 총각들이 왜 두레길쌈놀이방으로 달려갔는가? 그것은 그곳에서 마음껏 즐길 수 있었기 때문이다. 이 때문에 두레길쌈놀이방은 수없이 부활되었고 그 오래된 즐거운 소동도 부활되곤 했다. 간음을 경고하는 포고나 두레길쌈놀이방을 풍기문란의 중심지로 보았던 많은 포고들은 이 사실을 얼마든지 확인해준다.

2) 욕탕생활

사교생활에서 두번째로 각광을 받았던 곳은 욕탕이었다. 두레길쌈놀이방을 이용하는 경우는 노동이 구실이었지만 욕탕생활은 청결과 건강이 구실이었다. 욕탕생활은 여러 면에서 연애의 신 비너스와 프리아포스에 대한 봉사를 조직적으로 결합시킬 수 있는 좋은 기회였다. 사람들은 욕탕생활을 통하여 그 시대의 노골적인 플러트(flirt), 즉 음탕한 농탕질을 마음대로 할 수 있었기 때문에 "시험삼아 지내보는 밤"이나 두레길쌈놀이방에 못지않게 욕탕은 대중적인 인기가 있었다. 오히려 욕탕생활에는 개인적인 제한이 가해지지 않는다는 보다 큰 장점이 있었다.

욕탕 하인과 하녀(동판화)

창녀의 독특한 역할과 함께 욕탕생활은 르네상스 시대의 사교생활을 매우 특색있
게 만들었었다. 독일의 입욕습관은 고대 게르만 시대까지 거슬러올라가는데, 매일
오랫동안 입욕하는 것이 건강을 지키고 회복하기 위해서 필수적이라는 생각이 널리
퍼져 있었다. 비텐바일러의 하인리히가 쓴 「반지」에는 "자연이 요구하는 제3의 것
은 몸을 깨끗이 하는 것과 입욕이다"라는 구절이 있다. 남녀의 혼욕도 아주 옛날부
터 행해져왔다. 목욕탕에서 벌거벗는 습관도 당시 사람들이 벌거벗은 채로 침대에
서 잠을 잤던 것과 마찬가지로 건강을 위해서였다. 그렇기 때문에 나체로 입욕하는
풍속은 공공연히 허용되었다. 목욕탕에 몸을 오래 담그고 있으면 대부분의 사람들
은 피부병이나 목욕후유증이 생겼는데 그렇게 상한 피부가 외부와 접촉하게 되면
몹시 아팠다. 그럼에도 불구하고 사람들은 목욕탕에 오래 누워 있는 것과 마찬가지
로 목욕후유증도 건강증진을 위해서 반드시 필요
한 것이라고 생각했다. 바로 이런 점에서도 그 당
시 나체로 입욕하는 습관이 널리 유행했던 이유를
알 수 있을 것이다. 남자건 여자건 간에 입욕 때에
는 거의 옷을 입지 않았다. 남자는 기껏해야 허리
에 두르는 작은 천을 감든가 목욕탕에 드나들 때
앞을 가리기 위하여 손으로 "잡목 수풀"을 쥐고 있
으면 그만이었다. 여자들도 역시 나체였는데 단지
"바데르(Badehr)"라는 가운으로 앞을 약간 가릴
뿐이였다. 더욱이 여자들은 은근히 자신의 나체를

욕탕 하인(목판화, 15세기)

욕탕

남에게 보이려고 하는 습성이 있었다. 그 대신 여자들은 다른 방법으로 자신의 몸을 감추기도 하는데, 옷을 벗은 후의 상태를 연구하여 머리 매무새를 아름답게 꾸민다거나 번쩍거리는 값비싼 목걸이, 팔찌 등의 장식품을 몸에 붙여서 자신의 나체를 강조하기도 한다. 이제 여인들은 옷을 벗어버리고 도발적인 귀부인이 되었다. 이와 같이 사람들은 본래적인 요구로부터 하나의 덕성을 만들어내었는데 그것은 자신에게도 타인에게도 쾌락을 주는 것이었다. 남녀의 혼욕과 여자들의 나체풍습은 13-14세기까지 계속되었는데 그 무렵 각 지방에서는 남녀의 혼욕을 금지하고 남녀 별도의 입욕시간과 욕탕을 정하도록 하는 규칙이 나타나기 시작했다.

분명히 처음에는 건강과 청결을 위해서 생겨났던 입욕습관이 마침내는 도처에 걸쳐서 연애의 여신 비너스를 섬기기 위한 관습으로 바뀌게 되었고 결국 사람들의 요구에 따라 기세를 떨치게 된 것도 자연스러운 결과였다. 보통 사람들은 욕탕에 일주일에 두 번, 온천에는 매일 입욕하고 가능한 한 온수탕, 증기탕, 냉수탕에서 오랫동안 몸을 담글 때에만 건강을 증진시키고 병을 고칠 수 있다고 생각했기 때문에 긴 입욕시간 동안 무슨 오락을 하든지 지루함을 달래고 재미있게 놀 필요가 있었다. 사람들은 입욕중에 노래를 부르거나 악기를 연주하기도 했고 익살을 떨거나 재담을 하기도 했다. 그리고 먹고 마실 음식을 반드시 준비했다.

이런 사정 때문에 자연히 남녀관계도 육감적인 성질을 띨 수밖에 없었는데, 함께 입욕하고 있는 이성에 대해서 느끼는 성적 충동은 어느 경우에나 두 사람이 수작을 부리도록 하는 자연스러운 계기를 만들었다. 이러한 상황에서 연애감정을 느끼지 못하는 남자가 어디 있겠는가? 자신의 눈앞에서 아가씨의 아름다운 나체가 이제 막 미끄러져 흘러내릴 듯한 얇은 가운 속에서 아슬아슬하게 내비칠 때, 혹은 꽃 같은 여성의 풍만한 육체가 실오라기 하나 걸치지 않은 채 사방에서 그 터질듯한 모습을 자랑하고 있을 때, 팔을 뻗기만 하면 아름다운 나체를 품을 수 있다고 할 때, 에로틱한 농담 한마디 없다면 그는 바보 천치일 것이다. 그런 농담 한마디 없이 도대체 무엇을 하면서 그 시간을 즐길 수 있었겠는가? 모든 상황은 역시 그 나름의

회춘(마르틴 데 보스의 그림에 의한 크리스팽 드 파스의 동판화, 1600)

자연스러운 법칙에 가까이 있었다. 여자와 남자가 같은 탕 속에서 즐기고 있는 경
우는 말할 것도 없고 남탕과 여탕 사이에 칸막이가 놓여 있는 곳에서도 이 칸막이
는 가슴 높이의 판자에 불과했으며 입욕장소도 증기탕이건 온수탕이건 대부분 비좁
았기 때문에 결코 사람들의 눈은 물론 손까지도 거칠 것이 없었다.

한마디로 말하면 입욕은 모든 면에서 정사의 가장 좋은 기회였다. 이러한 이유
때문에 사람들은 누구나 즐겁게 이 중요한 목적만을 즐겼다. 다시 말하면 말, 행동,
행위에서의 방탕한 민네 봉사는 사람들이 먹고 마시고 노래하는 데에 비로소 맛을
들이게 된 가장 인기 있는 오락이다. 사람들은 건강을 위해서가 아니라 남녀가 한
번 맘껏 놀아보기 위해서 목욕탕에 갔다. 결국 목적은 수단이 되어버렸다. 입욕이
그 당시 사람들의 오락 중에서도 가장 인기 있는 오락이었다는 점을 알려주는 많은
사례가 있는데 이중에는 소위 신부목욕 혹은 혼례목욕이라는 것도 있었다.

사람들은 보통 결혼식이나 축제 등을 올리기 전에 목욕을 하는데 특히 혼례목욕
이란 단지 청결을 위한 것이 아니라 "며칠씩 걸리는 혼례식의 일부"였다. 이것은
의식 이상의 것으로서 혼례라고 하는 축제의 절정을 의미하게 되었다. 입욕은 대체

로 결혼식이 끝났을 때 행해졌는데, 다시 말하면 결혼식의 대단원이었다. 일반적으로 결혼식 때에 술을 마시고 요란법석을 떠는 것도 이런 사실로부터 설명될 수 있다. 신랑과 신부는 손님들과 악사들을 데리고 목욕탕에 가서 모두 함께 혼례목욕을 시작한다. 그것은 과연 몸을 깨끗이 하기 위한 것이었던가? 물론 그것은 구실에 지나지 않았다. 그것은 아담과 이브처럼 원시적인 상태에서 술 마시고 노래하고 환성을 지르면서 결혼식을 경사스럽게 축하하기 위해서였다. 그때에는 농담, 익살, 놀이 등으로 에로틱한 기지를 맘껏 자랑하면서 서로 환호성을 지르고 박수갈채하는 것이 보통이었다고 그 시대 사람들도 기록하고 있다. 혼욕이 금지된 이후에도 사람들은 옛날부터 내려오던 관습을 되찾기 위해서 목욕 후에 갖가지 기회를 만들었다. 즉 목욕을 끝낸 후에 함께 욕탕에서 술 마시고 유희하고 춤추는 풍속이 그것이다. 그리고 가벼운 몸으로 춤추고 뛸 수 있도록 쓸데없고 번거로운 옷은 벗어던지고 몸치장도 하지 않았다. 이때는 물론 매우 음란한 연애의 기회를 일부러 만들곤 했는데, 이런 기회를 이용하면서 예전에 공동 목욕탕에서 행해왔던 놀이를 재현하고 마음껏 즐겼다. 벤첼 홀라르의 동판화는 혼례목욕의 장면을 보여주는 것으로서 아마 그 첫 장면일 것이다.

이와 같이 결혼식에 참석한 모든 손님들이 함께 목욕을 하고 소란스럽게 즐기던 풍습은 어디까지나 역사적 근거가 있는 사실이지 결코 그 시대의 도덕군자들이나 연대기 작가들의 과장된 공상으로부터 나온 이야기가 아니다. 이러한 사실은 신부목욕이나 혼례목욕에 간섭했던 당시의 포고나 경찰의 단속규칙에 의해서도 분명하게 증명된다. 예를 들면 신랑과 신부가 목욕탕에 들어가는데 혼례손님이 몇 사람까지 따라 들어갈 수 있는가 하는 것이 각 도시별로 보고되어 있다. 14세기 초 뮌헨의 법률에는 "연회, 페테(Pette), 목욕에는 신랑과 신부측으로부터 각각 6명씩의 여자, 합계 12명의 여자만이 허용된다"라고 되어 있다. 14세기에 레겐스부르크에서는 신랑에 대하여 24명의 친구만이 목욕탕에 따라가는 것이 허용되었고 "신부와 신랑은 각각 8명씩의 여자만을 목욕탕 안에 동반할 수 있으며, 그 이상을 동반해서는 안 된다"라고 규정하고 있다. 이 두

청춘의 샘(목판화)

혼례목욕(W. 홀라르, 동판화)

가지의 단속규칙을 보면 신부측에서 여자들을 목욕탕에 보낼 수 있는 숫자만큼 신
랑측에서도 보낼 수 있었던 것이다. 그리고 매우 음란하고 에로틱한 술잔치를 벌였
던 사실도 이러한 소동을 간섭할 단속규칙이나 금제들이 분명하게 보여준다.

혼례목욕은 예의의 틀을 완전히 벗어나는 것이었다. 이때에는 남자가 사람들 앞
에서 이웃 여자의 유방이나 더 은밀한 곳까지 대담하게 만지더라도 조금도 비난받
지 않았다. 오히려 그를 장난치기 좋아하는 재미있는 젊은이라고 칭찬할 정도로 그
런 행위가 예의범절과는 관계가 없는 것이 되었다. 더욱 극단적인 경우 남자 손님
들은 셔츠는 물론 바지까지 벗어던지고 벌거벗은 채 춤을 추었다. 이러한 풍습에
대하여 특히 많은 금지규정이 만들어졌다. 15세기 괴를리츠의 두 가지 금지규정은
다음과 같다.

혼욕 관습(크리스팽 드 파스, 동판화)

　　많은 젊은이들이 목욕 후에 수건만을 두른 채 춤을 추거나 밖에서도 벌거벗은 채로 춤을 추어 미풍양속을 심히 어지럽히고 있다. 당국은 금후로는 어떠한 남자도 수건만을 두르거나 벌거벗은 채로 춤추는 것을 절대금지한다. 춤을 추고자 하는 사람은 다른 지방이나 도시의 훌륭한 관습에 따라 셔츠와 바지를 입지 않으면 안 된다.

　　술과 음탕한 이야기들에 자극받은 여자들은 잔치판이 절정에 달하게 되면 몸도 마음도 내팽개치고 마침내 수치심도 잃어버리고 남자들처럼 원시적인 나체가 되어 남자들의 호기심을 만족시키고 즐거워했다. 즉 혼례목욕 때에는 대부분이 나체로 춤을 추었다. 독자들은 "그것은 당치도 않은 이야기이다, 혼례목욕의 소동은 예외였다"고 말할지도 모른다. 그러나 그것은 결코 예외가 아니었다. 나체로 춤추는 풍습은 수세기에 걸쳐 공동 목욕탕에서 행해져왔고, 일상생활에서 매우 흔히 찾아볼 수 있었다.

　　남녀의 에로틱한 호기심에 대하여 이러한 강한 자극이 주어지고 그 호기심을 만족시킬 수 있는 다시없이 좋은 기회가 주어졌을 때 그들이 호기심에 격렬하게 반응하지 않고 반대로 수치심 때문에 성욕을 억제할 수 있다면 그것은 오히려 기적일 것이다. 그러나 그러한 기적은 나타나지 않았다. 그 시대의 풍속작가들도 16세기 말의 시대상을 취급하고 있는 책 속에 이런 사실을 잘 기록해두고 있는데 그중 인탈레의 할의 목욕탕은 다음과 같다.

목욕 관련서의 속표지 그림

처녀성을 나타내는 징표는 수치심이다. 그렇기 때문에 많은 아가씨들이 자신의 의지와
는 달리 수치심 때문에 무례한 행동을 삼가는 것이다. 그런데 이러한 목욕탕 때문에 아가
씨들은 점차 수치심을 버리게 되었고 남자들 앞에서 완전히 나체가 되어도 전혀 부끄러워
하지 않게 되었다. 이러한 목욕탕에서는 남탕과 여탕의 구별조차 되어 있지 않았고 탈의
실도 따로 마련되어 있지 않았다. 목욕탕 안에는 몇 개의 통이 있었는데 남녀는 각각 그
속에 앉아서 열심히 상대방을 엿보았고 결국은 스스럼없이 상대방을 볼 수 있을 정도로
수치심을 잃어버렸다. 나는 다음과 같은 경우도 많이 볼 수 있었는데, 10, 12, 14, 16, 18
세의 소녀들이 완전 나체 위에 리넨으로 된 흘러내릴 것 같은 짧은 목욕 가운만을 걸치거
나 바데르라는 것으로 앞뒤 허리 근처만을 가린 채 집을 나왔다. 소녀들은 훤한 대낮에도
등과 다리를 그대로 드러낸 채 손을 휘저으며 먼 길을 달려 목욕탕으로 왔다. 그리고 소녀
들과 나란히 그 또래의 소년들도 벌거벗은 채 뛰어왔고 그 뒤를 따라 충직한 하인들이 쫓
아오는 것이었다.

오늘날까지 상당수 남아 있는 그 시대의 그림들 중 만약 목욕탕 안에 두 사람이
앉아 있는 그림이 있다면 그것은 보통 여자와 남자이고 그 두 사람은 재미있게 이
야기를 나누고 있는 중일 것이다. 더구나 남자는 흡족한 표정으로 여자를 매우 즐
겁게 해주고 있다.

공동 목욕탕 가운데 가장 흔했던 것은 증기탕이었는데 그 안에서는 남자나 여자
나 똑같이 노골적으로 행동할 수 있었다. 신은 친절하게도 상대방을 절정에 올려

목욕탕에서(렘브란트)

신음하게 할 수 있도록 남녀 각각에게 훌륭한 도구를 하사하셨는데 그 훌륭한 도구가 호기심에 가득 찬 남녀의 눈앞에서 수없이 노출되곤 했다.

　목욕탕에서의 이러한 즐거운 광경을 묘사해놓은 고전적인 회화로는 원래는 비르길 솔리스가 그렸고 알데그레버가 동판화로 만들어낸 "재세례 교도의 목욕"이 있다. 물론 동판화 목록에 실린 그 제목은 잘못된 것임이 틀림없을 것이다. 화가가 너무 노골적으로 이 광경을 묘사하고 있어서 이 책에는 이 그림을 수록하지 않았다.

　당시의 단속규칙은 이런 사실 모두를 증명한다. 예를 들면 앞에서도 인용했던 입욕 후의 나체 춤에 대해서 괴를리츠의 단속규칙은 나체 춤이 혼례목욕 때만 아니라 어디서나 행해지던 습관이었음을 알려주고 있다. 이와 같이 목욕탕에서의 음란한 행위가 대중화되어 있었기 때문에 15-16세기에 대부분의 도시들은 목욕탕을 남탕과 여탕으로 분리하도록 규정했을 뿐만 아니라 또한 남녀가 혼욕하는 행위를 철저히 금지했다. 그러나 사람들은 이러한 단속규칙을 자주 무시하곤 했다. 물론 이 규칙을 어기는 사람들은 나이 든 여자들이 아니라 목욕중에 이 즐거운 기회를 놓치지 않고 아가씨들에게 수작을 걸어보려고 하는 젊은이들이었다. 그리고 아가씨들 편에서도 이런 농탕질을 쌍수를 들어 환영하고 있었음을 많은 연대기 작가나 만담 작가들이 기록해놓고 있다. 프라이의 만담집 가운데 "두 명의 수녀에게 아이를 가지게 한 농부의 아들", "정원에서 놀이를 하는 친구들" 등은 그 좋은 증거이다. 그 주요 부분은 다음과 같다.

　프랑크푸르트의 어느 마을에 베긴 수녀원이 있었다. 마을에서 온 한 농부가 이 수녀원에 출입했는데 그 농부는 수녀들을 위하여 식량을 공급하고 있는 이 교단의 소작인이었다. 그 농부는 마누라와 함께 수녀원에서 잠을 자거나 식사도 했으며 수녀들이 있는 곳에 자유로이 드나들 수 있었다. 그 농부에게는 장성한 아들이 하나 있었는데, 수녀원에서 가장 나이가 어린 두 명의 수녀가 그 아들과 가깝게 지내게 되었고 마침내 두 사람 모두 같은 결말에 이르렀다. 두 수녀들은 어찌 할 바를 모르고 자신들의 처지를 한탄할 뿐 속수무책이었는데, 드디어 배가 불러오자 임신한 사실을 누구라도 눈치챌 수 있게 되었다.

16세기 욕탕생활에서(스위스의 스테인드 글라스, 1524)

수녀원장이 이 사실을 알고 두 사람의 젊은 수녀를 불러들였다. "이러한 실수를 범한 것에 대해서 너희들은 도대체 어떻게 생각하느냐? 너희들이 알고 있는 아이 아비는 누구 인가?"하고 물었다. 한 젊은 수녀가 곧 이렇게 대답했다. "소작인의 아들이 목욕중에 저의 몸을 문질러주었습니다. 그런 일은 생전 처음 있는 일이었기 때문에 걱정했습니다만 저는 그저 하자는 대로 했을 뿐입니다. 결국 배가 불러오게 되었지만 소작인의 아들이 도 대체 무슨 짓을 했는지 저로선 지금도 알 수 없습니다. 왜 이렇게 되었는가 하고 물어도

욕탕에서 정부와 함께 불시에 습격을 받은 부인

저는 유구무언일 뿐입니다.” 뿐만 아니라 또다른 젊은 수녀도 원장이 묻자 이렇게 대답했다. “저도 알 수가 없습니다. 제가 장작을 가져다가 목욕물을 데우려고 할 때마다 우연하게 소작인의 아들과 어떤 사람이 목욕탕에서 서로 몸을 문질러대는 것을 여러 번 보았습니다. 저는 잠깐 동안 엿보고 나서 이렇게 생각했습니다. 저렇게 문지르지 않아도 좋을텐데, 나는 저런 것을 본 적이 없어. 목욕하러 들어가기 전에 마음만 먹는다면 서로 씻어주고나서 천천히 목욕탕에 들어갈 수 있을텐데. 그 후 소작인의 아들이 목욕통 안에서 저를 뜨겁게 문질러주곤 했는데, 이윽고 저의 배가 불러진 후부터 그 사람은 저에게 매우 냉담해지기 시작했습니다. 저는 죽고 싶은 생각이 한두 번이 아니었습니다. 도대체 어떻게 될지 알 수가 없습니다. 이제 그런 놀음은 지긋지긋해졌습니다.”

이 이야기는 이밖에도 도덕군자들이 엄하게 힐책했던 다른 행위들도 이야기해주고 있다. 즉 원장이나 수녀들도 열심히 공동 목욕탕에 다녔다는 사실과 수녀들도 “자빠질 때는 언제나 반듯이 자빠지는 아가씨들의 미끄러지는 ‘비너스 놀이’를 즐겼다”는 사실이다.

그런데 남녀의 혼욕이 금지된 후에 남녀가 각각 다른 시간에 목욕을 해야 하거나 남탕과 여탕이 분리되어 있었던 곳에서도 당시의 풍기문제를 거론할 때에는 항상 욕탕생활을 먼저 문제로 삼았다. 예를 들면 여자 손님이 욕탕에서 때 미는 사람의 도움을 받는 일은 대부분의 지방에서 혼욕을 금지하기 전이나 후에도 허용되었다.

온천탕에서의 쾌락

이때 때 미는 사람은 작은 허리띠만 두르고 있었고 여자 쪽은 바데르까지 벗어버린 완전히 벌거벗은 몸을 그에게 내보였다. 이러한 사실을 묘사해놓은 많은 기록과 그림이 있는데 지금 말한 것과 뒤러나 니콜라스 넬리의 그림, 1524년 스위스에서 제작된 스테인드 글라스의 "16세기 욕탕생활에서"라는 그림들을 비교해보자. 여기에서 때 미는 사람은 단지 무감각하게 일만 하고 있어서 전혀 음란한 행동을 모르는 얼굴이라고 할 수 없다. 오히려 때 미는 사람은 자주 마음에 드는 남녀와 함께 음란한 행동을 했다고 한다. 어느 기록에는 이렇게 쓰여 있다. 설사 작은 허리띠를 둘러 가리고 있다고 해도 때 미는 사람은 "마치 우연인 것처럼 자주 그것을 떨어뜨려 버렸다." 남탕과 여탕이 분명히 구별되어 있는 목욕탕에서도 여탕이 때 미는 사람 외에도 남자들의 눈으로부터 완전히 가려져 있는 것은 아니었다. 뒤러도 목욕탕 안에서 "왕성하게 사색을 했다." 밧세바의 주제가 진지한 예술의 소재로 왕성하게 다루어졌다는 사실은 이에 대한 가장 유력한 증거이다. 그 당시에는 목욕탕 안에서 남자가 여자 쪽을 넘겨다보고 나체를 엿보는 일은 매우 흔했다.

또한 르네상스 시대는 공중 목욕탕이 도시에만 있었던 것이 아니라 대부분의 농촌에도 있었다고 한다. 큰 도시에는 열두 칸 또는 그 이상의 공동 목욕탕이 있었는데 농촌의 목욕탕은 보통 두 칸 정도였다. 이를 뒷받침하기 위해서 약간만 숫자를 제시해보겠다. 1426년부터 1515년까지의 고문서를 훑어보면 울름 지방의 다섯 개

프랑스 플롱비에르의 빈민과 병자들의 온천(목판화, 1553)

마을에는 모두 목욕탕이 있었다. 16세기에 라이프하임이라는 마을의 농민들은 다시 또 한채의 목욕탕을 짓게 해달라고 청원했다. 스위스의 뷜라흐 지방의 부르가우 마을은 16세기 중엽에 이미 세 채의 농가 안뜰에 각각 개인용 목욕탕이 있었다. 구 아리노니우스에 의하면 1610년에도 오스트리아의 도시나 마을, 시장에는 그런 것이 하나도 존재하지 않았는데 그것은 그 정도로 경제적 사정이 형편없었기 때문이다. 목욕탕의 숫자로 대도시들을 비교해보면 재미있을 것이다. 13세기부터 16세기에 걸쳐서 당시의 도시별 목욕탕 숫자는 다음과 같다. 취리히 5채, 슈파이어 9채, 울름 10채, 바젤 11채, 뷔르츠부르크 12채, 뉘른베르크(한스 작스에 따르면) 13채, 빈 21채, 프랑크프르트 암 마인 15채 등이었다.

플룽비에르의 목욕탕을 선전하는 전단

사실 목욕탕은 비너스 여신에게 말과 눈짓과 행동으로 봉사할 수 있는 절호의 기회를 제공했다. 더욱이 그 당시로는 이만큼 유쾌한 기회가 없었고 사회 분위기가 이런 면으로 목욕탕을 이용하게 만들었기 때문에 목욕탕과 유곽은 처음부터 아주 가까이 있었고 반드시 결부되어 있었다. 목욕탕과 유곽의 이러한 결합 때문에 르네상스 시대에는 목욕업을 매춘업과 마찬가지로 매우 천한 직업으로 보았다. 그리고 이러한 결합은 매우 오랫동안 지속되었다.

목욕업과 매음이 결합함으로써 욕탕녀, 여자 안마사, 때 미는 여자들이 생기게 되었는데, 그 이유는 좀더 많은 욕객을 모으기 위해서였다. 그리고 여자 손님들이 목욕탕에서 시중 드는 남자들의 서비스를 받는 것과 같이 남자들도 대개 욕탕녀의 서비스를 받았다. 욕탕녀는 손님들에게 안마와 샤워를 해주고 목욕통에서 나와서 쉴 수 있도록 침대를 준비해야 했다. 뿐만 아니라 그들은 욕객의 이야기 상대가 되어주고 상대방 남자가 어떠한 수작을 부리거나 혹은 그녀들의 도발적인 복장에 자극받아 매우 노골적인 태도로 육박해올 때에도 빈틈없고 눈치 빠르게 상대해야 했다. 그렇기 때문에 욕탕녀들이 목욕 후에도 손님과 함께 자리에 들어 시중 드는 것은 당연한 일이었다. 욕탕녀의 복장은 어디서나 간단한 셔츠뿐이었다. 그리고 여자 안마사의 셔츠는 투명한 천으로 되어 있었다고 하는데, 그것은 당시의 그림에서도 충분히 증명된다. 욕탕녀들은 이러한 얇은 옷을 입고 손님의 성적 욕구를 자극하는 것이었다. 그런데 많은 그림에서부터 알 수 있듯이 남자 손님이 전라의 욕탕녀에게서 서비스를 받는 일도 드물지 않았다. 욕탕녀는 목욕탕의 미끼였던 것이다. 이 때문에 목욕탕에서도 언제나 예쁘고 미끈하게 잘 빠진 아가씨를 고용했다. 아름다운

병을 고쳐주는 온천

욕탕녀들은 전라로 남자들 앞에 나타나 그 요염한 자태로 남자 손님들의 욕망을 충동질했다. 이에 반해서 못생긴 여자들은 언제나 조롱을 받으면서 농담의 대상이 되었다. 이와 같이 목욕탕에서 손님들에게 베푸는 서비스가 많아짐에 따라서 업자들의 돈벌이도 점점 좋아지게 되었고 그 서비스에는 언제나 직업적인 창녀들이 진출했다. 그렇기 때문에 욕탕녀, 때 미는 여자, 여자 안마사는 창녀와 같은 의미로 불렸다. 15세기에 쓰여진 어떤 시는 "목욕탕에서 시중 드는 인간들은 모두 창녀이거나 창남이다"라고 노래하고 있다. 여자를 욕탕녀에 비유한다는 것은 일반적으로 큰 모욕이었다 —— "저 여자는 욕탕녀처럼 천박하다." 클라라 헤츨레린의 가요집 가운데에서는 여자 안마사가 창녀의 역할을 하고 있음을 잘 나타내주고 있다. 마이엔의 즐거움을 노래한 시 중에서는 이렇게 노래되고 있다.

아침 식사가 끝나면 나는 목욕탕에 간다오.
아름다운 여자를 목욕통에 불러들이면
여자는 나에게 안마를 해주고,
나의 무료함을 달래주네.
누구 한 사람도 목욕탕에서
빨리 나오라고 하지 않지요.
목욕 후에는 모두 영주가 된 듯이 시시덕거린다네.
욕탕녀는 잠시 동안 망설이다가
돈을 받지요.
목욕 후에는 누구에게나 빨간 침대가 주어진다오.

여기서 다음과 같은 사실을 덧붙여도 좋을 것이다. 공동 목욕탕은 대체로 연애의 교회당이고 욕탕녀는 본업이 창녀이므로 수도사나 사제들이 공동 목욕탕에 가는 것은 완전히 금지되어 있었다. 그래도 때 미는 사람의 시중을 받는 것만은 좋다고 규정되어 있었다. 그래서 수도사나 사제들은 때 미는 사람을 자기들의 목욕탕에 데려

갈 수 있었다. 그런데 그때 어느 호기심 많은 사
람이 목욕통 안을 들여다보았더니 훌륭하신 수도
원장님과 때 미는 사람이 우스꽝스럽게 놀고 있었
다고 한다. 예를 들면 암브라스의 가요집의 유쾌
한 풍자시는 "검은 수도원장에 대하여 말하건대,
목욕탕은 원장과 그의 정부에겐 너무나 뜨거웠다"
라고 노래했다.

목욕은 비너스의 의식

　게다가 욕탕녀들이 곧잘 시골 매춘부처럼 꾸몄
다는 것도 덧붙여둔다. 또한 농촌의 욕탕녀는 농촌의 공인된 창녀이기도 했다. 그
러나 욕탕녀뿐 아니라 목욕탕에는 언제나 있게 마련인 참으로 많은 여자들도, 창
녀들이 여러 이름으로 불렸듯이, "유쾌한 여자" —— 프랑스어로 "팜 폴" —— "신
발 신은 메추라기", "나이팅게일" 등 여러 가지 이름으로 불리고 있었다. 우리는
그 증거들을 빈, 베를린, 뉘른베르크 등 많은 도시에서 발견한다. 물론 목욕탕을
사업을 위한 작전지역으로 택하는 여자들은 창녀 중에서도 특히 아름다운 여자였
다. 창녀들은 나체나 반나체로 입욕하는데다가 남녀가 혼욕을 하고 있었기 때문에
자신의 몸매에 자신 있는 창녀들은 자신의 연애사업을 효과적으로 광고할 수 있는
다시없는 기회를 가졌다. 즉 목욕탕에서야말로 남자의 욕망을 참을 수 없을 정도
로 충동질하는 그 모든 것을 보여줄 수 있었다. 남자들의 욕망을 충동질하는 창녀
의 수완이 교묘하면 교묘할수록 그녀의 연애사업은 더욱 주가가 오르고 단골도 늘
어갔다. 물론 창녀들이 목욕탕 안에서 남자들을 유혹하여 밖으로 따라나가는 경
우도 있었지만, 그 안에서 즉시 돈벌이의 기회를 찾을 수도 있었다. 목욕탕에는
대개 한 개 이상의 방이 있었기 때문에 서로가 바라기만 하면 충분히 뜨거워진 적
절한 때에 그 방으로 들어가서 목욕중에 시작했던 놀음을 마지막까지 끌고 갈 수
있었다.

　대부분의 남자들이 창녀와 즐기려는 목적으로 목욕탕에 갔기 때문에 거의 모든
도시에서 목욕탕은 넓은 의미에서 유곽이라고 할 수 있었다. 연대기에도 뮌스터 부
근의 울름에는 창녀들의 소위 내실 목욕탕이 있었다는 기록이 보인다. 그렇다면 그
러한 목욕탕이 유곽의 특수한 형태에 지나지 않았음을 알 수 있을 것이다. 수많은
유곽 단속규칙이 목욕탕 단속규칙과 결부되어 있었고 목욕탕에 대한 단속규칙과 금

익살맞은 에로틱화를 새긴 아연통

령들 가운데에는 창녀의 출입이나 숙박에 관한 규정이 덧붙여 있었으며 누가 보아도 유곽 단속규칙과 똑같은 목욕탕 단속규칙도 있었다는 사실은 위와 같은 사정을 충분히 증명해주고 있다. 예를 들면 12세기에 영국에서 시작되어 오래된 것으로 유명한 목욕탕 단속규칙에서는 유곽출입에 대한 금령이 그대로 목욕탕에도 적용되었다. 그 금령들 가운데에는 "목욕탕에 사제나 유부녀를 들여보내서는 안 된다", "목

아연통의 반대쪽 모습

욕탕에는 태워버려야 할 만큼 위험한 질병이 있는 여자를 고용해서는 안 된다"라는 규정이 있다. 대체로 이러한 것들은 목욕탕이 유곽과 진배없었다는 사실을 분명히 보여주고 있다.

　그런데 이들 공동 목욕탕과 함께 도시귀족들의 저택 안에도 목욕탕이 있었다. 저택의 가내 목욕탕에도 공동 목욕탕과 같은 분위기와 풍습이 있었는데 가내 목욕탕

가내 목욕탕에서 급습당한 간부

은 무엇보다도 우선 향락의 장소였고 오로지 육체적 쾌락을 위해서만 즐겨 출입하는 장소였다. 두 사람의 연인은 가내 목욕탕 안에서 누구에게도 구애받지 않고 비너스와 프리아포스의 즐거움을 만끽했다. 가내 목욕탕에는 남녀가 완전 나체로 입욕했다. 이 파라다이스와 같은 풍속이 오랫동안 계속되어왔음은 슈바이니헨의 유쾌한 한스의 자서전에 쓰여진 회상을 보면 잘 알 수 있다. 그는 1561년, 아홉 살 때 있었던 다음과 같은 사건을 기억해내고 있다.

나는 궁정에서 며칠간 머물렀던 것을 기억한다. 나이 먹은 공작부인이 목욕탕에 들어가 있었기 때문에 나는 시중을 들지 않으면 안 되었다. 그때 카타리나라고 불리는 처녀가 완전 나체로 들어와서 나에게 물을 부어주도록 명령했다. 그것은 나에게 이변이었다. 나는 그때까지 한번도 벌거벗은 여자를 본 적이 없었기 때문에 어찌할 바를 몰랐다. 나는 그녀에게 물을 부어주었다. 그녀는 크게 소리치며 공작부인을 불렀고 나와 그녀가 함께 어떻게 놀았는가를 부인에게 이야기했다. 그러나 부인은 웃으면서 나의 귀염둥이는 온순해질 것이라고 말했다. 그때 나는 벌거벗은 여자가 어떻게 생겼는가를 알게 되었지만 왜 그 아가씨가 나에게 벌거벗은 모습을 보여주었는가는 최후의 순간에야 알게 되었다.

그런데 풍기문제를 비판할 때 이 가내 목욕의 관습을 두 가지 각도로 보지 않으면 안 된다. 첫째로, 가내 목욕탕은 가족들끼리 단란하게 이용하는 곳이었을 뿐만 아니라 이곳에 손님들을 안내하여 연회를 열었고 그 집안에서 가장 아름다운 하녀를 골라 손님을 시중들게 하여 함께 목욕하고 먹고 마시고 놀이하고 익살을 떨면서

모두 맘껏 즐기는 장소였다. 바로 이런 사실에 풍
속의 역사에서 가내 목욕이 등장하게 되는 첫번째
이유가 있다.

둘째로, 연대기에 폭로되어 있는 스캔들에서
보듯이 가내 목욕탕은 그 시대 부부들의 부정, 특
히 부인들이 일으키는 부정의 주요 무대였다. 아
직 젊고 아름다운 부인은 남편이 집을 떠난 틈을
이용하여 정부를 내실의 목욕탕에 초대하고 연회
를 베풀었다. 부정한 여인의 연애편지에 "기분좋
고 즐거운 목욕"이 당신을 기다리고 있습니다라고
적혀 있다면 드디어 그녀의 정부가 기대하고 있던
최후의 목적을 사랑하는 여자와 함께 이룰 수 있
는 순간이 점점 다가오고 있다는 것을 의미했다.
이와 같이 집안에 초대되는 친구들은 대부분 정부
들이거나 행실이 나쁜 미인들이었다. 남편이 생각
지도 않은 때에 돌아와서 사태가 비극적으로 끝나

욕탕의 밧세바(멤링)

는 사건을 주제로 하여 쓰여진 많은 이야기들이 이 점을 증명하고 있다. 나는 이미
그 실례를 이야기한 적이 있다. 예를 들면 슈툼프의 스위스 연대기로부터 이 책에
채록해놓은, 배신당한 주인이 목욕탕에 들어와 있는 정부에게 복수하는 장면을 그
린 그림도 바로 그러한 예의 하나이다.

대개 가내 목욕탕은 임시로 만들었는데 잠깐 사용하기 위해서 목욕통을 가져다놓
는 것으로 족했다. 그러나 상류시민이나 귀족의 저택 또는 왕족이나 교회군주의 궁
전 안에 있는 욕실은 대리석으로 된 바닥, 값비싼 욕조, 벽면의 벽화, 목욕 후의 휴
식을 위한 긴 의자의 두터운 방석 등으로 실로 호화스럽게 꾸며져 있었다. 이 방면
의 고전적 실례로서 나는 아우크스부르크에 있는 푸거 집안의 호화로운 욕실이나
라파엘로가 프레스코 기법으로 그린 유명한 바티칸 궁전의 비비에나 추기경의 욕실
을 이야기해둔다. 욕실을 향락을 위한 제일의 장소로 생각했던 당시의 사정을 감안
한다면 비비에나 추기경 같은 탕아들이 그들이 총애하는 첩이나 고급창녀들과 함께
교황의 궁정에서 개최했던 음란한 축제의 무대로서 특별히 욕탕을 선택했던 것도

바티칸의 비비에나 추기경의 욕실 벽화(라파엘로의 벽화에 의한 동판화)

Io Grevius Sculp.

Perillustri Dño. D. Hieronymo
Scala Patauino Tabellam hanc
Matthęus Bolzetta Dicat et Donat

여자의 허영심에 대한 네덜란드의 캐리커쳐(야코브 데 게인, 17세기)

별로 놀라운 일이 못 된다.

가내 목욕탕은 공동 목욕탕보다 훨씬 역사가 길며 기사시대의 성곽 안에서도 발견된다. 그리고 이러한 가내 목욕탕이 성곽 안에서도 이미 비너스에게 봉사하기 위한 장소로 사용되었던 사실을 중세 독일의 연애시로부터 얼마든지 찾아낼 수 있다. 그러나 12세기까지는 이러한 가내 목욕탕은 극소수였기 때문에 공동 목욕탕에 나오는 영주조차 있었다고 한다. 15-16세기에 거쳐 부를 축적한 신흥 시민계급이 점

온천장에서의 유흥(H. S. 베함, 목판화)

점 증가하게 되고 그에 따라서 격렬한 계급분화가 일어나게 되자 가내 목욕탕도 점점 늘어나게 되었고 공동 목욕탕은 단지 중하류 서민들만의 것으로 되었다. 가내 목욕탕의 숫자가 어느 정도였나를 보여주는 기록은 거의 없는데, 1489년 울름에는 공동 목욕탕 외에 가내 목욕탕이 168개 정도였다.

3) 온천장

그런데 도시귀족이나 유산계급이 그 지방의 공동 목욕탕에 점점 가지 않게 된 또 다른 이유가 있었다. 이들 상류계급이 겉으로나마 매우 품행이 방정해졌기 때문이 아니고, 실은 공동 목욕탕을 대신하여 매우 훌륭한 대용품이 발견되었기 때문이다. 그들이 공동 목욕탕에서 즐겼던 향락이 온천장에서는 거의 두 배, 세 배로 커질 수 있었다. 온천장은 13세기 이래 도처에서 개발되었고 오늘날의 유명한 온천장과 같이 호화, 사치스러운 것으로까지 발전했다.

인생의 달콤한 향락을 마음껏 즐기기 위하여 많은 사람들이 흥겨운 온천여행을 했다. 사람들은 애초에는 병을 고치고 건강을 되찾기 위해서 수세기 동안에 걸쳐서 온천을 개발하고 온천에 들어가 목욕을 했다. 그러나 병을 고치려고 온천에 오는 사람의 숫자는 병을 예방하기 위하여 온천에 오는 사람의 숫자에 비하여 매년 점점 줄어들었다. 이러한 숫자의 차이는 궁정이나 외국의 도시는 제쳐놓고 우선 온천장이 사교적인 향락생활의 장소가 되어버렸다는 사정 때문이었다. 그리고 그것은 참으로 당연한 일이었다. 온천장에는 누구보다도 우선 기분 좋게 즐기러 온 사람들이 가장 오래 머물렀다. 따라서 온천장은 자연히 향락장소로 바뀌었고 처음부터 즐기러 와서 오래 머무는 사람들을 위하여 여러 종류의 향락이 다양하게 제공될 필요가 있었다. 그리하여 이런 장소는 병든 사람보다 건강한 사람에게 훨씬 매력 있는 곳이 되었다. 그리고 이러한 이유 때문에 어느 시대에나 유산계급을 위한 호화 목욕탕이 생겼던 것이다. 더욱이 르네상스 시대에는 욕탕생활이 최고의 향락이었기 때문에 온천장은 당시 사교생활의 중심이 되었다. 이러한 이유 때문에 "온천장에는 돈을 가지고 가야 효력이 있다"라는 풍자도 생겼다.

> 5월에 우리는 온천장에 간다.
> 지갑에는 돈이 가득 차 있다고 허풍을 떨면서.
> 온천은 부자들이 가는 곳이기 때문이지.
> 여자를 데리고 온천에 가더라도
> 지갑에 돈이 한푼도 없으면
> 온천은 조금도 효력이 없다.
> 돈과 재산을 사용해야만이
> 온천은 그만큼 효력이 있기 때문이지.

무르너는 「고이히마트」에서 이와 같이 조소했다.

온천에 가는 것은 사랑의 여신 비너스를 찾아가는 것이었고 온천생활은 단지 비너스를 섬기는 축제에 지나지 않았다. 내가 앞에서 말했던 것처럼 그 시대의 모든 관능은 온천장에서 요란하게 과시되었고 밑 빠진 독과 같이 한없는 에로틱한 향락만이 유명한 온천장의 생활이었으며 또한 모든 것이 에로틱한 향락에 집중되었기 때문이다.

르네상스 시대의 온천생활이 얼마나 요란했던가에 대해서는 여행기, 연대기, 만담, 속담, 그리고 욕탕생활에 관한 여러 가지 훈령이나 금령으로부터 얼마든지 그 정경을 상상할 수 있다.

온천에서는 가장 대담하고 뻔뻔스러운 방법으로 유혹하고 유혹당하는 일이 많으면 많을수록 좋은 일이었고 모든 일은 이 목적에 합치되었다. 여자들은 매일 여러

로이크 온천장의 욕녀들(한스 보크, 유화, 1597)

시간 동안 혼욕하면서 남자들 앞에서 매우 음란하고 에로틱한 연극을 연출하고 남자를 유혹하는 프로그램을 연출했다. 남자들도 여자들의 그러한 행위에 자극받아서 음탕한 말이나 노골적인 몸짓으로 대담하게 여자를 유혹하는 프로그램을 제일 먼저 고안했다. 13세기에 「니타르트의 노래」에서는 이렇게 노래했다.

가슈타인(온천장)의 풀 뽑는 하녀는
아름다운 몸매, 내게 쾌감과 즐거움을 준다네.
내가 여자의 그것을 보았을 때,
여자도 기꺼이 나의 그것을 보았다네.
나는 여자를 포옹했고, 여자도 나에게 안겨들었다네.
온천장의 선남선녀들이여,
이 세상에 이보다 더 안락한 생활이 있을까?
이 모두가 우리들의 몸과 마음을 건강하게 해준다네.

이것은 한 여자가 특정한 남자나 구애자에게 주는 비밀스러운 구경거리가 아니라 어디까지나 공공연한 놀이였다. 그것은 단지 한 남자를 특별히 즐겁게 해주려는 데 의도가 있는 것이 아니라, 모든 남자들을 노리는 행위였다. 욕탕녀는 목욕탕 안에

육욕의 악덕에 대한 풍자화(브뤼겔의 유화에 의한 동판화)

LVXVRIA

탐욕에 대한 독일의 캐리커처

있는 모든 남자들의 눈을 사로잡아 독차지하려고 애썼다.

　온천장에 머물고 있는 마님들은 고향 마을의 목욕탕에서만큼 나체가 되지 않았다. 오히려 옷을 벗은 후에 머리카락이나 목둘레를 요란스럽게 장식했다. 그리고 옷을 입는 경우에는 원시적인 목적에 적합하도록 매우 값이 비싸고 세련된 욕의를 걸쳤다. 우리들은 루카스 크라나흐의 회화나 요스트 암만의 복장화, "터키 여인의 입욕 모습"으로부터 르네상스 시대의 귀부인들이 호화 온천장에서 어떤 모습으로 목욕하고 있었는가를 충분히 상상할 수 있을 것이다. 온천장에서의 매일의 프로그

448

램은 마치 공개적인 연극처럼 짜여져 있었다. 실로 온천장은 여러 사람들이 함께 출연하고 구경꾼들도 함께 즐기는 극장과 같은 곳이었다. 로이크나 바덴의 광천탕에는 목욕탕 옆에 복도가 있어서 그 복도에서 마음대로 욕탕 안을 들여다볼 수 있었다. 목욕하러 들어가지 않은 구경꾼들도 물 속에서 일어나는 일들을 연극처럼 내려다보면서 관능적 욕구를 만족시킬 수 있었던 것이다.

연대기의 기록을 보면 온천장에서 일어났던 일들은 여러 세기가 지나도록 조금도 변하지 않았음을 알 수 있다. 그러한 기록으로서 나는 아르고이의 바덴의 욕탕생활에 대한 포조의 유명한 기록, 그리고 랑겐슈타인의 하인리히가 1380년대에 기획한 비스바덴의 온천제 광경에 대한 기록만을 들어둔다. 아깝게도 이러한 고전적인 기록의 내용을 여기에 재록하는 것이 금지되어 있기 때문에 그 대신에 두 가지의 단속규칙만을 소개하겠다. 이 단속규칙은 동시에 이러한 풍속이 16세기까지 어느 지방에서나 계속 번창해왔음을 증명하고 있다. 1594년 뷔르템베르크의 볼이라는 온천장의 단속규칙을 살펴보자.

외설스러운 말이나 사람을 수치스럽게 만드는 험담, 또는 고성방가를 금한다. 이를 어기는 경우에는 2분의 1 굴덴(금화)의 벌금을 부과한다. 부인이나 아가씨들에게 이와 비슷한 외설스러운 행위나 노출을 해서는 안 된다. 이를 어기는 경우에는 1굴덴의 엄중한 벌금을 부과한다. 이러한 행위들이 너무 지나치게 일어나고 있기 때문이다.

1619년 페퍼의 온천장 단속규칙에는 이렇게 적혀 있다.

넷째, 남자 욕객이 목욕중에 일부러 추잡하게 여자들을 건드리기 때문에 어떻게 하든지 이런 못된 장난을 없애달라는 호소가 여자들 쪽에서 수없이 들어왔으므로 당국은 온천장 단속규칙에 의하여 금후로는 남자와 여자(부부와 근친은 제외)는 각각 별도의 목욕탕에 들어가도록 엄중하게 명령한다. 그러나 너무 많은 욕객 때문에 혹은 다른 이유 때문에 이러한 구분이 가능하지 않은 경우에도 당국은 (가능한 한) 결코 앞에서와 같은 음란한 행위를 묵인하지 않을 것이다. 이를 어길 경우에는 2페니히의 벌금을 물려 사람들에게 경고를 하도록 하겠다. 이렇게 해둔다면 어떤 남자도 여자들에게 무례하게 군다거나 장난으로 추근대거나 음란하고 노골적인 말이나 행동으로 여자를 놀리지 못하게 될 것이고 모든 추문이나 부정도 없어지게 될 것이다.

16세기의 사랑의 시

당시에 목욕탕에 몰려든 사람들은 매우 잡다한 부류들이었고 어떤 의미에서는 가히 국제적이라고까지 할 수 있었다. 당시에는 모든 사람들이 이러한 향락생활에 빠져 있었다. 매년 이러한 온천장을 순례하는 귀족들도 있었다. 물론 그 가운데에서도 세련되고 아름다운 창녀의 무리가 가장 많았다. 이 창녀들의 무리에는 뚜쟁이들이나 이와 비슷한 부류의 수상쩍은 무뢰한들이 합류했다. 교회에 봉사하는 무리들도 재미있는 일이 있거나 육욕을 만족시킬 수 있는 곳이라면 결코 사양하지 않았기 때문에 수도사, 사제, 수녀들까지도 이름난 목욕탕을 찾는 유력한 집단이 되었다. 우리들은 이러한 사제들과 수녀들의 온천편력을 이야기해주는 많은 기록들을 알고 있다. 예를 들면 파이퍼는 1566년 스위스의 루체른 시와 루체른 주의 역사에서 "(루체른) 궁정의 몇몇 성직자가 자신들의 정부를 데리고 바덴 온천에 가고자 하여 당국에 허락을 청원했는데, 당국은 세간의 비난을 두려워하여 허락하지 않았다"라

유부녀와 융커   하녀방의 시종

고 쓰고 있다.

어느 온천장에나 욕탕녀가 가장 큰 무리를 이루고 있었던 사실은 별로 놀라운 일이 못 된다. 온천장에서는 일반적으로 돈이 잘 돌았기 때문에 자연히 창녀들이 장사의 선두에 나섰다. 창녀들은 축제에서 그렇듯이 온천장에서도 인기의 중심이었다. 어느 온천장에서나 창녀들은 필요 불가결한 존재였다. 창녀들은 생활비를 벌기 위하여 어떤 부류의 남자든지 유혹하지 않으면 안 되었다. 자기 나라에서는 남의 이목 때문에 마음놓고 즐길 수 없어서 일부러 놀아보려고 모여든 사람들이 언제나 온천객의 대부분을 차지하고 있었다. 특히 풍기단속이나 사치단속을 강력히 실시하고 있는 나라에서는 지배계급의 남자들이 이렇게 쉴 수 있는 기회를 만들지 못한다면 대단히 지겹고 괴로운 일일 것이다. 이런 이유 때문에 예를 들면 아르가우 지방의 바덴에는 언제나 취리히 사람들이 특히 많이 머물고 있었다. 그들의 나라는 시민들에 대해서 엄격하게 풍기단속이나 사치단속을 실시했지만 바덴에서라면 절대로 그런 규칙에 구애받을 필요가 없었던 것이다.

그런데 남자들뿐만 아니라 자기 나라에서는 위신이나 체면 때문에 생활의 무료함이나 부부생활의 권태를 벗어날 수 없던 마님들도 온천장을 즐겨 찾았다. 글라우버는 "남편이 해가 갈수록 냉담해지기 때문에 마님들도 즐기기 위하여 탄산천이나 온천장에 간다"고 말했다. 구아리노니우스는 1610년에 또한 이렇게 쓰고 있다. "많은 여자들이 온천이 있는 할에 가는데, 여자들은 그 지방에서라면 유쾌하게 자기들의 주인인 남편을 잊어버릴 수 있기 때문이다." 그리고 "자기 나라에서라면 평판 때문에 도저히 불가능하겠지만 많은 마님들이 작은 욕실 안에서 때 미는 사람과 어울려 마음껏 놀아난다. 그 놀아나는 모습은 마치 욕탕녀와 똑같았다"라고 쓰고 있다. 이런 정황에 비추어보면 여자들이 온천장에서 틀림없이 고쳐오는 병은 불임증이었음도 결코 놀라운 일이 아니다. 포조는 이 점을 신랄하게 파헤치고 있다.

친구여, 자네는 나에게 이 온천의 효험에 대해서 물었는가? 이 온천은 여러 가지 효험이 있다네. 그런데 두세 가지 병에 특히 효험이 있다고 하네. 세상에서 이 온천만큼 불임증에 잘 듣는 온천은 없을 거라고 나는 믿네. 아이가 없는 여자가 여기에 와서 불임증에 효과가 있는 비술을 열심히 행하기만 한다면 여자는 즉시 이 온천에서 훌륭한 효험을 볼 것이네.

"아이가 없는 여자는 온천에 가는 것이 가장 좋다. 온천이 고쳐주지 못한다면 손님이라도 고쳐주기 때문이다", "온천욕은 모든 사람을 건강하게 만들어준다. 어머니, 딸, 하인, 심지어 따라간 개까지도 임신시키기 때문이다" 등의 옛 속담들은 이러한 효험을 쉽게 증명하고 있다.

매독 환자(채색 목판화)

마지막으로 온천장이나 광천탕의 음탕한 생활 모습을 적나라하게 보여주는 것은 당시의 회화들이다. 만약 어느 독자가 그 시대의 회화에 나타난 현실에 억지로 눈을 감는다고 한다면 바보 같은 의문만 남을 것이다. 확실히 위대한 미술은 역시 현실을 부각시키고 있는 것은 사실이겠지만 실제 묘사된 것은 외설이나 나체의 강조와는 전혀 다른 것이 되었다. 플뢰트너, 솔리스, 뒤러, 베함이 묘사했던 것은 어디까지나 분위기였다. 그것은 당대의 사람들이 육체미를 숭배했던 일반적 경향을 말해주고 있다. 이 육체미를 주제로 욕탕생활을 묘사해놓은 회화들의 대부분이 매우 완벽한 육체만을 묘사하고 있는 점은 분명하다. 그러나 얼굴이 아주 추하거나 쭈글쭈글한 여자는 남녀혼욕의 온천장에 결코 들어가지 않았다고 하는 간단한 사정이 오히려 상당한 것을 설명해준다. 추녀는 적어도 그런 경우 단정하게 체면을 차리고 품행을 지켰기 때문이다. 추하다는 것은 언제나 정조를 지켜주는 엄격한 수호신이라는 것이다.

공동 목욕탕의 생활이 점점 쇠퇴해간 이유는 유곽이 쇠퇴해간 이유와 같이 일반적 불경기와 매독 때문이었다. 이 점을 이 이상 상세히 설명할 필요는 없을 것 같고 또한 이미 제I권에서도 서술한 바 있기 때문에 단지 일반적 불경기에 대해서만 약간 서술하겠다. 16세기가 되자 장작 가격이 매우 비싸져서 불경기는 목욕탕에 특히 복잡한 영향을 미쳤다는 점을 한마디 덧붙여두고자 한다. 목욕물은 장작으로만 데웠기 때문에 장작이 비싸지자 목욕비도 훨씬 비싸졌고 그만큼 목욕탕은 대중에게 매우 사치스러운 것이 되어버렸다.

4) 놀이와 춤

어느 시대에나 성인들의 오락은 대부분 에로틱한 성격을 띠고 있다. 모든 오락에는 적어도 에로틱한 분위기가 포함되는 것이 보통이다. 성인들이 특별한 쾌감을 발견해낸 거의 모든 놀이의 내용은 남녀의 구애라든가 서로 접촉하는 것들이라는 점에서 이것을 확인할 수 있다.

중세 및 르네상스 시대에는 대부분의 놀이에 이러한 에로틱한 내용이 노골적으로 나타났다. 특히 남녀의 음란한 노출만을 노리고 있는 놀이에서는 관능적이고 거친 쾌락을 매우 노골적으로 추구하고 있었다. 사람들은 남녀가 나누는 즐거움을 무한정 유쾌하게 맛보고 싶었고 남녀가 함께 즐기는 놀이 가운데에서만 즐거움을 부담 없이 맛볼 수 있었다. 그중 특색 있는 것은 "넘어뜨리기 놀이", "키스 도둑질", "새 마을에서 온 양치기" 등이었는데 모두 상당히 대중화되었고 매우 인기가 있었다.

"넘어뜨리기 놀이"는 신사와 숙녀가 일대일로 희극적인 격투를 벌이는 것인데 다음과 같이 행해

늙은 정부(드 브리, 동판화, 17세기)

춤추는 농부(드 브리, 동판화)

졌다. 남녀 둘 중에 한쪽이 발을 들어 상대의 발바닥을 차는데 차인 상대는 균형을 잃고 뒤로 넘어지게 된다. 여자는 바닥에 앉아 있는 한 남자의 등에 걸터앉아 있었고 남자는 서 있었다. 당시의 여자들은 스커트 안에 속옷을 입지 않았기 때문에 남자 쪽에서 여자의 발바닥을 차면 자연히 여자 쪽의 다리나 엉덩이까지 훤히 드러나게 되었다. 여자 쪽의 이러한 노출은 만약 남자가 이겨서 여자를 뒤로 넘어뜨렸을 경우에 절정에 이르렀다. 그런데 그 당시의 남자들은 대부분 단추 없는 잠방이밖에 입지 않았기 때문에 이런 놀이를 할 때에는 언제나 앞이 훤히 드러났다. "키스 도둑질"도 이와 비슷했다. 키스 도둑질은 많은 놀이의 주된 목적이었다. 이것은 격투하는 남녀 두 사람이 언제나 다른 사람의 어깨 위에, 남자는 여자, 여자는 남자의 어깨 위에 올라타고 서로 상대의 입술을 훔치는 아주 거친 놀이였다. 그렇기 때문에 이 놀이는 실내에서보다 마당에서 행해졌는데 기수와 말이 한 조가 되어 북적거리고 서로 얼크러져 소란스럽기 짝이 없었다. 그러나 당연히 거기에는 또한 볼 만한 장면이 있었다. "새 마을에서 온 양치기"라는 놀이는 무르너에 의해서 기록되어 있다. 이때에도 놀이의 보상으로서 키스가 제공되었다. 이 놀이에서는 여자도 남자와 똑같이 상대 남자를 꼭 붙잡고 빙빙 돌려야 했기 때문에 "그만한 힘이 있는 여자만이 이 놀이에 가담할 수 있었다." 물론 남자도 답례로 상대 여자를 훨씬 더 높이 들어올려 훨씬 거칠게 돌려주었다. 무르너는 이 놀이를 이렇게 적고 있다. "남자들이 아가씨들을 마음껏 돌려도 그것은 수치가 아니었고, 그렇다고 해서 예의도 아니었다. 그리고 아가씨들이 너무나 극단적으로 장난을 쳐서 남자 쪽은 눈이 어찔어찔해지고 아무것도 분간할 수가 없었다." 이 놀이는 언제나 전부가 키스하는 것으로 끝났다.

이러한 놀이는 모든 계급에서 유행했고 또 모든 계급에서 크게 인기를 끌었다.

그렇기 때문에 숙녀가 자진하여 자신의 은밀한 아름다움을 사람들 앞에서 공개하고 공공연하게 남녀가 이를 보고 즐긴다고 해도 이것은 당시의 상류 시민계급이나 귀족계급의 예의범절에 어긋나지 않았다.

농부 부부(M. 트로이, 동판화)

농민들 사이에서는 이보다 훨씬 음란한 놀이가 유행했다. "벰플링크 베르겐(Wemplink Bergen)"이라고 하는 놀이가 그것이다. 이 놀이가 구체적으로 어떻게 행해졌는가에 대해서는 자세히 알 수 없다. 로이엔탈의 니트하르트가 이 놀이에 대해서 노래한 시를 보면 가장 음란하게 서로 붙잡고 노는 놀이 형태였다는 것과 남녀 가릴 것 없이 이 놀이에 정신을 빼앗길 정도였다는 것을 분명히 알 수 있다.

나는 "정조의 보물"이라는 시로부터 당시 유행하던 많은 사교 놀이를 알 수 있었다. 곧 "두 사람은 꽃 속에서 넘어지려고 했다", "두 사람은 다리 위에서 놀았다", "두 사람은 실컷 즐겼다", "두 사람은 포옹했다", "두 사람은 목적을 이루려고 노력했다", 또한 최후로 "두 사람은 서로 키스했다"라고 하는 놀이의 제목들로 볼 때 에로틱한 것이 이러한 놀이의 중요한 목적이었다고 생각된다. 다리로 하는 놀이는 넘어뜨리기와 비슷한 것인 듯하고 "다리와 다리"라든가 "두 사람이 목적을 이루려고 노력했다"라고 하는 것은 "벰플링크 베르겐"과 똑같이 거칠고 에로틱한 형태였음을 나타낸다. "목적(Zwech)"이라는 단어는 "벰플링(Wempling)"이라는 단어와 똑같이 외설적인 의미를 가지고 있었기 때문이다.

그런데 이러한 놀이나 장난들은 그 유행에서나 에로틱한 내용에서나 어느 시대, 어느 나라에서나 성인들 사이에 가장 인기가 있었던 놀이인 춤과는 비교가 되지 않았다.

춤은 그 무엇보다도 에로틱한 놀이이다. 이는 복장의 경우와 조금도 다름이 없는데 춤의 본질을 알기 위해서는 그것을 감싸고 있는 외관에 현혹되어서는 안 된다. 우리들은 다양한 춤의 최후의 비밀까지 파고들어가서 왜 어느 시대, 어느 곳에서나 예외 없이 계속하여 새로운 춤이 발명되었는가를 이해하게 될 때 비로소 춤의 핵심

농부의 춤(M. 트로이)

적 의미를 찾을 수 있을 것이다. 따지고 보면 춤이란 예나 지금이나 형식화된 리듬에 맞추어 다투고 구애하고 거절하고 약속하고 뜻을 이루는 에로틱한 동작에 지나지 않는다. 춤의 테마는 이러한 에로틱한 요소의 한 부분 또는 전부를 상징하고 있다. 여러 가지 민속 춤이나 혹은 시대에 따라서 유행하는 춤들은 연애행위의 중요한 핵심들을 투명한 형태로 상징하고 있다. 이탈리아의 타란텔라, 폴란드의 카추차, 헝가리의 자르다스, 현대에 국제적으로 유행하는 마치크 —— 그것은 모두 연애의 도취를 형식화한 착란에 지나지 않는다. 그렇기 때문에 많은 사람들이 춤을 추는 가운데 미친 듯이 육욕의 환희를 맛보는 것이다. 이 춤들에서는 에로틱한 요소가 누구의 눈에라도 최초의 분위기에 의해서 분명하게 드러난다. 구체화하려는 상징이 대담한 난무를 통해서 과장되어 나타나기 때문이다. 근대의 댄스인 왈츠에서도 사정은 똑같다. 왈츠에서는 앞에서 말한 경향들이 좀더 세련되어 있을 뿐이다. 왈츠를 충분히 이해하고 춤추는 선남선녀들의 마음속에는 연애할 때에 뜨겁게 포옹하는 것과 같은 행복감이 샘솟아나온다. 이와 같이 사람들은 이 행복감을 어떤 때에는 공공연하게 또 어떤 때에는 몰래, 말이 아니라 눈으로써 특히 춤출 때의 전신의 율동을 통해서 고백한다. 이러한 춤의 본질은 우리들에게 많은 것들을 설명해준다. 춤에서는 일체의 것들이 관능에 젖어 있을 뿐만 아니라 춤이라는 것이 성적인 만족을 형식화한 운동으로 옮겨놓은 리듬이기 때문에 성적인 만족으로의 위험한 매개자이며 유혹자이다. 이 때문에 춤을 통하여 육욕을 만족시키려고 하는 대담한

농부의 춤(M. 트로이)

공상이 시작되는 것이다.

이런 경향은 중세 말기와 르네상스 시대의 춤 가운데 매우 노골적으로 나타난다. 그 당시의 춤은 놀이 속에서 구체적으로 나타났던 앞에서 말한 경향들을 가장 깊게 심화시킨 것이라고 말할 수 있다. 만약 춤이 이런 경향을 강화시켜주지 않았다면, 그 시대 사람들은 자신들이 목표로 하는 쾌락에 도달하기 위하여 그밖의 엉뚱한 방법에 의하여 이와 같은 목적에 도달하려고 했을 것이다.

르네상스 시대에 가장 널리 유행하던 춤은 나막신 춤이나 이와 비슷한 발장단을 맞추는 여러 가지 산악 춤으로서 오늘날에도 아직 행해지고 있는데, 춤추는 여자가 난폭하게 뛰고 빙빙 돌면서 스커트가 가능한 한 위로 감겨올라가도록 하는 것이었다. 남자 쪽에서는 이 사이 끊임없이 발바닥을 두드리고 소리를 질러서 이 테마에 맞는 반주를 했다.

이미 궁정의 민네 노래에서도 춤추는 여자에 대해서 "무희는 한 발 이상 멀리 그리고 높이 날았다"라고 노래하고 있다. 상대 여자를 마음껏 대담하게 빙빙 돌릴 수 있는 수완 있는 젊은이는 아가씨들에게도 인기 있는 춤 상대였다. 왜냐하면 상대 아가씨는 이렇게 해줄 때에만 춤의 달콤한 도취를 그 최후의 한방울까지 핥아 마실 수 있었기 때문이다. 이럴 때 대부분의 아가씨들은 좋아서 어찌할 바를 모르겠다는 듯이 상대를 도발시켰다. 그 시대 사람은 이렇게 기록하고 있다.

프랑스의 르네상스 시대 장식품

오늘날에도 상대 아가씨를 돌려주거나 페르쾨르데른(Verkördern)을 할 수 없는 노예와는 누구도 진심으로 춤추려고 하지 않기 때문에, 사람들은 그런 남자는 관절이 없는 신천옹이라고 부를 정도였다. 아가씨가 먼저 그렇게 해주도록 남자를 충동질하지 않았다면 남자 쪽도 아주 예의 바르게 춤을 추고 아마 페르쾨르데른을 하지 않았을 것이다. 만약 남자가 너무 무기력하면, 여자 쪽에서 남자를 집어던져 돌려버리기도 했다.

아가씨, 부인, 미망인들 —— 이런 여자들은 모두들 춤에는 열심이었기 때문에 —— 이 어떤 종류의 춤에서 달인이 되었거나 젊은이들에게 눈이 팽팽 돌 정도로 마구 휘둘려질 때만큼 커다란 명예를 느낄 때는 없었다.

춤에 열광하여 관능에 사로잡힌 아가씨들은 젊은이나 남자들이 동경하고 있는 것을 보여주는 데에 결코 거리낌이 없었다. 내성적인 아가씨들도 상대방 남자를 즐겁게 해주기 위해서 코르셋의 구멍 하나 정도는 살짝 열어놓았다. 뻔뻔스러운 아가씨들은 공공연히 그렇게 하거나, 하나 정도의 구멍으로는 만족하지 않고 결국 둥그런 유방을 거의 반 정도나 드러내었다. 미텐바일러의 하인리히는 이렇게 노래한다.

그런데 아가씨들은 뒤로 물러나서
이쪽을 향하여 살며시 다가온다.
나는 어쩌된 일인지 알지 못하는데,
덕분에 무릎 위까지 죄다 볼 수 있었다.
힐덴의 블라우스의 창은 너무나 커서
덕분에 그녀가 이쪽으로 다가올 때
그녀의 가슴에서 데구루루 유방이 흘러나왔다.
춤을 추고 싶어하는 욕망에 그 아가씨는 그렇게 되었다.
휘델라인은 아주 열심이었다.

덕분에 아가씨의 윗옷은 앞이 터지고
유방이 쏙 얼굴을 내민다.
그것은 남자들 모두의 마음을 즐겁게 해주기 마련.

당시 춤에서 행해졌던 중요한 속임수는 소위 페르쾨르데른이라는 것이었다.
1580년에 출판된 「춤의 악마」에서는 페르쾨르데른을 다음과 같이 묘사하고 있다.

　춤에서의 페르쾨르데른. 이것이 음란하고 경박하며 부끄러움도 모르는 춤에서 어떻게
행해졌는가는 앞에서 말한 대로이다. 마치 고삐 풀린 망아지와 같이 남녀가 뒤범벅이 되
어 걷거나 뛰고 돌다가 넘어지고 뱅글뱅글 제자리를 돌기도 한다(이런 춤을 페르쾨르데른
이라는 새로운 이름으로 불렀다). 이처럼 아가씨들은 부끄러움도, 사람들의 평판도 잊고
마치 농부들이 도리깨를 돌리는 것처럼 춤의 악마에 의해서 더욱 빨리 더욱 높이 페르쾨
르데른이 되었다. 때문에 아가씨의 치마는 자주 허리띠 위에까지 감겨 올라가거나 때로는
머리 위에까지 감겨 올라갔다. 그렇지 않으면 땅바닥에 나동그라져서 남녀가 함께 뒹굴기
도 했다. 그러면 모든 남녀들이 그곳으로 몰려들어서 결국 한꺼번에 뒤범벅이 되어 쓰러
졌다. 이렇게 휘돌고 넘어지고 옷이 감겨올라고 하는 것을 보면서 남자들은 "와아!"거리며
웃고 박수를 쳤다. 아가씨들은 남자들에게 멋진 구경거리를 선사해주었기 때문이다.

이 페르쾨르데른의 진짜 재미는 한 쌍의 남녀가 먼저 넘어지고 거기에 덮쳐서,
모든 쌍이 함께 몰려와서 결국 춤추는 남녀가 갑자기 한덩어리가 되어 바닥에 딩구
는 데에 있었다. 이때 주문대로 음란한 노출이 펼쳐진다. 이 광경은 춤을 추지 않
고 구경하는 사람들도 매우 즐겁게 했다. 이 때문에 많은 남자들은 춤판으로 나가
지 않고 구경하는 것만을 즐기기도 했다. 그래서 "춤추는 남자보다 구경하는 남자
쪽이 더 조마조마하다"라는 속담도 있다. 더욱이 완전 나체나 속옷만 입은 채 윗옷
을 벗어버리고 춤을 추는 나쁜 풍습이 유행했을 때에는 남자도 여자처럼 음란하게
노출을 했다. 1555년 작센의 마이센 포도청 단속령은 이런 음란한 무도회에 대해
서 특별히 한 장을 할애했는데 그중에는 "남자들은 옷을 입지도 않고 춤추러 나타
나며 게다가 음란하고 아슬아슬한 몸짓을 하기 때문에 무도회는 허가하지 않는 것
이 좋을 것이다"라는 구절도 있다.
　남자들이 춤 상대인 자신들을 즐겁게 해주는 것을 여자 쪽에서도 싫어하지 않았
기 때문에 이런 장난은 여러 지역에서 매우 음란한 소동으로까지 타락했고 그렇지

겨울에 이루어지는 즐거운 유희(드 브륀, 동판화)

선술집의 방랑자들(A. 보트)

않다면 춤추는 것도 별로 즐기지 않게 되었다. 그래서 당국은 이러한 무도회를 감시하고 행정적인 대책을 세우게 되었다. 알로이시우스 오렐리는 1555년에 이렇게 쓰고 있다.

예를 들면 이제까지 신분이나 연령 고하를 막론하고 모든 사람들이 크게 즐기고 있는 무도회는 금지되었다. 단지 결혼식 때만은 춤을 추는 것이 허용되었으나 날이 어두워지면 그만두는 것이 규칙이었다. 그러나 이러한 즐거움을 맛볼 기회가 대단히 드물었기 때문에 그럴수록 사람들은 더욱더 춤에 열광했다. 젊고 원기왕성한 친구들은 껑충 뛰면서 뒤로 넘어지는 재주를 부리면서 그것을 명예롭게 생각했다. 이때 상대방 남자가 구르는 박자에 맞춰 여자도 함께 뒤로 넘어지는데 헝클어진 그 모습을 보고 모든 사람들이 와 하고 웃음을 터뜨리는 것이 보통이었다. 그것은 도덕적으로 슬픈 일이었다. 따라서 "뒤로 넘어지기"는 법으로 금지되어 있었지만 춤에 도취되어 있을 때는 사람들은 이것이 금지되어 있다는 사실조차 잊어버렸다. 한 사람이 뒤로 넘어지기를 해 보이면 금새 다음다음으로 옮아가서 모두가 멋진 폼으로 뒤로 넘어지기를 했다. 이러한 범법행위를 막기 위해서 무도회에는 특별히 감독관이 파견되었다. 시의 휘장을 단 감독관은 누군가가 먼저 뒤로 넘어지기를 하려고 할 때 재빨리 악단의 연주를 금지시키고 무도회의 해산을 명령했다.

농가의 결혼(독일의 목판화)

또한 무도회는 사랑하는 남녀가 친밀한 애정을 교환할 수 있는 좋은 기회였다. 사랑을 표현하기 위한 최선의 방법은 키스였다. 남자는 상대방 여자의 입술이나 뺨에다 키스를 하거나 깊이 드러난 가슴에도 키스하게 되었다. 이러한 애무는 자신의 평판을 손상시키지 않도록 어느 부인이나 아가씨에게도 허용될 정도로 소위 경애의 표시로서 행해졌다. 그러나 입술보다 더욱 뜨거웠던 곳은 손이었다. "남자들은 사람들 앞에서 아가씨의 블라우스에 손을 넣어 가슴을 만지기도 했다. 그것은 대부분의 아가씨에게 은밀한 즐거움을 주었다." 여자들은 이런 행위에 대해서 거의 저항하지 않았는데 어떤 여자에게나 이런 행동을 할 수 있었기 때문이다. 그러나 어떤 여자들은 새침해져서 화를 내었는데 "그러한 여자의 유방은 볼품이 없거나, 블라우스 안에 아마 부스러기나 헝겊 조각이 들어 있는 것이 탄로나서" 모두의 웃음거리가 되었기 때문이다. 휴식시간에 춤추는 남자가 상대방 아가씨 앞에서 무릎을 꿇거나 아가씨의 무릎에 기댈 때에는 우선 아가씨의 블라우스를 만지는 것이 남자들의 일반적인

윤무(루벤스의 유화에 의한 동판화)

습관이었다. 마지막으로 환희가 절정에 달하여 끓는 피가 관자놀이에서 팔딱거리기 시작할 때, 그들은 서로의 친밀감을 점점 대담하게 표현한다. 그리고 여자들도 남자들의 이러한 행동을 기꺼이 받아들일 뿐만 아니라 여러 사육제 연극에서도 분명히 묘사되어 있듯이 적극적이고 대담한 행동으로 남자들을 충동질하는 것이었다.

언어의 자극적인 힘은 윤무에서 특히 효과가 있었다. 윤무에서는 개인적인 대화나 합창을 위한 음악 대신에 여기저기서 일종의 교환무를 위한 노래가 불렸다. 윤무를 출 때에는 여자와 여자 사이에 남자가 끼어 모두 손을 붙잡고 노래에 맞추어 돌며 춤을 추었다. 이 춤을 위한 노래는 대부분 에로틱한 내용으로서 연애의 기술을 외설적으로 노래한 것일수록 더욱 인기를 끌었다. 하층계급이나 농민들은 보통 음란한 노래밖에 부르지 않았는데 오늘날에도 역시 농촌에서 춤출 때 부르는 노래들은 매우 외설적이다. 로테르담의 에라스무스는 이 윤무와 그때 불리던 노래에 대하여 "그때 모든 사람들은 천박하고 불건전한 연애 노래나 속요를 부르고 그것에 박자를 맞추어 젊은이들과 아가씨들이 돌며 춤을 추었다"고 말하고 있다. 카이저스베르크의 가일러도 이렇게 썼다.

나는 도저히 윤무를 잊을 수 없다. 이때 불리던 음란한 연애 노래에 맞추어 그 어떤 춤보다 많은 간음과 치욕이 범해졌다. 이런 노래들 때문에 여자들은 호색과 음란의 욕구를 자극받는다.

이러한 다양한 연애상품이 남녀 서로간에 교환되는 곳에서 이미 순진무구함이란 찾아볼 수 없었다. 그래서 속담에서는 "숫처녀가 춤추러 가는 것은 유리 구두를 신고 춤추러 가는 것과 같다"라든가 "춤추러 가는 아가씨는 요절나지 않고는 집에 돌아오는 법이 거의 없다"라고 전해진다. 요란하게 춤추는 가운데 요구되고, 추파나 악수에 의하여 반쯤 예약된 상품은 관능에 사로잡혀서 비실비실 돌아오는 길에 그 영수증을 받고 팔리게 되었다. 「춤의 악마」의 저자는 "경박하게 춤을 추다가 돌아오는 길에서 무슨 일이 일어났는가?"라는 한 장에서 이것을 상세하게 기록해두고 있다.

이 풍속이나 습관을 빗대어 믿음이 깊은 독신자(篤信者)들은 "춤을 추어서는 안 된다. 춤을 출 때에 악마는 꼬리를 치고 있다"라는 이유로 어떤 종류의 춤에 대해서도 반대했는데 소위 건실한 시민들은 춤에 대한 비난을 음란한 춤의 유일한 온상인 야간 무도회에만 한정하려고 했다. 이에 반해서 보통 사람들은 언제 어떠한 장소에서라도 "시민의 건전한 춤"이 없다면 살 수 없다고 생각했다. 그것은 향락생활에 춤이 없어서는 안 된다고 하는 이유 때문만이 아니었다. 무도회라는 기회는 오늘날과 마찬가지로 그 당시에도 매우 중요한 중매시장이었다. 따라서 상류사회의 어머니들이 딸에게 훌륭한 남편감을 찾아주기 위하여 젊은 상품을 그 시장에 데리고 나가야 한다는 중요한 이유 때문에 무도회를 없애버려서는 안 된다고 했던 것이다. 키리아쿠스 슈팡겐베르크라는

보리수 아래에서(다니엘 칸델, 동판화)

독일의 신학자는 신부(新婦)를 위한 설교에서 춤에 대해서 이렇게 말하고 있다.

우리의 선조들은 혼인을 성사시킬 목적으로 자신의 아들과 딸을 이웃사람들에게 보여주려고 이런 성대한 무도회를 열었다. 그래서 오늘날에도 마이센이나 그밖의 지방에서는 매년 일정한 날을 잡아 이 마을 저 마을에서 어른들의 지시로 무도회를 열고 있다.

무도회에서는 남녀의 중매가 대체로 어려움 없이 바라는 바대로 결말을 지을 수 있었다. 그러나 시민들이 건전하다고 말하는 춤의 그 내용이라는 것도 다음과 같이 움직일 수 없는 사실에 의하여 공격을 받았다. 왜냐하면 남녀의 중매가 이루어지는 곳에서는 어디에서나 유리한 거래를 하기 위하여 비열한 농간이 횡행했기 때문이다. 일반적으로 여자가 이용할 수 있는 가장 효과적인 거래수단은 야외에서건 살롱에서건 남자에게 자신을 미리 선불하는 것이었다. 그것은 새 잡는 그물처럼 독신자를 꼼짝 못 하게 얽어매는 그물이었다. 선불은 여자에게 마음이 있는 남자를 더욱 달콤하게 해주었다. 또한 도시의 아가씨이건 농촌의 아가씨이건 간에 아가씨들이라면 모두, "여자가 침대에서 어떻게 하는지를 알고 싶거든 무도장에 데리고 가거라", "여자라는 동물은 마치 춤추는 것처럼 연애한다"라는 남자들이 하는 말들을 빠짐없이 알고 있었기 때문에 그들 가운데에서도 현명한 친구들은 꼭 연애하듯이

폭음하는 악마(독일의 팸플릿, 17세기)

열심히 춤을 추었던 것이다.

르네상스 시대의 많은 저술가들은 이와 같이 음란한 무도회의 풍속이 농촌이나 도시 하층계급 사이에서만 유행한 것처럼 변명하는데 그것은 새빨간 거짓말이다. 이러한 음란한 풍속이 서민층에서는 단지 소박한 형태로 나타났을 뿐이었다. 그런

데 부자나 상류계급의 무도장에서도 음란함에 푹
졌기는 서민층의 그것을 뺨칠 정도였다. 상류계급
의 여자가 자신의 연인에게 어느 정도까지 허용했
는가 하는 점은 바르바라 뢰펠홀츠라는 여자의 재
판조서를 살펴보는 것만으로도 충분할 것이다. 이
조서를 보면, 자신의 마음에 드는 상대방 남자가
춤을 추자고 다가올 때 상류계급의 아가씨들이 그
다지 품위 있고 고상하게 처신하지는 않았다는 것
을 알 수 있을 것이다. 이와 같은 당시 사람들의
의견만으로 추측할 필요는 없다. 그 시대의 회화,
소설, 그밖에 많은 연대기 속에는 매우 신분이 높
고 돈 많은 집안의 아가씨들도 무도회에서 같은

술취한 노아와 그의 아들들(목판화)

계급의 남자들에게 농민의 딸과 조금도 다름없이 양보하고, 농민의 호색적인 젊은
이가 교태를 머금은 농민의 딸을 즐겁게 해줄 때와 조금도 다름없이 교성을 지르는
것을 취미로 삼았다는 것을 알 수 있는 좋은 증거들이 산처럼 쌓여 있기 때문이다.
상류 시민계급의 생활을 묘사하고 있는 코르나자노의 「당신은 그가 아니다」라는 속
담소설에는 피아첸차의 상류사회 여자들이 춤을 출 때 자신들의 에로틱한 호기심을
가장 대담하게 만족시켜줄 수 있는 재주 있는 춤 상대를 찾으려고 얼마나 고심했는
가 하는 것이 상세히 묘사되어 있다.

그 당시 궁정에서 시작되었던 공식무도, 즉 오늘날의 폴로네즈와 유사하게 남녀
한 쌍씩 음악에 맞추어 넓은 홀을 행진하는 춤에서는 분명히 이런 소동은 보이지
않았다. 그러한 춤은 대부분 인습적인 것이었고 의식을 시작할 때의 소위 공식적인
전주곡에 지나지 않았다. 예를 들면 그 유명한 횃불춤도 처음에는 신랑과 신부의
입장의식에 지나지 않았다. 그러나 그렇다고 하더라도 내가 앞에서 춤의 본질은 결
국 형식화된 에로티시즘이라고 했던 규정이 이 경우에도 역시 들어맞는다. 이러한
지루하고 의식화된 형태의 춤에서도 춤의 형식을 만들고 템포를 결정하고 춤추는
남녀의 운동과 경향을 지도하는 것은 역시 관능이었다. 이러한 춤도 또한 남녀의
연애라는 방대한 한 장 가운데의 한 절을 상징하는 것이고 남녀의 구애를 형식화한
것에 지나지 않았다.

농촌의 교회헌당축제(다니엘 호퍼, 동판화, 16세기)

5) 축제

춤은 육체적 욕구를 만족시켜줄 가장 큰 기회를 주었기 때문에 모든 오락 가운데
에서도 사람들이 가장 즐겨 찾았던 최선의 오락이었다.

사람들이 즐기고 싶어할 때 악사들은 무도곡을 연주했다. 그 시대의 최대의 축제인 교회헌당축제에는 성대한 음식이나 연회와 함께 춤도 한몫 거들었다. 악사는 일찍부터 연회음악으로 무도곡을 연주했고, 연회가 끝나기를 기다리고 있던 젊은이는 아가씨를 붙잡고 이웃집 남자는 건강한 이웃집 여자를 붙잡고 눈깜짝할 사이에

주정뱅이(한스 발둥 그린, 목판화)

혼란에 편승하여 남녀 한 쌍씩 짝을 지어 춤판으로 우루루 밀어닥쳤다.

　이때는 전혀 피로가 느껴지지 않았다. 남자들은 집이 부서질 정도로 마루를 쾅쾅 울렸고, 여자들의 가지각색의 스커트는 커다란 불바퀴처럼 뒤범벅이 된 가운데 펄럭거리고 소용돌이쳤다. 이런 때는 언제나 술에 취해서 이미 열이 올라 있기 때문에 사람들의 관능의 끈이 풀어지기까지는 오랜 시간이 걸리지 않았다. 다른 사람이 보든 말든 그런 것은 아무래도 좋았다. 남자들은 거리낌이 없었다. 젊은이들이 꼭 껴안으면 껴안을수록 아가씨들은 점점 더 즐거워하고 깔깔대며 웃었다. 기분이 점점 고조되고 전체의 분위기가 술렁거림에 따라서 사람들은 저마다 춤의 육감적인 내용을 점점 왕성하게 즐기게 되었다. 남녀는 차차 몰래 한 쌍씩 사라졌다가는 나갈 때와 마찬가지로 또 몰래 다시 나타났다. 해질 녘의 덤불 안에서 두 남녀는 서로 비밀스러운 육욕을 진정시켰고 귀부인이 융커에게 그러하듯이 그리고 억센 하녀가

백조와 함께 있는 레다(코르넬리우스 보스, 동판화)

정력 좋은 노예에게 그러하듯이 상류 시민계급의 여자도 이런 경우 자신의 정부에게 솔직했다. 해가 저물고 절정에 이르면 목구멍에서 흘러나오는 헛기침도, 깔깔대는 웃음소리도 이미 들리지 않고 환희에 들뜬 신음소리나 헐떡이는 숨소리만 들려올 뿐이었다. 판이 이 지경에 이르면 이미 아무런 저항도 없어지고, 춤은 리듬으로부터 해방되어 매우 거친 정욕의 도취로 변해버렸다. 남아 있는 것은 오로지 정욕을 만족시키려는 단 하나의 의지뿐이었다. 그리고 그것은 도취 가운데에서 거칠게 만족되었다. 입술은 입술과 결합한다. 손과 손은 마치 쇠로 만들어진 조임쇠와 같이 풍만한 육체의 한가운데에서 굳게 엉켜붙는다. 젊은이는 아가씨를 이미 마을의 덤불 숲으로 끌고 가는 노고를 할 것도 없이 중인환시리의 춤판에서 억지로 넘어뜨리고 거친 정욕을 아가씨의 환희 속에서 일거에 만족시켰다.

위와 같이 루벤스는 농촌의 교회헌당축제 광경을 묘사하고 있다. 그것은 반드시 실제의 장면은 아니었겠지만 르네상스 시대의 축제에서 절정에 달했던 관능적인 향락을 장대하고 순수하게 상징한 것이었다. 이 그림은 또한 춤추는 인간의 혈관 속에 돌고 있는 정열을 그 최후의 비밀까지 대담하게 폭로하는 것이기도 하다.

6) 사육제

사육제는 교회헌당축제와 함께 르네상스 시대에서 대단히 중요한 민족축제였다. 우리들은 사육제를 민족축제로 보지 않을 수 없다. 민족축제로서의 사육제는 오늘날에는 이미 거의 찾아볼 수 없게 되었다. 단지 오늘날에도 많은 사람들이 동일한 시간에 동일한 장소에서 폭음, 고성방가, 소동을 벌일 기회를 약간은 가지고 있지만 이러한 외적 공통성이 민족축제를 만들어내는 본질적 요소라고는 볼 수 없다. 민족집단이 어떤 축제의 기회에 스스로를 하나의 대가족이라고 느끼게 되는 것이 민족축제의 본질인 것이다.

이런 전제로부터 오늘날에는 어찌하여 이러한 민족축제가 거의 없어져버렸는가 하는 점도 명백해지게 된다. 민족집단이 하나의 가족이라고 느낄 수 있으려면 적어도 사회상태가 어디까지나 동질적이지 않으면 안 된다. 그리고 사회가 분열되어 있어서는 안 된다. 즉 사회적 대립이 사회의식으로 고착되어버려서는 안 되는 것이다. 만약에 사태가 이에 이른다면 민족이 하나의 가족이라고 하는 감정은 어느 시대에도 성립할 수 없게 되고 따라서 어떤 축제날이 일반 민중의 민족축제가 될 수 있는 기회도 사라져버린다. 근대 문명국에서는 동질적인 사회상태란 이미 어디를 찾아 보아도 발견할 수가 없다. 그렇기 때문에 공동의 축제도 각 계급별로밖에 남아 있지 않다.

그런데 르네상스 시대의 사람들은 민족축제를 인식하고 있었다. 이미 당시에도 사회적 대립은 매우 분명한 형태를 띠고 있었으나 계급이익이 다양하게 달리 나타났기 때문에 아직 사회의식으로는 발전하지 않았다. 이밖에 그 당시에는 적어도 한 가지만은 공통의 것이 있었다. 그것은 바로 종교와 교회였다. 이 공통의 것과 국가 및 자치제에 대한 교회의 지배권을 생각해본다면 왜 교회헌당축제가 중요한 민족축제가 되었는가가 분명해진다. 사회적 대립이 아직 교회지배의 사슬을 벗어날 정도로 강력하지 못했기 때문에

베네치아의 사육제

교회가 이러한 공통의 것이었던 어느 곳에서나 교회헌당축제가 중요한 민족축제가 되었다.

앞에서도 말한 것처럼 사육제는 교회헌당축제와 나란히 민족축제로서 첫째자리에 있었다. 사육제에는 어른들이 참가했기 때문에 에로티시즘이 가장 높이 울려퍼지는 음악이었고 모든 것이 분명하게 에로티시즘으로 채워져 있었다. 또한 에로티시즘은 사육제의 최고의 주제로서 세련되었다. 그런데 사육제의 중심 내용은 고대 그리스의 축제의 연속으로서 결국 육욕을 만족시키기 위한 기회에 지나지 않았다. 그렇기 때문에 여러 지방에서 사육제가 커다란 남근의 형태로 상징되었고 축제행렬이 막대기 끝에 남근을 붙여 짊어지고 다녔던 것도 이해할 만하다. 이 날에는 남녀 노소 할 것 없이 모두 남근에 대해서 복종하려고 했다. 남근은 사육제에서 만인을 지배하는 유일신이었다. 사람들은 다른 사람이 누군지 알 수 없는 마당에서 자신도 변장함으로써 훌륭한 기회, 무엇보다 방종을 극할 수 있는 멋진 기회를 만들었다. 남녀 모두가 얼굴에 가면을 쓰거나 가장하여 맨얼굴로는 도저히 할 수 없는 말이나 행동을 대담하게 구사할 수 있었던 것이다. 이때 남자들은 가면을 쓴 여자들이 얼굴을 붉히지 않고도 들을 수 있도록 자신의 욕망이나 고백을 귀에다 대고 속삭이거나 어떠한 형태로든지 표현해도 좋았고, 여자도 또한 평소에는 결코 입 밖에 내지 못할 말을 해도 좋았다. 뻔뻔스러운 남자들은 아무렇지도 않은 듯이 대담한 행동에 열을 올렸고 어떠한 뻔뻔스러운 짓도 쉽게 허용되었다. 바보제에서는 남자들의 무례한 행동을 고대하는 여자들이 겁을 먹지 않고도 얼마든지 이런 기회를 이용할 수 있었다. 사람들은 이 날만은 어떤 행동이라도 할 수 있었고 또 허용받았는데, 그것은 상대방의 얼굴을 알 수 없었기 때문이다. 자신의 수치심을 그다지도 뻔뻔스럽게 충동질했던 남자가 누구인지 여자는 알지 못했고, 이러한 뻔뻔스러움에 대해서 한 없는 즐거움을 보여주었고 남자가 원하는 목적을 이룰 수 있도록 허용해준 여자가 누구인지 남자도 역시 알지 못했다. 그렇기 때문에 속담에서 11월에 낳은 아이를 망칙스럽게 "사육제의 아이"라고 부르거나 더 조롱하여 "11월에 태어난 아이는 언제나 아비가 둘이다"라고 했던 것도 사실무근이 아니었다.

가장을 잘만 하면 전혀 드러나거나 추적될 염려가 없었기 때문에 사람들은 가장 속에 자신을 감춘 채 온갖 난폭행위를 자행했다. 남자들은 아가씨나 부인들에게 세레나데를 부르고 만약 무참하게 거절당하면 곧 망칙스러운 "외설적인 노래"를 불러

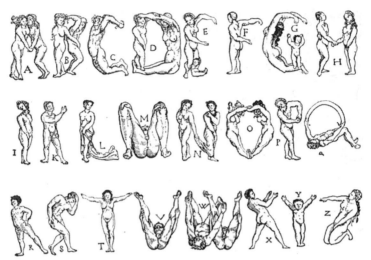

육체로 형상화한 알파벳(페터 플뢰트너, 목판화)

서 복수했다. 남자들은 떼지어 유곽으로 몰려가서 있을 수 있는 모든 난폭행위를 자행하거나, 젊은 여자와 아가씨들을 거리에서 위협하고는 그녀들이 어쩔 줄 모르고 당황하여 도망치면 손뼉을 치며 좋아했다.

그런데 이러한 가장행렬을 이용하여 반동적인 정치적 목적이 자주 행동으로 옮겨졌다. 그러나 반동이 반드시 성공을 거두었던 것은 아니었지만 그 때문에 도시의 정부당국은 매우 일찍부터 사육제에서의 민중의 가장행렬을 금지하든가 특권적인 단체나 춘프트에만 그것을 허용했다. 그 실례는 이미 여러 번 이야기한 바 있는 뉘른베르크의 쇰바르틀라우프(Schömbartlauf)인데 그것은 도살업 조합만의 특권이 되었다. 1400년의 베네치아의 단속규칙에도 이미 "어떤 사람이건 간에 가면을 쓰고 사육제에 나가서는 안 된다"라고 규정되어 있다. 이와 똑같은 규칙은 아우크스부르크의 어떤 시민의 일기장에서도 발견되고 있다.

1561년 2월 23일 저녁에 나는 하인호퍼, 헤르츠, 장마이스터와 함께 가장을 하고 나섰다. 어떤 사람도 가장을 한 모습으로 외출해서는 안 된다는 것을 알고 있었기 때문에 마차를 타고 갔다. 마을 악사 둘을 데리고 유곽에 들어갔는데 우리를 싫어하는 눈치는 없었다. 마음에 드는 미인들을 데리고 우리들은 바보처럼 춤추고 뛰며 놀았다.

춤추는 유희(펜화, 16세기)

유곽 안에서는 사육제 전후에 걸쳐 어떠한 바보놀이를 해도 좋았고, 군주 카르네발(Prinz Carneval : 이탈리아어로 'carne'는 '육체', 'val'은 '안녕', 즉 '육체여, 안녕'이라는 사육(謝肉)을 의미함/역주), 즉 큰 걸음으로 걸어가는 남근에 대하여 어떠한 경의를 표해도 좋았다. 그리고 여기서 분명히 짚고 넘어가야 할 것은 가장 행위가 하층계급의 풍속이었을 뿐만 아니라 도시귀족, 농촌귀족, 궁정귀족 모두에게 유행했다는 사실이다. 이런 종류의 인간들은 주문이 지나치게 복잡해서 어지간한 정도로는 만족하지 않았기 때문에 모든 것이 점점 세련을 극해갈 뿐이다. 1389년 프랑스 궁정에서 검술대회가 끝난 후에 열렸던 축제에 대해서 어느 기록자는 다음과 같이 말하고 있다.

밤이 되자 모두 가면을 쓰고 귀족이라기보다는 오히려 마술사처럼 다양하게 변장을 했다. 밤을 낮으로 낮을 밤으로 변화시키는 이러한 명예스럽지 못한 풍습으로 배가 터지도록 먹고 마시는 몰염치와 함께 국왕의 면전에서나 국왕이 살고 있는 신성한 장소에서는 도저히 허용될 수 없는 불손, 무례한 행동들이 멋대로 자행되었다. 누구든지 자신의 정열을 만족시키려고 했다. 부인의 단정치 못한 처신으로 남편의 권리가 짓밟혀도 오늘만은 예외였다. 미혼여성이 자신의 명예에 관계되는 신중함을 버려도 오늘만은 예외였다. 이러한 분위기에서는 인간은 어떠한 것이라도 입 밖에 낼 수 있었다.

선술집에서(루카스 반 발켄보르크, 유화)

또다른 사람이 보고하고 있듯이 친목을 방해하지 않기 위해서 "샤퀸 푸르 샤쾽",
즉 상대를 가리지 않는 엉망진창인 관계에서는 국왕도 특별취급되지 않았다. 1639
년 사육제를 즈음하여 메디나 공작부인이 가장무도회를 주최했을 때 공작부인은 궁

정에서 가장 아름다운 23명의 귀부인들과 함께 오늘날의 나체문화 축제의 연원이
되는 아마존의 복장으로 나타남으로써 가장무도회의 마지막을 화려하게 장식했다
고 기록되고 있다. 제I권에 인용된 교황 알렉산데르 6세의 궁정에서 열렸던 벌거벗

사육제 풍습(1532)

은 창녀와 억센 노예의 씨름 대회도 역시 사육제의 여흥이었다.

또한 사육제에는 언제나 에로틱한 많은 풍습이 붙어다녔다. 그러한 실례로서 여기서는 "아가씨를 소금에 절이기"라든가 "쟁기 끌기와 써래 끌기"라는 풍습만을 들어보겠다. "쟁기 끌기와 써래 끌기"의 풍습에 대한 기록에는 "그 해 무도회에 참가한 아가씨들은 한 사람도 남김없이 젊은 남자들에게 불려가서 말 대신에 쟁기에 매여 쟁기 위에 앉아 있는 악사와 함께 개천이나 호수 가운데로 내몰리게 된다"라고 쓰여 있다. 그런데 여기에는 그 경과만 적혀 있고 그 비밀스러운 의미에 대해서는 언급되어 있지 않다. 사실 이 풍습의 목적은 지난 해에 열심히 신랑감을 찾았지만 데려갈 사람이 없었던 아가씨들에 대한 익살이 섞인 조롱에 지나지 않았다. 어느 사육제 연극에는 이런 사실이 분명히 드러나 있다. "금년에 아가씨에게 남아 있는 일은 쟁기나 써래에 매달려 그것을 끌고 가게 하는 일뿐이다." 쟁기와 써래가 고대와 마찬가지로 르네상스 시대에도 남자의 힘, 즉 남근의 상징이고, 쟁기로 갈아야 하는 밭을 여자의 자궁을 상징하는 것으로 본다면 이 풍속의 에로틱한 의미를 이해할 수 있을 것이다. 아가씨는 자신의 사랑의 밭을 일구어줄 농부를 열심히 찾았으나 헛수고였다는 사실을 나타내려고 하는 것이었다. 그래서 사람들은 그런 아가씨를 조롱하기 위해서 물 속으로 집어넣었다. 왜냐하면 쟁기로 물을 갈아엎을 수 없기 때문이다. 영국에서 이 풍습은 플라우 먼데이(Plough Monday : 경작 시작을 축하하는 관습으로 주현절(主顯節, 1월 6일) 후 첫째 월요일/역주)에 행해졌다. "아가씨를 소금에 절인다"라고 하는 풍습은 그 표현이 상징하고 있는 것처럼 그 아가씨는 한 남자도 찾아낼 수 없었기 때문에 자신의 처녀성을 소금에 절이지 않으면 안

종마와 암말(보우버만, 동판화)

되었다는 것을 의미하고 있다.

　사육제의 에로틱한 분위기를 묘사해놓은 예는 회화 가운데서도 상당히 발견되고 있다. 이에 대해서는 브뢰겔의 훌륭한 목판화 "사육제 연극"(원색화보 참조)만 들어 보겠다. 남자 쪽은 깃털이 달린 화살을 쥐고 있는 궁수이고 여자 쪽은 그 과녁이 되는 둥근 원판을 들고 있다. 이 남녀 두 사람이 순수한 에로티시즘을 상징하는 점은 곧 이해될 것이다. 여자들은 이 날 남자들이 깃털 달린 화살로 쏘아맞춰야만 하는 과녁을 가지고 있었다. 남자들은 여자들이 어떤 술책을 부리더라도 이 과녁을 멋지게 쏘아 맞추는 것으로 사육제의 즐거움을 맛보았다.

　사육제라는 것은 에로틱한 내용을 남근적이고 외설적인 차원으로 표현하는 기독교의 "사투르누스 축제"였다. 그 고전적인 증거로는 사육제 연극이 있다. 연극은 어느 사육제에서나 공연되기 마련이었고, 다행히 대본도 매우 많이 남아 있다.

어느 종마 책에서(16세기)

이 사육제 연극은 에로틱한 내용이 중심이었으며, 에로틱한 내용은 모두 연극 속에서 매우 상세하게 묘사되었다. 이미 이런 기록은 여러 번 인용했기 때문에 더 이상 서술하지 않겠다.

비록 사육제 연극이 조소의 옷을 입고 있었다고 해도 그것은 르네상스 시대의 공적이거나 사적인 도덕문제를 그 모든 측면에서 상당히 많이 설명해주고 있다. 바로 그 점에 이 문학의 가치가 있다. 사육제 연극은 대부분 외설투성이로 상연되었기 때문에 그것을 보고 두려움에 떨었던 사람은 새침하고 뚱한 사람들만이 아니었다. 그 실례로서 앞에서 인용했던 "방앗간집 마누라의 사육제"나 "이혼" 외에 "그렇지만 사육제 연극이지?"를 들어둔다. 이 연극들의 주제는 성행위에 대한 익살 넘치는 토론이다.

7) 신비극과 극장

사육제 연극에 이어서 그 시대의 극장에 대해서도 언급하지 않으면 안 된다. 사육제 연극은 극장의 출발점이라고는 할 수 없지만 어쨌든 극장의 기원 중의 하나였다. 거기서는 항상 명랑한 장르, 즉 희극과 어릿광대극을 상연했다. 한편 엄숙하고 비극적인 것들은 그리스도 수난극이나 신비극에 의하여 표현되었다. 그런데 이런 엄숙한 연극은 교회의 보호를 받았을 뿐만 아니라 대부분 교회에 의해서 상연되었다. 그러나 거기에서도 에로틱한 내용이 커다란 역할을 했다. 사람들이 떨쳐버리려고 했던 육욕이나 성자의 전설을 매우 소박하고 실감나게 표현할 때만 그런 연극은 큰 인기를 얻게 되었다. 예를 들면 십자가 위의 그리스도로 분장한 배우가 완전 나체로 출연하는 사례는 어느 지역에서나 매우 흔했다. 전라의 그리스도는 이런 심각한 연극의 경우 어울리지 않는 기괴한 모습이었다. 성녀 바르바라가 고문당하는 연극에서는 바르바라 역의 아가씨가 양쪽 발이 꽁꽁 묶여 거꾸로 매달렸는데, 관객을 즐겁게 하기 위해서 잠시 동안 그대로 매달아두었다. 그런데 이런 에로틱한 취향 자체가 자주 신비극의 주제가 되었고 —— 예를 들면 마리아의 육체적 처녀성을 즐겨 주제로 삼은 적이 있다 —— 이 취향은 지독하게 노골적으로 표현되었다. 이것은 특히 프랑스 신비극의 특징이라고 할 수 있다. 이러한 신비극에서는 처녀 마리아가 고해신부의 아이를 임신하게 된 수녀원장을 불행한 사태로부터 순간적으로 구

유혹으로서의 미(W. 슈바넨부르크)

출해준다든가, 호기심 많은 여자가 그리스도의 어머니인 마리아가 과연 처녀인가를 확인해보려고 할 때, 마리아가 나타나서 그녀의 양손을 비틀어버린다고 하는 내용들이었다. 간더스하임의 수녀 로스비타가 만든 신비극은 집단적 유혹, 집단적 능욕, 근친상간 등이 주제이며 매우 에로틱한 분위기나 장면이 자주 무대 위에 등장하는 것으로 유명하다.

이에 반해서 세속적인 연극이나 희극에서 에로티시즘이 매우 대담한 형태로 표현

술취한 롯(렘브란트의 그림에 의한 반 블리트의 동판화, 1631)

되었던 것은 별로 놀라운 일이 아니다. 추기경 비비에나의 유명한 "칼란드라"나 마키아벨리의 "만드라골라"와 같은 작품도 예외 없이 그 시대의 틀에 딱 들어맞는다. "만드라골라"가 대단한 인기를 얻을 수 있었던 것은 연극의 예술적, 문화사적 의의 때문이 아니라 남편이 자신의 한없는 어리석음으로, 게다가 보기도 싫어진 마누라의 침실에 억지로 정부를 집어넣고 입술이 마르도록 마누라에게 함께 즐기라고 달랜다는 그로테스크할 정도의 대담한 모티프를 노골적으로 묘사한 덕분이다.

절대주의가 진전됨에 따라서 극장은 더욱 세속적으로 되어갔고 따라서 극장이 사회적 오락의 중요한 수단이 됨에 따라서 그것의 성격도 점점 도색적으로 되어갔다. 그리고 춘화의 퇴치보다도 그것의 찬미 쪽이 극장의 중요한 동기이자 목적이 되었

백조로 변신한 제우스와 그의 애인 레다(미켈란젤로의 조각)

다. 이 점은 이탈리아, 프랑스, 영국 그리고 독일에서 잘 드러났다. 어느 나라에서
나 극장은 매우 음탕한 육욕의 무대였을 뿐 아니라 간음에 대해서 승리를 안겨주
고, 이 승리야말로 사람들이 바라마지 않던 목적이었노라고 선언하는 공공연한 기
회였다.

8) 결혼식 축하와 결혼풍속

르네상스 시대는 축제의 시대였고 축제로 날이 새고 날이 밝았다는 오해가 있다.
사실 여러 도시에서는 매일매일 축제행사가 벌어지고, 일반의 민중축제에서는 마
상경기, 행렬, 군주의 방문, 입성식 등이 연이어 행해졌다. 그러나 이런 것은 이탈
리아, 특히 베네치아, 피렌체, 로마 등의 몇몇 도시에만 해당되었을 뿐이었고 일반
적인 형태는 아니었다. 계속되는 축제소동은 지배계급이 무한한 부귀와 영화 위에
군림하던 몇몇 도시, 그리고 지리적으로 각국 군주의 출입이 빈번했던 몇몇 도시에
서만 벌어졌을 뿐이다.

이에 반해서 르네상스 시대에 훌륭한 역할을 했던 도시, 예를 들면 독일의 뉘른

수태한 모습이 두드러지게 보이는 마리아와 엘리자베스(쾰너 슐레, 유화, 1400)

베르크, 아우크스부르크, 울름, 바젤, 슈트라스부르크 등에서 축제일은 1년 가운데 매우 특별한 날이었다. 세계무역으로부터 떨어져 있던 여러 도시, 특히 농촌의 경우는 특히 그러하다. 농촌에서는 코끼리, 곰, 사자를 구경할 수 있거나 곡예를 연출하는 떠돌이 곡예사의 출현만으로도 마을이 뒤집힐 듯이 소동이 일어났다.

이 때문에 사회적 분위기는 사적인 축제, 특히 상류 시민계급의 세례식이나 결혼식을 사정이 허락하는 한 일반의 축제일에 거행하고 그 축제 때마다 적어도 친구들과 친척들을 초대하도록 했다. 이런 가족의 축제는 대개 며칠, 경우에 따라서는 일주일 이상 계속되었다.

당시는 어떤 축제에서도 마시는 것과 먹는 것이 중심이었는데 —— 농촌에서 혼례식은 아침부터 저녁 때까지 계속되는 성대한 주연에 지나지 않았다 —— 앞에서도 말했듯이 창녀들도 공공연히 잔치에 참석했기 때문에 비너스의 쾌락에도 커다란 자유가 주어졌다.

술취한 노아와 그의 아들들(목판화)

대개 시정인들의 즐거움이란 한없이 마시고 먹는 것이었기 때문에 먹고 마시는 것과 함께 펼쳐지는 여신 비너스에의 봉사도 끝이 없었다. 당시 사람들이 즐겼던 정신적 향락이나 상호간의 대화는 주로 음담이었는데 위아래 할 것 없이 모두 가능한 한 외설적인 농담을 진심으로 즐기고 있었다. 혼례 잔치에서도 물론 에로틱한 농담을 가장 즐겼다. 이 경우 잔치의 목적은 끊임없는 자극이었고 식탁의 중앙에 앉아 있는 신랑과 신부는 이런 목적을 위해서 봉사할 수 있는 가장 알맞은 희생물이었다. 그렇기 때문에 혼례 때 떠드는 이야기들, 여기저기서 날아드는 익살이나 신랑신부를 축하하는 정신적 오락인 여흥, 낭독, 연극 등도

롯이 그의 딸을 범하다(카라치, 동판화)

소박한 에로티시즘으로 가득 차 있었다. 또한 신랑신부를 축하하여 부르거나 낭독하던 혼례 노래나 금언, 이른바 "혼례 수프"도 모두 외설적인 말로 되어 있었다. 사람들은 잔치에서 "신랑은 오늘 저녁 신부에 대해서 가장 알고 싶은 것이 무엇인가?", "신랑은 어느 만큼 힘을 쓸 생각인가?", "신부는 그럴 때 신랑을 어떻게 받쳐 줄 것인가?" 하는 질문만을 매우 노골적인 말로 지껄여댔다. 또 이때 혼례 손님들은 신랑신부의 은밀한 육체를 특히 상세하게 묘사했다. 그들은 "남자와 여자를 구별하는" 신랑의 그것은 어떤 여자라도 즐겁게 해줄 수 있을 정도로 크다고 딱 부러지게 묘사하고, "숫처녀인가 아닌가"를 한눈에 알 수 있도록 신부의 그것을 "매우 조심스럽게 들여다보지 않으면 안 된다"라고 분명하게 가르쳐준다. "혼례 수프"를 말하는 사람의 묘사가 생생하면 생생할수록 사람들은 더욱 즐거워했다. 혼례식에

롯이 그의 딸을 범하다(S. 산레담, 동판화, 1597)

Cum priuil. Sa Cæ. M.

간통(프랑스의 규범집 삽화, 16세기)

서 있었던 극적인 광경에 대하여 칼 바인홀트는 「독일 부인」이라는 책에서 이렇게 말하고 있다. "나는 그러한 모습을 많이 보아왔다. 그들은 그 시대의 혼례 노래의 정신을 모두 호흡하고 신부에게 매우 거리낌없이 노골적인 말을 지껄여댔다. 그러나 그런 음란한 이야기들은 극히 흔한 풍속이었다." 혼례 축하연에는 항상 음담가가 초대되었다. 어느 연대기 작가는 "거의 모든 잔치에는 당연히 파렴치한 음담가

490

뚜쟁이 남편(프랑스의 목판화, 16세기)

가 자리에 있었다"라고 쓰고 있다. 이 경우 파렴치하다는 말은 비난이 아니라 그 성격을 특징짓는 의미에 불과했다. 혼례식 때에 주위에 모여든 사람들에게 호두나 그밖의 것들을 집어던지는 풍습 —— 혼례 잔치는 대개 공개적으로 행해졌다 —— 도 잔치손님들이 음담을 거리낌없이 즐길 수 있도록 주변 사람들을 쫓아버리기 위해서 이용했던 것이다. 연대기 작가는 이렇게 말하고 있다.

강간(프랑스의 목판화)

옛날에는 왜 혼례 잔치에서 호두를 사람들에게 집 어던졌는가? 그것은 결혼식에 쓸데없는 호색한이 그 만 멍청하게 외설적인 말을 무심코 했을 때 사람들이 식탁 둘레에 서 있으려고 하지 않았기 때문이다.

어느 나라에서나 혼례 잔치에는 에로틱한 풍습 이 따라다녔다. 예를 들면 "양말끈 훔치기"도 이 러한 풍습의 한 가지였다. 즉 혼례 잔치 도중에 신부를 따라온 사람 중의 하나가 몰래 식탁 밑으 로 숨어들어가서 신랑이 눈치채지 못하는 사이에 신부의 양말끈을 훔치는 것이었다. 신부는 이런 장난을 방해하기보다 오히려 훔치려는 쪽에 가세했다. 만약 이런 장난이 완전히 성 공했을 경우에는 신랑이 특별히 큰 상을 차려 대접하고 양말끈을 사야만 했다. 이 럴 때 신부는 양말끈을 되도록 아래쪽에 매거나 대개 앞쪽을 약간 풀어놓는 것이 일반적인 풍습이었다. 그런데 이러한 풍습도 역시 뻔뻔스러운 남자들로 하여금 양 말끈을 훔치는 것 말고도 신부에게 성적인 장난을 칠 수 있는 더없이 좋은 기회가 되었다. 신부 쪽도 이런 장난을 즐거이 허락했는데 결국 그러는 가운데 신랑에게 조소를 퍼붓는 꼬투리, 즉 "신랑에게 마지막 순간까지 신부의 처녀성을 사들이도록 하는" 꼬투리가 있었다.

이와 비슷한 또 하나의 풍습은 신부 도둑질이었다. 춤을 추는 도중에 남자 손님

음담패설을 즐기는 사람들

냄새(네덜란드의 동판화)

중의 누군가가 몰래 신부를 훔쳐내려고 한다. 만약 그것이 성공한다면 신부를 훔
쳐낸 손님은 몇 사람의 공모자와 함께 신부를 여관으로 데리고 가서 신부를 되찾
으려온 신랑의 호주머니를 털어 몽땅 술을 마신다. 공모자들이 술값을 지불하고
모두 신부와 키스하게 해줄 것을 요구하면 신랑은 이를 허락하고 신부를 되사지
않으면 안 되었다. 이러한 여러 가지 에로틱한 익살이나 유희는 폴터아벤트
(Polterabend : 혼례 전날 저녁에 신부집에 항아리를 던지는 풍속/역주)라는 잔치
풍습 가운데에서도 발견된다. 이런 잔치는 대부분 노골적인 농탕질에 지나지 않았
다. 이런 풍속을 모두 모아놓는다면 아마 책으로 한 권쯤은 될 것이다. 더욱이 앞

다윗과 밧세바(프랑스의 기도서 삽화, 1533)

어느 기도서의 세밀화(16세기)

에서 설명했던 춤판에서 인기 있었던 풍습, 즉 남자는 속옷을 벗고 여자는 코르셋을 벗는 풍습, 또 남자가 춤 상대를 계속 뒤집어엎어서 상대 여자를 참으로 음란하게 노출시키고 농탕질하는 풍습도 혼례식에서 대단히 유행했다. 그 시대 사람은 이렇게 말하고 있다.

혼례 잔치에서 사람들은 옷을 거의 모두 벗어던져 버리고 나서 춤을 추었으며 그리고 여자들을 일부러 마구 뒤집어엎었다.

앞에서 말했던 신부목욕이나 혼례목욕은 이와 같은 모든 행사가 귀착되는 뻔한 결말이었다. 이러한 풍습은 일반적인 틀로부터 벗어나는 것이 아니고 전체의 논리에 잘 들어맞는 것이었다.

9) 사적인 사교적 향락

혼례는 어느 나라에서나 말과 행동으로 왕성하게 "외설을 베풀기" 위한 다시없는 기회였다. 한편 독자는 그 시대 사람들이 외설적인 의미로 이용할 수 있는 절호의 기회를 놓쳐버렸다는, 즉 세상 사람들은 언제나 끝없는 외설 가운데서만 모든 즐거움의 가장 좋은 양념을 맛보았다고 단정해버려서는 안 된다. 한 가지 예를 들면 15세기에는 "썰매타기"가 각별한 즐거움을 주는 오락으로서 유행했다. 만약 남자 쪽에서 아가씨나 부인에게 특별한 경의를 표하고자 할 때에는 그녀들을 썰매로 안내했다. 그런데 그 경의의 표시는 바로 상대방의 명

불륜(프랑스의 동판화)

예를 계획적으로 위험에 노출시키는 행위를 의미했다. 썰매타기는 곧 음란하게 서로 붙잡기 위한 좋은 기회를 뜻했기 때문이다. 마부는 언제나 썰매의 권리를 마음대로 행사할 수 있도록 계획을 꾸몄다. 지독한 눈보라를 맞으면 타고 있는 사람이 모두 눈 속에 떨어지기 마련이었고, 이렇게 눈 속을 뒹구는 일이 가장 큰 즐거움이었다. 특히 저녁 무렵의 썰매타기가 음란한 소동을 일으키게 되자 많은 도시에서는 저녁에 썰매를 타는 것이 금지되기조차 했다. 1476년 괴를리츠의 단속 규칙에는 다음과 같이 적혀 있다.

남자들은 금후 아가씨와 부인들을 동반한 경우에는 밤 24시 이후(즉 해가 진 후)에 썰매를 타서는 안 된다.

그러나 "여자는 썰매를 타면서 남자와 마음껏 놀아난다"라는 속담이 50년 후에도 있었던 것으로 보아서 이러한 경고는 거의 무시되었음이 분명하다. 남자와 여자가 썰매를 타는 것은 여자가 남자와 가장을 하고 외출하는 것과 똑같이 위험한 일이었다. 썰매타기의 즐거움은 그대로 다른 모든 즐거움에도 적용되었다. 썰매를 타러 갔다가 치마가 말려올라가지 않고 집에 돌아오는 여자는 한 사람도 없었는데 그것이 그녀들의 목적이었던 것이다.

마누라를 어떤 축제에나 내보내는 남자나
말에게 흙탕물을 마시게 하는 남자는
마구간에서는 너절한 말을 기르고, 침대에서는 부정한 여자를 데리고 자는 놈이다.

그 무렵 이와 같이 노래하고 있는 사람들의 도덕적 의식은 건전했다고 볼 수 있다.

6. 병든 관능

1) 마녀소동의 역사적 조건

르네상스는 마치 젊은 신처럼 유럽 문명 한가운데 발을 들여놓았다. 이 젊은 신의 발걸음은 역사 위에 올려진 찬연한 횃불이었고 오늘날까지도 진보의 위대한 승리를 나타내는 표지로서 그 빛을 발하고 있다. 그런데 살아 있는 모든 것들을 조물주의 환희와 도취로 비추고 있던 그 불빛 아래 두 개의 어두운 그림자가 드리우기 시작했다. 정신과 육체의 죽음은 이 그림자 속에 들어온 모든 사람들을 데려가고 있었다. 그 두 개의 그림자는 바로 매독과 마녀소동이었다. 매독이 소위 세계사적인 실수였고 역사의 가공할 만한 아이러니였다고 한다면 마녀소동은 세계사적인 숙명이었다. 매독은 반드시 들어올 수밖에 없었던 것은 아니었다. 다시 말하면 유럽의 역사적 발전에서 발생할 수 있는 어떤 내적 필연성도 없었다는 말이다. 그런데 악마적인 마녀소동은 유럽 역사의 필연이었다. 젊은 신은 마녀소동에서 광란하는 악마로 변했다. 악마는 세계사에 등장했을 때 저 영웅극의 대단원에서 광란하여 비칠거리며 마지막 춤을 추었다 —— 젊은 신은 발광했던 것이다.

마녀소동은 인간의 모든 역사 속에서 가장 두려운 장의 하나이다. 그러나 이 두려운 비극도 그 시대의 틀로부터 분리시킨다면 도저히 이해할 수 없을 것이다. 이 비극은, 그 시대의 틀에 넣어 관찰될 때, 비로소 의미가 밝혀질 수 있다. 왜냐하면 그 비극의 등장에는 인력으로는 거의 막을 수 없는 사정이 있었기 때문이다.

마녀신앙이라든가 마녀박해가 마침 15세기 말경에 나타났던 것은 결코 우연이

노파와 악마의 투쟁(목판화)

아니었다. 1484년에 교황 인노켄티우스 8세가 내린 마녀박멸 교서 "가장 바람직한 것에 대하여"가 나왔고 1487년에는 하인리히 인스티토리스와 야콥 슈프렝거의 공저 「마녀의 망치」, 즉 광기를 학문으로 취급한 마녀신앙의 교의학이 나타났다. 또한 마녀신앙과 마녀사냥이 1490년부터 1650년까지의 시대에 걸쳐 만연되었다는 것도 결코 우연이 아니었다. 물론 그 이전이나 이후에도 마녀사냥이 없었던 것은 아니었다. 이미 인노켄티우스 8세 이전의 시대에도 마녀는 불에 태워졌다. 그러다가 마침내 18세기에 이르러서야 교회의 명예를 위하여 묘령의 여자의 육체를 불에 태우게 했던 저 화형장의 불이 꺼지게 되었던 것이다. 어쨌든 1490년부터 1650년에 걸친 시대는 마녀재판이 대단한 세력을 떨쳤던 시대이고 따라서 이 시대 속에서 문제를 푸는 열쇠를 찾아야 할 것이다.

이 책의 목적에 따라서 나는 마녀소동 가운데에서 성적 요소를 밝혀냄과 동시에 문제를 그 방면으로만 논하고자 한다. 즉 나는 역사에서 가장 거대한 공포의 시대와 유럽 문화사에서 가장 찬란하고 획기적인 시대가 공교롭게도 중첩되었다는 사실로써 마녀소동이야말로 세계사가 만들어낸 우연이 아니라, 그 당시 역사발전의 피할 수 없는 대단원이었다는 점을 논증하고자 한다.

세계는 초자연적인 것이라고 하는 교의에 마녀에 대한 믿음이 결부되어 있는 신앙은 어느 시대에나 존재했다. 지상의 모든 관념이 나름의 내용을 가지기 위해서는

498

대립항을 가지지 않으면 안 된다. 춥다고 하는 관념은 덥다고 하는 관념을 끌어내고 선의 원칙은 악의 원칙을 끌어낸다. 그렇기 때문에 신이 존재한다는 신앙과 악마가 존재한다는 신앙은 끊을래야 끊을 수가 없는 것이었다. 그런데 악의 원칙은 인간의 창조적인 공상에 의하여 항상 선의 원칙보다는 훨씬 다양한 모습으로 의인화되는 것이 보통이다. 인간은 악 속에서 자신을 질투하는 적들의 악의를 본다. 모든 인간에게는 자신들에게 언제나 위험이나 손해를 입히는 이 세상은 실로 불가해한 미스테리이다. 그렇기 때문에 사람들은 이 세상에는 악마가 가득 차 있고 4,333,556개의

마녀재판(목판화, 16세기)

크고 작은 악마가 있다고 생각했다 —— 수녀원장이 죽었을 때에는 그 임종하는 침대 위에 모든 악마들이 한꺼번에 몰려든다고 말했다.

악마신앙은 모든 계시종교와 대립물이라고 하는 간단한 이유에서 이들 종교에 부대하는 필수적인 것이 되었다. 이러한 신앙은 고대 이집트나 그리스에도 있었고 근대 기독교 신앙에도 역시 똑같은 요소가 존재하고 있었다. 신교도 그 예외는 아니다. 이 점은 다음 예로부터도 명백하다. 1906년 어느 신교의 목사는 그즈음 독일어로 출판된 「마녀의 망치」에 대한 신간비평을 다음과 같은 말로 시작하고 있다.

지옥의 성서, 여기서 비평하려고 하는 책은 거의 그렇게 말해도 좋을 것이다. 이 책의 내용은 어디까지나 지옥을 구가하는 특징을 가지고 있다. 결코 신성하다고는 말할 수 없는 이 책에는 대담하게도 말 그대로 영감에 가득 찬 교의가 있다. 이 책에는 최후의 마침표에 이르기까지 악마의 독기가 창궐하고 있다.

이 문장 가운데에는 옛날 「마녀의 망치」가 쓰였던 그 당시 사상의 정수가 마치 고전을 순수하게 배양해놓은 듯이 나타나 있다. 게다가 그 사상은 마녀재판으로 우쭐해했던 이 세상에서도 두려운 것 가운데서 가장 불명예스러운 것을 낳았던 것과 똑같은 요소이다. 왜냐하면 사람들이 「마녀의 망치」라고 말해도 결국 그것은 악마가 말한 것을 그대로 말로 전해준 것이 아닌가라고 해봤자 그것만으로는 아무것도

블록스베르크의 발푸르기스제 전야의 마녀들의 잔치(미헬 헤르츠, 동판화, 17세기)

설명되지 않기 때문이다. 즉 모든 것을 해치우는 인간이 악마의 정체이다. 그런데 악마나 마녀에 대한 신앙은 어느 시대에나 계시종교의 교의와 얽혀 있는 것이 사실 이지만 왜 하필이면 악마신앙이 그 시대에만 광기로 법석을 떨며 나타났는가 하는 점이 밝혀져야 할 것이다. 그러기 위해서는 먼저 마녀소동이 등장하지 않을 수 없 었던 당시의 역사적 상황을 문제로 삼지 않으면 안 된다.

이런 연구에서 첫번째로 고려되지 않으면 안 될 문제는 악마에 대한 가톨릭 교회 의 일반적 태도이다. 어느 시대에나 가톨릭 교회는 어리석을 정도로 철저한 절약가 로서 쓸모없는 교의는 단 한 구절도 첨가시키지 않고 있다. 당연히 교회는 악마의 모습이 어떻게 자신들의 지배를 위해서 유리하게 이용될 수 있겠는가 하는 정도는 잘 알고 있었다. 교회는 이 악마로부터 커다란 도깨비를 만들어내고 그것을 가지고 노인을 위협하고 무서운 그림이나 연극을 통해서 교회의 이익이 되는 저 변증법을 사람들의 머리 속에 박아넣었다. 교회의 권력이 흔들리는 경우에는 언제나 노인들 이 이 도깨비에게 가장 지독하게 위협당했다는 것은 당연했다. 그런데 교회의 권력 이 흔들리는 것은 일반적으로 알려져 있듯이 15세기로부터 17세기에 이르는 시대 였기 때문에 악마문학이 마침 이 시대에 무섭게 유행했던 것이다. 두번째로 중요한 문제는 악마를 영혼의 이처럼 두려운 사냥개로 만들어놓은 것이 교회에 어떠한 이 익을 가져다 주었느냐 하는 점이다. 이 의문을 설명하면 악마의 기원이 밝혀진다.

천국과 지옥, 신과 악마는 이 세상을 그대로 형용한 것, 즉 이 세상의 즐거움과 고통, 환희와 고민을 모습을 바꾸어 나타낸 것에 지나지 않는다. 이러한 가장에 의 해서 악마 —— 악마만을 문제로 한다 —— 는 어느 경우에나 인생의 슬픔이 머리 속에서 구체화된 것이었다. 이것은 역사발전의 일정한 단계에서는 모든 인간에게 서 동일하게 나타나기 때문에 어느 시대에나 인간이 만들어낸 악마의 관념은 그 단 계 내에서는 동일하거나 비슷하다. 이러한 관념이 생기는 원천이 왜 그것 이외에는 생각될 수 없는가 하는 점은 사람들이 시대에 따라서 악마를 각각 다르게 묘사하고 있다는 사실이 잘 설명해준다. 세계가 점점 복잡해지고 또 인간을 둘러싼 이 세계 의 고통과 공포가 점점 커짐에 따라서 악마도 당연히 복잡한 모습으로 변해가고 모 든 인간을 점점 잔인하게 목 조르는 흉포스러운 존재로 되어갔다.

역사의 진전과 함께 세상은 사람들에게 더욱 복잡하고 두려운 것이 되어갔다. 새 로운 경제제도와 함께 등장한 새로운 시대는 사람들 앞에 대중빈곤의 공포와 전율

악마와 여인의 투쟁(알브레히트 뒤러, 동판화)

을 가져다주었다. 그 때문에 그 시대에는 지옥과 염라대왕이 중세의 자연경제 시대
처럼 인형극으로도 어릿광대역으로도 표현될 수 없었다. 그 이후 지옥은 이 세상에
서 가장 두려운 고통의 장소만을 의미하게 되었고 악마는 인간에 대해서 가장 야만
적이고도 노회한 고문리(拷問吏)로서 나타났다.

　그런데 르네상스 시대는 인간사회의 복잡함만으로 인해서 파멸한 것이 아니라 발
전단계의 어느 시점에서 반드시 파멸에 이르지 않을 수 없는 필연성이 있었다. 13
세기와 14세기에 나타났던 시대적 희망은 15세기 말경부터는 도처에서 비참한 환
멸로 변하고 있었다. 자본주의 시대는 모든 것을 곧장 손에 닿는 곳으로부터 멀리
떨어진 곳으로 추방해버렸다. 그것은 역사상 언제나 반복되는 문제였다. 그것은 결

지옥에서의 고통과 공포(마르틴 데 보스, 동판화)

국 주변의 개인생활에서도, 민족생활의 역사적 발전에서도 실로 비극적인 문제이다. 바꾸어 말하면 이러한 역사적 과정에 대해서 과학적 공식이 말하는 것처럼 —— "사실의 논리는 현실이 그것에 동반하여 발전하지 않았기 때문에 파탄에 빠져 버렸던" 것이다. 다른 일들을 들어보면 이것은 한층 명확해진다. 자본주의에 의해서 필연적으로 발생한 것이 인간을 향하여 밀려들어왔다.

그러한 필연성 가운데서 최고의 것은 자연과학의 장려, 즉 사물의 본질에 접근하는 것이었다. 인간은 숨겨져 있는 사물을 파악하기 위해서, 즉 세계를 지배하기 위해서 과학을 필요로 했다. 세계를 일주하고 분할하고 소유하기 위해서 천문학을, 생명의 최고의 형태인 인체를 해부하고 그 본질을 인식하고 자신의 육체를 지배하기 위해서 해부학을, 그리고 물질을 원소로 분석하고 이 원소를 자유자재로 화합하여 상품을 제조하기 위해서 화학을 필요로 했다. 그러나 생각이나 의지만으로는 이러한 거대한 임무를 수행할 수 없었다. 우선 많은 준비가 필요했고, 여러 세기 동안 필연성이 올바른 목표를 향하여 전개되도록 하기 위해서 노력해야 했다. 그리고 때로는 정체기를 맞기도 했다. 정신은 사로(邪路)를 헤매고, 천문학은 점성술로, 해부학은 돌팔이 치료법으로, 화학은 연금술로 변질되었다. 그러나 그것은 최초의 희망이 파산되었을 때 나타나는 현상에 불과했다. 인간은 그 파산을 인식하지 못했지만 그 파산의 결과를 실컷 맛보아야만 했다. 그리고 그 파산의 결과는 인간이 무서운 운명 앞에 직면했을 때의 망연자실함이었다. 16세기 초부터 이 운명 앞에 가로놓였던 것은 인간을 인간으로 보지 않고 상대적 대상물로 보았던 자본의 원시적 축적과 이 족쇄를 끊어버리려고 했던 치열한 사회적 대립이었다. 그것은 모두 그 시대의 사회현상이고 대중적인 운명이었다. 인간이 최후에 전반적인 파산의 사실—— 파산이란 무엇이고 왜 일어났는가 하는 것은 결코 알아내지 못했지만 —— 을 인식하기 시작했을 때 전체는 이미 본격적인 불경기로까지 발전했다. 그 이후 모든 사람들은 이제는 오직 지옥으로 들어가는 단 하나의 길밖에 없다고 생각했다. 그 지옥의 입구에서는 수많은 악마들이 몰려들어 공포에 떨고 있는 희생자들을 조롱하고 즐거워했다. 자비롭고 온정적인 신은 세계로부터 자취를 감추었다.

시대가 아직 성숙하지 않았기 때문에 사람들은 엄습하는 절망으로부터 자신을 지키기 위해서 너도나도 미신에 빠져들었다. 인간은 악마와 어떤 점까지 타협하고 이 우회로에 의해서 운명으로부터 확실한 획득물을 속여서 얻기 위해서 악마에게 혼을 팔고 악마신앙에 매달렸다.

이 현상이야말로 15세기 말경부터 대중적인 현상으로 등장한 악마숭배와 유행병적인 마녀소동의 역사적 배경이다. 그리고 역사의 완만한 흐름은 서서히 이러한 혼란으로부터 빠져나오고 있다. 그러나 또한 유럽이 1세기 반에 걸쳐 하나의 커다란 가마솥이 되고 그 가마솥 안에 「마녀의 망치」의 소름 끼치는 잠꼬대가 최고의 법률이 되고 한번도 불이 꺼지지 않았던 화형장이 지혜의 최후의 결론이 되었던 것도 피할 수 없는 운명이었다.

2) 마녀박해의 에로틱한 토대

마녀소동을 상세히 서술하기 위해서 한 가지 더 보충해둘 것이 있다.

제일 먼저 제기되는 의문은 마귀미신에 대한 광란이 왜 주로 여자들에게만 해당되었는가, 세상에서는 왜 마녀만을 문제삼고 남자 마귀는 문제삼지 않았는가 하는 점이다. 독일에 관한 한, 이 현상의 주된 원인은 고대 게르만 여성의 종교적 지위로부터 오는 것이 분명하다. 이런 경우 독일에서 여성은 언제나 신의 권력과 동맹

악마와의 정사(목판화)

하고 있는 여제사장이었다. 마녀는 어떤 의미에서는 게르만적 여제사장의 후예였던 것이다.

그러나 독일을 포함하여 모든 나라에서 찾을 수 있는 제2의 원인은 제1의 원인보다 훨씬 중요하다. 이 원인은 즉 원죄의 교의에 따라서 여성을 조직적으로 멸시하는 태도에 있었다. "죄업은 여자로부터 생긴다", "여자가 죄를 만든다", "여자의 팔은 사냥꾼의 올가미와 닮았다", "어떠한 나쁜 마음도 여자의 그것보다는 크지 않다." 기독교는 이렇게 가르치고 신학자들도 그들의 인생관을 금욕적인 면에 중점을 두었다. 이러한 전제 위에서 한 걸음 더 나아가 "여자의 자궁은 지옥의 입구"라는 확신에까지 이르게 되었다. 이것이 마녀신앙과 「마녀의 망치」의 중요한 가르침이었다. 여자는 악마와 교접했기 때문에 지옥의 권력은 여자의 영혼 안으로 당당하게 들어왔다는 것이다.

이 사실은 「마녀의 망치」 가운데 가장 긴 한 장에서 분명해진다. 그 장은 특히 악명이 높은데 문장 하나하나가 모두 여자에 대한 악담과 비난으로 채워져 있다. 저자는 거기에서 "이런 종류의 악행이 남자보다도 왜 연약한 인간에게서 가장 많이 나타나는가?"라고 묻고는 여자가 특히 악마에게 혼을 팔기 쉬운 이유로서 여자들은 일반적으로 육욕에 사로잡혀 절제할 줄을 모르기 때문이라고 대답하고 있다.

여자는 육욕에 사로잡혀 만족할 줄 모른다는 데에서 모든 일이 발생한다고 나는 생각한다. 바로 앞의 여자의 선언을 들어보면 한 번이든, 두 번이든, 세 번이든 만족스럽다고 말하지 않는다. 네 번이라도 결코 만족스럽다고 말하지 않는다. 최후는 자궁의 입구이다. 그것은 여자는 정욕을 진정시키기 위해서 악마와 관계를 하지 않으면 안 되기 때문이다.

이런 사고방식에 의해서 남자라면 사족을 못 쓴다고 비난받는 여자들은 모두 마녀라고 소문이 났다. 지나치게 호색적인 자들은 한밤의 정욕을 진정시키기 위해서 초인적인 구원자를 필요로 했다. 이 구원자야말로 악마였던 것이다. 사람들은 호색을 악마의 소행이라고 믿고 종종 역습을 가했다.

그런데 여자로 의인화된 죄업의 관념은 다시 제2의 관념과 결부된다. 여자는 남자에게 죄를 짓게 만드는 존재였을 뿐만 아니라 여자가 남자에게 미치는 개인적인 영향력을 보아도 신비스러운 존재였다. 끊임없이 남자를 충동질하는 여자의 욕망이 남자의 공상 가운데에서 여자를 악마로 만들었고 은밀한 공포의 대상으로 만들었다. 이리하여 마녀가 탄생한 것이다.

만약 우리들이 한 가지씩 찾아낸 마녀신앙의 계기라든가 마녀사냥의 가장 유력한 원인들을 더듬어본다면 마녀소동의 많은 요소가 성적인 것이었다는 결론에 도달하게 될 것이다. 이중에서도 여자들은 대부분 악마와 정을 통하고 있고 악마와 동맹을 맺고 있다고 사람들이 거의 확신하고 있었던 것이 이 마녀소동의 가장 큰 원인이었다.

산더미 같은 마녀재판의 조서 가운데에 방대한 분량으로 상세히 적혀 있는 악마와의 교접 등에 대한 엉뚱한 고백은 물론 한 구절도 믿을 필요가 없다. 이러한 고백은 물론 모두 고문에 의해서 조작된 것이었다. 그것은 고문이라는 수단을 빌려서 증명되지 않으면 안 되었다. 고문은 고통당하는 여자에게 공상의 날개를 달아주어 고문하는 남자가 듣고 싶어하는 모든 것을 스스로의 입으로 고백하게 만들었다. 이 이외에도 악마신앙이 매우 대중화되었다는 많은 증거들이 있는데 그 내용은 언제나 망상이거나 환영이었다.

그런데 문제의 핵심은 이 소동이 르네상스 시대 말기에 왜 대중현상으로 나타났는가 하는 점이다. 이 시대는 어쨌든 가장 오래 계속되었고 가장 지독했던 남성의 시대였다. 이때처럼 성적으로 만족하지 못하는 부인, 아가씨, 후실 등이 많았던 시대는 없었다. 앞에서 보았던 것처럼 수많은 여자들이 양심을 속이고 거칠게 자연적 욕망을 풀었다. 그러나 "정당한 방법으로 욕구를 만족시킨" 여자는 그렇게 많지 않았다. 대부분의 여자들은 충동적인 욕구의 만족을 공허하게 그리워했다. 성적 만족을 얻지 못한 여자들은 수없이 많았지만 그중에서도 일상생활을 위한 경제조건이 안정되어 있지 못하여 결혼의 기회를 찾기 어려웠던 소부르주아 계층 가운데 가장 많았다. 남자를 손에 넣기 위하여 격렬하고 절망적인 경쟁을 벌이는 가운데 아가씨들은 심지어 폭력적으로 연애를 강요했고, 목적을 달성하기 위해서 수단과 방법을 가리지 않았다. 우선 악마신앙은 이런 불행한 여자들에게 어떤 방법을 마련해주었다. 이웃집 노파나 방물장수 여자는 비술을 많이 알고 있어서 신비한 힘을 자유로

매혹적인 마녀(한스 발둥 그린, 유화)

이 구사했다. 그런 여자들은 남자에게 비밀스러운 힘을 발휘할 수 있는 연애의 비술을 알고 있었다. 만약 남자가 어느 기회에 그 방법에 걸려들기만 한다면 그 방법을 사용한 여자의 노예가 되어 빠져나올 수 없었다. 비술은 많은 여자들의 은밀한 동경의 대상이 되었고, 이러한 사회적 운명으로서의 화원은 유행처럼 번져 수많은 여자들이 이 비밀처방과 비술을 시험하게 되었다. 그런데 이웃집 여자는 가장 확실한 비술을 가장 많이 알고 있었다. 그리고 자신이 원하는 것을 무엇이든지 악마에게 요구할 수 있는 대단한 처방을 알고 있었으며 또 악마와 관계하기 위해서 필요한 것, 예를 들면 밤중에 블록스베르크 산이나 복스비제에서 열리고 있다는 마녀의 비밀집회장이나 무도장으로 날아가기 위해서 몸에 바르는 유명한 마녀의 연고 —— 친절로 거저 주는 것이 아니라면 소정의 돈을 주고 살 수 있는 —— 를 몰래 만들어 주었다. 그런데 이웃집 여자의 말은 헛소리가 아니었다. 여자들은 빗자루를 타고 굴뚝을 빠져나가지 않아도 대부분 블록스베르크 산으로 날아갈 수 있었던 것이다. 인간은 현실이 주지 않는 것을 꿈의 세계에서 발견한다. 마녀의 연고는 기적을 나타냈다. 그것은 은밀한 동경을 현실보다 훨씬 기분 좋은 상태로 만족시켜주었다. 오늘날 우리들은 마녀의 연고가 어째서 그러한 기적을 만들었던가를 잘 알고 있다. 이러한 여러 가지 마녀의 연고의 성분은 온갖 희한한 것들, 즉 쥐의 골 같은 것들을 갈아 뒤섞은 것이었는데, 그외에도 두세 가지의 상당히 유독한 물질, 예를 들면 독인삼, 아편, 흰 연꽃 가지 등의 정제로 만들어졌다. 이런 여러 가지 마녀의 연고나 탕약은 그것을 사용하는 경우 에로틱한 망상과 환몽상태를 불러일으키는 최음적인 마약이었다.

여성의 만족되지 못한 연애욕이 남자라면 환장할 정도까지 발전하게 되면 결국 하나의 부인병이 되어버린다. 이 부인병은 당대의 과학으로는 도저히 고칠 수 없는 미스테리였는데, 사람들은 무지 때문에 그런 병에 걸린 여자가 마녀의 본성을 드러낸다고 하거나 악마의 말을 지껄인다고 생각했다. 이 부인병이야말로 다양한 증상을 가진 히스테리였다. 도시나 농촌에서 마녀로 재판을 받은 여자의 행동에 관한 기록들은 그녀들이 전형적인 히스테리 환자였음을 증명해주고 있다. 남자에게 미친 처녀가 "어머니, 남자를 데려다줘요, 그렇지 않으면 집에 불을 지르겠어요"라고 했다는 스위스의 속담은 만족되지 못한 성욕이 어떻게 히스테리로 변하는가를 잘 나타내주고 있다. 그렇기 때문에 히스테리를 보이는 여자는 마녀로 고발되어 그 혐의를 받게 되었고, 히스테리에 걸린 여자도 역시 사람들이 말하는 것을 그대로 믿어버리는 경우가 많았다. 또 한 가지, 에로틱한 광포함이 당시에 왜 그 정도로까지 심각했던가 하는 제3의 이유를 빠뜨려서는 안 될 것이다. 그것은 채찍질이 교회의 매우 엄격한 종교적 임무였기 때문이다. 엉덩이를 채찍으로 세게 후려칠 때는 성적

마녀가 두 남자를 유혹하다(목판화, 1531)

으로 평범한 사람이라고 하더라도 때로는 매우 격렬하게 성적으로 광포해진다. 이 때문에 어느 시대에서나 채찍질은 플라겔라티온(Flagellation)이라는 이름으로 변태 성욕의 목록에 들어 있다. 채찍질은 그 당시 교회의 가장 중요한 형벌이었다. 교회 는 가장 큰 죄악으로 벌했던 것을 한편으로 고의로 장려했던 것이다. 그것은 사로를 헤매는 시대정신의 가장 끔찍한 아이러니였다.

우리는 마술의 주된 내용이 모두 성적인 것과 결부되어 있다는 것을 알고 있다. 악마와의 관계에 의하여 여자는 마녀가 되고 그 결과 여자는 비밀리에 비밀이 아닌 힘을 손에 넣었다. 「마녀의 망치」에는 이렇게 쓰여 있다.

다섯째, 악마의 나라에 들어가면 남녀 모두에게 즉시 남자 악마와 여자 악마가 자신의 특별한 상대로 주어진다. 남자 악마는 상대 여자와 결혼식을 올리고 잠자리에 드는데 그 밖의 악마들은 모두 혼례식에 참석하여 축하해준다. 여섯째로, 정부가 된 악마는 그 후로 는 상대 여자를 여기저기 데리고 다니면서 수없이 여자가 있는 곳에 나타나 간음하고 상 대 여자에게 자신의 명령대로 다른 여자들과도 함께 이런 나쁜 짓을 하도록 명령한다.

염라대왕 혹은 지옥의 대리인(Incubus)과 성교한다는 것은 결국 자신의 혼을 악 마에게 파는 대신 얻게 되는 쾌락을 말한다. 앞서 말한 것처럼 마녀는 묘약을 만들 수가 있었는데 묘약은 남녀의 피 속에 사랑하는 사람을 자신이 소유하고 싶다는 미 칠 듯한 욕망이나 증오심을 심어줄 수 있었다. 마녀는 남자의 정력을 강하게 하는 것도, 정력을 없애버리는 것도 가능했다. 마녀는 "허리띠 매기(Nestelknüpfen : 다 른 사람의 허리띠를 매면 아이가 생기지 않는다는 미신적 관습, 즉 피임주술/역 주)"에 의해서 남녀에게 부부행위를 하게 할 수도 있었다. 마녀는 남자로부터 성기 를 빼앗아다가 여자에게 임신을 할 수 있게 하거나 동물에 대해서도 교미를 시키거 나 새끼를 배게 할 수 있었다. 이런 것들이 마녀가 할 수 있는 비술이었다. 「마녀의 망치」중의 거의 모든 장은 이러한 비술만을 기록해두고 있다. 또한 남자 악마들의 경우에도 똑같이 성적인 것만이 문제가 되었다. 예를 들면 어느 아가씨도 자신을 거 역할 수 없게 만드는 힘이 언제나 악마와의 계약의 중심이었다.

3) 악마의 잔치

그 시대에 있었던 수도원의 여러 가지 유행병도 앞에서 말한 원인으로부터 생겼 다고 볼 수 있다. 그것은 대중화된 에로틱한 광란에 지나지 않았다. 물어뜯고 날뛰 는 광란, 즉 수녀원의 수녀들이 한 사람도 남김없이 악마에게 습격당했다고 하는 사건도 억압된 성욕이나 억압된 본능으로부터 터져나온 색정광적인 난행이었던 것

종교적 성애로 가득 차 춤추는 미치광이들(동판화)

이다. 그녀들의 망상 속에서 나타나는 모든 것은 바로 성기로서의 남성이었고, 성교의 쾌감에 대한 미칠 듯한 동경이 바로 수녀들의 피 속에서 날뛰는 악마였다. 수천 명의 수녀들이 남자로서는 오직 예수만을 사랑하고 있었다. 그녀들의 종교상의 임무는 연중 매일같이 되풀이되는 끊임없는 정신적 간음에 지나지 않았다.

많은 춤 병, 예를 들면 성 바이트 축제일(Veitstag : 6월 15일)의 광란적인 춤도 이런 현상이었다. 춤 병 환자들의 춤은 무절제한 욕망에 사로잡혀 음란한 자세나 자유분망한 노출을 동반하는 매우 그로테스크한 운동에 지나지 않았다. 이런 춤에서는, 모든 사람이 흥분이 최절정에 달했을 때 갑자기 미친 듯이 여자는 남자의 그리고 남자는 여자의 옷을 서로 벗기고 에로틱한 광란의 모습을 연출했다. 수백 명의 반나체와 완전 나체의 남녀가 구세주를 고대하며 소리를 지르고 울부짖었다. 마침내 주님의 구원은 간음이라는 무서운 소동의 형태로 나타나고 이 소동은 끝내 전체가 모조리 난무하는 폭발로 이어졌던 것은 당연하다. 이 춤 병에 걸렸던 대부분의 여자들은 자궁 안에 아이를 깃들게 한 채 집으로 돌아왔다. 여자들의 거의 모두가 태내에서 키가고 있는 자신의 아이를 누가 점지해주었는지를 알지 못했다. 이러한 소동에서 황홀감을 얻을 수 있었던 것은 상대방을 무선택적으로 끌어안을 수 있기 때문이었다. 그리고 스스로를 채찍질하며 행렬을 지어가는 채찍질 유행도 이와 같은 현상에 이르렀다. 여기에서도 일부는 공개적인, 또 일부는 은밀한 난장판이 언제나 그 끝을 장식했다.

관능은 병이 들었다. 그것도 죽을 병에 걸렸다. 전에는 가장 장엄한 창조력의 표현이었고 모든 생명의 가장 지고한 실현이었던 그 모든 것들이 경련으로 진통하며 쓰러져갔다. 이리하여 신은 죽음의 순간을 맞이했던 것이다.

색인